U0617777

权威·前沿·原创

皮书系列为
"十二五""十三五"国家重点图书出版规划项目

BLUE BOOK

智 库 成 果 出 版 与 传 播 平 台

经济特区蓝皮书
BLUE BOOK OF SPECIAL ECONOMIC ZONES

中国经济特区发展报告 (2020)

ANNUAL REPORT ON THE DEVELOPMENT OF CHINA'S
SPECIAL ECONOMIC ZONES(2020)

主　　编 / 陶一桃
执行主编 / 袁易明

社会科学文献出版社
SOCIAL SCIENCES ACADEMIC PRESS（CHINA）

图书在版编目（CIP）数据

中国经济特区发展报告.2020/陶一桃主编.－－北京：社会科学文献出版社，2021.9
（经济特区蓝皮书）
ISBN 978－7－5201－8157－0

Ⅰ.①中… Ⅱ.①陶… Ⅲ.①经济特区－经济发展－研究报告－中国－2020 Ⅳ.①F127.9

中国版本图书馆 CIP 数据核字（2021）第 054978 号

经济特区蓝皮书
中国经济特区发展报告（2020）

主　　编／陶一桃
执行主编／袁易明

出 版 人／王利民
组稿编辑／周　丽
责任编辑／王玉山　张丽丽
文稿编辑／李　璐
责任印制／王京美

出　　　版／社会科学文献出版社·城市和绿色发展分社（010）59367143
　　　　　　地址：北京市北三环中路甲 29 号院华龙大厦　邮编：100029
　　　　　　网址：www.ssap.com.cn
发　　　行／市场营销中心（010）59367081　59367083
印　　　装／天津千鹤文化传播有限公司

规　　　格／开　本：787mm×1092mm　1/16
　　　　　　印　张：28　字　数：420 千字
版　　　次／2021 年 9 月第 1 版　2021 年 9 月第 1 次印刷
书　　　号／ISBN 978－7－5201－8157－0
定　　　价／198.00 元

本书如有印装质量问题，请与读者服务中心（010－59367028）联系

▲ 版权所有 翻印必究

中國經濟特區發展藍皮書

谷牧題

本报告得到教育部哲学社会科学发展报告培育项目"中国经济特区发展报告"立项资助和深圳市宣传文化事业发展专项基金项目"经济特区与中国道路"理论宣传系列活动资助。同时，本报告也得到中共广东省委宣传部"理论粤军·教育部在粤人文社科重点研究基地"专项建设支持。

经济特区蓝皮书编委会

主 任 委 员　吴　忠　陶一桃

编委会成员　（按姓氏笔画排序）

吴　忠　林　起　赵康太　郝寿义　钟若愚
俞友康　袁易明　陶一桃

主　　编　陶一桃

执 行 主 编　袁易明

执行副主编　钟若愚　伍凤兰　周轶昆

主编简介

陶一桃　满族，经济学教授，博士生导师，中国经济特区问题研究专家。享受国务院政府特殊津贴专家、国家社科基金重大项目首席专家、国家社科基金会评专家，南开大学兼职教授、广东省学位委员会学科评议组成员、广东省特支计划领军人才、深圳市国家级学术领军人才、深圳大学理论经济学学科带头人、深圳大学领军学者，中国经济思想史学会常务副会长、

广东经济学会副会长，深圳市政协委员、深圳市决策咨询委员会委员。现任深圳大学党委副书记、纪委书记，教育部人文社科重点研究基地——深圳大学中国经济特区研究中心主任，一带一路国际合作发展（深圳）研究院院长。

长期从事中西方经济思想与理论研究，研究领域涵盖经济史、经济思想史和制度经济学等。二十多年来致力于中国改革开放史、中国改革开放经济思想史，中国经济特区发展史、中外经济特区比较研究。其代表性论文《从特区到自贸区：中国自贸区的特殊使命》被《新华文摘》全文转载；代表性著作《中国经济特区史论》被中宣部和国家新闻出版署列为"纪念改革开放30周年"的35本重点书系之一，此书获国家社科基金"中华学术外译项目"支持，并由英国帕斯国际出版公司以英文版面向全球发行，2011年获广东省社会科学优秀成果一等奖；国家社科基金重点项目结项成果《经济特区与中国道路》一书入选2016德国法兰克福书展，由德国斯普

林格出版社在海外出版发行。

主持编撰中英双语海内外年度权威发布的《中国经济特区发展报告》（经济特区蓝皮书），主持编撰《中国双创发展报告》（双创蓝皮书）。目前正在主持国家社科基金重大项目"中国经济特区发展史（1978～2018）"。

袁易明 经济学博士，教授，博士生导师。深圳大学中国经济特区研究中心副主任，深圳市科技工作者联合会会长，深圳市绿色发展研究院院长，贵州省贵安新区高级顾问，贵州省委服务决策专家，苏州市吴江长三角一体化咨询委员会委员，深圳市政府决策咨询委员会专家。曾任世界银行地区研究顾问、深圳市绿色低碳基金会理事长。

《中国经济特区研究》中文版和英文版集刊（斯普林格出版社出版发行）的创办人和主编，《中国经济特区发展报告》执行主编。长期致力于经济增长、产业结构理论与政策研究。主持国家教育部、水利部、环保部和世界银行课题，以及非洲开发银行等国际组织研究课题25项，主笔完成世界银行课题报告3个，主持完成政策研究报告66个。

出版学术著作10多部：《资源约束与产业结构演进》《中国经济特区产业结构演进与原因》《平等——效率的替代与选择》《产权·机制·效率》《台湾香港公营经济》《政治经济学的现代形态》《市场经济的两大结构》《危机与重构——世界国有企业研究》等。

专著《台湾香港公营经济》（1998）是国内该领域第一部学术专著，2006年完成的《福利目标下中国所有制结构调整的路径选择》提出了中国所有制改革的社会边际福利方法，2002年完成的研究成果《平等——效率的替代与选择》建立了中国经济运行效率、所有制结构与平等间关系的分析框架和结构模型。

在《经济学动态》、《经济研究》、《南开经济研究》、《学术研究》、《海外事情研究》（日）等国内外刊物发表论文90余篇，多篇论文被《新华文摘》、人大复印报刊资料等全文转载。

多次受邀在国际学术会议上演讲。主要有：2016 年 5 月应邀在深圳低碳发展国际会议上做学术演讲，2014 年 5 月在卢旺达基加利非洲开发银行 2014 年经济特区高级学术会议上演讲，2012 年 1 月在联合国开发计划署"中非发展与减贫"国际会议上发表主题演讲，2011 年 2 月受邀参加在亚地斯亚贝巴非盟总部举行的由非洲联盟委员会、联合国非洲经济委员会和 OECD 主办的学术会议并发表演讲，参加竞争性产业集群发展南南合作交流会中国片区会议并做学术演讲。

摘　要

经济特区蓝皮书《中国经济特区发展报告》是教育部人文社科重点研究基地——深圳大学中国经济特区研究中心着力打造的高端学术品牌和标志性科研成果之一，首部报告出版于2009年，是国家教育部报告，被列入中国蓝皮书计划，是全国唯一的经济特区蓝皮书。它以动态研究方式反映每一年深圳等传统经济特区和喀什、霍尔果斯、图们江等新兴经济特区的政治、经济、社会、文化、制度、环境、创新、改革的主要进展及面临的问题、挑战和对策，具有权威性、前沿性和原创性，已经在海内外产生了标志性影响，是经济特区研究的重要成果，同时也是研究中国经济特区的重要资料来源，已成为深圳具有国际影响力的学术品牌。

《中国经济特区发展报告（2020）》全书分为总报告、专题研究报告、特区发展分述报告和特区发展动态考察报告四个主体部分。其中，总报告是全书的基本纲要，站在国家整体发展战略规划的角度，对中国经济特区及改革试验区和部分新特区一年来的发展状态进行整体评述。专题研究报告部分以问题为导向进行探索，以特区的发展现状、比较分析、政策建议为切入点，分别对特区所面临的产业绿色转型问题、碳生产率与可持续发展问题、科技创新问题、社会保障问题、公共就业服务体系发展问题、金融体制改革问题、特区文化产业问题等进行了综述分析，并针对每一具体问题提出了发展建议。特区发展分述报告是对五大传统特区及上海浦东新区和天津滨海新区一年来发展状况的历史性记录与梳理，偏重对不同特区特殊问题的比较，重点在于对不同特区进行个案分析，包括深圳、珠海、汕头、厦门、海南五

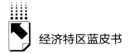

大传统特区以及上海浦东新区和天津滨海新区的年度发展报告。特区发展动态考察报告旨在及时反映中国区域发展战略调整及介绍、借鉴国外经验，特别是，关注并反映新兴经济体经济特区的最新发展状况。特区发展动态考察报告的研究不断增加新的内容，本书新增加了《老挝经济特区（专区）建设与发展报告》。

关键词： 经济特区　改革试验区　先行先试

目 录

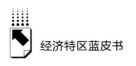
皮书数据库阅读**使用指南**

经济特区与中国制度变迁
演进的内在逻辑（代序）

陶一桃*

摘　要：　经济特区作为开启中国改革开放的突破口，同时开启了中国
社会制度变迁路径的探索征程。经济特区作为一种强制性制
度安排，打破了传统体制下的一般均衡状态，使非均衡发展
成为中国社会制度变迁的最佳路径选择。以深圳为代表的典
型经济特区的辉煌成就，使传统区域经济学理论中的"回流
效应""扩散效应""涓滴效应"都以"中国式"作用机制
"非经典"地展现出来，并诠释了中国社会制度变迁的独特
路径。从典型经济特区到广义经济特区，再到作为经济特区
拓展形式的自贸区、湾区的建立，它们都是"梯度发展"与
"反梯度发展"有机结合的结果，更是制度变迁的收获。这
一制度变迁的轨迹既反映了经济特区与中国社会制度变迁演
进的内在逻辑，又构成了其中的理论机理。

关键词：　经济特区　制度变迁　非均衡发展　中国道路

对经济特区与中国制度变迁路径选择的思考与研究，不仅是对 40 多年

---

* 陶一桃，深圳大学中国经济特区研究中心主任，一带一路国际合作发展（深圳）研究院院
长、教授、博士生导师，主要研究方向为中国改革开放史、中国改革开放经济思想史及中外
经济特区比较。

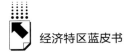
来中国改革开放历程的思考，对中国现代化道路的研究，同时也是对经济特区与中国道路之间内在逻辑关系的理论与现实的探索。因为中国改革开放40多年来所走过的艰辛而辉煌的历程，就是由传统的计划经济向社会主义市场经济转型的过程，就是由普遍贫穷走向共同富裕的过程，就是由闭关自守走向全面政策开放与制度开放的过程，更是全面建成小康社会、实现中国梦的伟大而美好的征程。这一切始于经济特区的创立，同时又构成了中国社会制度变迁的演进轨迹。①

如果说探寻一条适合中国国情的实现现代化的道路，是改革开放40多年来中国共产党矢志不渝的历史担当与使命，那么创建经济特区则可以说是中国共产党实践这一伟大探寻的伟大创造。笔者认为，从中国社会制度变迁的历史进程和中国道路形成的角度来看，给予经济特区多么高的评价都不为过。因为对于今天的中国而言，经济特区已经不是一个单纯的特殊政策的产物，更不是一项权宜之计，而是中国社会制度变迁和中国道路的逻辑起点，它本身就构成了中国道路的重要内涵。从某种意义上可以说，没有经济特区的创建，就没有中国改革开放的实践；没有经济特区的"先行先试"，就没有中国社会制度变迁的路径选择；没有经济特区的实践，就无所谓中国道路的探索；没有经济特区的示范与引领，就没有全面建成小康社会的发展积累。所以，从中国社会改革开放之初的政治背景来看，发展经济特区无疑是中国社会实现由传统计划经济向社会主义市场经济转变，从而全方位启动社会转型的必由之路；从现代化道路的探索来看，发展经济特区无疑是彻底摆脱理想与现实的冲突，从而迈上旨在实现共同富裕的中国特色社会主义道路的必由之路；从中国制度变迁的道路选择来看，发展经济特区无疑是在传统意识形态曾占据主导地位的国家里，打破僵化的传统体制和教条的意识形态，从而自上而下地完成社会转型与制度变迁的必由之路；从发展战略来看，发展经济特区无疑是在一个极左思想曾牢牢占据支配地位的国度里，真

---

① 陶一桃：《经济特区与中国制度变迁的路径选择——中国改革开放四十年历史进程的理论思考》，《澳门理工大学学报》（人文社会科学版）2018年第3期。

正摒弃"人定胜天"的盲目和"宁要社会主义的草"的荒谬，从而以非均衡发展方式与"渐进式改革"的实践走上科学发展的必由之路。①

马克思在《关于费尔巴哈的提纲》中指出："人的思维是否具有客观的真理性，这不是一个理论的问题，而是一个实践的问题……人应该在实践中证明自己思维的真理性，即自己思维的现实性和力量，自己思维的此岸性。全部社会生活在本质上是实践的。凡是把理论引向神秘主义的神秘东西，都能在人的实践中以及对这个实践的理解中得到合理的解决。哲学家们只是用不同的方式解释世界，而问题在于改变世界。"② 在回顾、总结、思考中国改革开放40多年的伟大历程时，对中国经济特区的研究，不能简单地就特区来谈特区，即不能仅仅停留或局限于对经济特区问题本身的研究。而应该从中国改革开放史的视角出发，把经济特区置于中国社会制度变迁的框架中，置于中国社会主义市场经济体系形成、发展、完善的进程中，置于中国道路探索的实践中，置于新时代的征程中来研究。应从历史演进的视角，评价中国经济特区不可替代的地位、功能和独特的历史使命；从制度变迁的脉络，诠释经济特区与中国社会制度变迁路径选择的内在联系；从转型社会制度变迁的内在逻辑论证中国道路的特殊性，以及这种特殊性中所蕴含的普遍性，进而为其他转型国家提供一种可供借鉴的选择方案。③

如果从制度变迁理论和区域增长理论来看，无论是以深圳为代表的典型经济特区，以上海浦东新区和各类开发区为代表的广义经济特区，以喀什为代表的新兴经济特区，还是以自贸区、湾区为代表的经济特区的拓展形态，它们都是在中国改革开放不同时期与阶段中，承担不同的先行先试使命，从而实现国家整体发展战略的一项制度安排；都是实现社会转型的一种有效的路径选择；都是加速实现现代化的一条"捷径"；

---

① 陶一桃、鲁志国等：《经济特区与中国道路》，社会科学文献出版社，2017，第7页。

② 《马克思恩格斯选集》第一卷，人民出版社，1995，第54~57页。

③ 陶一桃：《经济特区与中国制度变迁的路径选择——中国改革开放四十年历史进程的理论思考》，《澳门理工大学学报》（人文社会科学版）2018年第3期。

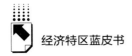
都是对中国道路实质与内涵的探索与丰富。这一发展轨迹，在不断形成中国经济区域增长极的同时，又逐步实现着中国社会的均衡发展、协调发展与全面发展。从典型经济特区到广义经济特区，再到作为经济特区拓展形态的自贸区、湾区的建立与形成，都是"梯度发展"与"反梯度发展"路径选择的有机结合。这种有机结合不仅以实践验证着中国式的梯度发展与反梯度发展路径是富有制度绩效的，而且还在深化改革的进程中，进一步证明中国社会制度变迁路径选择的正确性，诠释着中国道路的独特性与创造性。

另外，从中国社会改革开放的逻辑起点和路径选择来看，非均衡发展是占主导地位的战略选择。但是，随着越来越多的各类特区的建立及市场经济的普遍建立与发展完善，威廉姆森倒"U"形假说①所预测的状况也逐渐显现出来，其中的理论逻辑既反映了中国社会制度变迁的演进路径的现实逻辑，又构成了中国道路的理论机理。②

马克思曾说："理论在一个国家的实现程度，决定于理论满足这个国家的需要的程度。"③ 中国40多年改革开放的实践证明，非均衡发展方式是经济发展不均衡的大国里，完成社会转型从而实现全面发展的制度绩效最佳、成本代价最低的路径选择，尤其对于降低改革开放的试错成本和意识形态成本而言。如果说，以建立特区的方式开启中国社会的制度变迁主要在于降低改革开放的政治风险和试错成本，那么之后的各类特区的建立则更多的是以政策的力量培育经济增长极，并通过"回流效应"、"扩展效应"和"涓滴效应"的释放，以制度示范制度，以区域带动区域，并以先行先试所形成、积累的增长极，逐步带动、实现社会的均衡发展与全面发展。④

---

① J. G. Williamson, "Regional Inequality and the Process of National Development: A Description of the Patterns", *Economic Development and Cultural Change*, Vol. 13, 1965, pp. 3–45.
② 陶一桃:《雄安新区与中国道路》,《深圳大学学报》(人文社会科学版) 2017年第4期。
③ 《马克思恩格斯选集》第一卷，人民出版社，1995，第11页。
④ 陶一桃:《雄安新区与中国道路》,《深圳大学学报》(人文社会科学版) 2017年第4期。

（一）

当我们用区域经济发展理论来解释中国经济特区的功能与作用时，一方面，以深圳为代表的典型经济特区的辉煌成就通过"集聚效应"和"扩散效应"从理论上有力地诠释了经济特区的功能、作用以及中国道路的机理与内涵；另一方面，中国社会制度变迁的独特的时代背景，以及由此带来的制度变迁路径选择的独特性，又构成了对区域发展理论的另一种诠释与补充。如自上而下的强制性制度变迁，使传统区域经济学理论中的"回流效应""扩散效应""涓滴效应"都以"中国式"机制非"经典"地展现出来。①

按照斯德哥尔摩学派创始人、发展经济先驱者之一纲纳·缪达尔（Gunnar Myrdal）的循环累积因果论，经济发展在空间上并不是同时产生和均匀扩散的，而是从一些条件较好的地区开始的。② 一旦这些区域由于初始优势而比其他区域超前发展，则由于既得优势，这些区域就将通过累积因果过程，不断积累有利因素继续超前发展，从而进一步强化和加剧区域间的不平衡，导致增长区域和滞后区域之间发生空间相互作用，并由此产生两种相反的效应：一是"回流效应"，即各生产要素从不发达区域向发达区域流动，使区域经济差异不断扩大；二是"扩散效应"，即各生产要素从发达区域向不发达区域流动，使区域发展差异缩小。在市场机制的作用下，"回流效应"远大于"扩散效应"，即发达区域更发达，落后区域更落后。基于此，缪达尔提出了区域经济发展的政策主张，即在经济发展初期，政府应当优先发展条件较好的地区，以寻求较高的投资效率和较快的经济增长速度，通过扩散效应带动其他地区发展，但当经济发展到一定水平时，也要防止循环累积因果造成贫富差距的无限扩大，政府必须制定一系列特殊政策来刺激落后地区的发展，以缩小经济差距。

---

① 陶一桃：《经济特区与中国制度变迁的路径选择——中国改革开放四十年历史进程的理论思考》，《澳门理工大学学报》（人文社会科学版）2018 年第 3 期。

② Gunnar Myrdal, *Economic Theory and Underdeveloped Regions*（London：Duckworth，1957）.

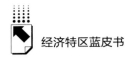

中国并不像缪达尔所言,改革开放不是从一些条件较好的地区开始的,而是从计划经济最薄弱的不发达地区开始的。如改革之初的深圳不过是个名不见经传的小渔村。但是,如前所述,它们的共同特点是改革成本低,又不怕失败。

"回流效应"在相当长时间里,是作为改革开放政策的吸引力,而不是单纯作为市场经济作用的结果而存在的。以深圳为例,就重要的生产要素——人力资本的流动而言,初始的吸引力并不是来自要素价格本身,而是来自特殊政策下逐渐形成的有利于改革开放的宽松的制度文化环境。同理,最早外资的进入也并非完全由于利润最大化的驱动,同时还因为对改革开放政策的看好,以及对制度变迁带来的未来巨大经济收益的良好而乐观的预期。同时,由于要素只有进入经济特区,才能获得特殊政策所带来的好处。所以,不仅在相当长时间里率先改革的政策性"回流效应"大于单纯的经济效益引致的"回流效应",而且"回流效应"所带来的区域发展差距基本上是伴随改革开放的步伐而逐步缩小的。从理论上说,只有当市场经济普遍确立了,要素才可能真正由以政策性为主导的流动偏好选择,逐步回归由市场经济规律主导的流动偏好选择。①

"扩散效应"在相当程度上不是作为原因,而是作为结果发生的。所谓"作为结果"是说,改革的进程和中央的整体战略部署在"扩散效应"中发挥了相当大的主导作用,这也正是中国社会自上而下强制性制度变迁特点所在。从理论机理上讲,随着先发达地区的发展,在"扩散效应"的作用下,各生产要素从发达区域向不发达区域流动,使区域发展差距缩小。但是在中国改革开放进程中,这种"扩散效应"一方面随着市场经济体制的普遍确立与日臻完善而形成,随着先发达地区产业的更新换代而释放,如当年广东的"腾笼换鸟";另一方面又紧紧伴随着国家发展思路的调整和整体发展战略区域布局的推进与拓展,如科学发展观的提出及经济增长方式的转变和供给侧结构性改革的提出与实施,由沿海开放到沿边开放、自贸区及湾区经济

---

① 陶一桃:《雄安新区与中国道路》,《深圳大学学报》(人文社会科学版)2017年第4期。

带的设立与拓展以及"一带一路"倡议的提出。①

从某种意义上说，"涓滴效应"作为改革开放的内容与路径，而不是发展后的结果在改革开放之初就已被战略性地制定下来了。"涓滴效应"是阿尔伯特·赫希曼不平衡增长论的重要组成，指在经济发展过程中并不给予贫困阶层、弱势群体或贫困地区特别的优待，而是由优先发展起来的群体或地区通过消费、就业等惠及贫困阶层或地区，带动其发展和富裕，从而更好地促进社会经济的增长。② 中国改革的目标就是完成由计划经济向市场经济的转型，探索由普遍贫穷走向共同富裕的道路。而实现后者的途径就是以改革的制度力量让一部分人先富起来。从土地上解放出来的大量农民涌入先发展区域，他们不仅构成了在中国改革开放进程中具有开创性历史意义的独特的劳动大军——农民工，而且还成为创造"中国奇迹"的最具价格优势的生产要素。可以说，这就是伴随改革开放进程的最有代表意义的中国式"涓滴效应"。这一具有中国特色的"涓滴效应"首先在客观上以给予人尤其是曾被传统的户籍制度牢牢束缚在土地上的农民自由选择权的方式，缩小着城乡及区域之间的发展差距。在给予农民选择权的同时，改变着部分农民的生活状况。

作为中国社会强制性制度变迁的正式制度安排，以深圳为代表的典型经济特区、以上海浦东新区为代表的广义经济特区、以自贸区为代表的经济特区拓展形态，既以自身的率先发展释放着足以推动中国社会深化改革及现代化进程的"回流效应"、"扩散效应"与"涓滴效应"，同时又表现为不同发展时期、时点或阶段中上述"效应"的结果与产物。它们都在不断形成中国经济区域增长极的同时，逐步促进着中国社会的均衡发展、协调发展与全面发展，从而有助于探索、实践、验证、构建中国道路的理论机理。③

---

① 陶一桃：《雄安新区与中国道路》，《深圳大学学报》（人文社会科学版）2017 年第 4 期。
② A. O. Hirschman, *The Strategy of Economic Development*（Yale University Press，1958）.
③ 陶一桃：《经济特区与中国制度变迁的路径选择——中国改革开放四十年历史进程的理论思考》，《澳门理工大学学报》（人文社会科学版）2018 年第 3 期；陶一桃：《雄安新区与中国道路》，《深圳大学学报》（人文社会科学版）2017 年第 4 期。

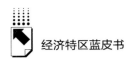
（二）

作为中国社会制度变迁的结果与中国道路的重要内涵，无论是特区、开发区还是新区、自贸区，它们都是在产生之初就被赋予了政策性增长极的独特功能。同时，这些增长极功能的发挥，如以"扩散效应"实现梯度转移，并不是简单的发展后的自然释放，而是更多的表现为市场机制基础之上的为实现国家发展战略的政策性释放。市场选择与政策引力相互作用，市场的力量与制度的力量相结合，使中国社会经济发展呈现独特的轨迹与较快的速度。雄安新区的建立，不仅是梯度发展与反梯度发展路径选择的有机结合，也在深化改革的进程中诠释着中国制度变迁路径选择的独特性与创造性。①

"梯度发展理论"（梯度转移理论）认为：在区域经济发展次序上，应优先支持和促进高梯度地区经济的发展，使其取得较高的经济效益，从而带动和促进低梯度地区经济的发展。② "梯度发展理论"还认为，区域经济的盛衰主要取决于产业结构的优劣，而产业结构优劣又取决于地区经济部门特别是主导产业专业化部门所处的阶段。如果区域主导产业专业化部门是由处在创新阶段的兴旺部门组成，则将其列入高梯度区；反之，如若由处在成熟阶段后期或衰老阶段的衰退部门组成，则该区域属于低梯度区。同时，由于新产业部门、新产品、新技术、新的生产管理与组织方法等大多发源于高梯度区，所以在扩散效应的作用下，它们依顺序逐步由高梯度区向低梯度区转移。梯度转移主要是通过城镇体系逐步拓展实现的。威尔伯等人把这一生命循环论在区域经济学中的创造性应用形象地称为"工业区位向下渗透"现象。

正如中国社会经济增长极（典型经济特区、广义经济特区、经济特区的拓展形态）的产生、形成是政策产物一样，梯度转移的发生也更多的表

---

① 陶一桃：《雄安新区与中国道路》，《深圳大学学报》（人文社会科学版）2017 年第 4 期。

② R. Vernon, "International Investment and International Trade in the Product Cycle", *Quarterly Journal of Economics*, Vol. 80, 1966, pp. 190–207.

现为政策或国家战略的结果。在特殊政策和区域要素禀赋共同培育出来的增长极与作为国家整体战略部署的梯度发展布局相结合的过程中，不同的增长极在不同的发展时期，以不同的方式创造并承接梯度发展的链条与机遇。在国家整体发展战略布局的制度性安排下，中国社会梯度发展以十分惊人的速度裂变扩展开来。如1984～1986年，国家在14个沿海开放城市建立第一批国家级经济技术开发区。之后，随着改革开放的推进和深化，根据国家不同时期发展战略的需要，作为广义经济特区的国家级经济开发区建设也从沿海地区向沿江、沿边地区和内陆省会城市以及区域中心城市梯度拓展。国家级经济开发区作为梯度发展的原因与结果，以其区域经济增长极的功能，成为从沿海到沿边开放以及西部开发、东北振兴、中部崛起等国家发展战略目标实现的重要支撑点，不断助力构建充分体现中国道路内在演进逻辑的区域经济的新版图。纵观改革开放以来作为广义经济特区的国家级经济技术开发区相继批复的历程，可以从一个侧面看到中国经济梯度发展的独特轨迹。①

东南沿海区域是中国经济的第一梯度区，最早的典型经济特区、广义经济特区皆产生于此。沿海区域对外开放的先天地缘优势，客观上为先行先试、率先发展提供了内陆城市无法具备的可能性，尤其是在改革开放初期。典型经济特区和早期的新区、开发区作为中国区域经济的增长极，又不断以其产业结构、科技发展、综合管理水平和创新能力等优势，强化着第一梯度区的自身实力和辐射力。中、西部作为中国的第二、第三梯度区，在承接产业技术梯度转移的同时，也自然承接着足以促进社会改革开放和市场经济体系完善的非经济要素与资源的转移，如崭新的理念、先进的文化和良好的社会规制等。笔者认为，这种意义上的"转移"在相当长的时间里，还将继续贯穿中国梯度发展的过程。所以，梯度转移在中国不是一个单纯的区域经济概念，而是一个与市场经济体制普遍确立，与改革开放纵深发展进程相伴

---

① 陶一桃：《经济特区与中国制度变迁的路径选择——中国改革开放四十年历史进程的理论思考》，《澳门理工大学学报》（人文社会科学版）2018年第3期。

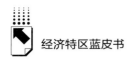

随的过程。因此，从根本上说，对新时期社会主要矛盾的解决，对社会发展不平衡、不充分问题的缓解与逐步消除，同样不是单纯经济规律作用的结果，而一定是更加深刻的社会制度变迁和更进一步深化改革的收获。①

"反梯度发展理论"认为，落后地区开发可以不依据现状顺序，可以根据需要与可能，跳过发达地区，直接对不发达地区进行开发。② 如果从"梯度转移理论"来考察，中国社会制度变迁的路径可以说是"梯度发展"与"反梯度发展"有机结合的策略选择。"梯度发展"是主导，尤其是在市场经济体制刚刚普遍确立的时期，"反梯度发展"则是国家战略决策。"反梯度发展"体现了均衡发展、协调发展、分享发展的理念；它反映了自上而下强制性制度变迁的制度力量；它展示出了在经济发展不平衡的人口众多的大国里，尽快消除区域发展差距的独特道路选择。"反梯度发展"在中国不仅表现为在经济相对不发达的地区直接建立政策性增长极，如2010年喀什、霍尔果斯新兴经济特区的建立，并以此促进落后地区经济超常规发展，而且还表现为在非率先发展区域建立政策性增长极，与率先发展区域已形成的政策性增长极一同先行先试，发挥更强的制度创新功能。因此，从作为广义经济特区的国家级开发区和新区的设立时间布局上，就能清晰看到"梯度发展"与"反梯度发展"相结合的制度安排轨迹，如雄安新区的建立就是一个非常有说服力的实证。这种反梯度发展的路径选择，可以在市场经济并非优先发展的地区，以强制性的制度安排推动制度创新，为超常规发展创造制度支撑环境。中国改革开放的实践使"梯度发展理论"与"反梯度发展理论"有可能在国家整体发展战略中得以有机结合，并成为中国道路的一个组成部分。③

① 陶一桃：《经济特区与中国制度变迁的路径选择——中国改革开放四十年历史进程的理论思考》，《澳门理工大学学报》（人文社会科学版）2018年第3期。
② 郭凡生：《何为"反梯度理论"——兼为"反梯度理论"正名》，《开发研究》1986年第3期。
③ 陶一桃：《经济特区与中国制度变迁的路径选择——中国改革开放四十年历史进程的理论思考》，《澳门理工大学学报》（人文社会科学版）2018年第3期。

（三）

实行改革开放 40 多年后的今天，中国已经形成了由经济特区、国家级开发区、国家级新区、自贸区构成的，由局部到全局、由个别地区和城市到大城市群、由大城市群到区域经济带的被赋予了不同功能和使命的"政策高地"。一方面，这些由"政策高地"构成的几乎遍布全国的强劲的经济增长极，在梯度发展与反梯度发展结合效应的共同作用下，不仅形成了具有不同发展水平的"核心—外围"经济圈或经济带，而且还很有可能在比较短的时间里，使区域之间的发展较快地呈现威廉姆森倒"U"形的趋势。另一方面，新兴经济特区、国家级新区、自贸区、湾区等不同政策性增长极的形成过程，又以独特的功能定位和所承担的特定的时代使命，清晰地反映了中国社会全面深化改革的内在路径，使以经济改革为切入口的中国社会的制度变迁，逐步从经济领域扩展到政治、文化、社会管理机制、法律法规等更广泛的领域。如果说当年以深圳为代表的经济特区的重要功能就是成为计划经济向市场经济转型的试验田，从而推动、促进社会主义市场经济体制在全国普遍确立，那么今天，作为经济特区拓展形态的自贸区、湾区的更重要的使命则是成为中国社会全面深化改革、全面协调发展、全方位改革开放的示范区。当然，政府的远见卓识和自我革命的能力，将一如既往地决定中国社会制度变迁的绩效与中国道路的可持续性与探索价值。[①]

美国当代经济学家约翰·弗里德曼（John Friedmann）在考虑区际不平衡较长期演变趋势的基础上，提出了与增长极理论和梯度发展理论相呼应的"核心—外围理论"。[②] 这一理论首先将经济系统的空间结构划分为核心和外围两部分：核心区是社会地域组织的一个次系统，能产生和吸引大量的革

---

① 陶一桃：《经济特区与中国制度变迁的路径选择——中国改革开放四十年历史进程的理论思考》，《澳门理工大学学报》（人文社会科学版）2018 年第 3 期。

② John Friedmann, *Regional Development Policy: A Case Study of Venezuela*（Cambridge：MIT Press，1966）.

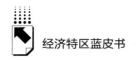

新；边缘区则是另一个次系统，与核心区相互依存，其发展方向主要取决于核心区。核心区与边缘区不仅共同组成了一个完整的空间系统，而且二者还共同构成了一个完整的二元空间结构。核心区发展条件比较优越，经济效益也比较高，几乎处于绝对的支配地位；外围区发展条件则比较差，经济效益也比较低，处于被支配的地位。因此，在经济发展的初始阶段将出现各生产要素从边缘区向核心区的净转移，或者说只有"回流效应"，尚未产生"扩散效应"。这一时期社会经济的二元结构十分明显，表现为一种单核结构。然而，随着经济进入起飞阶段，单核结构逐渐在"扩散效应"和梯度发展的作用下，被多核结构替代。当经济进入持续增长阶段，随着政府政策的干预，核心和边缘的界限将逐渐消失，经济将在全国范围内实现一体化。

弗里德曼进一步用熊彼特的创新思想来解释他的"核心—外围理论"的机理：发展可以被看作一种由基本创新群最终汇成大规模创新系统的不连续积累过程。迅速发展的大城市系统，通常具备有利于创新活动的条件。创新往往是从大城市向外围地区进行扩散的。核心区是具有较高创新变革能力的地域社会组织子系统，边缘区则是根据与核心区的依附关系，由核心区决定的地域社会子系统。核心区与边缘区共同组成完整的空间系统，其中核心区在空间系统中居支配地位。弗里德曼非常强调核心区在空间系统中的作用。他认为，一个支配边缘地区重大决策的核心的存在具有决定性意义。因为，它决定了该地区空间系统的存在。任何特定的空间系统都可能具有不止一个核心区，特定核心区的地域范围将随相关空间系统的自然规模或范围的变化而变化。弗里德曼曾预言，核心区扩展可最终达到全人类居住范围内只有一个核心区为止。①

弗里德曼的"核心—外围理论"，作为解释经济空间结构演变的模式，从理论机理上尝试说明了一个区域如何由互不关联、孤立发展，变成彼此联系、发展不平衡，又由发展极不平衡变为相互关联的平衡发展的区域系统。

---

① 以上参阅陶一桃《经济特区与中国制度变迁的路径选择——中国改革开放四十年历史进程的理论思考》，《澳门理工大学学报》（人文社会科学版）2018 年第 3 期。

在中国社会制度变迁的进程中，这一演进过程不仅速度惊人，而且由于核心区基本上就是行政核心区域，所以在中央的统一部署和自上而下的垂直领导下，一旦区域发展战略形成，作为子系统的外围区域的地方政府，将以积极的制度安排促进国家整体战略部署下的"核心—外围"经济带的发展与完善，"核心—外围"之间在定位认知方面的制度交易成本也比较低。笔者以为，所谓"中国是一切规则的例外"① 在这里可以解释为中国在人类社会发展进步的进程中，遵循普遍规律，走出自己的道路。如环珠江口珠三角经济圈、环长江口长三角经济圈和环渤海湾环渤海京津唐经济圈的形成，从发展轨迹来看基本上遵循常规的演进逻辑：形成经济增长极，"回流效应"加速增长极的自身发展和提升其经济张力，"扩散效应"形成并促使梯度转移发展，梯度转移发展效应扩散，"核心—外围"经济带依次形成。但是从根本上说，"政策增长极"作为前提与背景，若没有"举国体制"的因素，即中央和地方政府强大而有力的资源调配、整合的能力与集中资源干大事的行政号召力、执行力，则演进的时间会相对漫长，制度性交易成本也会增加，同时相应的各种机理的释放效应更会由于目标的分散而减弱。②

众多发展中国家的实践证明，经济进步的巨大推动力将使经济增长围绕最初的出发点展开，增长极（无论这个增长极是政策的产物，还是市场发展的自然结果）的出现必然意味着增长在区域间的不平衡，这种不平衡是经济增长不可避免的伴生物，甚至还是实现整体经济发展的前提条件。无论处在经济发展的哪个阶段，进一步的增长总要求打破原有的均衡，非均衡增长既是增长的前提，又是增长的结果。中国的社会发展状况虽然也呈现出相似的轨迹，但是，在政府不断出台的、旨在促进区域协调发展的政策和先行先试载体的强大作用下，其越来越呈现出威廉姆森倒"U"形假说的某些状态。

威廉姆森倒"U"形假说预测：均衡与增长之间的替代关系，依时间的

---

① 伯特兰·罗素：《怀疑论集》，振文出版社，1984。
② 陶一桃：《经济特区与中国制度变迁的路径选择——中国改革开放四十年历史进程的理论思考》，《澳门理工大学学报》（人文社会科学版）2018 年第 3 期。

推移呈非线性变化。经济发展程度较高时期，增长对均衡是依赖的，即当社会经济发展到一定阶段时，每一次发展不再是简单的对现有均衡的打破，均衡成为继续发展的前提，发展阶段与区域差距之间存在倒"U"形关系。或许可以这样说，一方面，没有区域之间的均衡发展，就很难实现社会的整体发展；另一方面，社会发展既打破原有均衡，又以均衡发展为其向更高层次发展迈进的前提。从这个意义上讲，经济特区、开发区、新区、自贸区、湾区经济带，既是非均衡发展的产物，又是均衡发展的结果与前提。作为非均衡发展的产物，它们释放经济增长极的功能与效应；作为均衡发展的结果与前提，它们缩小区域之间的差距，展示社会经济发展水平，体现较高发展程度之上的经济增长对均衡的越来越显著的依赖关系。从中国社会改革开放的逻辑起点和路径选择来看，非均衡发展是占主导地位的战略选择，尤其是在改革开放初期。然而，自贸区、湾区等经济特区拓展形态的出现，反映了中国社会从以非均衡发展为主导的战略选择向以均衡发展为主导目标的战略选择的过渡。然而这种过渡的到来，是建立在相当长时间的非均衡发展战略基础之上的。所以从中国改革开放40多年发展历程上看，更确切地说自贸区、湾区等经济特区拓展形态的产生，是中国社会走向均衡发展势态的非均衡发展进程的结果。它们的使命是促进、实现社会的协调发展、均衡发展、共享发展、全面发展，但是作为经济特区在新时期的拓展形态，以非均衡发展的改革路径实现中国社会的均衡发展既是它们始终不变的历史使命，又是中国道路的重要内涵。①

无论是"集聚效应""扩散效应"，还是"梯度发展理论"、"反梯度发展理论"与倒"U"形假说，都既从理论上阐明了作为特殊政策产物的经济特区的功能机理，又从理论上解释了各类经济特区存在、发展、演进的内在逻辑。"集聚效应"很好地诠释了"政策高地"进行改革开放与制度变迁的先行、先试的可能性；"扩散效应"从包括制度在内的全要素市场化流动的

---

① 陶一桃：《经济特区与中国制度变迁的路径选择——中国改革开放四十年历史进程的理论思考》，《澳门理工大学学报》（人文社会科学版）2018 年第 3 期。

视角，给经济特区的"示范效应"以理论的诠释；"梯度发展理论"与"反梯度发展理论"不仅从理论上阐述了非均衡发展的现实意义，更富有说服力地证明了在强制性制度变迁中，由国家战略主导的非均衡发展演进的制度绩效（如前面所谈到的"梯度发展理论"与"反梯度发展理论"的结合效应）；倒"U"形假说则是从均衡与增长依时间的推移可能形成的所有替代关系角度，阐明了非均衡发展的"工具性"和"目标性"。这一切所展现的就是经济特区与中国社会制度变迁的内在逻辑及其理论机理。

经济特区既是中国社会制度变迁的起点，又是这一制度变迁的产物；它是中国社会制度变迁的路径选择，同时又展现了这一制度变迁的演进轨迹。它是中国社会实现现代化的一条捷径，同时又成为中国道路的一个重要组成部分。非均衡发展是中国社会制度变迁遵循的理念，这一理念在降低改革开放成本和风险的同时，增加了改革开放的边际收益。在改革开放的不同历史时期承担不同使命的各类特区，作为政策创造的"增长极"，在不断以"集聚效应"和"扩散效应"推进制度变迁的同时，创造着越来越广泛的经济增长极，推动中国社会的制度变迁向纵深展开，从而在不断深化改革的进程中，逐步解决发展不均衡、不充分问题。①

作为中国社会制度变迁的产物与路径选择，经济特区的使命仍在继续。还有许多制度创新将在这里发生，许多有待实践的成功做法和经验将从这里继续被复制至全国。更重要的是，许多探索与实践将在这里由政策变为制度安排，由制度安排成为法律法规，从而把"先行先试"变为建设现代化国家的制度力量。强大的国家与发达的市场是我们需要的，但法治社会是获得它们的前提；繁荣的经济与充满福祉的民生是我们所期待的，但政府的远见卓识是实现它们的政治与制度保障。②

---

① 陶一桃：《经济特区与中国制度变迁的路径选择——中国改革开放四十年历史进程的理论思考》，《澳门理工大学学报》（人文社会科学版）2018 年第 3 期。
② 陶一桃：《经济特区与中国制度变迁的路径选择——中国改革开放四十年历史进程的理论思考》，《澳门理工大学学报》（人文社会科学版）2018 年第 3 期。

总 报 告
General Report

B.1
2020年中国经济特区年度发展报告[*]

陶一桃　李　猛[**]

摘　要： 通过全面梳理经济特区的最新进展，并依据对最新统计数据的分析，本报告力图展现中国经济特区的社会经济等诸多方面（经济层面、产业层面、文化要素层面、体制改革层面、生态资源层面）的发展现状、机遇和挑战，以及2021年的发展路径与注意的问题等，试图为今后中国社会经济等诸多层面

[*] 本报告受到国家社科基金项目"中美贸易关系新形势下我国先进制造业升级路径研究"（19BJY098）、广东省普通高校省级基础研究及应用研究重大项目（人文社科）"发达国家'再工业化'对中国制造业转型升级的影响研究"（2018WZDXM016）、国家社科基金重大项目"中国生态经济研究"（18ZDA004）、教育部人文社会科学研究基金项目"深圳构建推动经济的质量发展的体制机制研究"（18YJA790094）、深圳市哲学社会科学规划课题重点课题"先行示范区建设下深圳市制造业的质量发展研究"（SZ2018A003）和深圳市哲学社会科学规划课题共建项目"新常态下加速中国制造业转型升级研究"（SZ2019D011）资助。

[**] 陶一桃，深圳大学中国经济特区研究中心主任，一带一路国际合作发展（深圳）研究院院长、教授、博士生导师，主要研究方向为中国改革开放史、中国改革开放经济思想史及中外经济特区比较；李猛，深圳大学经济学院副院长、广东省统计局省级共建平台深圳大学数量经济与数据科学研究中心主任、中国数量经济学会数字经济研究会副理事长、教授、博士生导师，主要研究方向为数量经济与统计学。

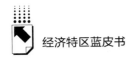
的进一步发展指明新方向。

关键词： 经济特区 阶段转换 新时代

本报告是 2019 年度中国经济特区发展报告的延续。通过对可获取的最新统计数据的分析，本报告力图展现中国经济特区的最近发展现状。为了与上年度报告相承接，本报告采用了与 2019 年度报告基本相同的写作框架和数据分析指标。

一　2020年经济特区发展的基本背景

当前，中国经济高质量发展背景下，之前改革的制度红利已明显递减，社会经济发展的诸多方面（涉及经济要素、技术要素、社会要素、文化要素、生态资源要素、政治法律要素）正面临着前所未有的制约和增长瓶颈，中国需要寻找可以实现可持续、高质量发展的新引擎。

2020 年是非同寻常的一年，中国面临国内外诸多挑战。2020 年也是深圳经济特区建立 40 周年、中国特色社会主义先行示范区全面铺开的一年。自年初以来，经济特区发展中还存在一些突出矛盾和可能影响经济社会发展全局的重大问题。这些矛盾和问题主要有：第一，消费需求增长存在反弹压力；第二，外贸和国际收支的不平衡压力持续加大，国际收支不平衡的矛盾突出；第三，部分经济特区存在房价过高的情况，直接影响相关地区人才的引进和有效流动；第四，美国对华遏制进入全方位系统化阶段，中长期创新发展压力增大。

综合来看，如果说"六稳六保"是中国恢复经济最热的词，那么"双循环""新基建"等当仁不让与"六稳六保"一样成为经济领域的高频词，其中蕴含的政策新意是脱胎换骨的新理念。尽管第二季度中国经济超预期反弹，但眼下外部环境更趋严峻，"去中国化"与"逆全球化"齐舞，中国经济特区应做好打持久战的准备，在着力开拓经济内循环之路的同时，激发经济内生动力，加快推进改革，才是中国经济特区在疫情防控常态化时期发展经济的根基所在。

二 经济特区进展与评述

本部分通过全面梳理和凝练经济特区经济的最新进展，为今后中国经济发展等诸多层面（产业层面、文化要素层面、生态资源要素层面）进一步发展指明新方向。

（一）经济特区在中国经济发展等诸多层面进一步推进并深化改革

1. 经济特区在产业绿色转型层面的进展

产业绿色转型的评价指标主要包括资源利用效率、污染物排放以及创新能力等，本部分将主要从这三个方面分别论述五大经济特区的产业绿色转型成效。

（1）资源利用效率提升状况

五大经济特区在资源利用效率方面均有所提升，深圳万元地区生产总值能耗降速为3.54%，降速最快，其次为珠海。五大经济特区的人均地区生产总值以及单位土地面积地区生产总值均有所增加，厦门单位土地面积地区生产总值增速在五大经济特区中最快（见图1），但是深圳单位土地面积地区生产总值产出最高，为134805.98万元，是厦门的11倍之多。另外值得注意的是，深圳市万元地区生产总值水耗降至7.93立方米，资源利用效率提升较为明显。

（2）污染物排放减少状况

2019年，五大经济特区主要污染物排放的减少情况总体表现一般。深圳人均公园绿地面积有所下降，空气质量方面的表现也劣于上年。珠海在空气质量方面的表现劣于上年，其他方面均有提升。汕头各方面表现优于上年，但人均公园绿地面积下降。厦门可吸入颗粒物PM10年均浓度显著高于上年，空气质量达优良标准天数略小于上年，其他方面表现良好。海南空气

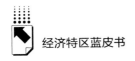
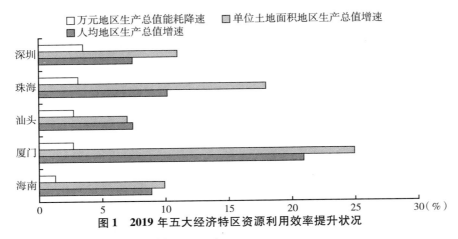

图1　2019年五大经济特区资源利用效率提升状况

资料来源：《中国能源统计年鉴—2020》。

质量指数达优良标准天数有所下降。值得注意的是，各特区的细微颗粒物PM2.5年均浓度均下降明显（见图2）。

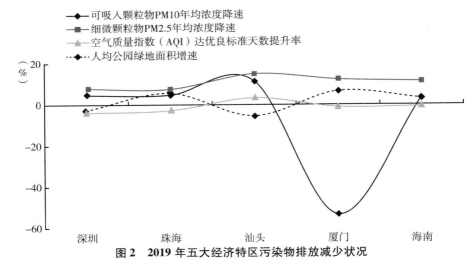

图2　2019年五大经济特区污染物排放减少状况

资料来源：《中国能源统计年鉴—2020》。

（3）创新能力提升状况

从2019年专利授权量数据来看，深圳专利授权量以及发明专利授权量都遥遥领先（见图3）。可见，较为严格的环境规制并没有限制深圳企业的创新能力。

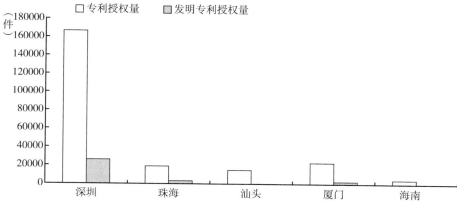

图3　2019年五大经济特区专利授权量及发明专利授权量

资料来源：《中国知识产权年鉴》。

（4）经济特区产业绿色转型能力评估结果分析

从2019年五大经济特区产业绿色转型能力评估结果可以看出，珠海超越深圳位居第一，在绿色生产、绿色环境和绿色效益方面的表现都优于深圳，在绿色管控方面优于海南；深圳首次位居第二，其在绿色环境方面与厦门和珠海有较大差距，其他方面均表现优秀，不存在明显短板，并且持续在绿色投入上领先于其他地区；厦门位居第三，厦门在绿色环境方面表现优秀，与珠海相当，绿色生产方面落后于其他特区，其余方面均无明显短板；排名第四的为海南，海南的优势是绿色环境，但在绿色效益和绿色管控方面短板明显，表现较差；汕头是最后一名，在绿色管控方面表现优秀，得分排在五大经济特区之首，但在绿色生产和绿色效益方面短板明显，其他方面表现平平，总体得分最低，但与第一名的得分差距逐年缩小（见表1）。

表1　2013～2019年五大经济特区产业绿色转型能力评估位次

年份	深圳	珠海	汕头	厦门	海南
2013	第一	第二	第四	第三	第五
2014	第一	第二	第五	第四	第三
2015	第一	第三	第四	第二	第五
2016	第一	第二	第四	第三	第五

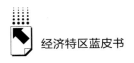
年份	深圳	珠海	汕头	厦门	海南
2017	第一	第三	第四	第五	第二
2018	第一	第三	第五	第四	第二
2019	第二	第一	第五	第三	第四

资料来源：课题组计算所得。

从 2013～2019 年五大经济特区产业绿色转型能力评估结果排名看，珠海首次夺魁，这可归功于珠海现代服务业、单位土地面积地区生产总值、三次产业结构变化值、常住人口增速和人均公园绿地面积的优异表现。深圳在 2019 年虽屈居第二，但在五大经济特区中深圳一直拥有优异而稳定的产业绿色转型能力，是产业绿色转型的表率。2019 年厦门排名第三，厦门的优势主要体现在绿色环境和绿色投入两个方面。厦门的空气质量表现优秀，研发投入占地区生产总值的比重大，对人才的吸引力度和固定资产投资力度有明显提升，在万元地区生产总值能耗、电耗降速方面表现良好，而在产业结构升级方面并无显著改进。

2019 年海南排名第四。海南省仅有的优势在于绿色环境，其空气质量最优，人均公园绿地面积较大。由于和其他经济特区相比，经济实力较弱，第二产业所占比例低，绿色效益表现不佳，所以海南高技术制造业增加值增长率高，在其发展经济的过程中，绿色管控是明显的短板，主要表现为单位万元地区生产总值能耗与电耗较高。海南的另一短板在于绿色投入，主要表现为研发投入严重不足、固定资产投资负增长，海南省的研发投入占地区生产总值的比重仅为 0.6%，和撒哈拉以南非洲水平相近，对投资和人才的吸引力弱。

在五大经济特区中，汕头在 2013～2019 年的排名均处于末端，但其与第一名的得分差距有所缩小，这说明汕头的产业绿色转型已经初见成效。汕头的绿色管控表现优秀，万元地区生产总值电耗下降较快，而相辅相成的绿色投入和绿色效益表现仅略优于海南。

2. 经济特区在文化要素层面的进展

2019 年，《文化产业促进法（草案征求意见稿）》发布，标志着我国文化产业立法工作迈出了跨越性的一步。在积极推动立法的同时，国家层面对文化科技融合、文旅融合、文化消费、文化遗产保护等多个领域进行重点部署，出台了一系列应对性、引导性政策，其中包括《关于促进文化和科技深度融合的指导意见》《公共数字文化工程融合创新发展实施方案》《关于促进"互联网＋社会服务"发展的意见》《国务院办公厅关于进一步激发文化和旅游消费潜力的意见》《文化和旅游规划管理办法》《国务院办公厅关于加快发展流通促进商业消费的意见》《博物馆馆藏资源著作权、商标权和品牌授权操作指引》《国家文物保护专项资金管理办法》《关于进一步加强文物消防安全工作的指导意见》等。相关政策法规的制定和完善，既为我国文化产业发展提供了制度保障，也进一步明确了我国文化产业的发展方向，不断促进文化产业与国家经济社会的良性互动。

2019年，我国文化产业总体上呈现平稳增长态势，新业态发展势头强劲。官方统计数据显示，文化核心领域营业收入比上年增长9.8%，达到50471亿元，产业结构持续优化。① 在此背景下，经济特区文化产业建设各有侧重，呈现多点开花的发展图景。

2019年，深圳市牢牢把握"双区"建设机遇，引领全市精神文明建设，着力推进数字文化产业和创意文化产业发展，朝着"建设全球区域文化中心城市"的方向砥砺前行。2019年深圳市地区生产总值比2018年增长6.7%，达26927.09亿元，其中文化及相关产业增加值较2018年增长18.5%，达1849.05亿元。② 其中，文化及相关产业增长速度远高于其他三大支柱产业，发展势头最为强劲。

自《珠海市"十三五"文化创意产业发展规划》发布以来，珠海市一直以"成为珠三角地区重要的文化创意产业中心"为基本目标，致力于在

---

① 《国家统计局社科文司统计师辛佳解读2019年全国规模以上文化及相关产业企业营业收入数据》，中华人民共和国国家统计局网站，2020年2月14日，http：//www.stats.gov.cn/tjsj/sjjd/202002/t20200214_1726366.html。

② 《深圳市2019年国民经济和社会发展统计公报》，深圳市统计局网站，2020年4月15日，http：//tjj.sz.gov.cn/zwgk/zfxxgkml/tjsj/tjgb/content/post_7294577.html。

影视产业、数字内容产业和文化制造产业等六大文化创意产业领域进行布局。2019 年珠海市文化旅游体育和传媒支出增长 8.9%，达 10.45 亿元。3 月，珠海市文化广电旅游体育局和市旅游发展中心相继发布了 2019 珠海最新旅游形象、2019 珠海十大主题精品线路。文旅产品爆款应运而生，如南粤古驿道、海上看大桥等旅游项目；各重点旅游项目持续推进，丽新横琴创新方、长隆二期等都即将建成投入使用。

厦门文化产业园区是重要的产业经济集群化载体，2019 年 5 月，厦门市政府印发《厦门市利用外国人 144 小时过境免签政策促进产业发展工作方案》，提出充分发挥毗邻金门的地理优势和政策效益，加大招商引资引智力度，并通过文旅融合方式深化"邮轮＋"内涵，助推产业服务升级等，加快城市文化建设。6 月，厦门市颁布《2019 年度厦门市文化产业发展专项资金申报指南》，提出重点支持与文化投资运营、内容创作、文化传播等相关的六大文化产业核心门类，支持文化产业高精尖人才引进以及地方特色文化产业的融合发展。11 月，厦门市政府发布《厦门市推进平台经济加快发展三年行动方案》，提出重点发展网络视听产业平台与艺术品线上交易平台，以文化创意服务为中心，推动文化科技融合发展，建成全国重要艺术品交易中心和国家级网络视听产业基地。

2019 年，汕头经济特区经济发展稳健，地区生产总值较 2018 年增长 6.1%，达 2694.08 亿元。第三产业占比提高 1.2 个百分点，其中，现代服务业增加值较上一年增长 9.7%，达 646.21 亿元，增长速度高出全市地区生产总值增速 3.6 个百分点。[①] 汕头市气候宜人、历史悠久，孕育出独具特色的潮汕文化、侨乡文化、非遗和民俗文化。深厚的人文底蕴成为汕头市文化事业和文化产业建设的重要依托。

2019 年 8 月，海南经济特区发布《关于申报 2019 年度海南省文化产业发展专项资金的通知》，提出启动专项资金推进文化产业项目，重点支持文

---

① 《2019 年汕头国民经济和社会发展统计公报》，汕头市统计局网站，2020 年 3 月 30 日，https://www.shantou.gov.cn/tjj/tjzl/tjgb/content/post_ 1733953.html。

化旅游融合、对外文化贸易、影视动漫和游戏、优秀传统文化传承、文化创意与相关产业融合等文化产业项目。[①] 2019 年，海南省旅游产业规模保持稳步增长。游客数量较上年增长 9.0%，达 8311.20 万人次；旅游产业总体收入较 2018 年提高 11.3%，达 1057.80 亿元。从游客构成看，入境游客增长较快，同期增幅为 13.6%，达 143.59 万人次。[②] 省旅文厅持续推进旅游产业招商引资，中免集团、首家中韩合资旅行社等企业纷纷入驻，文化项目建设取得重要进展。

3. 经济特区在生态资源要素层面的进展

2000～2019 年各经济特区直接物质投入（DMI）总量变化情况如表 2 所示。在五大经济特区中，海南省直接物质投入总量历年来远超其他特区，2019 年海南直接物质投入总量是深圳的 3.24 倍、厦门的 3.57 倍、珠海的 4.53 倍、汕头的 3.36 倍。从各特区直接物质投入总量历年变化情况看，2000～2019 年深圳与厦门的 DMI 总量呈现倒 U 形趋势，自 2011 年达到较（最）高点后逐步收敛，平均增速较低，分别为 2.5% 与 1.6%；珠海与汕头的直接物质投入总量相对较小，但在考察时间内呈现波动上升态势，年均增速分别为 4.2% 与 5.6%。

表2 2000～2019 年五大经济特区直接物质投入（DMI）总量及平均增速

单位：万吨，%

年份	深圳	珠海	海南	厦门	汕头
2000	1083.7	574.3	2146.0	1179.7	593.3
2001	1126.2	593.4	2143.7	1241.2	551.2
2002	1232.6	601.8	2371.7	1330.5	596.0
2003	1430.0	651.5	2531.2	1313.5	627.2

---

① 《中共海南省委宣传部海南省财政厅关于申报 2019 年度海南省文化产业发展专项资金的通知》，海南省人民政府网站，2019 年 8 月 13 日，http://www.hainan.gov.cn/hainan/0101/201908/e010397eca3640b3b69ef0a46aa86c38.shtml。

② 《2019 年海南省国民经济和社会发展统计公报》，海南省统计局网站，2020 年 3 月 2 日，http://stats.hainan.gov.cn/tjj/xxgk/0200/0202/202006/t20200616_2804813.html。

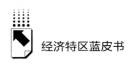

续表

年份	深圳	珠海	海南	厦门	汕头
2004	1475.7	632.6	2787.9	1393.4	707.9
2005	1492.3	638.8	2517.2	1484.0	727.0
2006	1596.9	680.9	2939.8	1546.3	771.9
2007	1685.2	916.6	3387.4	1560.1	758.9
2008	1743.8	1008.6	3573.1	1433.8	709.1
2009	1581.9	1026.8	4027.8	1803.3	874.9
2010	1742.5	1097.4	4398.0	1819.3	1093.9
2011	1962.1	1118.0	5058.5	1905.0	1247.0
2012	1684.4	1038.9	5453.0	1726.2	1191.8
2013	1681.8	1096.4	5810.3	1185.7	1321.2
2014	1648.7	1152.6	5986.7	1567.8	1279.6
2015	1478.2	1067.6	5987.6	1470.3	1250.1
2016	1507.5	1044.6	5723.2	1490.2	1292.6
2017	2058.6	1073.9	5731.9	1558.7	1355.2
2018	1893.2	1120.5	5565.3	1526.8	1511.3
2019	1748.4	1250.6	5666.4	1588.1	1685.3

资料来源：根据本研究物质流分析简化框架计算整理得到；依据五大经济特区2019年年鉴数据进行修正。

（二）"新区"肩负实施国家战略的使命

国家发改委的公开资料显示，下一步将加大对"新区"的制度供给。国家发改委未来将"重点加快自贸试验区、丝绸之路经济带"等功能区建设，重点加快相关领域先行先试，为进一步改革提供重要经验。

1. 前海深港现代服务业合作区的最新进展情况[*]

2020年是前海深港现代服务业合作区创立10周年。这10年里，前海深港现代服务业合作区在"制度创新、现代服务业集聚、深港合作"等方面取得不断突破，成效显著，引领并带动全国进入更高层次的改革与开放。过去一年，前海深港现代服务业合作区的发展状况以及取得的最新进展如下。

---

* 本部分的数据均来自前海管理局。

（1）制度创新：持续深化"放管服"改革，制度创新溢出效应显著

制度创新是前海深港现代服务业合作区开发开放的重要使命。作为"制度的高地"，前海深港现代服务业合作区坚持以"简政放权、放管结合、优化服务"为重点，推进政府职能的转变，在投资便利化、法治创新、金融创新、事中事后监管等方面先行先试，优化营商环境，积极打造可复制可推广的制度创新的"前海模式"。中山大学自贸区综合研究院发布的"2019～2020年度中国自由贸易试验区制度创新指数"显示，前海蛇口片区制度创新成效凸显，创新动力足，各项指数均列前三。一场突发的公共卫生事件也展示了前海深港现代服务业合作区前期的制度创新的溢出效应。面对新冠肺炎疫情的冲击，与其他区域经济萎缩状况呈现反差，2020年1～3月，前海深港现代服务业合作区入驻企业增加值坚挺，同比增长5.9%。

（2）前海深港现代服务业合作区现代服务业集聚、经济成效显著

截至2020年6月，前海深港现代服务业合作区累计新增173690家注册企业，累计注册资本金为95719.75亿元。其中有324家世界500强投资企业，934家内地上市公司投资企业，243家挂牌金融机构。从经济成效来看，2013年前海深港现代服务业合作区注册企业实现增加值为507.35亿元，2019年为2288.99亿元，6年间前海深港现代服务业合作区注册企业实现增加值增长了3.51倍，年均增长速度为28.55%。其中主导行业金融业2019年实现增加值比上年同期增长18.3%，现代物流业同比增长8.9%，信息服务业同比增长12.5%，科技服务业同比增长36.1%，专业服务业同比增长16.9%。2019年前海深港现代服务业合作区经济密度为每平方公里创造152.60亿元的经济总产值。

另外从为国家创造税收来看，2013年前海深港现代服务业合作区税收为5.19亿元，2019年为428亿元，6年间前海深港现代服务业合作区税收年均增长速度为108.64%。2019年其税收密度为每平方公里创造税收28.53亿元。

（3）前海深港现代服务业合作区深化深港合作新进展

在产业合作方面，2019年以来，前海深港现代服务业合作区陆续推出了

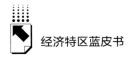

《深圳前海深港现代服务业合作区总部企业认定及产业扶持专项资金实施细则》《关于支持粤港澳青年在前海发展的若干措施》《前海深港现代服务业合作区支持创新创业载体发展专项资金实施细则（试行)》等10多部文件，通过资金资助、产业扶持等支持港澳青年来深创业、港资企业在深发展。截至2020年6月，已有11772家港资企业入驻前海深港现代服务业合作区，注册资本金为1.31万亿元。目前已经汇聚了汇丰、恒生、港交所、周大福等大批知名港资企业，形成了以金融业为主导的包含现代物流、信息服务、科技服务和专业服务等在内的现代服务产业集群。① 前海深港现代服务业合作区实际利用港资累计达204.01亿美元。

在人才交流合作方面，前海深港现代服务业合作区不断完善深港青年创业生态圈，聚集了包含5123名港籍人才在内的8786名境外优秀人才，积极构建全球高端人才配置枢纽。2019年12月发布了《关于以全要素人才服务加快前海人才集聚发展的若干措施》，围绕"构建多层次人才政策支撑体系、推进建设粤港澳人才合作示范区、营造人才发展宜居宜业环境、开展国际人才管理制度创新"四个方面，推出"优化人才吸引、激励机制，建立港澳专业人士职业深港通机制，建立人才数据联动共享机制"等20项具体政策。

2. 图们江地区经济的新进展

在党的十九大上，习近平总书记明确指出我国社会的主要矛盾已经转化为人民日益增长的美好生活需要同不平衡不充分发展之间的矛盾。中国图们江地区地处国家边疆地区，同时也是少数民族地区，属我国发展不充分的地域板块。近年来，中国图们江地区积极推进自身发展，采取积极途径破发展不充分之题，实现稳步发展。

（1）中国图们江地区经济稳中有进，但整体实力有待增强

2019年，中国图们江地区生产总值达到723.37亿元，相对于2018

---

① 雍炜、王梦：《深圳前海深港现代服务业合作区发展报告》，载陶一桃主编《中国经济特区发展报告（2019)》，社会科学文献出版社，2020。

年的708.17亿元增长2.15%。其中，三次产业增加值分别为54.81亿元、248.36亿元、420.20亿元。相对于2018年，第一、第二产业增加值均有所上升，分别增长2.9%、6.8%，贡献率分别为9.91%、101.56%。但第三产业增加值略有小幅度下降，降幅为0.8%。[①]中国图们江地区三次产业增加值分别占地区生产总值的7.6%、34.3%、58.1%，地区内逐步形成"三二一"的产业结构格局。第三产业在产业结构中占据较大比重是经济社会现代化发展的必然趋势，可见中国图们江地区产业结构逐渐优化，经济实力稳中有进。但与此同时应当清醒地认识到，中国图们江地区整体经济实力有限。中国图们江地区应当积极挖掘自身发展潜力，提升地区整体经济实力，提升人均可支配收入，实现高质量发展。

（2）旅游业蓬勃发展为中国图们江地区注入新动力

2018年，延边朝鲜族自治州政府出台《关于大力发展全域旅游推动旅游兴州的实施意见》，提出文化强州、旅游兴州的战略方针。2019年，中国图们江地区旅游业接待游客2751.38万人次，较2018年增加318.76万人次，同比增长13.1%。其中接待国内游客2694.80万人次，占接待游客总数的97.94%，可见国内游客是中国图们江地区旅游业的主要消费群体。旅游总收入的增加是中国图们江地区旅游业发展的直观体现，2019年中国图们江地区旅游总收入达到555.34亿元，较2018年增加82.31亿元，同比增加17.4%。[②]旅游业的发展不仅直接带动中国图们江地区经济收入增加、财政收入增加，而且促进中国图们江地区少数民族优秀文化传承，有利于其实现自身价值、创造经济价值。

（3）人力资本外流是中国图们江地区人口变化的长期趋势

由低收益地区流向高收益地区是生产要素流动的内在规律。因此，由于中国图们江地区经济实力有限，劳动力生产要素出现了流出中国图们江地

---

① 《延边朝鲜族自治州2019年国民经济和社会发展统计公报》，吉林省人民政府网站，2020年6月8日，http://www.jl.gov.cn/sj/sjcx/ndbg/gdzs/202006/t20200608_7257722.html。

② 延边州统计局编《延边统计年鉴—2020》，2020，第64页。

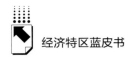
区、流入高收益地区的现象。2019年中国图们江地区共有813343户207.20万人，相对于2018年减少0.7%，相对于2010年减少5.4%。2019年中国图们江地区城镇人口为143.76万人，乡村人口为63.43万人，相对于2018年城镇人口与乡村人口分别减少0.6%、0.9%，乡村人口减幅大于城镇人口。①

（4）进出口贸易整体向好

随着经济全球化深入发展，国家、地区之间的联系越来越密切，任何国家和地区的发展都不能摆脱世界经济的大环境、大背景。中国图们江地区拥有良好的区位优势，致力于推进开放型经济建设。2019年中国图们江地区进出口额达149.68亿元，相较于2018年增长9.4%。其中，进口额为75.70亿元，相对于2018年下降2.6%；出口额为73.98亿元，较2018年增长25.1%。进出口逆差为1.73亿元，相对于2018年缩小进出口逆差17.06亿元。② 从贸易类别角度看，中国图们江地区主要从事一般贸易与加工贸易。其中一般贸易进出口额为73.64亿元，占进出口总额的49.20%；加工贸易进出口额为33.03亿元，占进出口总额的22.07%，二者占进出口总额的71.27%。从贸易国别角度看，按照进出口额由多到少排列，前三名分别为俄罗斯、韩国、智利，三者占据进出口总额的50.65%。其中对俄罗斯的进出口额为44.78亿元，占进出口总额的29.92%。但其相对于2018年有所下降，下降7.6%。对韩国进出口额为19.09亿元，占进出口总额的12.75%，相对于2018年增长7.0%。对智利的进出口额为11.95亿元，占进出口总额的7.98%，相对于2018年有较大幅度增加，增长了1.9倍。③ 中国图们江地区对外经济发展总体向好，随着进出口总额的逐年增加，对外经济拉动地区经济稳步发展。

---

① 延边州统计局编《延边统计年鉴—2020》，2020，第6~7页。
② 《延边朝鲜族自治州2019年国民经济和社会发展统计公报》，吉林省人民政府网站，2020年6月8日，http://www.jl.gov.cn/sj/sjcx/ndbg/gdzs/202006/t20200608_7257722.html。
③ 《延边朝鲜族自治州2019年国民经济和社会发展统计公报》，吉林省人民政府网站，2020年6月8日，http://www.jl.gov.cn/sj/sjcx/ndbg/gdzs/202006/t20200608_7257722.html。

三　经济特区发展面临的新挑战和机遇

2020年既是各经济特区进一步加快结构调整的一年，也是国内外形势相当严峻的一年。当前世界经济走势艰难曲折、复苏乏力，全球贸易大幅下滑，而中国经济已与世界经济深度融合。当前，首要的任务是进一步坚定发展信心，增强忧患意识。被学界论及的主要问题包括：确立科技自立自强的发展战略，解决"卡脖子"困境；特区经济发展"仍处于重要战略机遇期，但机遇和挑战都有新的发展变化"；高质量发展的紧迫性增强，可持续发展的压力不容忽视。中短期来看，须着重研究和实践的广大人民群众密切关注的两个问题如下。

（一）确立远景目标，强调科技自立自强的发展战略

近期，国内通过《中共中央关于制定国民经济和社会发展第十四个五年规划和二〇三五年远景目标的建议》。该建议提出2035年基本实现社会主义现代化远景目标，包括关键核心技术实现重大突破，进入创新型国家前列；人均国内生产总值达到中等发达国家水平，中等收入群体显著扩大等。"十四五"规划强调要把科技自立自强作为国家发展的战略支撑，中国科技面临"卡脖子"的困境迫使决策层不得不重视技术本土化问题。该建议也提出未来五年要建设制造强国、网络强国、数字中国；形成强大国内市场，畅通国内大循环。中国共产党第十九届中央委员会第五次全体会议也重申实行高水平对外开放，打消中国经济特区在"双循环"新格局下走回闭关锁国老路的疑虑。

（二）依据比较优势选择创新发展的模式

在市场经济条件下，城市内产业构成可以快速转换，但城市规模只能缓慢调整。这意味着各经济特区在推动创新发展时，应当根据自身的特征和比较优势来制定创新发展的策略。对于深圳市和厦门市而言，其所需要解决的

是如何进一步强化创新发展的基础环境，不仅要把人才引进来，更要让引进的人才在本地扎根。要实现后两个目标，从短期来看仍然需要地方政府在财政和政策上予以支持，并且深化人才评价体系、科研管理体制等领域的改革。从长期来看，地方政府应当逐步退出对人才评价和科研管理领域的管理和干预，让创新发展主体按照自身的需要和市场环境来自发形成人才评价体系、科研管理体制和成果管理制度，通过提升专业化水平的方式来营造更好的创新发展环境，让人才获得更为持久的激励。

对于珠海市、汕头市和海南省而言，引进创新发展人才和设立创新发展载体固然重要，但是更为重要的是做大做强本地优势产业，尤其是要更好地融入周边发展较好的城市的产业链，增强本地产业抗风险能力。只有通过做大做强本地优势产业，地方政府才有可能通过获取更多税收的方式改善自身的财政条件，进而对本地的创新发展投入更多的资金。因此，在人才引进方面应当更为注重企业的需求和产业发展的需要，避免唯帽子论、唯头衔论。

另外，还有全社会的养老问题。由于多年实行计划生育，中国经济特区现今生育率偏低，未来面临人口减少的趋势。养老改革、医疗改革也是如箭在弦。

四　下一年的发展路径与注意的问题

尽管当前经济下行压力大，但经济运行中正出现新的趋势、新的亮点。2020年前三季度，经济特区服务业产出平均增速快于第二产业，新产业、新业态发展势头良好，新亮点正在显现，以上趋势为未来发展奠定了良好基础。

（一）宏观调控不仅需要注意总量问题，更要注意结构问题

从总体来看，当前经济特区宏观经济中的主要问题在于投资、货币供给、居民住房方面。这些问题是相互关联、相互影响的。试图单独解决任何一个问题都难以取得理想效果，任何一个方面问题的恶化都将影响其他方面的问题。

目前情况下，需要同时注意各种影响经济稳定的因素在结构方面的表现和在总量方面的表现。因此，经济特区的宏观调控不仅需要注意总量问题，更要注意结构问题。在解决中国经济特区经济结构失衡问题时，只有加快改革打通影响资金、土地、人才等生产要素正常流动的行政及各方面的桎梏，中国经济特区高质量发展的内生动力才能真正发挥作用。

（二）更积极地扩大消费需求，关键问题是地区生产总值分配结构失衡

自 2008 年为抵御美国次贷危机的影响开始实施扩张性货币政策以来，经济特区的资本形成率和固定资产投资占地区生产总值的比例都在较快地上升，目前仍然存在投资增长速度明显高于消费增长速度的趋势，这意味着投资率的进一步上升和最终消费率的进一步下降。调整投资和消费的比例关系，认真切实地扩大消费需求已经成为越来越紧迫的任务。关键问题是地区生产总值分配结构失衡。宏观经济的根本问题是要调整这个结构，要适当控制基本建设的规模，要让居民收入增长得更快一点。

参考文献

国家统计局国民经济综合统计司编《新中国五十五年统计资料汇编》，中国统计出版社，2005。

国家统计局编《中国统计摘要—2019》，中国统计出版社，2019。

专题研究报告

Reports on Specific Researches

B.2
中国经济特区产业绿色转型发展报告[*]

袁易明　谢　海　陈梦蝶[**]

摘　要：　标准不断提升的政府规制直接推动了产业绿色转型，绿色技术创新则是产业绿色转型的原动力。本报告对2019年五大经济特区产业绿色转型和绿色产业的发展情况进行了分析和总结。从产业绿色转型发展的趋势来看，绿色供应链管理有望成为产业绿色转型的重要作用机制和应对以"产品环境足迹"为导向的绿色贸易壁垒的重要策略。本报告用产业绿色转型指标体系对五大经济特区产业绿色转型能力进行评估，结果显示深圳经济特区在产业绿色转型方面发挥了引领作用

---

[*] 本报告是教育部人文社会科学重点研究基地重大课题"经济特区产业转型与发展机会的社会分配研究"（课题号：15JJDZONGHE032）和深圳大学中国经济特区研究中心课题"2020年中国经济特区产业转型进展研究"的成果。

[**] 袁易明，教授，博士生导师，深圳大学中国经济特区研究中心副主任，深圳市汉仑绿色发展研究院院长，主要研究方向为经济增长、产业结构理论与政策；谢海，深圳大学中国经济特区研究中心2019级博士研究生，主要研究方向为人口、资源与环境经济学；陈梦蝶，深圳大学中国经济特区研究中心2019级硕士研究生，主要研究方向为产业结构与政策。

和先行示范作用，但在绿色金融方面还须加强引导，在绿色公共投资方面仍须加大投入。

关键词： 产业绿色转型　产品环境足迹　绿色供应链

一　产业绿色转型动力与机制

大量研究表明，政府规制和绿色技术创新是推动产业绿色转型的动力。20 世纪 90 年代初期，哈佛大学的波特及其合作者认为，恰当的环境规制可以激励企业开发和采纳绿色创新技术，从而使企业具备绿色市场上的竞争优势，这就是著名的波特假说。之后 20 多年，国际上围绕该假说进行了大量以美国、日本及欧盟等国家和地区制造业为对象的实证研究，多数研究结果支持波特假说。它们认为，不同类型的环境规制将刺激不同类型的绿色技术创新，当政策强调对污染物排放的控制时，生态创新侧重于最终处理过程技术，当政策转为强调对污染的防范时，绿色技术创新重心也随之转为生产过程的清洁技术。政府规制确实能激励企业开发和采用绿色技术，但企业开发和采用绿色技术更重要的原因是该项绿色技术所带来的诱人的市场前景和经济效益，这可以由一个普遍的事实证明：环境规制的技术标准一般是规制范围内多数企业能达到的较为成熟的绿色技术，并不采用一项绿色技术中的最高标准。因为这样将使大部分企业面临巨大的规制压力而难以生存，所以绿色技术创新并不主要由环境规制推动。相反，绿色技术创新不断地影响环境规制的策略，规制者将根据绿色技术的开发和采纳程度进行合理规制。

（一）政府环境规制

一般认为，企业生产对污染治理具有一定的外部性，企业没有意愿对与生产相关的环保设施进行投资，所以需要政府采取规制措施来保护环

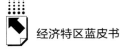

境。环境规制要求企业进行环保设施投资和承担污染治理费用，提高了企业生产成本，降低了企业利润。但同时也有研究表明环境规制推动企业使用更环保和先进的工艺与设备，提高了企业的生产效率，并推动企业进行技术创新活动。实证研究表明，政府规制对降低能源消耗强度和环境污染程度具有显著作用。十八大以来，中国政府对企业生产和生态环境保护的规制日趋严格，在中央政府的要求下，地方政府对环境规制的执行力也越来越强，这对部分产业形成了较大的压力和挤出效应，同时也促使产业进一步进行绿色转型发展。

2019 年五大经济特区出台的 26 项地方性命令控制型环境规制条例或政策名称见表 1。

表 1 2019 年五大经济特区地方性命令控制型环境规制条例或政策

经济特区	地方性命令控制型环境规制条例或政策
深圳	《生活垃圾焚烧发电厂自动监测数据应用管理规定》 《深圳市机动车环保车型目录管理和环保信息公开核验办法》 《深圳市生态环境违法行为举报奖励办法》 《深圳市生态环境局绿色低碳产业发展专项资金扶持计划操作规程》 《深圳市生态环境违法行为举报奖励办法》
珠海	《珠海经济特区海域海岛保护条例》 《珠海经济特区无居民海岛开发利用管理规定》 《珠海市 2019 年推动落后产能退出工作行动计划》
汕头	《汕头市环境噪声污染防治条例》 《关于进一步加强大气污染防治工作的通知》 《汕头市人民政府印发关于〈划定汕头市非道路移动机械低排放控制区划〉的通告》 《环境影响评价公众参与办法》 《建设项目环境影响登记表备案管理办法》
厦门	《厦门市生态环境准入清单(2019 版)》 《〈厦门市排污权有偿使用和交易管理办法〉实施细则》 《厦门市环境保护信用信息管理实施细则(试行)》 《厦门经济特区机动车排气污染防治条例》 《厦门市节约能源条例》 《厦门经济特区水资源条例》 《厦门市柴油货车污染治理攻坚战行动计划实施方案》

续表

经济特区	地方性命令控制型环境规制条例或政策
海南	《关于海南省环境污染强制责任保险试点承保保险机构名单的公告》 《海南省大气污染防治工作领导小组办公室关于印发〈海南省柴油货车污染治理攻坚战实施方案〉的通知》 《关于印发〈海南省槟榔加工业排污许可证申请与核发技术规范（试行）〉的通知》 《关于印发〈海南省农村生活污水治理考核办法（修订）〉的通知》 《关于印发〈海南省生态环境厅环境污染"黑名单"管理办法（试行）〉的通知》 《关于印发〈海南省重点海域入海污染物总量控制实施方案〉的通知》

（二）绿色贸易壁垒

绿色贸易壁垒是一国产业受到的来自外国政府的环境规制，指在国际贸易中，进口国出于保护环境和资源、保护公民身体健康的理由制定的种种限制甚至禁止进口的措施，主要表现为环境附加税、市场准入制度、绿色环境标志、产品加工标准、绿色包装和标签、绿色卫生检疫等形式。

目前，我国的能源利用率仅为日本的30%，单位GDP能源消耗量是主要发达国家的3~10倍，我国出口到美国、欧盟等国家和地区的产品面临较高的绿色壁垒。研究表明，由于发达国家的绿色贸易壁垒相关标准高于我国国内环境规制标准，因而绿色贸易壁垒对出口造成了负面影响，如提高了贸易成本、减少了出口数量、降低了产品竞争力等。但同时，绿色贸易壁垒也促使部分出口产业引领我国产业绿色转型。由于我国经济特区是在出口特区的基础上建立的，五大经济特区出口额占地区生产总值的比重仍然较高，绿色贸易壁垒也是促使经济特区产业绿色转型的重要原因。

欧盟发布的产品/服务环境质量要求在绿色贸易壁垒标准方面呈现纵向一体化的溯源趋势。产品环境足迹（Product Environmental Footprint，PEF），是2013年欧盟在生命周期评价方法（Life Cycle Assessment，LCA）基础上提出的一种产品/服务环境评价方法，评价范围涵盖从资源开采、初级原料和能源生产，以及产品生产、使用到废弃再生的产品生命周期全过程。2018年5月，欧盟委员会批准了首批PEF评价标准，标志着欧盟初步建立了新

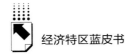

的绿色产品评价标准体系，新的环境足迹产品标识与认证体系也即将启动，这将对我国出口产品提出更高的挑战。在中美贸易摩擦背景下，绿色贸易壁垒因其指标体系众多、可操作性强，作为贸易摩擦手段之一可能被更高频地使用，特别是在涉及微生物与化学指标的农产品、食品、纺织品等产业中，以及涉及能效与臭氧保护指标的机电产品产业中。

（三）绿色技术创新

环境规制和绿色贸易壁垒都是从外部强制企业进行绿色转型发展，绿色技术的突破和应用则是企业绿色转型发展的原动力。一般来说，企业并没有动力持续地进行与清洁生产相关的绿色投资，因为该部分投资回收期长，且不是企业主要的生产活动。与企业的产品生产活动相比，该部分活动的规模效应明显偏弱。当企业发现有能够提高效率和效益的新技术、新工艺和新设备时，通常愿意进行绿色投资，而新工艺和新设备一般都是更绿色的。因此，新工艺、新设备的发明成为推动企业绿色转型的原动力。Walley 和Whitehead 认为，有经济效益的环境改进项目和活动将在市场中自动开展。[1]

张峰、宋晓娜采用绿色全要素生产率作为技术进步测度指标，以"三废"排放达标率和固体废物综合利用率为产业绿色转型成效测度指标，对全国 30 个省（区、市）1999～2018 年的制造业数据进行实证分析，结果显示，技术进步对制造业绿色转型发展具有显著促进作用。[2]

二 五大经济特区产业绿色转型发展概况与趋势

五大经济特区在产业绿色转型方面继续保持国内领先水平，在新能源汽车产业发展和新能源汽车使用、绿色建筑普及与绿色建筑产业发展方面表现

---

[1] N. Walley and B. Whitehead, "It's Not Easy Being Green", *Harvard Business Review*, 1994, 72（3）：46－52.

[2] 张峰、宋晓娜：《提高环境规制能促进高端制造业"绿色蜕变"吗——来自绿色全要素生产率的证据解释》，《科技进步与对策》2019 年第 21 期。

尤为突出。深圳经济特区在产业绿色发展和转型方面起到了先行先试的作用，绿色低碳产业①作为深圳市七大战略新兴产业，2019 年增加值为1084.6 亿元，占全部工业增加值的比重达到 11.3%。本部分将分别从第二、第三产业论述重点行业的绿色转型情况，具体包括制造业清洁生产实施情况、新能源汽车产业发展概况、绿色建筑产业发展概况和绿色金融产业发展概况。并对产业绿色转型发展新趋势做出分析。

（一）制造业清洁生产实施情况

制造业生产环节的绿色转型主要通过政府强制性规制措施——清洁生产审核来实现，清洁生产审核是指按照一定程序，对生产和服务过程进行调查和诊断，找出能耗高、物耗高、污染重的原因，提出降低能耗、物耗，减少废物产生以及有毒有害物料的使用、产生和促进废弃物资源化利用的方案，进而选定并实施技术、经济及环境可行的清洁生产方案的过程。根据《中华人民共和国清洁生产促进法》和《清洁生产审核办法》，各地制定了清洁生产审核的相关细则。例如，要求对国家在《重点企业清洁生产行业分类管理名录》中公布的五个重金属污染防治重点行业的重点企业每两年完成一轮清洁生产审核，七个产能过剩行业的重点企业每三年完成一轮清洁生产审核，其他重污染行业的重点企业每五年开展一轮清洁生产审核。

2019 年，五大经济特区清洁生产审核情况如下。深圳市全年关停环境保护和排放不达标企业 12 家，对 76 家企业开展了强制性清洁生产审核，其中 24 家不合格，通过审核的企业主要涉及印刷、新材料和电池生产行业。厦门市全年完成强制性生产审核 13 家，主要涉及电镀、新材料和涂料产业。海南省全年完成强制性生产审核 20 家，主要涉及石化和橡胶生产行业。珠海市全年通过清洁生产审核企业 40 家，主要涉及印制电路板、电子元器件

---

① 根据《深圳市战略性新兴产业统计报表制度》，绿色低碳产业是那些主营业务有环保（使用环保材料或进行环保作业活动）的产业，涉及建筑业、工业、服务业相关企业，具体包括新能源汽车整车及零部件生产、新能源电池、环保专用设备、先进核能、太阳能发电、废弃物再生利用、节能技术推广服务等产业。

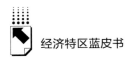

和服装等行业。汕头市全年通过清洁生产审核企业 3 家，主要涉及印染行业。

（二）新能源汽车产业发展概况

新能源汽车技术的研发决定了新能源汽车产业的发展方向与历程。新能源汽车的动力技术主要有两类，一类涉及氢能源动力，一类涉及动力电池。从对环境的影响来看，氢能源动力汽车是相对更加绿色的汽车产品，在使用过程中仅排出水。但是，由于氢能源动力汽车目前还处于研发和小试阶段，不仅初期投资大，而且面临市场垄断的压力。采用动力电池的新能源汽车则门槛相对较低，可与传统油车共享生产平台，因此几乎没有沉没成本。同时动力电池汽车充电设备无需单独占地，不挤占城市空间，诸多因素使得动力电池新能源汽车更快速地实现了产业化。

动力电池汽车在生产工艺方面正在从"油改电"平台向纯电车平台转换。在发展初期，为缩短研发周期、降低研发风险、减少生产成本和快速抢占市场，国内油车企业采用既有的油车生产平台来生产动力电池新能源汽车。与纯电车平台生产的动力电池汽车相比，"油改电"平台生产的新能源汽车最大的问题是车身平衡问题，其动力电池采用异形电池包，不规则地分布在座位和底盘下面，原本承重较大的发动机舱却相对"空虚"，由此带来汽车安全性、稳定性和舒适性的下降。大部分传统车企采用了"油改电"的起步模式。例如，比亚迪等传统车企在经过多年的市场拓展和技术积累之后，转而开始进行专用性资产投资并将其用于打造纯电车平台，进而生产更安全、更稳定和舒适的动力电池汽车。

中国新能源汽车产业的发展存在一定的地方保护行为。在对车企的补贴方面，地方政府一般仅愿意补贴本地车企，为本地车企新建 4S 店提供审批和选址服务，汽车销售渠道目前主要还是 4S 店，所以只要对新能源汽车的 4S 店进行管制即可轻松地达到保护本地车企的目的。这种地方保护行为使得占深圳市新能源公交车比重接近 90% 的比亚迪新能源公交车在北京市街头难以觅见身影。

1. 深圳市

深圳市动力电池新能源汽车产业链相对完整，涵盖动力电池、电机、电控、整车、配套设施以及报废新能源汽车拆解和退役新能源动力电池回收等环节。比亚迪为新能源汽车行业的龙头企业，业务涵盖动力电池、整车制造，比克电池和雄韬电池为动力电池领域的代表企业。

截至 2019 年底，深圳市机动车保有量达到 349.9 万辆，其中新能源汽车保有量为 36.28 万辆，占机动车总保有量的 10.4%。在营公交车已全部是新能源汽车，出租车仅有数十辆燃油车尚未淘汰，深圳市新能源车辆推广数量及渗透率远远高于全国平均水平。①

2. 厦门市

厦门市新能源汽车产业以整车制造和电池材料生产为主，逐步向电池、电机和电控领域延伸。目前，厦门市有新能源汽车整车生产企业 2 家，均为厦门金龙汽车集团股份有限公司的子公司，年产能超过 2 万辆。厦门钨业目前拥有镍氢电池负极材料（贮氢合金）和锂电正极材料两大产品线以及一条电池回收生产线，其也是国内唯一能出口车载动力电池材料的厂家。

3. 海南省

2019 年 9 月，海南省唯一的整车制造企业海马汽车开始推出微型纯电动汽车。由于起步相对较晚，海南省的产业政策更加注重通过优化氢能源动力汽车的产业布局推动动力电池汽车和氢能源汽车同步发展。2019 年 3 月，海南省人民政府印发《海南省清洁能源汽车发展规划》，明确提出分三个阶段实现"绿色智慧出行新海南"的总体发展目标，并提出 2030 年全域禁止销售燃油汽车。该规划提及要坚持充电为主、加气为辅的原则，力争通过 3～5 年时间，建成覆盖全省、满足各类型清洁能源汽车基本需求的充换兼容、快慢充互补、多场景结合、智能化的充电加气、加氢网络，加快统筹加氢站网络的布局规划，加快商业化加氢设施的建设运营。

---

① 根据公安部数据，2019 年全国汽车保有量为 3.48 亿辆，新能源汽车保有量为 381 万辆，占比为 1.1%。

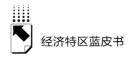

4. 珠海市

珠海新能源汽车产业以生产新能源客车整车为主，同时具备新能源汽车驱动系统总成、驱动电机和动力电池生产的能力，现有两家整车生产厂家——珠海银隆和珠海广通汽车，2019年产能合计约为2万辆。2019年6月，珠海银隆推出全氢燃料电池客车。

5. 汕头市

汕头市尚不具备汽车整车生产能力。2017年，汕头市政府与正道集团有限公司签订《共同推进汽车产业发展战略合作框架协议》，拟建设新能源整车生产基地、石墨烯钛酸锂电池生产基地和汽车管理系统数据库，目前项目正在建设中。

（三）绿色建筑产业发展概况

绿色建筑是在建筑的"全寿命期"内，最大限度地节约资源、保护环境和减少污染，为人们提供健康、适用和高效的使用空间的建筑。由于每平方米绿色建筑比普通建筑建造成本高出500元以上，绿色建筑的管理和运营也需要一定的专业性，如果管理水平达不到一定标准，则绿色投入部分难以收回成本。所以，目前绿色建筑的发展主要依靠政府强制推动，政府投资的公共建筑是绿色建筑主要的推广领域。国家对绿色建筑的强制规制程度快速提升。2013年国家发布《绿色建筑行动方案》，要求到2015年新建城镇建筑中绿色建筑面积要达到20%，而2020年发布的《关于印发绿色建筑创建行动方案的通知》，要求到2022年绿色建筑比重要达到70%。

在中央政府的规制指引下，各经济特区出台了不同规制程度的绿色建筑相关政策。深圳市采取了高于国家标准的强制规制，2013年出台的《深圳市绿色建筑促进办法》要求100%的新建建筑至少达到绿色建筑评价标识国家一星级或深圳铜级标准，鼓励公共建筑按照国家二星级或深圳市金级以上标准进行规划、建设和运营。截至2019年第一季度，深圳市共有1058个项目获得绿色建筑评价标识，总建筑面积超过9544万平方米，其中57个项目获得国家三星级评价标识，9个项目获得深圳市铂金级（最高等级）绿色建筑评价标识，13 个获全国绿色建筑创新奖（其中一等奖 6 个，占全国一等奖总数的 18%）。① 厦门市 2014 年出台的《厦门市绿色建筑行动实施方案》也高于国家标准，要求 2015 年新建建筑中绿色建筑比例达到 30%。福建省 2018 年发布的《福建省开展绿色生活创建行动计划》，要求到 2022 年全省城镇新建建筑中绿色建筑面积占比达到 75% 以上。海南省在 2015 年达到国家提出的新建建筑 20% 为绿色建筑后，于 2016 年出台《关于加快推进绿色建筑发展的意见》，要求从 2016 年 8 月起，住宅建筑全部达到绿色建筑标准，单体建筑面积超过 3000 平方米的政府投资的学校、医院、博物馆、科技馆、体育馆等满足社会公众公共需要的公益性建筑，以及单体建筑面积超过 2 万平方米的机场、车站、宾馆、饭店、商场、写字楼等公共建筑执行绿色建筑标准的强制性规定，按此意见绝大多数公共建筑必须达到绿色建筑标准。珠海市也逐步提高了绿色建筑标准，2017 年出台的《珠海经济特区绿色建筑管理办法》要求新建民用建筑达到国家绿色建筑一级标准，使用财政资金的公共建筑应达到国家绿色建筑二级标准。汕头市执行的是《广东省绿色建筑行动实施方案》，该文件要求 2020 年新建建筑中绿色建筑比例达到 30%。2018 年广东省又出台《广东省绿色建筑量质齐升三年行动方案（2018—2020 年）》，要求珠三角地区新建建筑中绿色建筑比例达到 70%，而处于非珠三角地区的汕头市执行的是 60% 的标准。总体来看，五大经济特区对绿色建筑的规制标准高于全国，但对于国家 2020 年出台的新的规制标准，个别特区还需要进一步制定更高标准的规制政策。

（四）绿色金融产业发展概况

产业绿色转型发展需要激励企业进行绿色投资，绿色金融是指为支持环境改善、应对气候变化和资源节约高效利用等经济活动而提供的金融服务。② 政府通过再贷款、财政贴息、专业化担保等定向支持手段激励金融机构为绿色项

① 深圳市住建局在深圳 2019 年度建筑领域节能宣传周活动现场发布的数据。
② 《深圳经济特区绿色金融条例（征求意见稿）》。

目的投资提供绿色金融服务，金融机构将政府激励转移至绿色项目。绿色金融成本相对较低，绿色信贷成本比一般贷款项目成本低10%以上，绿色债券的发行成本优势则更明显，① 因此绿色金融对绿色投资可以起到诱导作用。中国绿色金融发展迅速，截至2019年底，21家主要银行绿色信贷余额超过10万亿元，在岸市场发行贴标绿色债券约2885亿元，绿色债券发行额继续保持全球第一。这一方面受益于国家财政的支持，另一方面，由于绿色金融涵盖的领域相当宽泛，地铁和大型交通设施等市政项目也可以以绿色出行的名义获得绿色金融服务，而此类项目往往金额高、风险低，金融机构更愿意为此类项目提供绿色金融服务，这些高投资额项目迅速扩大了绿色金融的规模。

深圳市绿色金融发展相对缓慢。中国人民银行深圳支行2018年的调研数据显示：截至2017年底，深圳市银行业金融机构投向污染治理、资源节约、清洁能源等领域的绿色信贷余额为1004.5亿元，占深圳同期各项贷款余额的2.6%，远低于全国平均水平（7.5%）；深圳碳排放权交易市场配额成交量为2065.4万吨，成交额为6.6亿元，占全国总成交额的22.7%，在全国七个试点碳排放权交易市场中位列第二，从成交额来看，碳排放权交易对产业绿色转型的影响还十分有限。② 深圳市金融机构开展绿色金融业务的情况见表2。

表2　深圳市金融机构开展绿色金融业务的情况

机构类型	调查有反馈机构数量（家）	开展业务机构		绿色金融团队（个）
		数量（家）	占比（%）	
银行	71	43	60.6	11
证券	14	8	57.1	14
基金	25	14	56.0	21
保险	19	3	15.8	15

---

① 绿色债券发行成本比一般债券低20%～30%，2020年，深圳地铁发行3年期绿色债券，票面利率仅为2.9%。

② 《深圳绿色金融发展现状、存在的问题及建议》（中国人民银行深圳支行调研报告）。

续表

机构类型	调查有反馈机构数量（家）	开展业务机构		绿色金融团队（个）
		数量（家）	占比（%）	
期货	8	0	0	2
其他金融机构	3	3	100.0	3
合计	140	71	50.7	66

资料来源：《深圳绿色金融发展现状、存在的问题及建议》（中国人民银行深圳支行调研报告）。

由于绿色金融尚未被纳入统计体系，其他几个特区绿色金融数据难以获取，在此不予单独分析。但从不完全数据可以看出经济特区在绿色金融方面并未起到引领作用，主要原因可能是其大型能源与环保项目、绿色基建项目相对较少，以及基建项目获取绿色金融标识的标准较严格。

（五）产业绿色转型发展新趋势

近几年来，国内产业绿色转型机制呈现核心企业通过绿色供应链管理促进整个产业链绿色转型的新趋势。绿色供应链的作用机制是核心企业利用其买方主导的市场机制和后向一体化的产业链管控优势，将环境规制的要求和标准逐次向前传递，渗透产业链的各个环节。绿色供应链管理对产业绿色转型发展具有重要的优化作用：一是核心企业可以通过产业链传导机制对绿色技术和标准进行扩散；二是规制效率更高；三是将政府对众多企业的规制转换为核心企业对配套企业的规制，可大幅减少政府规制成本。同时，绿色供应链管理也是有效应对以"产品环境足迹"为标准的新绿色贸易壁垒的有效措施。

2013年，华为公司提出了"绿色供应链计划"。2014年，华为公司与深圳市人居环境委员会联合发起了"深圳市绿色供应链"试点项目，提出以市场为导向的绿色供应链模式，重点开展绿色采购和供应商绿色管理活动。绿色供应商管理包括供应商选择、绩效评估、合作三方面内容，华为基于电子行业行为准则（EICC），与正式供应商签署包括劳工标准、安全健康、环境保护、商业道德、管理体系及供应商管理等要素在内的"供应商企业社会责任（CSR）协议"。该项目在对供应商进行信息收集、筛选、评估与考核的基础上，有针对性地组织了一系列研讨培训及专家现场技术辅导

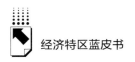

活动，在绩效评估过程中，建立了问题处理和退出机制。

除核心企业引领外，国家工信部门在试点成熟后，为一些重点行业制定了绿色供应链管理体系和标准，如 2019 年 1 月发布的《机械行业绿色供应链管理企业评价指标体系》、《电器电子行业绿色供应链管理企业评价指标体系》和《汽车行业绿色供应链管理企业评价指标体系》，这些新的供应链管理体系不仅提升了政府规制效率，也为行业整体绿色转型提供了技术支撑，绿色供应链管理有望成为影响产业绿色转型的主要机制。

三 五大经济特区产业绿色转型成效

产业绿色转型的评价指标主要包括资源利用效率、污染物排放以及城市创新能力等，本部分将主要从这三个方面分别论述五大经济特区的产业转型成效。

（一）资源利用效率提升状况

五大经济特区在资源利用效率方面均有所提升，深圳万元地区生产总值能耗降速为 3.54%，降速最快，其次为珠海。五大经济特区的人均地区生产总值以及单位土地面积地区生产总值均有所增加，厦门单位土地面积地区生产总值增速在五大经济特区中最快（见图 1），但是深圳市单位土地面积地区生产总值产出最高，为 134805.98 万元，是厦门市的 11 倍之多。另外值得注意的是，深圳市万元地区生产总值水耗降至 7.93 立方米，资源利用效率提升较为明显。

（二）污染物排放减少状况

2019 年，五大经济特区主要污染物排放的减少情况总体表现一般。深圳人均公园绿地面积有所下降，空气质量方面的表现也劣于上年。珠海在空气质量方面的表现劣于上年，其他方面均有提升。汕头各方面表现优于上年，但人均公园绿地面积下降。厦门可吸入颗粒物 PM10 年均浓度表现显著劣于上年，空气质量指数达优良标准天数略少于上年，其他方面表现良好。

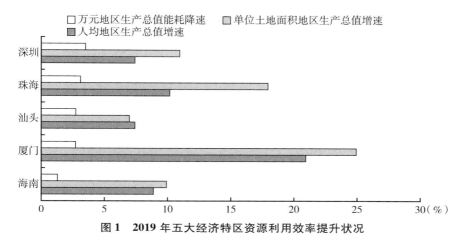

图1 2019年五大经济特区资源利用效率提升状况

资料来源：《深圳市2019年国民经济和社会发展统计公报》《珠海市2019年国民经济和社会发展统计公报》《汕头市2019年国民经济和社会发展统计公报》《海南省2019年国民经济和社会发展统计公报》《厦门经济特区年鉴—2020》。

海南空气质量指数达优良标准天数有所下降。值得注意的是，各特区的细微颗粒物PM2.5年均浓度均下降明显（见图2）。

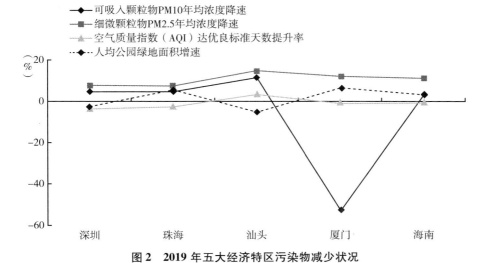

图2 2019年五大经济特区污染物减少状况

资料来源：《2019年度深圳市环境状况公报》《2019年珠海市环境质量状况》《2019年汕头市环境状况公报》《2019年厦门市环境质量公报》《2019年海南省环境状况公报》。

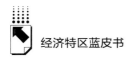

（三）城市创新能力提升状况

从 2019 年专利授权量数据来看，深圳专利授权量以及发明专利授权量都遥遥领先（见图 3）。可见，较为严格的环境规制并没有限制深圳企业的创新能力。

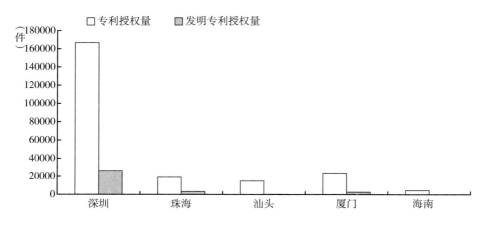

图 3　2019 年五大经济特区专利授权量及发明专利授权量

资料来源：《深圳市 2019 年国民经济和社会发展统计公报》《珠海市 2019 年国民经济和社会发展统计公报》《汕头市 2019 年国民经济和社会发展统计公报》《海南省 2019 年国民经济和社会发展统计公报》《厦门经济特区年鉴—2020》。

四　经济特区产业绿色转型发展能力评估

（一）评估意义

本部分通过创建评估产业绿色转型能力的指标体系，结合计量研究和比较研究的分析方法，对五大经济特区的产业绿色转型开展整体性和综合性评价。一方面揭示五大经济特区产业绿色转型的发展现状，另一方面查找五大经济特区产业绿色转型中存在的短板，并在此基础上提出相应对策。

（二）评估指标体系构建及数据收集

本部分致力于构建一个全面且有代表性的评估指标体系，从而对五大经济特区产业绿色转型能力进行真实和有效的评估。

1. 评估指标体系构建

本报告的产业绿色转型能力评估指标体系结合五大经济特区产业发展现状，围绕产业绿色转型能力进行评估，构建了5个一级指标，分别为绿色投入、绿色生产、绿色管控、绿色效益和绿色环境。在5个一级指标下设R&D 经费支出占地区生产总值比重、三次产业结构变化值、单位万元地区生产总值电耗下降比率、单位土地面积地区生产总值和人均公园绿地面积等13个二级指标并按照指标类型进行系统划分（见表3）。

表3　经济特区产业绿色转型能力评估指标体系

评估目标	一级指标	二级指标	指标类型
经济特区产业绿色转型能力	绿色投入	R&D 经费支出占地区生产总值比重	正向
		常住人口增速	正向
		固定资产投资增速	正向
	绿色生产	三次产业结构变化值	正向
		高新技术产业增加值增长率	正向
		现代服务业增加值增长率	正向
	绿色管控	单位万元地区生产总值能耗下降比率	正向
		单位万元地区生产总值电耗下降比率	正向
	绿色效益	单位土地面积地区生产总值	正向
		人均地区生产总值	正向
	绿色环境	空气质量指数（AQI）达优良标准天数	正向
		人均公园绿地面积	正向
		细微颗粒物 PM2.5 年均浓度	负向

2. 数据收集

本报告通过查阅五大经济特区政府工作报告、国民经济和社会发展统

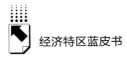

计公报、环境质量公报等官方资料，整理出 2019 年五大经济特区产业绿色转型能力评估指标体系中的二级指标数据（见表4），并对数据进行对比分析。

表4　2018 年五大经济特区产业绿色转型能力评估基础数据（x_{ij}）

二级指标	深圳	珠海	汕头	厦门	海南
R&D 经费支出占地区生产总值比重（%）	4.3	3.1	1.6	3.0	0.6
常住人口增速（%）	3.2	7.0	0.5	4.4	2.0
固定资产投资增速（%）	18.8	6.1	12.9	9.0	−9.2
三次产业结构变化值	4.2	11.5	6.5		4.4
高新技术产业增加值增长率（%）	8.8	2.6	3.5	8.8	10.1
现代服务业增加值增长率（%）	12.0	16.7	9.7	7.4	10.0
单位万元地区生产总值能耗下降比率（%）	3.54	3.09	2.75	2.65	1.32
单位万元地区生产总值电耗下降比率（%）	0.39	−1.04	4.57	0.16	−2.61
单位土地面积地区生产总值（万元/千米²）	134800	197860	12253	35277	1566
人均地区生产总值（元）	203489	175500	48000	142739	56507
空气质量指数（AQI）达优良标准天数（天）	332	316	348	356	356
人均公园绿地面积（米²）	14.94	21.00	14.35	15.60	16.47
细微颗粒物 PM2.5 年均浓度（微克/米³）	24	25	23	22	16

（三）评估过程

本报告采用熵值法对经济特区产业绿色转型能力进行评估。熵值法基本思路是根据指标变异性的大小来确定客观权重。其具体评估过程遵循以下三个步骤。

1. 数据标准化处理

由于二级指标基础数据的计量单位不统一，因此在计算熵值前要先对基础数据进行标准化处理，即把指标的绝对值转化为相对值，从而解决不同质指标值的同质化问题。而且由于正向指标和负向指标所代表的含义不同，所以要采用两类不同的算法进行标准化处理。具体公式如下。

正向指标：

$$y_{ij} = \frac{x_{ij} - \min(x_j)}{\max(x_j) - \min(x_j)} \quad (0 \leqslant y_{ij} \leqslant 1) \tag{1}$$

负向指标：

$$y_{ij} = \frac{\max(x_j) - x_{ij}}{\max(x_j) - \min(x_j)} \quad (0 \leqslant y_{ij} \leqslant 1) \tag{2}$$

其中，i 代表各经济特区，j 代表各二级指标。标准化处理结果见表5。

表5　2019年五大经济特区产业绿色转型能力评估标准化数据（y_{ij}）

二级指标	深圳	珠海	汕头	厦门	海南
R&D 经费支出占地区生产总值比重	1.0000	0.6791	0.2781	0.6524	0.0000
常住人口增速	0.4154	1.0000	0.0000	0.6000	0.2308
固定资产投资增速	1.0000	0.5464	0.7893	0.6500	0.0000
三次产业结构变化值	0.3364	1.0000	0.5455	0.0000	0.3545
高新技术产业增加值增长率	0.8267	0.0000	0.1200	0.8267	1.0000
现代服务业增加值增长率	0.4946	1.0000	0.2473	0.0000	0.2796
单位万元地区生产总值能耗下降比率	1.0000	0.7973	0.6441	0.5991	0.0000
单位万元地区生产总值电耗下降比率	0.4178	0.2187	1.0000	0.3858	0.0000
单位土地面积地区生产总值	0.6787	1.0000	0.0544	0.1717	0.0000
人均地区生产总值	1.0000	0.8200	0.0000	0.6093	0.0547
空气质量指数（AQI）达优良标准天数	0.4000	0.0000	0.8000	1.0000	1.0000
人均公园绿地面积	0.0887	1.0000	0.0000	0.1880	0.3188
细微颗粒物 PM2.5 年均浓度	0.1111	0.0000	0.2222	0.3333	1.0000

2. 熵值、差异性系数和权重计算

在计算熵值前，首先要依据原始数据标准化结果计算各二级指标下各经济特区的贡献度（见表6），具体公式如下。

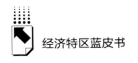
$$P_{ij} = \frac{y_{ij}}{\sum_{i=1}^{n} y_{ij}} \quad\quad (3)$$

表6 各二级指标下五大经济特区贡献度（P_{ij}）

二级指标	深圳	珠海	汕头	厦门	海南
R&D 经费支出占地区生产总值比重	0.3832	0.2602	0.1066	0.2500	0.0000
常住人口增速	0.1849	0.4452	0.0000	0.2671	0.1027
固定资产投资增速	0.3349	0.1830	0.2644	0.2177	0.0000
三次产业结构变化值	0.1504	0.4472	0.2439	0.0000	0.1585
高新技术产业增加值增长率	0.2981	0.0000	0.0433	0.2981	0.3606
现代服务业增加值增长率	0.2447	0.4947	0.1223	0.0000	0.1383
单位万元地区生产总值能耗下降比率	0.3289	0.2622	0.2119	0.1970	0.0000
单位万元地区生产总值电耗下降比率	0.2066	0.1081	0.4945	0.1908	0.0000
单位土地面积地区生产总值	0.3563	0.5250	0.0286	0.0902	0.0000
人均地区生产总值	0.4026	0.3301	0.0000	0.2453	0.0220
空气质量指数（AQI）达优良标准天数	0.1250	0.0000	0.2500	0.3125	0.3125
人均公园绿地面积	0.0556	0.6268	0.0000	0.1178	0.1998
细微颗粒物 PM2.5 年均浓度	0.0667	0.0000	0.1333	0.2000	0.6000

然后，依据公式计算各二级指标的熵值。

$$E_j = -k \sum_{i=1}^{n} P_{ij} \ln P_{ij} \quad\quad (4)$$

第 j 项指标的信息熵值为 E_j，信息效用值 $D_j = 1 - E_j$。

其中，令 $k = \dfrac{1}{\ln n}$，如果 $P_{ij} = 0$，则借鉴黄鹏、郭闽和兰思仁的做法，将 P_{ij} 近似等于 0.0001，以保证 $P_{ij} \ln P_{ij}$ 有效，并对最终结果无明显影响。[①]

最后，计算各指标的权重，公式如下。

$$W_j = \frac{D_j}{\sum_{j=1}^{m} D_j} \quad\quad (5)$$

---

① 黄鹏、郭闽、兰思仁：《福建省城市化与生态环境耦合状况分析》，《福建农林大学学报》（自然科学版）2015 年第 2 期。

其中，定义差异性系数 D_j 代表各二级指标下各经济特区贡献度的一致性程度。各二级指标熵值、差异性系数和权重见表7。

表7 各二级指标熵值、差异性系数和权重

二级指标	熵值（E_j）	差异性系数（D_j）	权重（W_j）
R&D 经费支出占地区生产总值比重	0.8096	0.1904	0.0607
常住人口增速	0.7821	0.2179	0.0694
固定资产投资增速	0.8455	0.1545	0.0492
三次产业结构变化值	0.7959	0.2041	0.0650
高新技术产业增加值增长率	0.7613	0.2387	0.0761
现代服务业增加值增长率	0.7601	0.2399	0.0765
单位万元地区生产总值能耗下降比率	0.8485	0.1515	0.0483
单位万元地区生产总值电耗下降比率	0.7646	0.2354	0.0750
单位土地面积地区生产总值	0.6366	0.3634	0.1158
人均地区生产总值	0.7213	0.2787	0.0888
空气质量指数（AQI）达优良标准天数	0.8285	0.1715	0.0546
人均公园绿地面积	0.6382	0.3618	0.1153
细微颗粒物 PM2.5 年均浓度	0.6695	0.3305	0.1053

3. 最终结果计算

依据上述所求贡献度 P_{ij} 和指标权重 W_j，代入公式可求各二级指标得分（见表8）。

$$Z_{ij} = \sum_{j=1}^{m} P_{ij} W_j \qquad (6)$$

表8 2019 年五大经济特区产业绿色转型能力评估二级指标得分（Z_{ij}）

二级指标	深圳	珠海	汕头	厦门	海南
R&D 经费支出占地区生产总值比重	0.0607	0.0412	0.0169	0.0396	0.0000
常住人口增速	0.0288	0.0694	0.0000	0.0417	0.0160
固定资产投资增速	0.0492	0.0269	0.0389	0.0320	0.0000
三次产业结构变化值	0.0219	0.0650	0.0355	0.0000	0.0231
高新技术产业增加值增长率	0.0629	0.0000	0.0091	0.0629	0.0761
现代服务业增加值增长率	0.0378	0.0765	0.0189	0.0000	0.0214

续表

二级指标	深圳	珠海	汕头	厦门	海南
单位万元地区生产总值能耗下降比率	0.0483	0.0385	0.0311	0.0289	0.0000
单位万元地区生产总值电耗下降比率	0.0313	0.0164	0.0750	0.0289	0.0000
单位土地面积地区生产总值	0.0786	0.1158	0.0063	0.0199	0.0000
人均地区生产总值	0.0888	0.0728	0.0000	0.0541	0.0049
空气质量指数（AQI）达优良标准天数	0.0219	0.0000	0.0437	0.0546	0.0546
人均公园绿地面积	0.0102	0.1153	0.0000	0.0217	0.0367
细微颗粒物 PM2.5 年均浓度	0.0117	0.0000	0.0234	0.0351	0.1053

根据前述经济特区产业绿色转型能力评估指标体系设定，可求得各经济特区一级指标得分和最终得分（见表9）。

表 9　2019 年五大经济特区产业绿色转型能力评估最终得分

一级指标及最终得分	深圳	珠海	汕头	厦门	海南
绿色投入	0.138733	0.137525	0.055727	0.113233	0.016021
绿色生产	0.122572	0.141496	0.063511	0.062878	0.120496
绿色管控	0.079625	0.054899	0.106108	0.057864	0
绿色效益	0.167409	0.188627	0.006305	0.073997	0.004859
绿色环境	0.043784	0.115275	0.067113	0.111409	0.196694
最终得分	0.552123	0.637821	0.298764	0.419382	0.338070

（四）评估结果分析

从 2019 年五大经济特区产业绿色转型能力评估结果可以看出，珠海超越深圳位居第一，在绿色生产、绿色环境和绿色效益方面都优于深圳，在绿色管控方面优于海南；深圳首次位居第二，其在绿色环境方面与厦门、珠海、海南有较大差距，其他方面均表现优秀，不存在明显短板，并且持续在绿色投入上领先于其他地区；厦门位居第三，在绿色环境方面表现优秀，与珠海相当，绿色生产方面落后于其他特区，其余方面均无明显短板；排名第四的为海南，海南的优势是绿色环境，但在绿色效益和绿色管控方面短板明显，表现较差；汕头是最后一名，在绿色管控方面表现优秀，得分排在五大特区之首，但在绿色生产和绿色效益方面短板明显，其他方面表现平平，总体得分最低，但与第一名的得分差距逐年缩小。

从 2013～2019 年五大经济特区产业绿色转型能力评估结果排名看，珠海首次夺魁，这可归功于珠海现代服务业、单位土地面积地区生产总值、三次产业结构变化值、常住人口增速和人均公园绿地面积的优异表现。深圳在 2019 年虽屈居第二，但在五大经济特区中一直拥有优异而稳定的产业绿色转型能力，是产业绿色转型的表率。2019 年厦门市排名第三，厦门市的优势主要体现在绿色环境和绿色投入两个方面。厦门市的空气质量优秀，R&D 经费支出占地区生产总值比重较大，对人才的吸引力度和固定资产投资力度有明显提升，在单位万元地区生产总值能耗、电耗下降比率方面表现良好，在产业结构升级方面并无显著改进（见表 10）。

2019 年海南省排名第四。海南省仅有的优势在于绿色环境，其空气质量最优，人均公园绿地面积最大。由于和其他经济特区相比，经济实力较弱，第二产业所占比例低，绿色效益表现不佳，所以海南省高新技术产业增加值增长率高，在其发展经济的过程中，绿色管控是明显的短板，主要表现为单位万元地区生产总值能耗与电耗较高。海南省的另一短板在于绿色投入，主要表现为 R&D 经费支出占地区生产总值比重严重偏低、固定资产投资负增长，海南省的 R&D 经费支出占地区生产总值比重仅为 0.6%，与撒哈拉以南非洲水平相近，对投资和人才的吸引力弱。

在五大经济特区中，汕头 2013～2019 年的排名均处于末端，但其与第一名的得分差距有所缩小，这说明汕头市的产业绿色转型已经初见成效。汕头的绿色管控表现优秀，单位万元地区生产总值电耗下降最快，而相辅相成的绿色投入和绿色效益表现仅略优于海南。

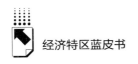
表10 2013~2019年五大经济特区产业绿色转型能力评估位次

年份	深圳	珠海	汕头	厦门	海南
2013	第一	第二	第四	第三	第五
2014	第一	第二	第五	第四	第三
2015	第一	第三	第四	第二	第五
2016	第一	第二	第四	第三	第五
2017	第一	第三	第四	第五	第二
2018	第一	第三	第五	第四	第二
2019	第二	第一	第五	第三	第四

五　经济特区产业绿色转型政策及建议

（一）加大绿色金融扶持力度，重点向绿色技术研发倾斜

绿色金融对绿色投资具有诱导作用，但目前几大经济特区的绿色金融发展相对缓慢，不利于产业绿色转型发展。因此，在绿色金融支持领域方面，要加大对绿色制造业和制造业绿色转型领域的支持；在绿色金融扶持环节，不仅要支持绿色技术的推广和使用，更要助力绿色技术的研发和创新；在绿色金融服务对象方面，重点加强绿色金融技术的研发和增加绿色技术的产业化项目，对金融机构绿色信贷余额设定一定转型扶持比例，让绿色金融真正服务产业绿色转型发展。

（二）发挥核心企业规制作用，强化绿色供应链传导机制

从以华为为代表的绿色供应链试点的实施情况来看，核心企业主导的绿色供应链对于产业绿色转型具有推动作用，应继续扩大试点范围进行全面推广。由生态环境部门设立专项基金，选择一些生产最终产品的行业龙头企业作为绿色供应链的核心企业，会同行业协会共同参与制定行业绿色供应链管理体系和标准，发挥核心企业的引领作用，通过绿色供应链传导

机制带动全产业链进行绿色转型，在提升绿色发展水平的同时发挥产业链的整体竞争优势。

（三）加大绿色公共投资力度，推动绿色技术开发和应用

由于共性的环保技术和公共绿色投资存在较强的外部性，企业一般不愿进行类似投资，政府应将此类投资纳入公共研发范围，或提供一定的资金委托企业进行技术开发。出于对研发风险的规避，目前政府对绿色技术的扶持仍然着重在技术的应用和产业化方面，对于绿色技术的开发投入相对不足。因此，要加大对具备共性的绿色技术和公共绿色设施的投入，提升绿色技术的可操作性和经济可行性。同时，还需要加大对绿色项目管理和运营中介机构的支持，帮助企业和单位提高管理绩效，提升企业和单位实施绿色项目的积极性。

参考文献

戴越：《波特假说三个层面的当下证说与建言》，《求索》2013 年第 11 期。

赵红、谷庆：《环境规制、引致 R&D 与全要素生产率》，《重庆大学学报》（社会科学版）2015 年第 5 期。

董颖、石磊：《"波特假说"——生态创新与环境管制的关系研究述评》，《生态学报》2013 年第 2 期。

李婉红、毕克新、孙冰：《环境规制强度对污染密集行业绿色技术创新的影响研究——基于 2003—2010 年面板数据的实证检验》，《研究与发展管理》2013 年第 6 期。

徐艳等：《产品环境足迹：新的潜在绿色贸易壁垒》，《环境与可持续发展》2019 年第 6 期。

孙玉阳、宋有涛、杨春荻：《环境规制对经济增长质量的影响：促进还是抑制？——基于全要素盛传率视角》，《当代经济管理》2019 年第 10 期。

S. Ambec, M. A. Cohen, S. Elgie and P. Lanoie "The Porter Hypothesis at 20: Can Environmental Regulation Enhance Innovation and Competitiveness?", *Review of Environmental Economics and Policy*, 2013, 7 (1).

M. Jänicke, H. Mönch, T. Ranneberg and U. E. Simonis, "Economic Structure and Environmental Impacts: East-west Comparisons", *The Environmentalist*, 1989, 9 (3).

J. Labonne, "A Comparative Analysis of the Environmental Management, Performance and

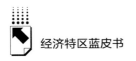

Innovation of SMEs and Larger Firms", http: //ec. europa. eu/environment/archives/sme/pdf/final_ report_ sme_ en. pdf.

D. Popp, "Uncertain R&D and the Porter Hypothesis: Contributions in Economic ", *Analysis & Policy*, 2005, 4 (1).

M. E. Porter and C. Van der Linde, "Toward a New Conception of the Environment-competitiveness Relationship", *The Journal of Economic Perspectives*, 1995, 9 (4).

M. E. Porter and C. Van der Linde, "Green and Competitive: Ending the Stalemate", *Harvard Business Review*, 1995, 73 (5).

UNIDO, Green Industry Initiative, https: //www. unido. org/our − focus/cross − cutting − services/green − industry/green − industry − initiative.

A. Xepapadeas and A. de Zeeuw, " Environmental Policy and Competitiveness: The Porter Hypothesis and the Composition of Capital ", *Journal of Environmental Economics and Management*, 1999, 37 (2).

B.3
中国经济特区碳生产率发展报告[*]

钟若愚　任雪荻　李梦楠　王海峰[**]

摘　要： 在全要素生产率分析框架下，以 DMI 指标表征物质资源投入，考虑非期望产出，采用非径向、非角度的 SBM 超效率模型对中国五大经济特区的碳生产率进行测算，并将其进一步分解为纯技术效率、规模效率与技术进步效率。研究发现，在考察期间内，深圳、厦门、珠海的碳生产率综合效率处于前沿面，表明这三个特区在能源、劳动与资本投入相同的情况下，经济产出更高、二氧化碳排放量更低；海南与汕头相对较低的碳生产率与近些年的经济发展水平、技术水平、资源禀赋等密切相关，应尽快转变部分产业高能耗、高排放、粗放式的发展方式。

关键词： 经济特区　DMI 指标　碳生产率　SBM 超效率模型

国际组织"全球碳计划"（Global Carbon Project）的数据显示，截至 2018 年，中国碳排放总量占全球的 29%，中国的减排情况将直接影响全球减碳目标的实现。中国政府在签署《巴黎协定》后提交了自主贡献度承诺，明确到 2030 年实现碳排放强度比 2005 年下降 60% ~ 65% 和总量达峰的"双控"目标，碳排放强度指标于 2017 年首次被纳入国民经济和社会发展

---

* 本报告是教育部人文社科重点研究基地重大项目（10JJDZONGHE019）的阶段性成果。

** 钟若愚，深圳大学教授，博士生导师，主要研究方向为人口、资源与环境经济学，特区港澳经济，经济思想史；任雪荻，山西财经大学经济学院、深圳大学中国经济特区研究中心联合培养 2019 级博士研究生，主要研究方向为资源经济与可持续发展；李梦楠，深圳大学经济学院 2019 级硕士研究生，主要研究方向为资源经济与可持续发展；王海峰，深圳大学经济学院 2019 级硕士研究生，主要研究方向为人口经济、能源经济。

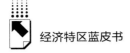
统计公报。经济特区作为我国改革开放的排头兵、生态文明建设的先锋和典范，提升其资源利用效率与减少二氧化碳排放总量刻不容缓。

在当前低碳经济的背景下，实现减少碳排放量和经济稳定增长的唯一出路在于提高碳生产率。麦肯锡全球研究所（MGI）与麦肯锡公司全球变化特别计划的研究表明，碳生产率（carbon productivity）能将大气中的温室气体和经济增长结合起来，全球要达到 IPCC 规定的碳减排目标，在未来近 40 年里，碳生产率必须提高 10 倍。[①] 碳生产率等于一个国家或地区一定时期内的生产总值与同期二氧化碳排放量的比值，它作为单要素指标对碳排放效率进行衡量，简单易操作，但不能反映一个经济体碳排放效率的综合特征。

正是由于单要素指标的不足，近年来越来越多的研究选择在全要素生产率分析框架下研究碳生产率。在研究方法的选择方面，主要是采用包含负产出的 DEA 模型，但大都是直接选取能源消耗作为投入指标，鲜有使用物质流分析（MFA）方法计算直接物质投入（DMI）指标，并将其作为投入指标进行效率评估的研究。鉴于此，本报告整理与测算了中国五大经济特区（深圳、珠海、汕头、厦门、海南）2000～2019 年的投入与产出数据，在全要素生产率分析框架下，引入直接物质投入指标，采用 DEA 模型中包含非期望产出的、非径向、非角度的 SBM 超效率模型对经济特区碳生产率进行测算，比较不同年份各特区间的碳生产率差异，并将其进一步分解为纯技术效率、规模效率与技术进步效率，从提升能源利用效率、调整生产结构与生产技术改进等方面为特区"人口—资源—环境"协调可持续发展提供建议。

一 基于物质流分析的中国经济特区碳生产率分析框架

（一）物质流分析框架

物质流分析遵循质量守恒定律，以物质的量为单位，通过量化物质的

① E. Beinhocker, J. Oppenheim, B. Irons, et al., *The Carbon Productivity Challenge : Curbing Climate Change and Sustaining Economic Growth*, Mckinsey Global Institute, 2008.

输入、输出流量以及社会蓄积存量，研究物质流动的合理性，从而建立社会经济系统内部及环境与社会经济系统之间的定量关系。物质流分析方法在区域和城市层面与国家层面研究上存在尺度差异，国家层面的物质流分析侧重关注系统边界上输入与输出总量及其背后的隐藏流，区域和城市层面物质流分析侧重结合对城市产业结构的解析来考察输入与输出结构。本报告从区域和城市层面进行简化的物质流分析。[①] 由于区域边界系统的界定不够明晰，且区域物质资源使用的数据较难得到，简化版物质流分析将对区域层面的投入指标（直接物质投入指标）进行进一步分类，具体指标内容见表1。

表1 城市物质流分析简化框架

指标	大类	构成项目	细分指标	主要内容
直接物质投入指标 DMI 直接物质消耗指标 DMC	直接物质投入 = 本地投入 + 外地调入（$DMI = DE + I$） 直接物质消耗 = 直接物质投入 - 本地调出（$DMC = DMI - E$）	本地投入 DE	1. 化石燃料	（1）原煤 （2）原油 （3）天然气
			2. 工业金属矿物	（1）铁矿石 （2）铝矿石 （3）铜矿石 （4）其他
			3. 工业非金属矿物	（1）化学化工原料 （2）初级形态的塑料 （3）玻璃、水泥等 （4）其他
			4. 生物质	（1）农作物 （2）林产品 （3）水产品 （4）畜产品
		外地调入（进口）I	化石燃料；工业矿物；生物质	
		本地调出（出口）E	化石燃料；工业矿物；生物质	

注：本报告根据研究需要提出了物质流分析简化框架；城市物质流分析框架借鉴国家物质流分析框架，对应国家层面的进口、出口，城市层面上则称为调入、调出。

---

① 钟若愚、唐文、管志贵：《中国经济特区资源效率与可持续发展报告》，载陶一桃主编《中国经济特区发展报告（2017）》，社会科学文献出版社，2018。

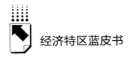

（二）碳生产率分析框架

采用数据包络分析中跨期的 Malmquist-Luenberger 指数测算全要素生产率，着重考察投入导向模式下，五大经济特区的碳生产率问题。假设地区因资本（K）、劳动力（L）和直接物质投入（DMI）三要素的投入形成地区内生产总值（Y）的一种期望产出，从投入的角度研究全要素生产率变化，该生产过程可描述为 $P（K，L，DMI）=\{Y：（K，L，DMI，Y）\in T\}$。[①] T表示特定生产过程中的技术关系，$P（K，L，DMI）$是产出集，表示所有可能产出的集合，该集合具有闭合、有界和凸性的特征。每一期在固定规模报酬（C），投入要素强可处置（S）条件下的参考技术被定义为：

$$T^t(Y_t \mid C,S) = \{(L_t,K_t,DMI_t):Y_t \leqslant \sum_{j=1}^{i=9} Z_t^t Y_t;\sum_{j=1}^{i=9} Z_t^t Y_i^t \leqslant L_i^t\}$$

$$\sum_{j=1}^{i=9} Z_t^t X_{i,k}^t \leqslant X_i^t;Z_i^t \geqslant 0$$

Z_i^t 表示每个截面观察值的权重，$X_{i,k}^t$ 表示 i 城市 k 要素的投入。

$$F_i^t(Y^t,X^t \mid C,S) = \theta^k;$$

$$\sum_{j=1}^{i=9} Z_i^t Y_i^t \geqslant Y_i^t$$

$$\sum_{j=1}^{i=9} Z_i^t X_i^t \geqslant \theta^k X_i^t$$

为了得到生产率随时间变化的 Malmquist-Luenberger 指数，本报告引入距离函数，距离函数是技术效率的倒数，[②] 定义参考技术下的投入距离函数如下。

①　Sigbjørn Atle Berg, Finn R. Førsund and Eilev S. Jansen, "Malmquist Indices of Productivity Growth during the Deregulation of Norwegian Banking, 1980 – 89", *The Scandinavian Journal of Economics*, 1992（94）：211 –228.

②　R. Fare, Shawna Grosskopf and Carl Pasurka, "Accounting for Air Pollution Emissions in Measuring State Manufacturing Productlvity Growth", *Journal of Regional Science*, 2011（41）.

$$D_i^t(Y^t, X^t) = 1/f_i^t/F_i^t(Y^t, X^t \mid C, S)$$

投入距离可以看作某一生产点（Y^t，X^t）向理想的最小投入点压缩的比例。当且仅当 D_i^t（Y^t，X^t）$=1$，（Y^t，X^t）处于生产前沿面上时，生产技术才是有效的。D_i^t（Y^t，X^t）>1 时，生产在技术上是无效的。

同时，Malmquist-Luenberger 指数可以被分解为技术效率指数和技术进步指数，而技术效率指数又可以被分解为纯技术效率指数和规模效率指数。在 1997 年，Ray 和 Desli 等人提出了 Malmquist-Luenberger 指数分解的 RD 模型，分解形式如下：

$$M_{RD}(x^t, y^t, x^{t+1}, y^{t+1}) = \frac{D_V^{t+1}(x^{t+1}, y^{t+1})}{D_V^t(x^t, y^t)} \times \left[\frac{D_V^t(x^t, y^t)}{D_V^{t+1}(x^t, y^t)} \times \frac{D_V^t(x^{t+1}, y^{t+1})}{D_V^{t+1}(x^{t+1}, y^{t+1})} \right]^{\frac{1}{2}} \times$$

$$\left[\frac{D_C^t(x^{t+1}, y^{t+1})/D_V^t(x^{t+1}, y^{t+1})}{D_C^t(x^t, y^t)/D_V^t(x^t, y^t)} \times \frac{D_C^{t+1}(x^{t+1}, y^{t+1})/D_V^{t+1}(x^{t+1}, y^{t+1})}{D_C^{t+1}(x^t, y^t)/D_V^{t+1}(x^t, y^t)} \right]^{\frac{1}{2}}$$

由上式知，Malmquist 指数 = 纯技术效率指数 × 技术进步效率指数 × 规模效率指数。

（三）数据收集与处理

本报告数据来自中国五大经济特区的统计年鉴、统计公报等相关公开数据。在计算过程中，因为存在统计口径不一致和部分数据缺失的问题，按照以下假定处理数据：①对特定物质的消费需求，以本地生产优先为原则；②将供大于求的特定物质（特指本地生产）的调入量假定为 0；③将供小于求的特定物质（特指本地生产）的调出量假定为 0。[①]

报告中各经济特区的主要类别物质流数据将进行如下处理。

鉴于本地未开采金属矿物、工业非金属矿物、化石燃料，基本从外部调入，依照假定条件设调出量为 0。数据处理时，按科学比例将化石燃料（由原煤、原油和天然气组成）转换为标准原煤形式进行分析，均根据年产量

---

① 海南省以外四大经济特区的金属矿物、工业非金属矿物、化石燃料等要素，均处于内部供给不足、需从外部进口或调入的状态，故依据假定③开展数据分析。

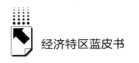
进行度量，相关数据源自各经济特区统计年鉴与公报。

历年统计年鉴中关于工业金属矿物（主要由铁矿石、铝矿石、铜矿石构成）组成成分的产量数据有限，由此通过对现有数据进行投入产出分析，估算得出原矿需求量。根据假定③，若本地产量出现供不应求情况，直接物质投入量可视作本地开采量与外地调入量之和，即原矿需求量。特此说明，本报告未将矿产资源开采的生态包袱数值纳入计算范围。

生物质包括农作物、林产品、水产品、畜产品等，将根据本地人均消耗量估算而得。

对于部分年份年鉴数据缺失的情况，根据前后几年数据采用插值法进行平滑处理。

对于中国五大经济特区碳生产率测算，选择时间跨度为 2001～2019 年。其中，城市投入要素有：劳动力投入（以各地就业人数表征）、资本投入（以各市的社会固定资产存量表征）、DMI 指数。城市产出要素：地区生产总值（以 2000 年为基期进行平减）、二氧化碳排放量（采用《IPCC 温室气体编制清单指南》的方法 3 进行测算）。① 中国五大经济特区二氧化碳排放量的测算结果如图 1 所示。

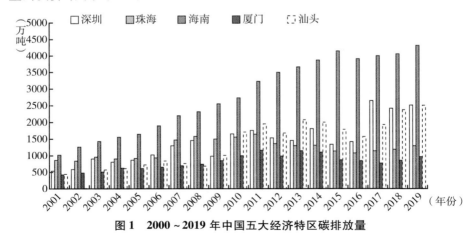

图 1　2000～2019 年中国五大经济特区碳排放量

---

① 潘家华、张丽峰：《我国碳生产率区域差异性研究》，《中国工业经济》2011 年第 5 期。

二 基于物质流分析的中国经济特区碳生产率评估

（一）物质流分析初步结果

2001～2019 年各经济特区 DMI 总量变化情况如表 2 所示。在五大经济特区中，海南省 DMI 总量历年来远超其他特区，2019 年海南 DMI 总量是深圳的 3.24 倍、厦门的 3.57 倍、珠海的 4.53 倍、汕头的 3.36 倍。从各特区 DMI 总量历年变化情况看，2001～2019 年深圳与厦门的 DMI 总量呈现倒 U 形趋势，自 2011 年达到较（最）高点后逐步收敛，年均增长速度较低，分别为 2.5% 与 1.6%；珠海与汕头的 DMI 总量相对较小，但在考察时间内呈现波动上升态势，年均增速分别为 4.2% 与 5.6%。

表 2　2001～2019 年五大经济特区 DMI 总量

单位：万吨，%

年份	深圳	珠海	海南	厦门	汕头
2001	1126.2	593.4	2143.7	1241.2	551.2
2002	1232.6	601.8	2371.7	1330.5	596.0
2003	1430.0	651.5	2531.2	1313.5	627.2
2004	1475.7	632.6	2787.9	1393.4	707.9
2005	1492.3	638.8	2517.2	1484.0	727.0
2006	1596.9	680.9	2939.8	1546.3	771.9
2007	1685.2	916.6	3387.4	1560.1	758.9
2008	1743.8	1008.6	3573.1	1433.8	709.1
2009	1581.9	1026.8	4027.8	1803.3	874.9
2010	1742.5	1097.4	4398.0	1819.3	1093.9
2011	1962.1	1118.0	5058.5	1905.0	1247.0
2012	1684.4	1038.9	5453.0	1726.2	1191.8
2013	1681.8	1096.4	5810.3	1185.7	1321.2

年份	深圳	珠海	海南	厦门	汕头
2014	1648.7	1152.6	5986.7	1567.8	1279.6
2015	1478.2	1067.6	5987.6	1470.3	1250.1
2016	1507.5	1044.6	5723.2	1490.2	1292.6
2017	2058.6	1073.9	5731.9	1558.7	1355.2
2018	1893.2	1120.5	5565.3	1526.8	1511.3
2019	1748.4	1250.6	5666.4	1588.1	1685.3

资料来源：根据本研究物质流分析简化框架计算整理得到；依据最新 2019 年年鉴数据进行修正。

（二）碳生产率测算与分解

选取 2001~2019 年五大经济特区的投入与产出数据，运用 MaxDEA 软件，通过考虑非期望产出的 SBM 超效率模型，测算各经济特区动态碳生产率，并将跨期的 Malmquist-Luenberger 指数进一步分解为纯技术效率指数、规模效率指数和技术进步效率指数，具体的分解结果如表 3、表 4，图 2、图 3 与图 4 所示。

表 3　2001~2010 年五大经济特区 Malmquist-Luenberger 指数及分解结果

经济特区	2001 年				2002 年			
	ML	PEC	SEC	TC	ML	PEC	SEC	TC
海南	1.0396	1.0000	1.0218	1.0174	1.0336	1.0000	1.0534	0.9812
汕头	1.0138	1.0264	1.0105	1.0033	0.9925	0.9895	0.9881	1.0045
深圳	1.0518	1.0000	1.0109	1.0405	1.0617	1.0000	1.0218	1.0391
厦门	1.1026	1.0006	0.9997	1.1030	1.1213	1.0136	1.0087	1.1116
珠海	0.9798	0.9591	1.0103	0.9699	0.9440	0.9119	0.8533	1.1063
	2003 年				2004 年			
海南	0.9658	1.0000	0.8474	1.1398	0.8637	1.0000	1.3405	0.6443
汕头	0.8265	0.9789	0.8446	0.9996	0.3475	0.3561	0.3617	0.9607
深圳	1.0363	1.0000	0.9862	1.0508	1.0822	1.0000	1.0118	1.0697
厦门	1.1050	0.9926	0.9911	1.1149	1.1015	0.9922	0.9973	1.1044
珠海	1.0429	0.9082	0.9753	1.0693	0.9512	0.9673	0.9636	0.9872

续表

经济特区	2005 年				2006 年			
	ML	PEC	SEC	TC	ML	PEC	SEC	TC
海南	0.8996	1.0000	1.1112	0.8096	1.0715	1.0000	1.1679	0.9175
汕头	0.9914	0.9983	1.0002	0.9913	1.0002	1.0076	1.0086	0.9917
深圳	1.0800	1.0000	1.0220	1.0567	1.0557	1.0000	1.0033	1.0523
厦门	0.8652	0.8125	0.7547	1.1464	1.0267	0.9592	0.9747	1.0534
珠海	0.9933	0.9258	0.9248	1.0741	0.9838	0.9359	0.9328	1.0546
	2007 年				2008 年			
海南	1.0007	1.0000	0.9996	1.0010	0.6577	1.0000	0.6563	1.0021
汕头	0.9779	1.0651	0.9715	1.0066	0.7987	0.9984	0.7874	1.0143
深圳	1.0789	1.0000	1.1278	0.9566	1.0678	1.0000	1.0427	1.0241
厦门	1.2718	1.0642	1.0108	1.2582	1.0782	1.0047	0.9833	1.0966
珠海	1.1732	1.1896	1.1772	0.9965	1.0089	1.0557	1.0276	0.9818
	2009 年				2010 年			
海南	0.8232	1.0000	0.9129	0.9017	0.8994	1.0000	0.9043	0.9946
汕头	1.1231	0.9586	1.2655	0.8875	1.0900	1.1276	1.1238	0.9700
深圳	1.0546	1.0000	1.0486	1.0057	1.0456	1.0000	1.0061	1.0392
厦门	0.9815	0.9137	0.9656	1.0164	1.0417	0.9809	0.9778	1.0653
珠海	0.9776	0.9376	0.9689	1.0090	0.9817	0.7931	0.7879	1.2460

注：ML 为 Malmquist-Luenberger 指数，PEC 为纯技术效率指数，SEC 为规模效率指数，TC 为技术进步效率指数。

表4　2011～2019 年五大经济特区 Malmquist-Luenberger 指数及分解结果

经济特区	2011 年				2012 年			
	ML	PEC	SEC	TC	ML	PEC	SEC	TC
海南	1.0422	1.0000	1.0996	0.9478	0.9098	1.0000	1.2128	0.7501
汕头	0.9395	0.9908	0.9773	0.9614	0.8766	0.9569	0.9841	0.8907
深圳	1.0596	1.0000	0.9876	1.0729	1.1405	1.0000	1.0641	1.0718
厦门	1.0461	0.9330	0.9374	1.1159	0.9511	0.9901	0.9490	1.0023
珠海	1.0254	1.0188	0.9887	1.0372	0.9635	0.9979	0.9851	0.9780
	2013 年				2014 年			
海南	0.8466	1.0000	1.1242	0.7530	0.9716	1.0000	0.8821	1.1015
汕头	0.9091	0.9929	0.9488	0.9581	1.0882	1.0838	1.1248	0.9675
深圳	1.0446	1.0000	0.8717	1.1984	1.0446	1.0000	1.1201	0.9326
厦门	1.2536	1.2911	1.3085	0.9580	0.9068	0.8849	0.8551	1.0604
珠海	0.9737	1.1639	1.1345	0.8582	0.9868	0.8469	0.8500	1.1609

续表

经济特区	2015 年				2016 年			
	ML	PEC	SEC	TC	ML	PEC	SEC	TC
海南	1.0284	1.0000	1.2189	0.8437	0.9387	1.0000	1.1582	0.8105
汕头	0.9050	0.9347	0.9766	0.9266	0.9034	0.9318	0.9322	0.9691
深圳	1.0654	1.0000	1.0079	1.0571	1.0465	1.0000	1.0222	1.0238
厦门	0.9370	0.9788	0.9795	0.9566	0.9950	0.9612	0.9679	1.0280
珠海	0.9913	1.0086	0.9982	0.9932	1.0023	1.0276	1.0050	0.9973
	2017 年				2018 年			
海南	0.8924	1.0000	0.8741	1.0208	0.9624	1.0000	0.9262	1.0391
汕头	1.0222	1.0538	1.0434	0.9796	1.0236	1.0740	1.0334	0.9905
深圳	0.9146	1.0000	0.8762	1.0439	1.0322	1.0000	0.9015	1.1449
厦门	1.0263	1.0588	0.9412	1.0905	1.1739	1.2625	1.2212	0.9613
珠海	1.0225	1.0130	0.9776	1.0459	1.0073	1.0020	0.9912	1.0163
	2019 年							
海南	1.2149	1.0000	1.2521	0.9703				
汕头	0.9744	0.9518	0.9767	0.9976				
深圳	1.0659	1.0000	1.0216	1.0433				
厦门	1.0871	1.0087	1.0895	0.9978				
珠海	1.0224	0.9981	1.0157	1.0065				

注：ML 为 Malmquist-Luenberger 指数，PEC 为纯技术效率指数，SEC 为规模效率指数，TC 为技术进步效率指数。

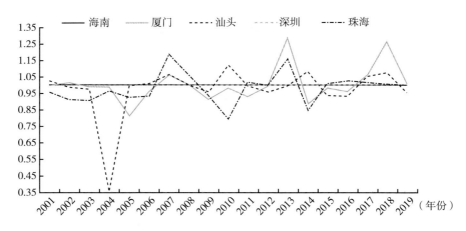

图 2　2001～2019 年五大经济特区纯技术效率指数变动趋势

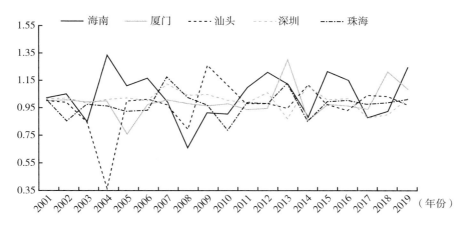

图3 2001~2019年五大经济特区规模效率指数变动趋势

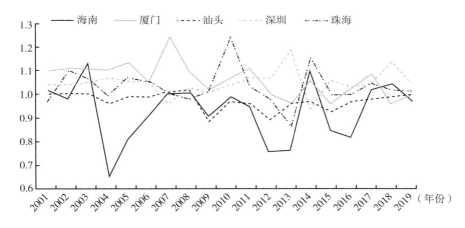

图4 2001~2019年五大经济特区技术进步效率指数变动趋势

由表3、表4数据可得，海南2001~2019年碳生产率综合效率指数的均值为0.9506，纯技术效率指数的均值为1.0000，规模效率指数的均值为1.0402，技术进步效率指数的均值为0.9287。这表明，在考察期内，海南纯技术效率与规模效率对碳生产率提高有正向拉动作用，并且海南经济特区技术进步缓慢，在一定程度上制约其经济低碳化发展。从时间维度来看，海南碳生产率综合效率指数大于1的年份有2001年、2002年、2006年、2007年、2011年、2015年和2019年，表明这些年份

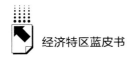
海南通过能源生产效率的提升与生产结构的调整,使单位能源、劳动与资本投入带来更高的产出,且使得二氧化碳排放量较低。

2001～2019年汕头碳生产率综合效率指数的均值为0.9370,纯技术效率指数的均值为0.9725,规模效率指数的均值为0.9663,技术进步效率指数的均值为0.9721,表明在考察期间内,汕头特区各效率指标的均值均未进入有效区间(有效区间效率值＞1)。从时间维度来看,汕头碳生产率综合效率指数值大于1的年份仅有7年,相对较低的碳生产率综合效率与汕头近些年部分产业高能耗、高排放、粗放式的经济增长方式密切相关。

2001～2019年深圳碳生产率综合效率指数的均值为1.0541,纯技术效率指数的均值为1.0000,规模效率指数的均值为1.0081,技术进步效率指数的均值为1.0486,由综合效率分解出的三种效率均处于效率前沿,对碳生产率的提升均起到了正向拉动作用。从时间维度考察,除2017年的碳生产率综合效率指数小于1.0000外,其他年份均大于1.0000,表明考察期内依靠劳动者技能提高、技术创新与技术进步,深圳单位能源、劳动与资本投入带来更高的经济产出,同时实现较少的二氧化碳排放。

2001～2019年厦门碳生产率综合效率指数的均值为1.0564,纯技术效率指数的均值为1.0054,规模效率指数的均值为0.9954,技术进步效率指数的均值为1.0653。在考察期间内,厦门碳生产率综合效率指数均值、技术进步效率指数均值与纯技术效率指数均值均高于深圳,规模效率指数均值小于深圳,表明相对较低的规模效率在一定程度上对厦门碳生产率的提升产生负面影响,厦门应尽快调整生产结构与生产规模,通过规模效率的提升促进碳生产率的提高。

2001～2019年珠海碳生产率综合效率指数的均值为1.0016,纯技术效率指数的均值为0.9822,规模效率指数的均值为0.9772,技术进步效率指数的均值为1.0310。表明在考察期间内海南通过技术进步,提高了直接物质投入利用效率,纯技术效率与规模效率均未处于效率前沿,仍具有较大的上升空间,珠海应着力提高劳动者技能与调整生产结构,从而进一步提升碳生产率。

三 结论与政策建议

随着全球气候变暖问题的日益严峻以及中国二氧化碳排放量的增加，中国的二氧化碳排放空间越来越小，迫切需要提升碳生产率。不同于以往的研究，本报告在全要素生产率分析框架下，通过物质流分析方法与考虑非期望产出的 SBM 超效率模型，测度了 2001～2019 年中国五大经济特区的碳生产率，并将碳生产率分解为纯技术效率、规模效率与技术进步效率，得到以下结论。

2001～2019 年，深圳、厦门、珠海的碳生产率综合效率指数的均值均大于 1.0000，表明这三个特区在经济发展过程经济效益与环境效益协调并进，通过技术进步与生产结构的调整，单位能源、劳动与资本投入带来更多的产出，同时产生较低的二氧化碳排放量；碳生产率综合效率指数均值小于 1.0000 的特区为海南与汕头，相对较低的碳生产率综合效率与近些年这两个经济特区经济发展水平、技术水平低，资源禀赋较差等密切相关，其应尽快转变部分产业高能耗、高排放、粗放式的发展方式。

在考察期间内，珠海与汕头的纯技术效率指数均值与规模效率指数均值小于 1.0000，相对较低的纯技术效率与规模效率将对碳生产率综合效率的提升起到负向作用；技术进步指数小于 1.0000 的特区为海南与汕头，这两个特区可以利用自身地缘优势，充分模仿和学习深圳进行技术创新，进一步加大对技术创新的支持力度，以达到经济可持续发展的目的。

基于本报告研究，得出以下建议。

加强技术交流与合作，缩小区域技术效率指标差距。中国经济特区作为经济发展的试验田和排头兵，特区间的资源消耗量与碳生产率存在明显差异。目前，只有深圳市实现了碳生产率及其分解出来的纯技术效率、规模效率与技术进步效率均位于投入产出生产前沿面，以海南、汕头为代表的经济特区仍处于工业化发展前期，经济增长模式较为粗放，对化石燃料等物质资源需求量大。应通过加强技术交流合作、缩小区域间纯技术效率指标间的差

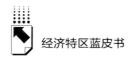

距，激发技术潜能，从而实现中国经济特区碳生产率的整体提升。

碳生产率较低的区域应加速产业结构调整与优化，碳生产率较高的区域应进一步推动产业结构高级化。结合各特区地区生产总值增进空间与资源禀赋，因地制宜，实施差异性的产业结构调整策略。碳生产率较高的特区在保持经济持续发展的同时，应保持碳减排强度和水平；碳生产率目前仍较低的特区则要从提升技术、资本、自然资源等要素的利用效率入手，加快产业结构升级，实现产业发展从依靠初级要素向中高级要素转变，从而实现地区生产总值的增加以及碳排放的减少，最终实现碳生产率的提升。

推动市场化改革，继续完善碳交易市场。中国于2011年启动了碳排放权交易市场的试点，并于2017年建成全国统一的碳排放权交易市场。碳排放权交易一方面可以有效控制二氧化碳排放总量，利用外部性市场调节全国的碳排放；另一方面可以有效激励企业的技术革新与进步，提高碳生产率。五大经济特区应当尝试建立区域性的碳交易市场，致力于区域间的碳交易与技术整合，从而实现碳生产率的整体提升。

B.4
中国经济特区创新发展报告

黄义衡　赖婷*

摘　要： 在中美贸易摩擦加剧、宏观经济增长速度下降等不利条件的干扰下，2019年，五大经济特区在创新发展上仍然取得了令人瞩目的成绩。与此同时，受制于外部环境的负面影响，特区部分创新发展指标也出现增速放缓甚至是下降的现象。本报告分析认为：经济特区在创新发展上的差异与既有经济规模和政府财政状况密切相关；进出口冲击的影响更多与产业发展规模和水平相关，较少受制于外贸依存度。此外，高房价对创新发展的负面影响不可小觑。基于此，本报告认为经济特区在进一步推动创新发展时应当根据自身比较优势来设计创新发展的策略；在应对外部风险时，应当以做大做强优势产业为根本出发点；此外，要以更有效的手段控制房价上涨以维持城市吸引力。

关键词： 集聚效应　宏观冲击　差异化　产业发展

一　经济特区创新发展总体概况

（一）深圳经济特区

尽管受到中美贸易摩擦和宏观经济增速放缓等不利因素的影响，2019

---

* 黄义衡，经济学博士，深圳大学中国经济特区研究中心助理教授，主要研究方向为劳动经济学、技术进步与工资差距、中国特区体制改革思想；赖婷，深圳大学中国经济特区研究中心博士生，主要研究方向为家庭经济学、经济体制转改。

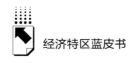

年深圳在创新发展上仍然取得了不错的成绩。

1. 高新技术产业的产出贡献

2019 年全年实现地区生产总值 26927.09 亿元（初步核算数，下同），比上年增长 6.7%；其中规模以上工业增加值为 9537.69 亿元①，比上年增长 4.7%。在现代产业中，先进制造业和高技术制造业的增加值分别为 6952.15 亿元和 6492.94 亿元②，比上年增长 5.5% 和 5.9%。在四大支柱产业中，高新技术产业增加值为 9230.85 亿元，增长 11.3%，其增加值远高于金融业（3667.63 亿元）、物流业（2739.82 亿元）和文化及相关产业（规模以上，1849.05 亿元）。

按照深圳市统计口径，2019 年战略新兴产业增加值合计 10155.51 亿元，增长 8.8%，占地区生产总值的 37.7%。其中，按增加值大小排列各主要产业为：新一代信息技术产业（5086.15 亿元，增长 6.6%），数字经济产业（1596.59 亿元，增长 18.0%），高端装备制造产业（1145.07 亿元，增长 1.5%），绿色低碳产业（1084.61 亿元，增长 5.1%），海洋经济产业（489.09 亿元，增长 13.9%），新材料产业（416.19 亿元，增长 27.6%）和生物医药产业（337.81 亿元，增长 13.3%）。

2019 年深圳市国内专利授权量为 16.66 万件，增长 18.8%。其中，发明专利授权量为 2.61 万件，增长 22.3%。PCT 国际专利申请量为 1.75 万件，每万人拥有发明专利量达到 106.35 件。2019 年，深圳市共有 20 项科技成果获得国家科技奖（其中有一个特等奖）。由企业主持或参与的项目获奖达 15 项之多，企业创新主体地位凸显。

2. 创新发展载体建设

2019 年深圳市深入贯彻习近平总书记的指示批示精神，全面做好"六

---

① 深圳市统计局在 2019 年和 2020 年的统计公报中仅公布规模以上工业增加值的增速，并未公布增加值的绝对数值。此处规模以上工业增加值是根据 2017 年规模以上工业增加值和 2018 年及 2019 年的规模以上工业增加值增速计算所得。

② 由于深圳市统计局 2019 年只公布了先进制造业和高技术制造业增加值的增速，此处增加值的绝对数值由 2018 年增加值和 2019 年增加值的增速计算所得。

稳"工作并推动高质量发展。全年财政性科学技术支出为548.4亿元,其中财政科技专项资金较上年增长近一倍,投向基础研究和应用基础研究的比重超过30%。国家级高新技术企业预计新增2700家以上,总量超过1.7万家。2019年深圳获批建设国家人工智能创新应用先导区,进一步推动实施"七大工程"高质量发展。

2019年深圳市全面发力建设综合性国家科学中心,包括新组建人工智能与数字经济省级实验室以及超滑技术研究所等研发机构,并相继启动50个关键核心技术攻关项目。截至2019年底,深圳市拥有的国家、省、市级重点实验室等各类创新载体达2260家,其中国家级创新载体已达118家,省部级605家,第三代半导体、人工智能等前沿领域基础研究机构13家。

3. 创新发展人才供给

2019年深圳市通过"鹏城英才计划"和"鹏城孔雀计划"等政策,新引进人才28万名,并于2月28日正式实施《在职人才引进和落户"秒批"工作方案》,取消纸质审批文件,实行全流程网上办理,提高人才引进流速。直至2019年末,全市各类专业技术人员规模约为183.50万人,比上年增长10.1%。为保障人才流动稳定性,2019年市人才安居集团共筹建住房38521套,供应住房15944套(截至2019年11月)。高等教育方面,深圳大学和南方科技大学共同跻身自然指数内地高校排名前40,深圳技术大学完成首次独立招生,深圳创新创意设计学院确定选址,深圳音乐学院确定由港中大(深圳)筹备建设,深圳北理莫斯科大学永久校区投入使用。

4. 跨区域创新发展合作

2019年深圳市紧抓建设粤港澳大湾区重大机遇,加快形成对外开放高水平新格局。前海国际化城市新增注册企业1.2万家,深港青年梦工场新孵化出创业团队61家,深港设计创意产业园正式运营。推出"注册易",加快深圳与香港、澳门等地合作脚步,成立港澳台等法律查明基地,设立粤港澳大湾区气象监测预警预报中心。穗莞深城际线路的建成标志着深莞惠经济圈建设取得了新进展。深圳市积极参与"一带一路"建设,对共建

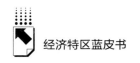

国家和地区出口总额增长13%，新增15条国际航线，国际旅客吞吐量增长32%。

（二）珠海经济特区

2019年珠海市以习近平新时代中国特色社会主义思想为指导，认真落实"1＋1＋9"工作部署和"一核一带一区"发展战略，全年经济运行总体平稳，支持澳门产业多元发展成效显著，城市功能品质进一步提升。

1. 高新技术产业的产出贡献

2019年珠海市实现地区生产总值3435.89亿元（初步核算数，下同），比上年增长6.8%。高技术制造业增加值为660.24亿元，增长4.9%。其中医药制造业、医疗仪器设备及航空航天器与设备制造业涨幅较高，分别为23.6%、25.4%；电子计算机与办公设备制造业增速较缓为16%。相比之下，电子通信设备及仪器仪表制造业的增加值出现下降，增速分别为－2.5%和－16.6%。先进制造业增加值为594.97亿元，增长2.8%，其中先进轻纺制造业和生物医药及高性能医疗器械业的增加值增速达到11.2%和9.3%。

2019年珠海市专利授权量为18967件，比上年增长11%。其中，发明专利授权量为3327件，PCT国际专利申请量为561件；每万人拥有发明专利量达到78.58件。新登记科技成果39项，均为应用技术类成果；其中4项获得国家科学技术奖，13项科技成果获得广东省科学技术奖。

2. 创新发展载体建设

2019年珠海市实现技改投资144.69亿元，有效引导和撬动了308家规模以上工业企业实施了技术改造；建立"四位一体"贷款平台，为564家企业提供了总计34.98亿元贷款或转贷资金。全社会研发经费投入为92.15亿元。新增高新技术企业721家，标杆企业119家。全年共新增647家高企，国家级企业技术研究中心2家、省级21家、市级82家。至2019年底，珠海市共有省级新型研发机构16家，省级以上孵化器17家，国家级工程研究中心4家，省级工程研究中心246家，国家级企业技术研究中心7家，省级企业技术研究中心 115 家，市级重点企业技术中心 423 家，广东省战略新兴产业基地 5 个。

2019 年珠海市暂缓审批横琴非涉澳项目用地，纵深推进"放管服"改革，实施高质量发展综合绩效评价体系。新登记商事主体共 5.59 万户，知名企业格力电器进入世界 500 强行列。科研平台落户数量可观，科技创新发展指数进入国家十强行列。

3. 创新发展人才供给

2019 年珠海市出台了《珠海市实施粤港澳大湾区个人所得税优惠政策人才认定及财政补贴暂行办法》，支持"人才聚集"，配建各类保障性住房和人才住房 1.2 万套，引进各类人才 4.2 万名。财政预算重点安排支持知名高校及科研院所设立研发机构，助推南方海洋科学与工程广东省实验室（珠海）的建设。北京师范大学珠海校区正式建成，2019 年全市普通高等学校全日制在校生 13.93 万人，增长 0.2%；毕业生 3.80 万人，增长8.0%。

4. 跨区域创新发展合作

随着粤港澳大湾区规划的实施，珠海市通过暂缓横琴非涉澳项目用地的审批、鼓励澳门企业到横琴跨境办公等方式，为澳门产业多样化发展留出更大空间。2019 年横琴共新增澳资企业 833 家，使澳资企业累计达到 2232家。横琴旅游业、金融业齐头并进，港澳导游及建筑领域主体在横琴的执业门槛得以降低。推进伶仃洋通道规划，推进与中山东外环高速路网的衔接，推动新横琴口岸通关，重建九州港口岸，进一步完善了广中珠澳高铁等项目的前期工作。

（三）厦门经济特区

基于稳中求进的工作总基调，2019 年厦门市着力稳增长、促转型，推进跨区发展，进一步释放了发展潜力。

1. 高新技术产业的产出贡献

2019 年厦门市地区生产总值为 5995.04 亿元（初步核算数，下同），比

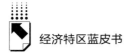

上年增长 7.9%。规模以上工业中高新技术产业增加值为 1205.54 亿元，比上年增长 10.4%，比规模以上工业平均增速高出 1.8 个百分点。在规模以上工业高新技术产业中，医药制造业，计算机、通信和其他电子设备制造业增加值分别增长 21.8% 和 15.9%。高技术服务业实际使用外资 16.50 亿元，增长 35.1%，"三高"规模以上服务业营业收入为 814.59 亿元，占全市的 52.1%。

2019 年厦门市国内专利授权量为 23013 件，增长 7.8%。其中，发明专利授权量为 2672 件，增长 20.7%；PCT 国际专利申请量为 1958 件；每万人有效发明专利拥有量达到 31.8 件。新登记科技成果 331 项，减少 37.8%；6 项科技成果获得国家科技奖，其中通用项目 5 项、专用项目 1 项。

2. 创新发展载体建设

2019 年厦门市政府继续加大对创新载体建设的支持力度，正式获批"中国软件特色名城"称号。政府财政支出中科学技术支出比上年增长 34.6%，达到 38.43 亿元，增速高于其他项目支出的增速。新增高新技术企业 302 家，总数达到 1928 家。火炬高新区获评国家知识产权示范园区，小巨人领军企业总量近千家。新增国家级和省市级重点实验室 18 家，总量达到 148 家；工程技术研究中心减少 1 家，总量仍有 128 家；新增企业技术中心 5 家，总量达到 170 家；新增科技企业孵化器 3 家，科技企业孵化器数量达到 31 家，其中国家级科技企业孵化器 7 家；新增市级众创空间 22 家，总量达到 203 家，其中国家级 31 家、省级 86 家。

3. 创新发展人才供给

厦门市深入实施"双百计划"和"海纳百川"人才计划，大力引进高层次、高水平人才。2019 年引进毕业生、成熟人才、技能人才、留学人员和外籍人才等约 5.8 万人。其中高校毕业生 58123 人，比上年增长 26.4%；成熟人才调入 5837 人，增长 20.7%；留学人员 1505 人，增长 25.1%；累计引进海外高层次及领军型人才 1139 人，柔性引进人才超过 200 名。

4. 跨区域创新发展合作

2019 年厦门市出台 45 条措施落实市内台湾同胞及企业享受同等待遇政

策，对台交流合作更加密切。成功举办"丝路海运"、闽港"一带一路"高峰研讨会、厦门国际海洋周等重大交流活动；新批台资项目 80 个，共计874 个；通电、通气、通桥等前期工作积极进展，与台文化、教育、科技等各领域交流更加紧密。

继续建设闽西南协同发展区，牵头 27 个项目共计带来投资 252.5 亿元。制定三年行动计划，推动岛外新城基地重大片区建设进一步开展；推动中航锂电等重大产业项目落地，骨干路网加速形成，产城融合更加紧密。加速推进自贸试验区建设，跨境金融区块链服务平台业务量位居全国第四。

（四）汕头经济特区

在五个经济特区中，尽管汕头市的产业结构仍以劳动密集型产业为主，产业整体竞争力和抗市场风险能力较弱，但 2019 年汕头市仍然克服重重困难取得了一定的成就。

1. 高新技术产业的产出贡献

2019 年汕头市实现地区生产总值 2694.08 亿元，比上年增长 6.1%，增速比上年同期回落 0.8 个百分点。规模以上工业增加值达到 842.42 亿元，比上年增长 1.3%。高技术制造业增加值为 55.18 亿元，比上年增长 3.5%，比规模以上工业增加值平均增速高出 2.2 个百分点。[①] 其中，医疗仪器设备及仪器仪表制造业、试验机、通信及电子网络用电缆、高压开关板等产品产量保持较快速增长，增速分别为 21.2%、65.2%、12.7%、7.7%。先进制造业增加值为 326.17 亿元，增长 5.1%。现代服务业发展迅速，增加值较上年增长 9.7%，达到 646.21 亿元，增速高出第三产业增加值增速 1个百分点。

2019 年汕头市国内专利授权量为 14809 件，增长 17.1%，总授权量突

---

① 汕头市统计局仅公布了 2019 年规模以上工业增加值的增速，此处规模以上工业增加值绝对数值是由 2018 年数值和 2019 年增速计算所得；高技术制造业增加值的绝对数值也是由公布数据计算所得。

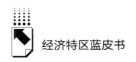

破 10 万件，万人发明专利拥有量为 4.86 件。其中发明专利授权量 331 件，下降 21.2%。新增国家专利奖 5 项、广东省专利奖 7 项。2019 年汕头大学医学院附属医院主持的 3 项科技成果被认定为广东省优秀科技成果。

2. 创新发展载体建设

2019 年汕头市全社会研发支出为 30.28 亿元，比上年增长 20.4%，占地区生产总值比重与上年基本持平。国有独立研究与开发机构等达到 17 家，新签订各类技术合同 16 项，增长 84.2%。新增高新技术企业 65 家，省级认定高新技术企业 715 家，且全部达到国家级认定标准；科研创新平台建设加快步伐，化学与精细化工广东省实验室、省智能化超声成像技术装备创新中心挂牌运行；新增省级新型研发机构 1 家，省级工程技术研究中心 19 家；光华科技锂电池项目全面建成，跨境电子商务综合试验区获批筹建，市场采购贸易试点平台建设进一步加快。

3. 创新发展人才供给

2019 年汕头市致力于完善科技人才发现、培养、举荐激励机制，安排市人才发展专项资金 1 亿元。实施技能人才倍增计划，扩大使用型和专业技能型人才队伍，为本科至博士学历毕业生发放 1.2 万 ~4.8 万元人才补贴，重点引进制造业人才。对高级技师或高级职称人员同样给予人才补贴。加大投入保障力度，优化人才服务环境，放宽落户条件，增加优质学位，继续推行汕头"金凤卡"服务；加速建设汕头人才公寓并实施人才安居工程；建设高层次人才俱乐部，打造人才公共服务智慧平台。汕头大学和广东以色列理工学院持续扩招，招生人数分别比上年增长 31.4% 和 1.1%；全市各类民办学校数量达到 102 所。

4. 跨区域创新发展合作

汕头利用地理优势把握住了融入粤港澳大湾区和深圳建设中国特色社会主义先行示范区的重要转折点，系统谋划和推进沿海经济带东翼重大引擎建设，加快打造华侨试验区总部经济园。鼓励华侨投资产业项目，加快建设汕头港，提高港口货运量；把握筹办亚青会契机，扩大制度型对外开放。

（五）海南经济特区

"一带一路"倡议实施以来，海南借助其独特的区位条件，大力发展航空航天事业，积极开展跨区合作。稳步开展人才引进及科技创新投入工作，全面加强制度创新，推进经济持续健康发展。

1. 高新技术产业的产出贡献

2019 年海南省地区生产总值为 5308.94 亿元，比上年增长 5.8%。三次产业增加值分别为 1080.36 亿元、1099.04 亿元和 3129.54 亿元，分别比上年增长 2.5%、4.1% 和 7.5%。规模以上工业增加值为 537.78 亿元，比上年增长 4.2%；其中，高技术制造业增加值比上年增长 10.1%，达到 83.89 亿元[①]。石油加工业增加值增长 4.2%，医药制造业增长 6.9%。规模以上服务业营业收入同比增长 5.2%，其中营利性行业增长 26.7%，非营利性行业增长 1.2%。

2. 创新发展载体建设

2019 年海南省新增高新技术企业 254 家，总数达到 566 家，增长 69.8%。新增省级重点实验室 8 家，总数达到 114 家。新认定科技企业孵化器 1 家、众创空间 2 家。乐城先行区在国际医疗"三新"方面创造了 48 个国家级第一，为国际新型药品和先进医疗器械进入中国打开了新的通道。海口、三亚等地基础设施建设取得重大进展，海口临空产业园飞机维修基地建设稳步推进。三大高新技术产业基地的建设加速推进，全海深载人潜水器落户海南，文昌国际航天城项目获批并有序推进。

3. 创新发展人才供给

2019 年海南省深入开展"百万人才"引进项目，至 2019 年底共引进人才 8.3 万余人，同比增长 420%；7700 多名海外人才来海南工作，同比增长 52%。9 所海外知名高校和 10 所国内一流院校在海南落地办学，高职扩大

---

① 海南省统计局仅公布高技术制造业增加值的增速，此处增加值的绝对数值是根据公开数据计算所得。

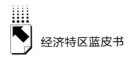
招生规模 1.7 万人；5 个教育部重点实验室获批；院士创新平台新增 61 家，累计达到 118 家，柔性引进院士上百名。为保证人才的稳定性，2019 年共筹集人才住房 1.9 万套。

4. 跨区域创新发展合作

海南省成功举办博鳌亚洲论坛年会、首届中非农业合作论坛和第十六届世界海南乡团联谊大会等活动。落地实施琼港澳游艇自由行政策，对境外游艇临时开放 8 片水域。开通国际客流、物流航线，实施"百国千企"计划，启动"全球贸易之窗"项目，实现贸易顺差 6.35 亿元。柬埔寨驻海口领事馆开馆，成为驻琼的首个领事机构。

二　经济特区创新发展分析

2019 年五大经济特区克服中美贸易摩擦加剧、宏观经济增长减速以及减税降费所带来的地方政府财政约束从紧等不利因素，在高新技术产业发展、创新发展载体建设、创新发展人才供给以及跨区域创新发展合作等方面取得显著进步。与此同时，也不得不承认，宏观不利因素对经济特区创新发展造成了一定程度的冲击，使特区部分创新发展指标出现增速放缓甚至是下降。需要指出的是，尽管经济特区在创新发展上的成就以及遭遇的发展减速带有一定的周期性，但是分析仍然应当以增长的视角展开，因为经济特区创新发展本身是一个长期经济活动，各项制度安排和经济政策也都着眼于特区的长期发展。由于五大经济特区中的四个都是城市，而海南省的经济规模也与城市相当，所以本报告以城市经济学理论为基础，考察各特区规模（以年末常住人口度量）和创新发展绩效指标之间的关系。除此之外，本报告亦将考察对外经济依存度和政府财政对创新的影响，以及与创新发展人才供给密切相关的保障房投入情况。

（一）城市规模与创新发展绩效

城市经济学认为：在要素（尤其是劳动力）自由流动的情况下，要素在空间上的集聚产生了城市；要素的集聚程度，即城市规模大小，取决于集聚效应和拥挤效应的对比；当一个城市拥有更好的区位条件时，集聚效应能在更大地空间范围内抵消要素集聚所带来的拥挤效应，从而使城市规模更大。根据这一逻辑，城市规模的不同并非仅仅由城市发展历程中一系列随机事件积累所致，而是在很大程度上反映了市场对难以直接观测的区位条件所做的反应。本报告以高技术制造业增加值、专利授权量等为例视之，各特区表现见表1。

表1　2019年五大经济特区及海口市地区规模及创新发展情况

地区	年末常住人口（万人）	地区生产总值（亿元）	规模以上工业增加值（亿元）	规模以上工业增加值/地区生产总值（％）	高技术制造业增加值（亿元）	高技术制造业增加值/地区生产总值（％）	专利授权量（件）	发明专利授权量（件）
深圳	1343.88	26927.09	9537.69	34.43	6492.94	24.11	166600	726100
珠海	202.37	3435.89	1133.54	32.99	660.24	19.22	18967	3327
厦门	429.00	5995.04	1795.95	29.96	1188.07	20.11	23013	2672
汕头	566.48	2694.08	842.42	31.27	55.18	2.30	14809	331
海南	944.72	5308.94	537.78	10.13	83.89	1.58	4423	—
海口	232.79	1671.93	139.33	8.33	—	—	3017	357

资料来源：深圳市、珠海市、厦门市、汕头市、海口市以及海南省2019年《国民经济和社会发展统计公报》；部分数据为推算所得。

从表1中可以发现，五大经济特区中规模最大的深圳市在地区生产总值、规模以上工业增加值、高技术制造业增加值和专利授权量上都处于遥遥领先的位置。特别的，在规模以上工业增加值/地区生产总值和高技术制造业增加值/地区生产总值两个指标上，深圳市也领先于其他四个特区。另外，如果以年末常住人口计算人均规模以上工业增加值和人均高技术制造业增加值，则深圳市亦领先于其他特区。这意味着随着城市规模的扩大，城市的生产函数（产业构成）存在实质性变化；在集聚效应的作用下，更大的城市规模和产业规模意味着更高的生产效率和更高的人均产出。

除海南省外，厦门市和珠海市在地区生产总值和规模以上工业增加值等

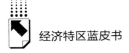
指标上分列第二和第三位。其中，厦门市在地区生产总值、规模以上工业增加值、高技术制造业增加值和专利授权量上都显著高于珠海市。但是，如果以年末常住人口计算上述指标的人均值，则珠海市又明显高于厦门市。例如，厦门市人均规模以上工业增加值和高技术制造业增加值为 4.19 万元和 2.81 万元，而珠海市的为 5.60 万元和 3.26 万元。形成这种差异的原因有很多，例如珠三角地区城市群之间的扩散效应。但是，如果刨去无法改变的因素，那么这种差异至少意味着厦门市在创新发展的质量上还有更进一步的空间。

关于海南省，需要注意的是：尽管海南全省的年末常住人口和地区生产总值都不低，但是由于集聚效应的作用主要发生在城市范围内，因此一旦以海南省最重要的城市海口来考察，则不难发现海南省创新发展规模严重偏低，例如海口市 2019 年规模以上工业增加值仅为 139.33 亿元，经济规模偏低导致集聚效应作用弱，进而使生产效率难以进一步提升。对于汕头市的分析也是类似。特别的，如果集聚效应只考虑城镇人口，那么汕头市和海南省的城市规模将大大缩小。

（二）进出口冲击与创新发展减速

经济特区是中国改革开放之后最早实施大规模对外开放的地区，自中国加入世界贸易组织以来，特区的经济增长与对外经济活动有了更紧密的联系。近年来，由于中美之间的贸易摩擦愈演愈烈，大有从单纯的贸易顺差逆差调整扩大到科技领域的制裁与反制的趋势，例如 2018 年 4 月 16 日美国商务部突然宣布激活对中兴通讯禁止采购美国公司产品的禁令，2019 年 5 月 20 日美国芯片巨头英特尔、高通等公司迫于特朗普政府压力开始对华为断供。这种负面冲击无疑将对经济特区的创新发展产生阻碍。但是这种负面冲击是否意味着对外经济活动更多的特区将受到更大的冲击呢？本报告考察外贸依存度（以进出口总额/地区生产总值来度量）、进出口总额、规模以上工业增加值增速变动和高技术制造业增加值增速变动之间的关系。

从表 2 中可以发现，从总体上看，进出口总额增速与规模以上工业增加值增速变动整体呈正相关关系，即进出口总额衰退较大的地区，其规模以上工业增加值增速下跌幅度也较大，如珠海市；而进出口总额下跌较少甚至出现增长的，其规模以上工业增加值增速下降也较少，如厦门市和海南省。高技术制造业增加值的增速变动总体上也与进出口总额增速呈正相关关系。在这里，汕头市是一个例外，2019 年汕头市进出口总额比上年增加 3.43%，但是其规模以上工业增加值增速和高技术制造业增加值增速均出现大幅下滑，变化幅度为下降 7.1 个百分点和下降 12.4 个百分点。另一方面，从表 2 中很难发现外贸依存度与规模以上工业增加值增速变动以及高技术制造业增加值增速变动之间存在显著关系。

表 2 2019 年五大经济特区及海口市外贸依存度与规模以上工业增加值及高技术制造业增加值增速

地区	进出口总额（亿元）	进出口总额增速（%）	外贸依存度（%）	规模以上工业增加值增速			高技术制造业增加值增速（%）		
				2018 年（%）	2019 年（%）	变动（个百分点）	2018 年（%）	2019 年（%）	变动（个百分点）
深圳	29773.86	−0.70	110.57	9.5	4.7	−4.8	13.3	5.9	−7.4
珠海	2908.89	−10.39	84.66	14.1	4.0	−10.1	13.0	4.9	−8.1
厦门	6412.89	6.79	106.97	8.6	8.6	0	9.3	10.4	1.1
汕头	610.19	3.43	22.65	9.5	1.3	−7.1	15.9	3.5	−12.4
海南	905.87	6.70	17.06	6.0	4.2	−1.8	—	10.1	—
海口	331.38	−2.87	19.82	8.0	3.2	−4.8	—	—	—

资料来源：深圳市、珠海市、厦门市、汕头市、海口市以及海南省 2019 年《国民经济和社会发展统计公报》。

如何理解汕头市的例外角色以及外贸依存度的角色？一种可能的解释是外贸冲击影响的程度取决于产业发展程度和高度。具体而言，如果高技术产业和制造业发展水平仍然较低，缺乏完整的产业供应链或产品需求弹性较大，相关产业受到外贸冲击的影响就越大。相反，如果高技术产业和制造业发展水平较高，不仅有较为完整的上下游产业链，而且产品在国际国内市场上替代产品较少、需求弹性较小，那么即使贸易摩擦会带来一定程度的冲击，产业受到的实质性伤害也较小。从表1中各特区规模以上工业增加值和高技术制造业增加值的绝对值出发，结合表2中进出口总额的绝对值来看，在深圳、珠海、厦门和汕头四个特区里面，深圳和厦门的规模以上工业和高技术制造业的发展水平较高，进出口总额也远高于另外两个特区，因而在贸易摩擦条件下增加值增速放缓幅度相对较小，而珠海和汕头则与此相反。当然，这种解释仍然需要进一步的研究予以证实。

（三）财政约束、住房供给与创新人才引进

如本蓝皮书此前报告所指出的，受制于金融市场发展程度，经济特区在推动创新发展的过程中不得不更多地依赖地方政府的财政支持。[①] 地方政府出资吸引人才集聚的基本逻辑在于：当市场无法提供足够激励从而吸引人才在本地集聚时，应由地方政府出资为各类符合条件的人才提供一定程度甚至是优厚的补贴，以激励人才在本地安家落户、工作，从而使本地在短时间内突破人才不足的瓶颈约束，进而以创新发展的方式实现本地经济增长以及政府财政能力的提升。

从经济学角度来看，上述逻辑成立需要满足两个前提。第一，地方政府持久拥有较为宽松的财政条件，能够提供具有竞争力的补贴。在这里，本报告考虑地方政府间展开人才争夺的情形。第二，本地生活成本上升速度有限，尤其是住房价格上升不能过快。很显然，本地生活成本上升过快，将稀释人才补贴带来的激励。当然，除上述条件之外还有其他前提条件，例如不存在领取补贴的机会主义行为等。此处仅考察前面两个条件，具体情况见表3。

在表3中可以发现，在五个经济特区中仅有深圳市和厦门市的一般

[①] 黄义衡、康宇：《中国经济特区创新发展报告》，载陶一桃主编《中国经济特区发展报告（2019）》，社会科学文献出版社，2020；张扬、郭梅芳：《中国经济特区创新发展报告》，载陶一桃主编《中国经济特区发展报告（2018）》，社会科学文献出版社，2019。

公共预算收入超过一般公共预算总收入，其他三个经济特区的一般公共预算收入都大幅度低于一般公共预算总收入。也就是说，仅深圳市和厦门市的财政收入能够满足自身财政支出并且可以向上缴纳财政收入。另外，从年末地方政府债务余额占地区生产总值比重来看，除深圳市维持在个位数（1.60%）水平之外，其他经济特区都维持在两位数水平，尤其是海南省政府的年末债务余额占地区生产总值的份额达到42.01%。从地方政府财政状况出发，不难理解为何深圳市能够在人才争夺战中以更为进取和全面的措施吸引更多的人才，并且在创新发展载体建设上也更为进取。

表3　2019年五大经济特区地方政府财政状况、住房市场以及人才引进状况

经济特区	一般公共预算收入（亿元）	一般公共预算总收入（亿元）	一般公共预算总支出（亿元）	年末地方政府债务余额（亿元）	年末地方政府债务余额/地区生产总值（%）	2019年商品房每平方米均价（万元/平方米）	2019年保障性住房供给（万套）	2019年引入人才总数（万人）	2019年常住人口增加（万人）
深圳	9424.00	5079.00	5008.00	429.60	1.60	6.55	3.9	28.0	41.22
珠海	344.49	788.35	788.35	545.58	15.88	2.33	1.2	4.2	13.26
厦门	1328.50	768.30	914.60	788.20	13.15	4.67	1.3	5.8	18.00
汕头	138.23	438.10	386.50	285.80	10.61	1.04	——	——	2.63
海南	814.10	2188.40	2118.20	2230.40	42.01	——	1.9	8.3	10.40

注：部分数据缺失。

资料来源：深圳市、珠海市、厦门市、汕头市以及海南省2019年财政预算执行报告，《2019年320个城市房价排行榜》。

值得注意的是，即使是财政状况相对较好的深圳市，其在创新人才供给上也面临高房价所带来的风险。在表3中，深圳市2019年商品房每平方米均价为6.55万元，这实际上是将所谓"关外"地区的较低房价纳入之后的结果，交通便利的"关内"地区的房价远高于此。即使如此，深圳市商品房每平方米的均价已经远高于其他经济特区的房价了，比房价排名第二的厦门市每平方米高出1.88万元，相当于深圳市2019年城

镇非私营单位就业人员月平均工资的 1.796 倍。尽管从城市经济学角度来看,深圳市作为全国最具创新力和发展活力的城市,其房价持续走高有其内在逻辑,但是高房价无疑将稀释优厚的人才补贴所带来的激励,同时还将导致更多的补贴领域出现机会主义行为,进而弱化政策的激励效果。

三 经济特区创新发展建议

(一)根据自身比较优势选择创新发展的模式

在市场经济条件下,城市内产业构成可以快速转换,但城市规模只能缓慢调整。[①] 这意味着各经济特区在推动创新发展时,应当根据自身的特征和比较优势来制定创新发展的策略。对于深圳市和厦门市而言,其所需要解决的是如何进一步强化创新发展的基础环境,不仅要把人才引进来,更要让引进的人才在本地扎根。要实现后两个目标,从短期来看仍然需要由地方政府在财政和政策上予以支持,并且深化人才评价体系、科研管理体制等领域的改革。从长期来看,地方政府应当逐步退出对人才评价和科研管理领域的管理和干预,让创新发展主体按照自身的需要和市场环境来自发形成人才评价体系、科研管理体制和成果管理制度,通过提升专业化水平的方式来营造更好的创新发展环境,让人才获得更为持久的激励。

对于珠海市、汕头市和海南省而言,引进创新发展人才和设立创新发展载体固然重要,但是更为重要的是做大做强本地优势产业,尤其是要更好地融入周边发展较好的城市的产业链,增强本地产业抗风险能力。只有通过做大做强本地优势产业,地方政府才有可能通过获取更多税收的方式改善自身的财政条件,进而为本地的创新发展提供更多投资。因此,在人

---

① Gilles Duranton, "Urban Evolutions: The Fast, the Slow, and the Still", *American Economic Review*, 2007, 97 (1): 197–221.

才引进方面应当更为注重企业的需求和产业发展的需要，避免唯帽子论、唯头衔论。

（二）通过推动产业发展增强产业抗风险能力

如何在外部不确定性增大的条件下，让经济特区的创新发展进程不至于遭受过多的阻碍？根本策略仍然在于要让本地产业做大做强，使其通过技术提升和市场竞争确立在市场中的优势地位，进而增强其抗风险的能力。把产业做大做强，有三条较为具体的思路。其一，在企业内部探索改进人才管理体制和分配体制，减少不必要的行政干预，将对人才的尊重落到实处。其二，鼓励企业依据市场原则进行跨区域合作，使本地企业深入融合到整个区域的产业链分工中。其三，进一步扩大开放和改善营商环境，不仅要让本地企业做大做强，同时也要主动地将外面的优势企业引入本地，通过加强市场竞争的方式提升企业活力。

（三）控制房价上涨以避免城市吸引力下降

尽管从宏观经济学和城市经济学角度看，城市房价不断上涨有其必然性，但是，高房价无疑极大地削弱了城市对人才的吸引力，尤其是对潜在新移民的吸引力。尽管地方政府可以通过发放人才补贴来缓解房价上涨所带来的吸引力下降，但是在房价快速上涨的条件下，人才补贴的作用不断被稀释，机会主义行为动机将大增。更为重要的是，过高的房价将通过影响生活成本的方式改变城市的劳动力技能结构，使其偏离与当前产业发展阶段相匹配的劳动力技能结构，进而阻碍产业的发展。从这个角度出发，既有房价已经处于高位的经济特区应当采取更有效的措施防止房价进一步上涨，并且加大保障性住房的供给。即使严控房价上涨和加大保障性住房供给将在短期内减少政府财政收入，但是从长期来看这是一条必由之路。

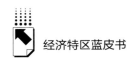
参考文献

Chun-Chung Au and J. Vernon Henderson, "Are Chinese Cities Too Small?", *Review of Economic Studies*, 2006 (2).

刘孝斌:《经济外向程度与城市创新能力的实证关系研究——以上海市为样本》,《湖北工业职业技术学院学报》2015 年第 4 期。

曾婧婧、周丹萍:《政府创新投入和城市规模等级对城市创新能力的影响》,《城市问题》2019 年第 5 期。

《2020 年深圳市人民政府工作报告》,深圳市人民政府办公厅网站,2020 年 3 月 29 日,http://www.sz.gov.cn/gkmlpt/content/7/7981/post_ 7981484. html#733。

《关于 2019 年深圳市预算执行情况和 2020 年预算草案的报告》,深圳市人民政府网站,2020 年 3 月 10 日,http://www.sz.gov.cn/zfgb/2020/gb1140/content/mpost_ 6859303. html。

《关于 2018 年深圳市预算执行情况和 2019 年预算草案的报告》,深圳市人民政府网站,2019 年 3 月 13 日,http://www.sz.gov.cn/zfgb/2019/gb1091/content/post_ 4994948. html。

《2020 年珠海市人民政府工作报告》,珠海市人民政府网站,2020 年 6 月 16 日,http://www.zhuhai.gov.cn/gkmlpt/content/2/2591/post_ 2591614. html#1640。

《珠海市 2018 年预算执行情况与 2019 年预算草案的报告(预算公开系统导出)》,珠海市财政局网站,2019 年 12 月 10 日,http://caizheng.zhuhai.gov.cn/gkmlpt/content/1/1944/post_ 1944408. html#125。

《厦门市第十五届人民代表大会第五次会议政府工作报告》,厦门市人民政府网站,2020 年 1 月 23 日,http://www.xm.gov.cn/zfxxgk/xxgkznml/szhch/szfgzbg/202002/t20200206_ 2420191. htm。

《关于厦门市 2019 年预算执行情况和 2020 年预算草案的报告》,厦门市人民政府网站,2020 年 1 月 23 日,http://www.xm.gov.cn/zdxxgk/czzjxx/xmczyjspg/xmsczys/202001/t20200123_ 2418936. htm。

《关于厦门市 2018 年预算执行情况和 2019 年预算草案的报告》,厦门市人民政府网站,2019 年 1 月 31 日,http://www.xm.gov.cn/zdxxgk/czzjxx/xmczyjspg/xmsczys/201901/t20190131_ 2214285. htm。

《2020 年政府工作报告》,汕头市人民政府网站,2020 年 6 月 8 日,https://www.shantou.gov.cn/cnst/ywdt/styw/content/post_ 1763382. html。

《2020 年海南省政府工作报告》,海南省人民政府网站,2020 年 1 月 22 日,http://www.hainan.gov.cn/hainan/szfgzbg/202004/0c6bd06233374b928854de075e5c5fa3. shtml。

《关于海南省 2019 年预算执行情况和 2020 年预算草案的报告》,海南省人民代表大会常务委员会网站,2020 年 1 月 16 日,http://www.hainanpc.net/hainanpc/xwzx/szyw/979579/index. html。

《海南省 2018 年预算执行情况和 2019 年预算草案的报告》，中华人民共和国财政部网站，2019 年 2 月 21 日，http：//www. mof. gov. cn/zhuantihuigu/2019ysbghb/201902/t20190221_ 3176032. htm。

《2020 年政府工作报告》，海口市人民政府网站，2020 年 6 月 9 日，http：//www. haikou. gov. cn/xxgk/szfbjxxgk/jhzj/zfgzbg/202006/t20200609_ 1514093. html。

B.5
中国经济特区社会保障发展报告

高兴民　丘　枫＊

摘　要：　本报告首先从社会保险、社会福利和社会救助等方面，分别
调查、整理和总结了2019年深圳、珠海、厦门、汕头、海南五
大经济特区社会保障发展的基本情况。在特区社会保障取得
当前成就的基础上，本报告从社会保障制度体系、社保基金
管理、信息化建设和应用、社会救助管理等方面，结合当前
特区社会保障发展的不足与面临的挑战，提出相应的措施建
议，有助于进一步发挥经济特区作为深化改革的"试验田"和
对外开放的"窗口"的双重作用，确保经济特区社会保障工作
在新时代改革开放和经济发展浪潮中，发挥改善民生和推动深
化改革的重要作用，满足人民对美好生活的向往和需要，为推
动社会与经济的平衡健康发展打下坚实的基础。

关键词：　经济特区　社会保障　社会保险　社会救助

　　自党的十九大以来，各经济特区全面贯彻和深入落实习近平新时代中国
特色社会主义思想和十九大精神，牢固树立以人民为中心的发展思想，落实
各级政府的决策部署。社会保障制度进一步完善，保险基金管理逐步规范
化，社会保险公共服务水平得到显著提高。但与此同时，外有中美贸易摩擦

＊　高兴民，深圳大学中国经济特区研究中心副主任，教授，博士生导师，主要研究方向为社会
保障与实践、市场经济学理论；丘枫，深圳大学经济学院理论经济学专业2017级博士研究
生，主要研究方向为社会保障、市场经济学。

不断，内有消费降维、经济驱动力不足、人口老龄化进程加速、社保基金缺口较大、就业形态和模式更加多样化等结构性矛盾，经济特区社会保障事业无论是在制度体系、服务质量、管理效率还是在创新模式等方面均面临更新、更大的挑战。2019 年社保民生事业建设高效推进和持续性发展，是树立民生幸福标杆的重要节点，更是为决胜全面建成小康社会、打赢精准脱贫攻坚战、实现"十三五"规划收官夯实了基础，为实现中华民族伟大复兴的中国梦提供了有力支撑。

一 经济特区社会保障发展情况

（一）经济特区社会保险发展情况

1. 深圳

（1）社会保险参保情况

截至 2019 年第四季度末，全市参加基本养老保险人数达 1214.71 万人。参加城镇职工基本养老保险的人数共计 1213.69 万，比上年末增长 4.9%，其中在职职工 1172.98 万人（男 669.30 万人、女 503.68 万人），离退休职工 40.71 万人（比上年末增加 4.94 万人，抚养比为 27.4∶1）；参加城乡居民基本养老保险的人数为 1.02 万，同比增长 31.8%。失业保险方面，总参加人数为 1166.64 万人，比上年增长 3.5%，其中男性 683.93 万人、女性 482.71 万人。工伤保险方面，总参保人数为 1186.15 万人，同比增长 4%，其中男性 693.67 万人、女性 492.47 万人。城镇职工养老、失业、工伤参保（正常缴费）单位分别为 77.58 万户、78.05 万户、78.30 万户。全市各险种缴费人数中，基本养老保险共计 1112.77 万人，城镇职工和城镇居民基本养老保险缴费人数分别为 1112.44 万人和 3304 人；失业保险参险人数为 1166.64 万人，工伤保险参险人数为 1186.15 万人。

医疗保险参险人数中，城镇职工基本医疗保险和城乡居民基本医疗保险分别达 1239.57 万人和 297.02 万人，同比增长分别为 3.7% 和 9.3%。生育

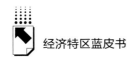

险参保人数为1246.71万人，相较上年增长3.7%。

（2）社会保险缴费和待遇标准

2019年全市城镇职工基本养老保险缴费基数分为两个时期：2019年1~4月，上限为上年全市城镇非私营单位在岗职工月平均工资（8348元）的3倍，即25044元；2019年5~12月，上限为上年度全省全口径城镇单位就业人员月平均工资（6338元）的3倍，即19014元。缴费下限统一为本市月最低工资2200元，实际月平均缴费工资为3708元。单位缴费比例是深户14%、非深户13%，个人缴费比例为8%。

工伤保险费由用人单位承担，职工个人不缴纳。月缴费基数为本单位职工工资总额，基准费率根据行业类别分为0.14%、0.28%、0.49%、0.63%、0.66%、0.78%、0.96%、1.14%八个档次。2019年1~4月，用人单位工伤保险费率阶段性下调30%；2019年5月至2021年4月，用人单位工伤保险费率阶段性下调50%。

失业保险月缴费基数为本市月最低工资标准，即2200元。自2018年12月至2020年12月，用人单位与个人缴费率分别为0.7%和0.3%。

基本医疗保险月缴费基数方面，参加基本医疗保险一档的职工，按照本人月平均工资确定缴费基数，上限为2018年深圳市在岗职工月平均工资（9309元）的3倍，即27927元，下限为2018年深圳市在岗职工月平均工资的60%，约5585元；参加基本医疗保险二、三档的职工，月缴费基数为2018年深圳市在岗职工月平均工资，即9309元。单位与个人缴费比例分别为：一档6.2%、2%，二档0.6%、0.2%，三档0.45%、0.1%。

参加生育保险的职工按照本人月平均工资确定月缴费基数，上限为2018年深圳市在岗职工月平均工资的3倍，即27927元，下限为深圳市企业职工最低工资标准，即2200元。生育保险费由公司承担，按0.45%缴费，个人不缴纳。

各险种享受待遇情况如下：2019年度全市企业退休人员月人均基本养老金达3876元，城镇居民基本养老保险人员中符合领取长期待遇标准的数量为6868人，比上年末增加201人；全年享受工伤保险待遇的共32221人（1~4

级伤残849人、5~10级伤残18916人、未达到伤残等级的6700人、因工死亡459人、供养亲属5297人),平均一次性伤残补助金、一次性工亡补助金分别为4.60万元/人和75.52万元/人,伤残津贴、生活护理费、供养亲属抚恤金分别为5052.82元/(人·月)、4886.19元/(人·月)、2248.08元/(人·月);全年全市共计117953人领取失业保险金,失业保险金标准为月最低工资标准2200元的90%即每月1980元,失业保险基金全年代缴失业人员职工医疗保险费达49.90万人次,医疗保险费为人均88.35元/月。

2019年基本养老保险各类账户计账利率如下:深圳市企业职工基本养老保险中,个人账户与单位缴费账户分别为7.61%和12.27%;城镇居民基本养老保险个人账户利率为1.5%。

(3)社会保险基金收支状况①

2019年,深圳市基本养老、工伤和失业三项社保基金总收入为1404.554亿元,总支出为722.831亿元,当期结余681.723亿元,年末滚存结余累计5921.648亿元。

基本养老保险基金中,企业职工基本养老保险基金收入为1189.122亿元,支出为536.000亿元,当期结余653.122亿元,年末社保基金滚存结余达5338.525亿元;城镇居民基本养老保险基金总收入为0.445亿元,总支出为0.418亿元,当期结余0.027亿元,年末滚存结余0.379亿元;机关事业单位基本养老保险基金收入为93.454亿元,支出为88.518亿元,当期结余4.936亿元,年末滚存结余225.307亿元。

工伤保险基金总收入为19.831亿元,基金总支出为29.569亿元,当期结余为-9.738亿元,年末滚存结余48.309亿元。

失业保险基金总收入为46.902亿元,基金总支出为42.503亿元,当期结余为4.399亿元,年末滚存结余共计171.254亿元。

---

① 深圳社会保险基金收支金额数字根据其社会保险信息披露通告文件统计数据进行分列与计算,本报告中计算结果均取约数,具体数字以政府原始文件为准。其他特区基金数据均同此处理。

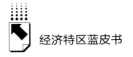

2. 珠海

（1）社会保险参保情况

至 2019 年末，珠海市参加企业职工基本养老保险人数（含离退休人数）达 135.04 万人，同比增长 4.3%；城乡居民参加基本养老保险人数（含领取养老金人数）为 9.52 万人，较上年增长 2.9%；工伤保险参保人数为 110.42 万人，同比增长 3.6%，其中男性 61.38 万人，女性 49.04 万人；参加失业保险人数达 108.62 万人，同比增长 3.8%，其中男性 60.11 万人，女性 48.51 万人；基本医疗保险参保人数共计 197.82 万人（男性 103.75 万人，女性 94.07 万人），同比增长 4.1%，其中一档 108.51 万人、二档 89.31 万人，同比增长率分别为 6.6% 和 1.2%；生育保险参保人数共计 110.64 万，比上年末增长 3.6%，其中男性 61.60 万人，女性 49.04 万人。

全市各险种缴费人数如下：基本养老保险缴费人数共计 120.15 万人，其中企业职工和城乡居民基本养老保险缴费人数分别为 114.78 万人和 5.37 万人；失业保险缴费人数共 108.62 万人；工伤保险缴费人数为 110.42 万人；基本医疗保险缴费人数为 187.14 万人，包含基本医疗保险一档和二档，人数分别为 97.84 万人和 89.30 万人；生育保险缴费人数为 110.64 万人。

（2）社会保险缴费和待遇标准

2019 年，珠海市企业职工基本养老保险月缴费基数按三个时期不同标准来确定：1～4 月，上限为 20004 元（广东省在岗职工月平均工资标准 6668 元×3），下限为 3100 元；5～6 月上限调整至 17346 元，下限为 3100 元；7～12 月，上限为 19014 元（广东省全口径从业人员月平均工资 6338 元×3），下限调整为 3376 元。单位与个人缴费比例分别为 13%、8%，灵活就业人员缴费比例为 20%。全年度企业养老离退休人员基本养老金调整幅度为 5.7%。城乡居民基本养老保险缴费标准分为三个档次：60 元/（人·月）、100 元/（人·月）和 120 元/（人·月）。政府补贴标准为个人缴费额的 65%。

2019 年 1～6 月，失业保险月缴费基数上限为 20253 元（珠海市在岗职工月平均工资标准 6751 元×3），下限为 1720 元；7～12 月，上限为 16878 元（珠海市全口径从业人员月平均工资 5626 元×3），下限为 1720 元；单位与个人缴费比例分别为 0.8% 和 0.2%。失业金标准达 1548 元/（人·月），全年共有 13495 人领取失业保险金，同比增长 10.2%。

全年工伤保险月缴费基数下限为 1720 元，基准费率分为 0.1%、0.15%、0.2%、0.3%、0.4%、0.5%、0.55%、0.6% 八档，由用人单位缴纳，个人无需缴费。

基本医疗保险月缴费基数确定方法如下。一档（含生育保险），1~6 月上限为 20004 元（广东省在岗职工月平均工资标准 6668 元×3），下限为 4001 元，7~12 月上限为 16878 元（珠海市全口径从业人员月平均工资 5626 元×3），下限为 3376 元；全年单位缴费比例为 5.5%（含生育保险 0.5%），个人缴费比例为 1.5%，灵活就业人员缴费比例为 6.5%。二档（职工）（含生育保险），1~6 月上限为 20004 元（广东省在岗职工月平均工资标准 6668 元×3），下限为 4001 元，7~12 月上限为 16878 元（珠海市全口径从业人员月平均工资 5626 元×3），下限为 3376 元；全年单位缴费比例为 2.0%（包含 0.5% 生育保险），个人不缴费，灵活就业人员按 1.5% 比例缴纳。城乡居民、学生和未成年人的基本医疗保险二档缴费标准分别为 410 元/（人·年）和 180 元/（人·年），各级财政补助 590 元。

各险种享受待遇情况如下。

2019 年全市参加企业职工基本养老保险的离退休人员共有 14.05 万人，抚养比为 8.17∶1；1 月 1 日起，企业退休人员基本养老金每人平均增加 149 元，调整后的养老金平均为 2787 元/（人·月）。享受城乡居民基本养老保险长期待遇的人数达 4.15 万人；除原新农保老年津贴人员外，其余人员平均基本养老金达 575 元/（人·月）。

全年珠海市共 1.35 万人领取了标准达 1548 元/月的失业保险金；共 1.31 万名农民合同制工人领取了平均 5666 元/人的一次性生活补助；失业保险基金代缴失业人员职工基本医疗保险费共计 5.92 万人次，代缴医疗保险费用为平均每人每月 366 元。

珠海市全年享受工伤保险待遇人数为 7278 人，其中，1~4 级和 5~10 级伤残人数分别为 131 人和 3190 人，另有 3218 人未达伤残等级。全年共计

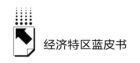

131 人领取伤残津贴，61 人领取生活护理费，有 56 人因工死亡，总计供养亲属 683 人。一次性伤残补助金平均为每人 4.05 万元、一次性工亡补助金平均为每人 785020 元，伤残津贴平均每人每月 3328 元，生活护理费平均每人每月 2554 元，供养亲属抚恤金平均每人每月 1546 元，享受工伤保险基金先行支付待遇的共 52 人，费用共计 160 万元。

全年享受基本医疗保险待遇的共 507.60 万人次。其中在职人员得到普通门诊、门诊特殊病种和住院治疗人次分别为 163.58 万、64.44 万和 11.80 万，医疗费用平均支出分别为 117 元/次、435 元/次和 13452 元/次；退休人员得到普通门诊、门诊特殊病种和住院治疗人次分别为 40.92 万、44.60 万和 4.65 万，平均医疗费用支出为 136 元/次、457 元/次和 16664 元/次。城乡居民、学生和未成年人得到普通门诊、门诊特殊病种和住院治疗人次分别为 136.70 万、31.21 万和 9.70 万，次均医疗费用支出分别为 90 元、359 元和 11456 元。2019 年，基本医疗保险基金划拨补充医疗保险 6835.3 万元，受理补充医疗保险待遇申请共计 20529 人次，支付补充医疗保险 6390.09 万元。

2019 年，珠海市享受生育保险待遇的有 97316 人次，人均生育医疗费用为 7530 元/次，人均生育津贴为 16874 元/次，人均计划生育费用为 1545 元/次、人均计划生育津贴为 2523 元/次。

（3）社会保险基金收支状况

2019 年珠海市社会保险基金总收入为 217.20 亿元，同比增长 20.2%，总支出为 167.23 亿元，当期结余为 49.97 亿元，累计结余为 616.39 亿元。其中各险种基金收支状况分列如下。

企业职工基本养老保险基金总收入与总支出分别为 1593497 万元和 987375 万元，当期结余 606122 万元，累计结余 5291240 万元；城乡居民基本养老保险基金收入与支出分别为 39273 万元和 27159 万元，当期结余 12114 万元，累计结余 113954 万元。

失业保险基金收入为 57203 万元，支出为 56546 万元，当期结余 657 万元，滚存结余 236577 万元。

工伤保险基金收入为 38138 万元，支出为 44543 万元，当期结余为

-6405 万元，滚存结余 67941 万元。

基本医疗保险基金总收入为 514389 万元，同比增长 5.5%，其中，一档和二档收入分别为 421608 万元和 92781 万元；总支出为 556647 万元，其中，一档和二档支出分别为 461501 万元和 95146 万元；当期结余为 -42258 万元，滚存结余 454236 万元，同比下降 8.5%。

3. 厦门

（1）社会保险参保情况

至 2019 年末，基本养老保险参保总人数为 320.21 万人，同比增长 8.22%，其中城乡居民养老保险和机关事业单位养老保险参保人数分别是 274.32 万人和 9.74 万人；失业保险参保人数为 240.66 万人，同比增长 7.20%；工伤保险参保人数为 241.95 万人（含高风险行业 5671 人），同比增长 7.44%；基本医疗、生育保险参保人数分别为 421.88 万人和 227.70 万人，同比增长率分别达到 6.1%和 6.6%。在外来从业人员中，参加基本养老、失业、工伤、基本医疗、生育保险的累计人数分别是 152.60 万人、152.21 万人、153.11 万人、151.27 万人、150.89 万人，增长率分别为 7.0%、7.0%、6.7%、6.2%、6.3%。

（2）社会保险缴费和待遇标准

2019 年 5 月起，厦门市各社保缴费基数按以下方案调整。

已有本市户籍的职工，其基本养老保险月缴费基数上限为 16168 元①（2018 年全省全口径城镇单位就业人员平均工资 5389 元×3），下限为厦门市每月最低工资标准 1700 元；外来人员职工则按照厦门市最低工资标准 1700 元/月确定缴费基数。公司和个人的缴费比例分别为 12%和 8%。

失业保险方面，厦门市户籍职工按照本人上一年月平均工资确定缴费基数，下限为厦门市最低工资标准 1700 元/月，公司与个人缴费比例分别为 0.5%和 0.5%；外来人员职工则按照厦门市最低工资标准 1700 元/月确定缴费基数，公司缴费比例为 0.5%，个人无需缴纳。

---

① 根据公报和社会保险信息披露通告等政府文件，各省市全口径城镇单位就业人员平均工资均取整数，缴费基数上下限则按照未取整数之前的原数据乘以比例数后再取整数，因此两方数据有细微出入。本报告中数据均以政府报告为准，下文数据同此处理。

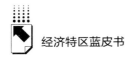

工伤保险方面，月缴费基数按企业职工上年度个人月平均工资来确定，下限为厦门市每月最低工资标准1700元；公司缴费比例视行业而定，特别注意的是建筑工程项目建筑企业须参照《建筑、矿山及石材加工企业农民工参加公司保险办法》相关规定进行缴纳，个人不缴。

基本医疗保险方面，本市户籍职工按照本人上一年月平均工资确定月缴费基数，上限为16168元（2018年福建省全口径城镇单位就业人员平均工资5389元×3），下限为3234元（2018年福建省全口径城镇单位就业人员平均工资5389元×60%），公司与个人缴费比例分别为6%和2%；外来人员职工的月缴费基数为3234元（2018年福建省全口径城镇单位就业人员平均工资5389元×60%），公司与个人缴纳比例分别为3%和2%。

生育保险方面，月缴费基数为职工上一年月平均工资，上限为16168元（2018年福建省全口径城镇单位就业人员平均工资5389元×3），下限为3234元（2018年福建省全口径城镇单位就业人员平均工资5389元×60%），公司缴纳比例为0.7%，个人无需缴纳。

待遇情况：共计312887人领取了企业退休人员基本养老金，2969人领取了企业退休人员遗属抚恤金，25868人享受了机关事业单位养老保险退休待遇，40178人领取了城乡居民基本养老金；向37484名本市失业人员发放了失业保险金，向49836名外来失业员工发放一次性生活补助金，向55名本市女性失业人员发放生育补助金，向23名本市失业人员发放丧葬补助金，向9名本市失业人员发放抚恤金，向38714人发放灵活就业补贴，向30933人发放物价上涨补贴，向53518家企业发放稳岗补贴，向19443名企业参保职工发放提升职业技能补贴；共计核定支付工伤保险待遇达17746人次，其中6707人为工伤职工，1083人按月发放定期待遇；受理赔付补充工伤保险共计2661件，劳动能力鉴定达到6377人次。

（3）社会保险基金收支状况

截至2019年底，基本养老、失业、工伤三项社会保险基金总收入为157.75亿元，其中养老保险145.88亿元、失业保险8.28亿元、工伤保险3.59亿元；总支出为140.19亿元，其中养老保险124.15亿元、失业保

10.77 亿元、工伤保险 5.28 亿元；三项社会保险基金年末累计结余 721.39 亿元。基本医疗、生育保险两项基金总收入为 123.17 亿元，总支出为 109.60 亿元，两项社会保险基金年末累计结余 242.17 亿元。

4. 汕头

（1）社会保险参保情况

截至 2019 年末，汕头市参加社会保险人数为 529.39 万人，比上年下降 0.1%。参加基本养老保险人数为 280.92 万人，同比减少 13.2%，其中企业职工养老保险人数为 549322 人、机关事业单位职工养老保险人数为 103115 人，城乡居民养老保险人数为 2156758 人；失业保险参保人数为 87.73 万人，同比增长 2.1%；工伤保险参保人数为 85.28 万人，同比下降 2.6%；医疗保险参保人数共计 500.56 万人，相比上年末下降 0.3%。生育保险参保人数达 50.70 万人，同比下降 0.8%。

（2）社会保险缴费和待遇标准

企业基本养老保险的月缴费基数按照职工上年度月平均工资确定，上限为 19014 元（2018 年全省全口径从业人员月平均工资 6338 元×3），下限为 3126 元（2018 年汕头市全口径从业人员月平均工资 5210 元×60%）。公司与个人缴费比例分别为 14% 和 8%。截至 2019 年 12 月 31 日，享受养老待遇的企业离退休职工共 243964 人，平均养老金为 2327 元/（人·月），每人每月同比增加 147 元。

失业保险的月缴费基数按照职工上年度月平均工资确定，上限为 15630 元（2018 年汕头市全口径从业人员月平均工资 5210 元×3），下限为汕头市企业职工每月最低工资标准 1550 元。公司缴费比例根据用人单位失业保险的平均申领率实行 0.48%、0.64%、0.80% 浮动费率，个人缴纳比例为 0.2%。

工伤保险的月缴费基数按参保单位申报个人缴费工资计征，公司缴费比例根据行业而不同，个人无需缴纳。

基本医疗保险和生育保险的月缴费基数均按照职工上年度月平均工资确定，上限为 15630 元（2018 年汕头市全口径从业人员月平均工资 5210 元×3），下限为 3126 元（2018 年汕头市全口径从业人员月平均工资 5210 元×

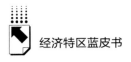

60%）。医疗保险的公司与个人缴费比例分别为6%和2%；生育保险由企业缴纳1%，个人无需缴纳。

（3）社会保险基金收支状况

2019年，各项养老保险基金收支情况如下。企业职工养老保险基金收入为87.88亿元，支出为73.16亿元，当期结余为14.72亿元；机关事业单位职工养老保险基金收入为77.24亿元，支出为72.11亿元，当期结余为5.14亿元；城乡居民养老保险基金收入为14.60亿元，支出为12.36亿元，当期结余为2.23亿元。失业保险基金收入为2.51亿元，支出为2.72亿元，当期结余为-2123万元。工伤保险基金收入为1.20亿元，支出为1.62亿元，当期结余为-4195万元。

5.海南

（1）社会保险参保情况

截至2019年12月，海南省参加城镇基本养老保险人数共计280.95万人（其中职工208.29万人，离退休人员72.66万人，离退休人数较上年末增加2.18万人），同比增长8.9%；城乡居民基本养老保险参险人数达304.97万人，同比增加6.76万人；城镇基本医疗保险参保人数达236.11万人（职工171.45万人，离退休人员64.66万人），同比增长4.6%；城乡居民基本医疗保险（不含新农合）人数为214.52万人，较上年末减少0.2万人；工伤保险参保人数为159.62万人（农民工5.58万人），比2018年末增加6.72万人；生育保险参保人数达168.78万人；失业保险参保人数为178.59万人。

（2）社会保险缴费和待遇标准

自2019年7月起，月缴费基数按2018年海南省全口径城镇单位就业人员月平均工资5704元确定，上限为17112元（海南省全口径城镇单位就业人员月平均工资5704元×3），下限为3422元（海南省全口径城镇单位就业人员月平均工资5704元×60%）。各险种缴费比例如下：养老保险，单位与个人分别按16%和8%比例缴纳；医疗保险，单位与个人缴纳比例分别为8%和2%；工伤保险，单位按行业基准费率进行缴纳，个人不缴；生育保险，单位缴纳比例为0.5%，个人无需缴纳；失业保险，单位与个人缴纳比例均为 0.5%。

2019 年，海南省企业参保退休人员基本养老金增加至 2378 元/（人·月），共计 80.98 万人领取了城乡居民基本养老保险金，城乡居民养老金为 205 元/（人·月），基础养老金达 185.7 元/（人·月）。2019 年全年，城镇职工基本医疗保险方面，32.18 万人次享受住院报销，96.41 万人次享受门诊特殊疾病报销，住院医疗费用中统筹基金平均支付 10102 元/次（同比增加 498 元/次），基金支付比例为 78.60%；城乡居民基本医疗保险方面，共有 80.51 万人次享受住院报销，65.14 万人次享受门诊特殊疾病报销待遇，住院费用中统筹基金平均支付 5300 元/次（同比减少 182 元/次），基金支付比例为 64.99%。工伤保险方面，海南省全年有 4189 人享受工伤保险待遇，伤残职工伤残津贴平均为 3299 元/次、生活护理费平均为 2499 元/人次，供养亲属抚恤金平均为 2044 元/人次。

（3）社会保险基金收支状况

截至 2019 年末，海南省城镇职工基本养老、城乡居民养老、城镇基本医疗、工伤、生育五项社会保险基金资产总额为 591.18 亿元。其中，城镇职工基本养老保险基金收入为 324.51 亿元，支出为 280.1 亿元，年末累计结存 281.45 亿元，比上年增加 46.82 亿元；城乡居民基本养老保险基金收入为 38.19 亿元，支出为 19.1 亿元，年末累计结余 101.63 亿元，比上年末增加 19.09 亿元；城镇职工基本医疗保险（含生育保险）基金收入为 98.03 亿元，支出为 67.07 亿元，年末累计结存 159.75 亿元，比上年同期增加 34.91 亿元；城乡居民基本医疗保险（不含新农合）基金收入为 19.68 亿元，支出为 14.82 亿元，年末累计结存 21.73 亿元，比上年增加 4.9 亿元；工伤保险基金收入为 2.62 亿元，支出为 2.28 亿元，年末累计结存 18.49 亿元，较上年增加 0.35 亿元。

（二）经济特区社会救助和社会福利发展情况

1. 深圳

截至 2019 年 11 月（第四季度数据尚未公布），深圳市社会服务事业费

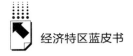

总支出为 188770.9 万元，其中社会福利支出为 59259.9 万元，社会救助支出为 25272.4 万元，城市低保支出为 3947.9 万元。市民中享受城市居民最低生活保障待遇的为 3055 人，全年发放最低生活保障金总额为 3373 万元，低保标准提升至人均每月 1160 元，属全国最高水平。高龄老人每月津贴发放标准从原来的 100 ~ 500 元，提升至 200 ~ 1000 元，覆盖受惠老人数量共计 12.9 万人。工伤保险方面，医疗、康复和辅助器具费用偿付总金额达 39822.18 万元。

全年各类社会服务机构中，共有 47 个机构提供住宿，同比增加 2 个，累计床位总数为 10209 张，与上年末相比增长 7.5%；不提供住宿的机构累计达 8898 个，较 2018 年末增加 23 个。以 3 个编办登记生活无着人员救助管理站、804 张救助管理站床位为依托，市、区两级救助站全年救助流浪乞讨人员高达 18.5 万人次。

截至 2019 年末，深圳市共有 4513 家卫生医疗机构，同比增加 707 家，其中医院总数为 144 家（已签订工伤保险服务定点协议的医疗机构为 84 家），与上年末相比增加 5 家；卫生机构拥有床位总数为 51318 张，同比增长 7.9%，其中医院拥有病床数量达到 47366 张，较上年增长 8.7%；全市共有卫生技术人员 10.28 万人，同比增长 9.7%。各级各类医疗机构完成诊疗量累计达到 1.08 亿人次（急诊、入院诊疗量分别为 763.97 万人次和 182.23 万人次），同比增加 8.3%，病床使用率高达 82.5%。此外，全市还累计建有 11 家康复机构和 3 家辅助器具配置机构。

2. 珠海

截至 2019 年 12 月 31 日，珠海市共有 7104 名困难群众享受了低保救助，其中，有 2816 人领取了城镇低保、3273 人领取了农村低保、1015 人领取了特困人员供养金。全市各类社会福利机构中，提供住宿的机构保有床位 4111 张，累计救助流浪乞讨人员 1518 人；提供综合社会服务的机构共计 319 家。全年全市共计发行销售了 6.04 亿元福利彩票，筹集了 1.83 亿元福彩公益金。

全年珠海市共有医疗卫生机构 936 家，分别有医院 44 家、妇幼保健机构 2 家、专科疾病防治机构 1 家、疾病预防控制中心 1 家、社区卫生服务中心（站）118 家、卫生院 12 家和村卫生室 134 间，总数相比上年增加 98 家。全年共有 517 家定点医疗机构和 1133 家定点零售药店签订了医疗保险服务协议，39 家医疗机构签订了工伤保险服务协议；此外另有 7 家康复机构和 3 家辅助器具配置机构。2019 年末全市卫生机构拥有床位和卫生技术人员情况如下：实有床位 10233 张（医院、妇幼保健院和卫生院分别保有 9186 张、596 张和 331 张），同比增长 3.4%；在岗职工共 23690 人（执业/助理医师、注册护士、疾病预防控制中心卫生技术人员和卫生院卫生技术人员分别为 7740 人、8824 人、132 人和 833 人），总人数同比增长 6.9%。

3. 厦门

截至 2019 年末，厦门市发放的低保金总金额为 9514.12 万元。其中城市低保金累计 6531.26 万元，领取人次为 7.77 万；农村低保金共计 2982.86 万元，领取人次为 4.07 万。全年全市发放临时救助资金总额为 1415.09 万元，救助总量达 5333 人次。累计救助流浪乞讨人员 3499 人次，其中未成年人 172 人次。

2019 年末，全市 40 家养老服务机构共拥有床位 10255 张，其中 7 家公办养老机构（含公建民营）的床位数量为 2548 张；33 家民办养老机构床位总数为 7707 张。各类医疗卫生机构共计 2111 家，除去 440 个门诊部，实有床位总量为 18784 张，床位分布如下：63 家医院实有床位 17539 张，26 家社区卫生服务中心和 13 家卫生院共有床位 354 张，1 家疗养院实有床位 140 张，7 家妇幼保健机构、7 家疾控预防控制中心、1 家专科防治院等公共卫生机构的床位数为 751 张。全市共有专业卫生技术人员 36957 人，其中执业医师 14048 人、执业助理医师 1159 人、注册护士 16302 人。另外，全市有 705 家定点医疗机构和 1244 家定点零售药店签订了医疗保险服务协议，25 家养老服务机构的医务室和 295 家村卫生所已被纳入医疗保险定点服务管理体系；34 家医疗机构、4 家辅助器具配置机构和 4 家康复机构签订了工伤保险服务协议。厦门市全年累计发放 3.32 亿元失业保险金，惠及失业人员 3.75 万人；累计发

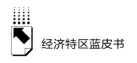

放医疗救助资金 18105.88 万元，救助数量高达 179.91 万人次。

4. 汕头

截至 2019 年 12 月 31 日，汕头市累计支出最低生活保障金 3.76 亿元，同比下降 1.3%；共 9.31 万人获取最低生活保障金，较上年末下降 3.5%；救助站累计救助总数达 1544 人，同比减少 48.1%；全年，8 家社会福利院累计收寄养 675 人，37 家城镇及村办敬老院累计收寄养 132 人。

全年全市 1628 家卫生机构中，医院和卫生院数量分别为 52 家和 33 家，总数较上年增加 136 家；实有床位 19595 张，其中医院和卫生院分别保有 16872 张和 1713 张，总量同比增加 610 张。各类医疗机构（不含村卫生室、诊所、卫生所、医务室）诊疗总人数达 2571.51 万人次，同比增长 14.7%，其中患者治愈出院数量累计达 59.48 万人次；病床使用率达 79.40%，较上年末增长 1.74 个百分点，病床周转次数为 31.56 次。全市卫生技术人员总量为 26259 人，同比增加 1272 人，其中：执业医师和执业助理医师总量达 19821 人，较上年末增加 1011 人；注册护士有 11011 人，同比增加 888 人。

5. 海南

截至 2019 年 12 月 31 日，海南省累计 36648 人获取城镇居民最低生活保障金，145240 人获取农村居民最低生活保障金，23271 人获取农村五保户供养保障。各类福利院及社会福利机构保有床位数共计 1785 张。全年累计销售了 8.8 亿元社会福利彩票，筹集了 2.4 亿元社会福利彩票公益金。

全省 5646 家卫生机构，包含 538 家医院（含卫生院），27 家疾病预防控制中心（含卫生防疫站），24 家妇幼保健院（所、站），13 家专科疾病防治机构，287 家农村乡（镇）卫生院，以及 200 个社区卫生服务中心（站）。各类医疗卫生机构实有床位共 47274 张，其中医院和卫生院保有床位 44467 张。全年全省 85087 名卫生机构人员中，专业卫生技术人员高达 66952 人，其中包含 23455 名执业医师和执业助理医师以及 31850 名注册护士。

二 经济特区社会保障发展取得的成就

（一）经济特区社会保险发展取得的成就

1. 深圳

2019 年，中共中央、国务院先后发布了《粤港澳大湾区发展规划纲要》和《关于支持深圳建设中国特色社会主义先行示范区的意见》，提出构建优质均衡的公共服务体系、建成全覆盖可持续体系的社会保障战略定位，针对人口政策、养老保险制度体系、社会保险服务模式、创新型医保制度等重大问题提出解决思路与举措。深圳市政府紧紧围绕统筹推进"五位一体"总体布局和协调推进"四个全面"战略布局，始终贯彻党的指导思想并落实责任，推进深化改革，力争实现幼有善育、学有优教、劳有厚得、病有良医、老有颐养、住有宜居、弱有众扶。

（1）做好先行示范区工作，完善社会保障体系

2019 年，各项基本社会保险参保率均保持在 98% 以上，基本实现法定参保人员全覆盖。待遇水平稳步提高，低保标准提升至人均每月 1160 元，达到全国最高水平；全市企业离退休人员养老金社会化发放率达 100%；及时足额发放各类救助资金，如低保金、特困人员供养金、困境儿童基本生活费、残疾人补贴等，确保困难群体、特殊人群的基本生活得到保障。另外，粤港澳大湾区社会保险衔接政策正在积极拟定和推动中，在深圳工作和生活的港澳居民将与深圳市民一样享有"市民待遇"。

（2）合理规划社保经办机构，推动落实社保工作

为贯彻实施国家《社会保险服务总则》《社会保障服务中心设施设备要求》《社会保险视觉识别系统》等政策文件，截至 2019 年末，深圳市共建设标准服务大厅 30 个，占全市服务大厅数量的 88%；共有社会保险经办机构 34 家，其中市级 1 家，区级 10 家；全市社会保险经办机构总编制数为 786 人，实有人数 778 人。在根据市民需求合理规划和建设基层经办机构基

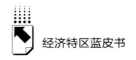

础上，深圳市加大"放管服"改革力度，使社保审批服务管理标准化、事项清单化、指南规范化，同时深化"秒批"政务服务模式改革，实现社保业务"就近办、便捷办"，推动社保工作在一线得到确切落实和有效解决。

（3）加快构建"智慧人社"，提高社保服务水平

为深入实施"互联网＋人社"工作计划，打造政府、社会、企业、市民四位一体的智慧移动服务平台，深圳市致力于建设集实体大厅、网上大厅、移动终端、自助服务机、12333热线为一体的全方位服务网，并于2019年初发布统一政务服务App"i深圳"，为市民和企业提供全方位政务办事服务和生活服务；于6月28日全面启动电子社保卡签发工作，通过加大"线上＋线下"宣传力度引导市民积极申领电子社保卡。截至2019年末，全市金融社保卡累计发卡量达1873万张，社会保障卡合作银行服务点约1270个，社保卡在人社业务项目中的应用个数达71项，与计划的93项相比，应用率达76.34%；全年开展养老金领取资格人脸识别在线认证业务共计79727笔；全年12333电话咨询中心接听处理市民来电总计639.61万人次，同比增加11%。其中，转自助语音量达277.9万人次，同比减少34%；转人工呼入量达401.57万人次，较上年上升28%；人工接听量达363.97万人次，较上年末上升47%。

2. 珠海

（1）重视社会保障制度建设，稳步提高待遇水平

从2019年1月1日起，城乡居民基本养老保险基础养老金每人每月从400元提高至430元。同年5月，废止了从2006年开始实施的《珠海市社会养老保险条例》，做好新旧政策衔接，确保基本养老金得到准时足额发放。进一步完善在珠海工作的港澳台居民养老保险政策，确定不同人群的待遇标准、缴费基数和比例、参保关系转移接续以及补缴方式等。根据省人社厅《关于调整失业保险金标准的通知》，将失业保险金标准由现行最低工资标准的80%上调至90%；根据相关规定制定《珠海市阶段性调整失业保险浮动费率实施方案》，对符合条件的用人单位实施阶段性调整失业保险浮动费率。依据国务院和省人社厅相关政策通知，实施阶段性下调工伤保险缴费费率，提升基金支付率，充分优化工伤保险基金管理。

（2）设置多级社保经办机构，贯彻管理服务标准

截至 2019 年 12 月，为贯彻实施国家发布的《社会保险服务总则》《社会保障服务中心设施设备要求》《社会保险视觉识别系统》等文件，珠海市共建设标准服务大厅 2 个，占该市服务大厅总量的 33%。全市共有 6 家社会保险经办机构，市级和县（区）级数量分别为 1 家和 5 家，共有工作人员 226 人。全市 15 个乡镇均已投入建立基层人力资源和社会保障服务平台，9 个街道均已建立人力资源和社会保障工作机构，确保覆盖全市所有群体。

（3）做好社会保障信息系统建设，丰富社保卡应用场景

截至 2019 年末，珠海市社会保障卡有效持卡人数共计 240 万。根据计划，在人社业务项目中社会保障卡应用个数应达 94 项，实际为 89 项，应用率达到 94.68%。全年全市社会保险业务管理系统开通网上服务事项 54 项，占全部社保服务事项的 45.38%；服务人次高达 191 万，其中异地就医结算系统累计服务 14057 人，结算金额总计 19992 万元。在其他各类服务渠道中，除了及时于微信平台发布社保有关信息外，还通过 12333 电话咨询累计服务 590329 人次。

3. 厦门

（1）进一步完善基本养老保险制度

根据人力资源和社会保障部、财政部印发的《关于建立城乡居民基本养老保险待遇确定和基础养老金正常调整机制的指导意见》，及福建省人社厅、财政厅相关政策文件和实施意见，确定城乡居民基本养老保险待遇的构成和统筹情况，提出相应的城乡居民基础养老金标准调整方案，将基本养老保险缴费档次和补贴标准调整为 12 档，残疾人员、贫困人员等由政府代缴最低缴费标准养老保险费。同年 7 月，出台退休人员基本养老金调整政策，确定调整范围、水平、采用方法和所需资金划拨方式。

（2）社保业务办理更加高效便捷

第一，开展社会保险"惠民政策进社区"宣传活动 160 场，通过上门授课、政策宣讲、发放材料等方式，走近社区（村居）实地宣传。第二，持续推进"放管服"工作：在珠海市政务社保大厅和 24 小时自助服务区部署 30 台自助机，共计 20 项社保业务可进行网络和实体自助办理；在珠海市

政务中心社保经办大厅推动社保综合柜员制，企业职工养老保险、失业保险、工伤保险和社保关系转移等27项社保业务可进行"一窗通办"，无须到多个窗口即可快速办理；市政务中心社保经办大厅周末开设服务窗口，群众可选择更灵活时段进行企业职工养老保险、失业保险、工伤保险、社会保障卡、社会保险关系转移等便民服务事项的办理；取消了45项规范性文件设定的证明材料，实现68项事项"全程网办"，占总办理事项的60%，97%的事项做到"最多跑一趟"，71项事项通过"15分钟便民服务圈"做到业务窗口前移；将18项社保业务接入"e政务"便民服务站，使群众在便利店、地铁站、大型商圈等均可办理社保业务，真正做到随时办就近办。第三，拓宽"互联网+社保服务"渠道：12333咨询电话服务人次累计达到277.94万，较上年增长5.74%；推进厦门市民卡App和实体卡应用场景建设，预计将于2020年第一季度正式发行使用，实现"一卡在手，走遍厦门"。

（3）建设事中事后监管及信用体系

根据国务院在2019年9月印发的《关于加强和规范事中事后监管的指导意见》，厦门市人社局积极开展社保事中事后监管体系建设工作，做好系统信息化的顶层设计，将"双随机一公开"与事中事后监管相关联，建立健全社保基金监管检查机制，提升监管规范度和透明度。同时深入推进"互联网+监管"，依托市公共信用信息平台，建立人社系统信用信息数据库，并在2019年10月底试运行。

4. 汕头

（1）深入推进全民参保计划

为深入推进全民参保，发挥社会保障的兜底功能，全面推进机关事业单位养老保险制度改革落实，汕头出台退休人员基本养老金调整方案，做好城乡居民养老、医保征收职能转划的衔接工作，将公务员和参照公务员法管理单位工作人员纳入工伤保险制度统筹管理范围，持续深化企业职工养老保险和工伤保险省级统筹，根据政策阶段性下调失业保险和工伤保险费率，确保低保人员和困难人员等特殊人群得到保障，进一步扩大参保覆盖面，提高社会保障服务水平。

（2）深化社会保障领域改革

第一，简政放权，出台"放管服"实施方案，使行政审批"扁平化"。截至2019年末，汕头市人社局已累计下放26项职权至市社保局和各区县人社局，进驻行政服务中心的事项中，授权经办人员直接审批19项，网上全流程办理无须审批14项。第二，推进人社业务一门式办理，持续开展减证便民服务，全面疏通群众办事难点、痛点、堵点。使人社、社保146项业务进驻市政务服务中心人社专厅，取消54项由规范性文件设定的证明材料，进驻业务中有45项业务实现即来即办，53项业务可在5个工作日内办结，80%以上业务办事群众"最多跑一次"，每月办理业务约27000件。第三，推进人社服务标准化、信息化、便利化建设。依据省厅政务服务事项清单，扎实推进人社政务服务事项"十统一"标准化工作；在局驻行政服务中心窗口推出"一站式服务"；全面推进"智慧人社"，上线运行"汕头医保在线支付平台（腾讯）"、"劳动监察指挥平台"、"医保跨省异地联网结算接口改造"、社保"综合柜员制服务大厅"等项目；积极扩大社保卡"一卡通"应用范围，基本实现了人社业务一卡通；推进人社业务上线微信"粤省事"小程序，市民可随时随地办理人才与就业、仲裁调解、社保等136项业务。

（3）构建法治人社体系

为全面贯彻落实党的十九大和十九届二中、三中、四中全会精神，汕头市人社局围绕加快建设社会主义法治国家基本方略，认真落实《汕头市人力资源社会保障系统法治建设工作方案（2016—2020年)》《汕头市人力资源社会保障系统贯彻〈广东省人力资源社会保障系统法治宣传教育第七个五年规划（2016—2020年)〉实施方案》，通过健全"四项机制"，强化责任、管控源头，聚焦当前人社事业发展的短板，注重保障民生，加强队伍法治教育，健全监管制度，努力构建"职能科学、权责法定、执法严明、公开公正、廉洁高效、守法诚信"的法治人社体系。

5. 海南

（1）基本建立覆盖全省城乡的社会保障体系

海南省各级人社部门牢牢把握全面深化改革开放和自由贸易区建设这条

工作主线，按照省委、省政府的决策和部署，不断改革创新、攻坚克难，全面实施全民参保计划，进一步扩大社会保险覆盖面，全面覆盖法定人员，稳步提高各类各级待遇水平。《海南省降低社会保险费率综合方案》经省政府同意后，省人力资源和社会保障厅、省财政厅、省税务局和省医保局正式出台相关措施：从2019年5月1日开始，养老保险单位缴费比例降为16%，这是一项普惠性强的长期性制度安排，为事业机关和企业带来的减负效果明显；现行的失业保险和工伤保险阶段性降费率政策，到期后再延长至2020年4月30日，持续为企业缴纳失业保险和工伤保险减轻50%的负担；降低社保缴费基数上下限，进一步优化营商环境。

（2）完善社保政务服务平台

对社会保障服务平台的建设，体现在以下三方面：拟定《海南省社会保障卡一卡通服务管理条例》，推动建立以社会保障卡为载体的一卡通服务管理模式，逐步开发和优化社会保障卡在政府公共服务、智慧城市服务、社会便民服务等民生领域的应用功能，目前已在海南人社、海口人社、海南农信手机银行、工行融e联、银联云闪付、支付宝等App上线签发电子社保卡功能，下一步将加快推动电子社保卡在椰城市民云、微信等渠道上线；建成全省统一的社会保险基础数据库，形成每个人唯一的社保标志，并对包含农民工、灵活就业人员、农业产业化人员等在内的各类群体参加社保的情况进行记录、核查和规范管理；推进人社"政务一体化"服务平台建设，实行集失业登记、就业扶贫等业务经办流程为一体的"一网通办"工作机制。

（3）做好窗口服务工作标准化建设

为打造全省群众满意的人社服务，海南省人社系统大力推进标准化、信息化建设，简化办事流程，缩短经办时间，推出一系列惠民便民举措：省社保服务中心实施社保服务下沉及服务窗口行风建设，形成"办事不求人"的长效机制，有效解决企业群众办事的难点、堵点、痛点问题；省政务中心规范社保业务行政审批及公共服务事项业务流程，实现全省人社政务服务同一事项无差别受理、同标准办理，以清单化管理推进社保工作标准化建设；就业创业、社会保险等人社业务窗口贯彻落实"学政策、钻业务、练技能、强服务"精神，形成了一支规范高效、服务优质、业务精通、作风优良的窗口服务队伍，有力完善了人社各项业务工作，使企业、群众人社服务满意度不断提升。

（二）经济特区社会救助和社会福利发展取得的成就

1. 深圳

2019 年，深圳市民政系统以习近平新时代中国特色社会主义思想为工作指导原则，坚持抓重点、补短板、强弱项、推改革、谋新局，推动社会服务事业发展取得新的显著成绩。

养老服务方面，通过出台《关于构建高水平养老服务体系的决定》、提交《深圳经济特区养老服务条例（草案稿）》，完善服务体系，加强顶层设计。获批成为全国第四批居家和社区养老服务改革试点城市后，深圳市稳步推进发展各类养老服务机构，积极构建"基地＋社区养老服务"模式，积极推进智慧养老服务平台建设。目前，已建成长者饭堂和助餐点 149 家，在45 家养老机构、超 95％ 的社区日照中心与社康中心等基层医疗机构中推行建立医养结合机制，推动深圳健康养老学院等机构和组织实施"中国养老创新家""粤港澳养老社会创新家"等项目，同时积极探索新型养老服务人才培养模式，强化人才支撑，确保养老服务长远发展。

民生保障方面，在确保困难群体、特殊群体基本生活保障到位的基础上，积极探索加强基本民生保障新举措，着力提升社会救助精准化、精细化水平，逐步构建涵盖市、区、街道、社区的儿童关爱服务四级网络，同时成立市、区两级未成年人救助保护中心，确保街道和社区均配备专门的儿童督导员（儿童主任）。扎实做好流浪乞讨人员救助管理工作，借助互联网寻亲、DNA 比对、人脸识别等新技术新手段，为 880 余名流浪乞讨人员成功寻亲并帮助其回归家庭。

慈善事业方面，深圳于 2019 年成功举办第七届中国慈展会，共吸引来自全国 31 个省（自治区、直辖市）以及港澳台地区的 791 家机构、896 个扶贫项目和深度贫困地区的 917 种消费扶贫产品参展，为"三区三州"等深度贫困地区的扶贫项目和消费扶贫产品对接慈善资金近 75 亿元；围绕"聚焦脱贫攻坚，共创美好生活"主题，深入探索现代慈善运行模式，打造全球知名的

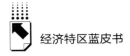

"互联网＋慈善"品牌项目"腾讯 99 公益日"，编制发布 2018 年度深圳慈善捐赠榜，使中国公益慈善项目大赛成为全国最具影响力的社会创投平台，积极开展系列特色慈善活动，形成了"全民慈善、人人公益"的良好氛围。

除此之外，公共服务设施规划建设也在稳步推进中，目前市本级民政"9＋3"项目均已落实选址，盐田区社会福利中心二期、福田区老人护理院、罗湖区宝丰苑颐养院竣工，28 家社会组织党群服务中心投入使用，宝安区养老院、坪山区敬老院、深汕特别合作区小漠公墓等项目开工建设，南山区社会福利中心三期、龙岗区养老护理院、龙华区社会福利综合服务中心、龙华区颐养院、坪山区救助管理站、光明区社会保障综合服务中心、大鹏新区养老院等一批项目正在开展前期工作。

2. 珠海

2018 年珠海市社会救助及民生保障工作实现了新提升，不断推进社区养老设施建设，在 10 个社区试点内为老年人提供集中用午餐等配餐服务，探索推进长者饭堂建设；加强困境儿童分类保障，完善落实保障政策，促进困境儿童健康成长；扩大交通事故社会救助范围，凡在珠海境内发生交通事故，属于受害人一方，且符合救助条件的港澳居民，珠海市道路交通事故社会救助基金可以垫付丧葬费用、部分或者全部抢救费用以及救助因交通事故陷入严重经济困难家庭；加强福利彩票发行销售、公益金使用监管，加大福利彩票公益金对慈善事业发展的支持力度。

政策法规方面，健全"三社联动"工作机制，促进社会组织规范发展。其一，持续贯彻 2018 年 9 月 1 日起施行的《慈善组织信息公开办法》，提升慈善组织信息公开程度，保障慈善活动各参与者的合法权益，确保社会公众知情权得到维护，促进慈善事业的健康发展；其二，按照《"互联网＋民政服务"行动计划》相关要求，发布《"互联网＋社会组织（社会工作、志愿服务）"行动方案（2018—2020 年）》，推动社会工作、志愿服务、慈善募捐等领域的智慧化进程。

3. 厦门

目前，厦门市的社会救助系统以最低生活保障制度为基础，辅以面向特困人员、受灾人员等群体的医疗、教育、住房、就业、临时救助等专项救助制度，在实施中与社会力量形成合力，确保农村留守儿童及困境儿童、困难残疾人等"8＋N"困难群体得到优先保障和关爱。2018年，厦门市不断推进养老服务工程，包括市慈善总会爱鹭老年养护中心新建工程、市老年基金会爱心护理院改扩建工程、湖里区社会福利中心新建工程，顺利开展2019年度30个"农村幸福院"和9个"社区老年人日间照料中心"建设项目，加强公办保障性养老机构建设，完善社区居家养老服务，积极开展智慧养老服务，重点满足特困人员中的老年人、经济困难老年人、计划生育特殊家庭老年人和做出特殊贡献老年人的养老需求；出台《厦门市医疗救助办法》，将旧办法与《厦门市基本医疗保险参保人员自付医疗费困难补助办法》进行了合并，进一步整合并扩大了保障对象的范围，健全了多层次医疗保障体系，提高了保障标准，减轻了参保人员因自付医疗费过重而产生的经济负担；先后修订、出台《厦门市低收入家庭认定实施办法》《关于进一步完善困难群众基本生活保障标准动态调整机制的指导意见》《厦门市引导社会力量参与防灾减灾救灾工作的指导意见》等多部社会救助法规政策文件，使社会救助不再是临时性、随意式的，而是向经常性、制度化转变，同时救助对象范围扩大至城乡困难群众、受灾群众等群体，救助主体包括政府和社会力量，核定制度更加精确和完善，社会救助管理更加严格和规范。

同时，为了提升社会救助工作信息化管理水平，厦门市以"全国低保系统""全国核对基础信息平台"为内核，通过社会救助服务平台的全方位和本地化建设升级，与原有的"i厦门"对接，打造"互联网＋社会救助"新模式，对贫困重度残疾人全部建档立卡，让社会救助的申请更加便捷。另外在残疾人社会救助中，根据实际需求及时补足助行器、坐便凳等常用辅具，引领专业社会组织和志愿者上门服务；开发照料养护类的村级公益性岗位，优先选用残疾人、贫困残疾人家庭有照护能力的亲属，既能使其就近就便提供残疾人照料服务，也能增加家庭收入，避免因残致困。

厦门市出台《民政领域打赢脱贫攻坚战三年行动实施方案（2018—2020年)》等文件，主要落实以下工作内容：统筹城乡社会救助发展，实现城乡社会救助制度一体化，进一步强化社会救助兜底保障的功能；推进社会救助条例立法，修订《厦门市申请社会救助居民家庭经济状况核对办法》，改进临时救助制度；根据实际情况修订低保实施意见，规范低保管理工作，扩大低保对象的覆盖范围。该文件计划到2020年，各区全面实行政府购买居家社区养老服务，建制村中农村幸福院等养老服务设施覆盖率达到100%，全面建立农村留守老年人定期探访制度和关爱服务工作机制；动态监测贫困家庭农村留守儿童情况，力争做到100%落实监护责任和实名制登记管理。

4. 汕头

2019年，汕头市围绕三大攻坚战和城乡协调发展等最迫切、最现实的社会热点难点问题，持续加大民生投入，加强和改善民生事业。脱贫工作方面，全年脱贫人数达到9.4万人2.8万户，相对贫困人口脱贫率高达99.97%，原37个省定贫困村实现全部脱贫，启动总投资达7100万元的潮阳区省定贫困村新农村示范村建设项目。公共服务设施建设方面，龙湖区福利院、濠江区残疾人康复中心均已建成并投入使用，潮南区殡仪馆建设工程与潮阳区殡仪馆升级改造工程正在推进中，进一步升级市救助安置中心和救助管理站。儿童保障方面，省、市共17家社会组织分组实地走访慰问龙湖区7个街道14个社区的23名留守儿童和困境儿童以及汕头市儿童福利院的孤儿，在原有的2018年百家社会组织走近留守和困境儿童"牵手行动"的基础上，广泛动员社会力量，深入推进儿童保护工作，加快建成特色儿童福利服务保障体系。流浪救助方面，站内提升软硬件服务水平，站外组织多方力量，劝助引导流浪乞讨人员进站并分类处置与救助。养老服务方面，市民政局开展养老院服务质量提升建设专项行动，多次组织志愿者开展"情暖空巢老人"活动，同时结合邻里互助养老模式，推进农村留守老年人关爱服务工作。

慈善事业方面，汕头市民政局与汕头市慈善总会联合爱心企业，开展了一系列"慈善情暖万家"活动，筹集善款150万元，购买了20万斤大米和5万升食用油，慰问约1万户低保困难群众、市及各区县福利院孤寡老人、残障儿童及部分特困家庭，给困难群众送去党和政府及社会各界的关怀和温暖；成功举办"福彩慈善·精准助学"活动，筹集资助资金90万元，其中市级福利彩票公益金60万元，热心企业捐赠助学资金30万元。共资助应届高中毕业考上大学的贫困家庭学生180名，对每名学生资助5000元；通过"汕头市慈善总会侨界爱心基金"，向汕头市第十二中学6名家庭经济困难的中学生发放助学金，每人2000元。

5. 海南

在人社扶贫工作中，海南省认真落实国家、省、市各项扶贫政策，做好了以下工作：一是深入贯彻落实习近平总书记关于精准脱贫的重要指示精神，结合人社部门职能任务，制定了一系列强有力的相应政策和措施，建立脱贫攻坚战时机制，建立完善就业扶贫、社保扶贫相关体系；在技能培训、社保兜底等方面扎实做好扶贫工作；二是建立"三个清单"，即任务清单、整改清单、大排查清单，同时强调扶贫信息化建设这一重点，通过查阅资料、现场交流、入户访谈等方式，详细掌握贫困劳动力数量、就业扶贫公益专岗数量、培训人数等数据，做好社保和扶贫信息登记和摸底；三是做好技能培训、转移就业、公益性岗位开发管理和社保政策落实等方面的扶贫工作建设。在扶贫工作中，海南省力争做到确保零就业家庭动态清零、及时足额发放60岁以上贫困户老人养老保险金、严惩公益性岗位变相发钱、杜绝技能培训中的形式主义、全面深入宣传外出务工奖补政策。

三 经济特区社会保障发展存在的现实困境

（一）社会保障制度体系面临新挑战

当前，城镇化、人口老龄化对社会保障体系提出了新挑战。由于居民基本养老保险保障水平有限，城乡居民养老保险面临较大压力；传统的养老模式受到冲击，家庭不再是承担养老的唯一主体，围绕老龄人口的需求，建立更加丰富、全面的养老服务体系才是应对老龄化、提升老年人生活质量的有效举措。受经济增速换挡和行业转型升级影响，企业员工流动性增大，中断缴费人数和欠费现象有所增加，全面参保力度还须持续加大；各险种待遇标

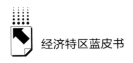
准逐年刚性上调，又导致社保基金支付压力进一步增大。医改工作虽然在推进分级诊疗制度、建设现代医院管理制度、完善全民医保、健全药品供应保障制度等方面取得重大进展，优质高效的医疗卫生服务体系雏形初成，但"看病难、看病贵"问题仍然存在，医疗服务需求与供给之间的矛盾日益突出，医院信息化建设也面临极大的挑战，深化医改刻不容缓。

（二）社保经办人才队伍建设迫在眉睫

目前社会保障经办业务人员管理中存在的局限有：社会保障机构人员的供给无法满足社保机构发展和业务推进的需要；体制内实施管理活动的公务员、事业单位人员，与编制外聘用人员及志愿者的业务素质差别较大，导致社保政策的贯彻和落实容易出现偏差；对不同类别、层级社保经办机构人员的工作绩效考核标准和方式还有待完善；在法律法规、业务知识和服务规范等方面，社保经办人员的培训强度和深度远落后于实际需求。

（三）社会保障法制建设体系较为滞后

经过多年的改革，我国社会保障法制框架已经基本成型，但伴随社会经济的高速发展，社保法制建设滞后和社保制度不断发展健全之间的矛盾日益显现：一方面，现行法律法规因其历史局限性，已经跟不上社会保障制度的改革步伐；另一方面，许多社会保障制度改革和实践仍然以中央与地方行政系统的政策性文件规范为主导，每每出现民生矛盾或现实问题时，地方出台"打补丁"或"特事特议"政策的做法，直接损害了社保制度的统一性，限制了社保制度作用的有效发挥。同时，在贯彻落实社保法律方面，也存在宣传不足、执法不严、监督松散、制裁不力等情况，需要尽快完善相应的法律条文和监督机制，积极推进社保法治机构和人才队伍建设。

（四）社会保障制度的减贫效果有待优化

作为国民收入再分配的重要工具和由政府主导的反贫困制度安排，社会保障体系中的社会保险、社会救助和社会福利制度均对预防和消除贫困有直接作用。在持续推进精准扶贫过程中，经济特区社会保障制度面临的挑战主要有：各经济特区中普遍存在社会保险和社会救助发展较快、社会福利体系较为滞后的情况，各制度之间未能得到统筹安排和有机整合，使得如失地工人、失独老人、留守儿童等弱势群体无法得到应有的保护，社会保障兜底能力有待加强；社会保障政策与涉及产业发展、金融扶持、教育就业等的其他扶贫政策在实施过程中缺乏有效衔接，覆盖人群存在重叠或差异，使得扶贫政策落地效果出现偏差；基层工作人员数量不足、经办管理能力不高、工作经费有限，均直接限制了社会保障减贫政策效率的提升。

（五）社保信息化建设仍存在一定局限

经过数年的社会保障信息化建设，经济特区在硬件配置、软件开发和数据库管理等方面打下了坚实基础，具备较为先进的信息化管理水平。从社保公共服务平台建设和电子社保卡的签发应用中，可以发现相较其他一线城市，经济特区的"互联网＋人社"建设推进速度较快、服务覆盖面较广。但近年社保制度和政策的不断更改和优化，往往导致社保信息系统被动变革，其业务流程稳定性和协同性受到制约，数据的不准确性也大大提升；另外，数据的交换联通需要同时考虑纵向上的国家、省区市各层级经办机构的信息平台，以及横向上的医院、药店、银行、服务外包供应方的不同信息平台，无法在短期内实现社保业务的规范化；由于网络安全意识薄弱、平台接口多、数据交互复杂等原因，社保信息安全管理始终面临极大威胁。

四 推进经济特区社会保障发展的政策建议

（一）健全多层次社会保障制度体系，织牢社保"安全网"

经过国家的不断推进与地方的层层落实，社会保障制度体系逐步完善，覆盖范围逐渐扩大。但随着人口老龄化进程加快、老龄化高峰持续时间延长，同时在全面深化改革新格局的要求下，社会保障领域的改革创新也急需

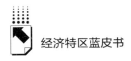

提速。其一，在将基本养老保险参保覆盖率提高到99%的基础上，构建多层次养老制度，一方面完善城乡居民基本养老保险机制，另一方面提高企业职工基本养老保险基金中央调剂的比例，同时降低城镇职工基本养老保险中单位的缴费比例，对符合条件的困难人员制定并实施财政代缴方案，推动城乡居民基本养老保险基金委托投资工作，合理制定国有资本划转社保基金的方案和实施细则，同时发挥多种社会主体的作用，以需求为导向发展养老服务；其二，全面推进医改，在临床需求和医保基金承受能力之间找到均衡点，增加医保药品目录调整频次，力争逐步将更多救命救急的好药纳入医保范围，在管控抗癌药和集中采购药品价格的同时，鼓励新药研发与上市，加强医疗、医保、医药及公共卫生各领域的联动改革，进一步改善医疗服务，深入实施健康扶贫，为民生健康兜底；其三，强化社会保险基金监管，狠抓社保基金内控制度建设和落实，排查社保经办风险，强化日常监管和数据分析，健全常态化的基金运行预测预警、防控监督机制。

（二）科学规划社保经办业务人才发展，不断提高服务水平

为社会保障发展提供组织和人才保障，首先，在政府部门体制改革的基础上，建立健全人才招引政策，落实国家社会保障各种人才工程，做好社保领军人才选拔培养工作，同时引入现代化的管理模式，根据实际需求适当采用更加灵活的人才雇用机制，以期实现人才资源的合理利用和优化配置。其次，引导广大干部更新知识结构、扩大知识储备，强化技能人才队伍建设，实施系统干部能力提升工程，分层分类开展法律法规、业务知识和服务规范培训，提升工作人员业务素质。最后，对不同编制、岗位的人员进行分类管理、考核和监督，确保社保经办政策有效实施、业务稳步推进。最后，开展大规模职业技能培训，努力创建优质服务窗口，为提升社保服务水平提供有力支撑。

（三）大力推进社保法治建设，开创新时代社保法治建设新局面

社保法治工作要全面贯彻党的十九大和十九届二中、三中全会精神，以

习近平新时代中国特色社会主义思想为指导思想，坚定不移深化拓展中国特色社会主义法治道路，围绕中心工作，对标《人力资源和社会保障法治建设实施纲要（2016—2020年）》，重点应抓好以下工作：以推进重点立法项目为突破口，尽快形成完备的社保法律规范体系；以持续规范行政行为为着力点，尽快形成高效的社保法律实施体系；以行政复议、行政诉讼为重点，进一步完善社保法律监督体系；以深入开展法治宣传教育为基础，尽快形成有力的社保法律保障体系；培养壮大社保法治工作队伍，努力实现社保法治与业务的有机融合。

（四）加快完成脱贫攻坚任务，做好兜底保障

为达到"两不愁三保障"的扶贫目标，打赢社保扶贫这场攻坚战，需要从以下方面促进社会保障制度助力精准扶贫：做好顶层设计，改变目前多种制度碎片化的情况，构建适应深度贫困地区脱贫攻坚需要的兜底保障体系，进一步扩大社会保险的覆盖人群并提高待遇水平，发展和完善社会救助与社会福利政策，促进三者有机整合；从贫困对象的致贫原因和脱贫需求出发，加强加大社会保障与其他经济社会政策的有机合力和协作力度，构建多领域、多主体之间的扶贫脱贫协作治理体系，切实增强社保扶贫兜底保障作用，避免政策重叠或覆盖面不足导致的贫困情况；增加社保基层人员编制和提高待遇水平，根据实际工作任务需求抽调增配综合素质高、业务娴熟的人员，加大基层工作人员的知识、政策和专业素质培训力度，确保必要的工作经费足额及时发放，把社保扶贫经办工作抓细抓实，提高公共服务水平和效率。

（五）补齐信息化建设短板，提升社保公共服务信息化水平

由于特区承载着区域经济辐射和领跑的重任，"互联网＋人社"模式的落地实施对提高行政效能、提升便民服务水平、优化营商环境起着重要影响作用。提升社会保障公共服务信息建设水平，需要从以下方面着手落实。根据人社部工作部署，以全国一体的社会保险经办服务体系和信息系统为依

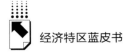

托，推动统一的社会保险公共服务平台落地，形成以社会保险卡为载体的"一卡通服务管理模式"，实现电子社保卡身份认证、快速授权登录、人社业务办理、移动支付等线上线下功能协同衔接，向电子社保卡持卡人提供多层次多方位的应用场景服务。持续开展实体办事大厅建设和"互联网＋政务服务"提升工程，通过大厅服务窗口、官方网站、咨询热线、终端 App 等多种服务渠道，为参保单位和人员提供更便捷的全流程服务，进一步提高社会保险公共服务水平。在加强信息标准化管理基础上，完善建立信息化管理联动机制，不断加强基础支撑平台建设、对外协同服务平台建设，建设高效标准的数据资源库，规范社保网络业务流程，加大信息化技术培训的力度，建立数据安全应急保障预案，从而不断创新智慧城市情景下的民生服务方式，最终实现提供安全优质公共服务的目的。

参考文献

《2019 年海南省社会保险情况》，海南省人力资源和社会保障厅。

深圳市统计局、国家统计局深圳调查队编《深圳经济特区年鉴—2019》，中国统计出版社，2019。

珠海市统计局、国家统计局珠海调查队编《珠海统计年鉴—2019》，中国统计出版社，2019。

厦门市统计局、国家统计局厦门调查队编《厦门经济特区年鉴—2019》，中国统计出版社，2019。

海南省统计局、国家统计局海南调查队编《海南统计年鉴—2019》，中国统计出版社，2019。

《2019 年度深圳市社会保险信息披露通告》，深圳市人力资源和社会保障局网站，2020 年 5 月 7 日，http：//hrss. sz. gov. cn/szsi/sbjxxgk/tjsj/sicbltj/content/post_ 7395078. html。

《深圳市 2019 年国民经济和社会发展统计公报》，深圳市统计局网站，2020 年 4 月 15 日，http：//tjj. sz. gov. cn/zwgk/zfxxgkml/tjsj/tjgb/content/post_ 7294577. html。

《2019 年深圳民政工作总结》，深圳市民政局网站，2020 年 4 月 21 日，http：//mzj. sz. gov. cn/gkmlpt/content/7/7155/post_ 7155763. html#594。

《2019 年 11 月份深圳民政统计月报》，深圳市民政局网站，2020 年 1 月 3 日，

http：//mzj. sz. gov. cn/cn/sjfb/tjyb_ 180370/content/post_ 7832275. html。

《2019 年汕头国民经济和社会发展统计公报》，汕头市统计局网站，2020 年 3 月 30 日，https：//www. shantou. gov. cn/tjj/tjzl/tjgb/content/post_ 1733953. html。

《汕头市人民政府关于 2019 年度汕头市法治政府建设情况的报告》，汕头市人民政府网站，2020 年 1 月 21 日，https：//www. shantou. gov. cn/cnst/zwgk/jcxxgk/gggs/content/post_ 1695112. html。

《关于汕头市 2019 年度社会保险基金收支情况的公告》，汕头市医疗保障局网站，2020 年 4 月 16 日，https：//www. shantou. gov. cn/stsylbzj/gkmlpt/content/1/1741/post_ 1741613. html#3505。

汕头市统计局、国家统计局汕头调查队编《汕头统计年鉴—2019》，2019，https：//www. shantou. gov. cn/tjj/2019nj/201912/9ba321a2b98a4f32ba2881fb968497b3/files/bd87016243f24c14bd107b7b2dbc0e0b. pdf。

《关于 2019 年珠海市社会保险情况的通告》，珠海市医疗保障局网站，2020 年 4 月 8 日，http：//www. zhuhai. gov. cn/ylbzj/gkmlpt/content/2/2526/post_ 2526446. html#6136。

《2019 年珠海市国民经济和社会发展统计公报》，资讯网，2020 年 3 月 30 日，http：//news. zh51home. com/artical/227742. html。

《2019 年社会保险情况通报》，厦门市人力资源和社会保障局网站，2020 年 3 月 12 日，http：//hrss. xm. gov. cn/xxgk/tzgg/202003/t20200312_ 2429833. htm。

《厦门市 2019 年国民经济和社会发展统计公报》，厦门市人民政府网站，2020 年 3 月 20 日，http：//www. xm. gov. cn/zfxxgk/xxgkznml/gmzgan/tjgb/202003/t20200320_ 2433223. htm。

《2019 年海南省国民经济和社会发展统计公报》，2020 年 3 月 5 日，中国经济网，http：//district. ce. cn/newarea/roll/202003/05/t20200305_ 34410693. shtml。

《（受权发布）中共中央 国务院关于支持深圳建设中国特色社会主义先行示范区的意见》，新华网，2019 年 8 月 18 日，http：//www. xinhuanet. com/politics/2019 – 08/18/c_ 1124890303. htm。

《中共中央 国务院印发〈粤港澳大湾区发展规划纲要〉》，中华人民共和国中央人民政府网站，2019 年 2 月 18 日，http：//www. gov. cn/zhengce/2019 – 02/18/content_ 5366593. htm#1。

《海南省人力资源和社会保障事业发展"十三五"规划纲要》，海南省人力资源和社会保障厅网站，2020 年 9 月 1 日，http：//hrss. hainan. gov. cn/hrss/0800/202009/d8304072f22448ae813d90e6c24dca35. shtml。

B.6
中国经济特区公共就业服务
体系发展报告

舒玥　张超凡　张克昕*

摘　要：　公共就业服务体系建设是实现高质量就业和充分就业目标
的重要手段。构建全方位的公共就业服务体系是人力资源
开发和劳动力素质提高的先决条件，是实现充分就业的重
要保障。本报告首先论证全方位建设公共就业服务体系的
重要性和迫切性，然后对深圳、珠海、汕头、厦门、海南五
个经济特区近年来在公共就业服务体系建设方面的主要做
法进行了介绍和分析，并总结了经济特区在完善公共就业
服务体系制度和机制设计、提高劳动力素质、化解就业结
构矛盾、推进基本就业服务均等化等方面的经验，最后对
经济特区未来公共就业服务体系建设发展进行展望，提出
了进一步健全就业服务信息化建设、完善监管机制等政策
建议。

关键词：　经济特区　公共就业　服务体系建设

---

* 舒玥，深圳大学经济学院应用经济学专业 2019 级硕士研究生，主要研究方向为区域经济；张
超凡，深圳大学经济学院应用经济学专业 2019 级硕士研究生，主要研究方向为区域经济；张
克昕，深圳大学经济学院副教授，应用经济学专业硕士生导师，主要研究方向为区域经济、
企业创新。

一 公共就业服务体系建设的重要性和迫切性

（一）加强公共就业服务体系建设是推动经济高质量发展的重要举措

劳动力是最重要的经济资源，实现充分就业是宏观经济政策的主要目标，只有实现了充分就业，总产出才能达到潜在产出水平。因此，实现充分就业，做到"人尽其才"，是资源配置结构平衡、经济运行平稳的重要保障。然而，当前我国劳动力市场在总量和结构上均面临一系列突出问题。我国人口基数大，劳动力人口数量庞大，虽然目前经济发展正处在城市化的加速发展期，但是由于农村不断分离出大量富余劳动力，城市经济在特定时期可能难以承载，加之每年800万名左右的高校毕业生，使得总的就业形势更为严峻。除了总量上的问题外，经济结构转型对劳动力素质结构的需求不断变化，将导致结构性失业常态化，并表现为失业人口的显著增加。因此，如何建立高效健康、群众满意的公共就业服务体系，保障经济实现更高质量、更健康的发展，是当前亟须解决的迫切问题。

在宏观政策层面全面强化就业优先政策，是中国特色社会主义新时代经济社会发展的必然要求。当前我国正在从"全面小康"向"全面现代化"过渡，要更加注重提高经济增长质量而不是一味追求加快经济增长速度。因此，当前需要加快推动公共就业服务体系建设，稳定就业形势，保障经济社会协调发展。在发挥政府公共就业服务主体作用的同时，还应构建各类主体广泛参与的多元化服务体系，发展劳务中介组织和人力资源服务业，促进人力资源潜力的开发和利用，推动经济增长与充分就业形成良性循环。

（二）完善公共就业服务体系是保障和改善民生的重要内容

将就业问题摆在突出位置，加快构建"政府主导、市场调节、多方参与、平等就业、体面就业、自主择业"的"大就业"工作格局，是完善公共就业服务体系建设的主要内容。政府需要进一步加强公共就业服务能力，

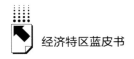
及时、便捷、高效地为就业人员提供就业服务。要通过加大政策扶持力度，紧抓就业培训，帮助就业人员掌握职业技能和提高转岗再就业能力；促进社区经济组织发展，扩大就业容量；强化覆盖城乡的公共就业服务体系建设，积极推进公共就业服务平台的搭建，加快完善城乡均等的公共就业服务体系。进一步加强人力资源市场管理，大力发展人力资源服务业，建立健全合理的人力资源流动机制和高效的市场监管体制。

（三）建立全方位公共就业服务体系是和谐社会发展的必然要求

就业是最大的民生，就业问题直接关系社会发展和谐稳定的大局。经济发展的根本目标是改善社会成员的生活质量，为广大城乡劳动人民更好提供安身立命的基础。因此，全方位推进公共就业服务体系建设，推动就业岗位的多渠道开发，加快全社会实现充分就业，是政府重要的工作职责。

以习近平同志为核心的党中央始终坚持把扩大就业作为实现经济社会发展总体目标和结构调整重要目标的最重要环节，积极落实就业再就业扶持政策、推进统筹城乡就业、完善公共就业服务体系，取得了明显成效。但由于人口基数、富余劳动力规模大等因素，扩大就业必然是一项长期艰巨的任务。必须继续把扩大就业放在经济社会发展的突出位置，在深入推进供给侧改革、优化产业结构的同时，不断进行改革创新，完善城乡统筹的公共就业服务制度，提供覆盖全民、贯穿全程、辐射全域、便捷高效的全方位公共就业服务，促进就业增长。尤其要加快建立健全农民工公共就业服务体系，鼓励对农民工进行职业教育，提高职业技能，扩大中等收入人口比例。

（四）保就业是当前政府工作的重中之重

在经济运行外部环境发生巨大变化以及新冠肺炎疫情影响下，2020年4月，中共中央政治局会议提出了做好"六保"工作，而"六保"工作首要的是保就业，这充分体现了党中央对就业是"民生之本"的高度重视。2020年《政府工作报告》中，"就业"一词被提及39次之多，涉及就业的各个方面。从"就业优先政策要全面发力"到"就业优先政策要全面强化"，《政府工作报告》中表述方式的微妙改变，实际上是国家就业工作的整体思路发生了变化。当前，我国就业工作面临严峻的考验。一是巨量的高校毕业生就业2020年我国高校毕业生高达874万人，较上一年增加100多万人，推动高校毕业生就业任务艰巨。二是部分群体就业和收入受到疫情冲击，一些行业消费低迷，缺乏内需动力。因此，必须全面完善政策措施，在政策上构筑保障网，全力保障就业。

二 经济特区公共就业服务体系建设基本情况

自成立以来，经济特区一直作为国家经济体制改革的"试验田"、自主创新中的"排头兵"和现代化建设中的"示范区"，为全国改革开放发挥了先行先试和引领作用。经济特区大力推进以改善民生为重点的社会建设，在公共就业服务体系方面进行了积极探索与大胆创新，取得了显著成效，积累了丰富、有价值的经验，对全国其他地区公共就业服务体系建设具有重要的借鉴意义。

（一）深圳经济特区

作为全国改革开放的前沿城市、全国性经济中心城市、中国特色社会主义先行示范区，深圳经济特区一直非常重视公共就业服务工作，始终将此项民生工作摆在政府工作的重要位置。深圳市"大力开展就业渠道拓宽工作，加强对失业人员的重点帮扶，特别针对因产业结构调整而下岗的职工，助力其转岗再就业"。① 截至2019年末，深圳市就业人口规模达1166.64万人，其中非深户籍劳动人口957.92万人，占比达82.11%。在如此高的劳动力总量下，全市就业市场基本实现供求平衡，城镇登记失业率仅为2.18%。深圳公共就业服务与时俱进，在应对一个个挑战中不断创新和发展。

---

① 《深圳：持续优化就业创业政策体系》，中国经济网，2019年8月21日，http://www.ce.cn/xwzx/gnsz/gdxw/201908/21/t20190821_ 32964079. shtml。

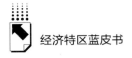

1. 完善各项就业制度，大力促进公共就业

自 2001 年 5 月 1 日起施行《深圳经济特区居民就业促进条例》以来，深圳一直秉持"市场调节就业、政府促进就业、居民自主择业"的就业原则，相继出台促进公共就业服务体系发展的相关政策文件与法律法规，以及相关的政策措施。2009 年出台的《深圳市人民政府关于做好促进就业工作的意见》，针对公共就业服务体系建设，提出创新就业服务管理机制、大力推进就业服务队伍建设和业务能力建设、提供更加优质高效的公共就业服务、创建适合充分就业的长效工作机制等意见。2017 年，深圳制定了《深圳市失业登记管理办法》，明确规定了办理失业登记后的失业人员可享受的公共就业服务范围、失业人员管理办法以及各级公共就业服务机构应当为其提供的相应服务。2018 年，《深圳市人民政府关于做好当前和今后一段时期就业创业工作的实施意见》颁布，提出了在引进重大项目并使其切实落地的过程中，对岗位开发程度高、就业质量好的项目将给予优先考虑；优化公共就业服务体系，加大教育培训力度，提高职工的劳动能力和素质，如通过加强职业教育和技能培训、创新职业培训补贴等方式，以及大力推进人力资源市场建设并完善平等、专业、智能的公共就业服务工作机制等措施。2019 年，《深圳市进一步促进就业若干措施》出台，该文件提出针对重点用工企业加大就业服务力度，加强对工作人员技术技能的培训，开展面向就业困难人员的托底帮扶，全方位助力困难企业员工稳岗转岗。一系列办法、意见和措施的相继出台，充分体现了深圳对公共就业问题的重视。

2. 加强对重点用工企业的服务，强化就业服务供给

为进一步稳定和促进就业，2020 年深圳市出台政策措施，提出继续实施专门针对重点用工企业的就业服务制度，提供企业招工和协调劳动关系的服务。深圳市制定了覆盖全过程的就业服务政策，例如，引导企业针对高新技术人才设立服务专员，组织开展各类主题招聘活动，如吸引"专精特新"企业进入校园、组织重点用工企业专场招聘会等。为稳定就业的人才服务专员提供各类优惠待遇，例如向人力资源服务机构发放每人 400 元标准的职业介绍补贴。除此之外，深圳继续跟踪重点用工单位的服务供给动态，在企业

用工指导、劳资关系协调、政策和法务咨询等方面积极给予有针对性的指导支持。

3. 完善就业形势监测机制，建立健全就业风险防范机制

深圳高度重视就业信息和数据的发布、更新和监测工作。通过构建覆盖全市公共就业人才服务机构的岗位信息网，将深圳市政府投资项目所产生的岗位信息同时更新、公开发布在各相关单位人力资源部门网站和同级部门网站上；通过搭建移动通信、铁路运输、社保缴纳、招聘求职等大数据对比分析服务平台，建立了全方位跟踪、监督和监测就业形势的服务机制，同步制定科学合理高效的应对措施。深圳还注意防范和处理与失业相关的群体事件，要求各区必须做到按照法律法规第一时间处理因大规模失业而出现的群体性突发情况。

4. 优化完善就业见习政策，稳定高校毕业生等重点群体就业

2015 年，深圳出台做好青年见习工作的通知，对见习对象定义、见习期限、见习单位的成立条件、职责和管理方案以及就业见习的补贴与奖励等事项进行规范。2016 年，深圳进一步调整了就业见习补贴标准，将普通高等学校、职业学校和技工院校离校两年内未就业毕业生（含户籍及非户籍）的见习补贴由每人每月 1100 元增加至 2500 元，其中见习单位承担最低工资标准的部分由 30% 上调至 50%。

为了进一步稳定毕业生群体就业，深圳提高了高校毕业生的就业补贴标准，规定高校毕业生的一次性就业补贴统一归为基层就业补贴，并取消对第一次就业的要求；将求职创业补贴标准由每人 2000 元提高至每人 3000 元，适用对象扩大至市中职学校（含技工院校）符合条件的就业困难毕业生。此外，深圳市还出台了事后补贴政策，对为高级技师学院、技工学校及普通高等院校提供专门服务的就业创业服务站，每站给予事后补贴 20 万元（以内）。

（二）珠海经济特区

近年来，珠海经济特区围绕"稳就业"的工作目标，不断强化实施就业优先政策，就业工作成绩优异。2019 年，全市新增城镇就业 4.086 万人，

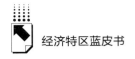

8月提前完成年度目标任务，年末超额完成省年度目标的36.2%；城镇登记失业率为2.29%，与上年基本持平。财政支出中用于社会保障和就业的支出达到77亿元，同比增长8%；10433名城镇失业人员实现再就业，2203名就业困难人员完成就业，总体就业形势稳定。

1. 健全公共就业服务政策支撑体系，为就业提供制度保障

近年来，为健全公共就业服务的政策支撑体系，珠海市相继出台促进公共就业服务体系建设和发展的多部政策文件与法律法规。2015年，《珠海市就业补贴实施办法》颁布，规定了包括职业介绍、职业培训和鉴定、职业指导培训、培训（实训）基地、基层服务经费、公共就业创业服务等十三项补贴的具体实施办法。为鼓励高校毕业生在珠海就业创业，2016年，珠海提出实施"岗位拓展计划"，扩大珠海市高校毕业生就业岗位数量；制定"就业服务计划"，营造公平公正的就业环境。2017年，珠海明确提出精准提供公共就业服务的要求，开展异地务工人员和企业用工服务工作。2018年，珠海对就业困难人员的认定程序重新进行规范，优化就业援助制度，更新就业补贴实施办法。2019年，珠海又先后制定促进就业十条政策措施、公益性岗位开发管理实施办法等系列文件和配套政策，从公共就业服务事业的多方面进行了具有前瞻性的政策设计与制度创新。

2. 加大公共就业服务力度，提高公共就业服务组织化水平

2018年，珠海市制定了《珠海市进一步促进就业十条政策措施》，明确提出加强对企业人力资源状况和用工需求的调查，要求全市每年至少开展校企、"村企"、"园村"社会招聘活动30场，组织与省外劳务的对接活动10场以上。为支持省外、省内各市在珠海设立劳动工作站，对在珠海设立的劳务工作站，按每站每年1万元的标准发放补助。大力支持劳务省际对接活动和市内招聘活动的开展，为招聘公司和求职者提供线下的供需匹配平台。加强与劳务人员的密切沟通联系，充分发挥劳务工作站"娘家人"的优势，积极开展跟踪服务，帮助市外务工人员在珠海市稳定就业。

珠海市公共就业和人力资源服务机构每年为大学生举办80多项特殊的招聘服务活动，并举办20多场推动就业和创业政策进入校园的活动，

面向企业和高校毕业生打造专门的交互式选择平台，集中为公司和大学毕业生提供接洽机会。珠海市还为高校建立的公共就业和创业指导站提供补贴，每所大学的年度补贴最高为 10 万元，资金由城市就业和创业专项资金提供。

3. 加大劳动力技能培训力度，提高就业质量

为提升本市就业人员的职业技能，2013 年，珠海市人社局制定了《珠海市在岗职工职业技能提升培训实施办法》，提出实行培训券制度，即鼓励为在岗职工提供提升职业技能的培训服务。2015 年，珠海市出台了《关于进一步落实劳动力技能晋升培训政策意见的通知》，就技能晋升培训补贴申报和培训协议签订的相关事项提出具体意见。为加快产业工人职业技能水平的提升，2018 年，珠海市制定并实施了《珠海市职业技能精准培训实施办法》，明确了精准培训的对象、项目、补贴人数和标准，以及强化精准培训审核监督，保障精准培训工作经费和补贴资金，强化精准培训组织建设等措施。为了充分发挥职业院校和技工院校的作用，2019 年，珠海市制定了乡村工匠培训和评价暂行办法，首次提出珠海乡村工匠培育实施计划。同年，珠海市制定相关措施，支持澳门本地居民到珠海进行技能培训，鼓励即将去澳门工作的珠海劳工和在珠的港澳企业职工加入技能培训队伍，鼓励来自香港、澳门的从业人员来珠海参加职业训练（实训）。

（三）厦门经济特区

作为我国东南沿海重要的中心城市，厦门市 2019 年末常住人口为 429 万人，户籍人口为 261.10 万人，城镇登记失业率为 2.84%。厦门市在职业介绍与培训、调节劳动关系、保障劳动人民就业与权益等方面精准规划、严格执行，实行多重监督、多重举措，将失业率控制在较低水平，公共就业服务体系建设取得了显著成效。

1. 完善法律法规，为公共就业服务体系建设提供制度保障

公共就业服务体系建设只有与社会主义市场经济相衔接，才能为促进和保障就业提供不竭的动力。早在 2006 年，厦门市就提出建立以市场为导向

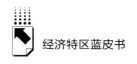
的就业格局，劳动人员成为择业主体，市场通过价格机制调节就业，政府维护劳动力市场和谐稳定、保护劳动者合法权益。2012年，厦门发布《厦门市"十二五"人力资源和社会保障发展规划》，对公共就业服务体系建设提出更高的要求，对职业培训的投资力度进一步加大。

2. 加强培训，支持创业，多措并举解决就业难问题

2012~2014年，厦门市政府发布了多项关于就业问题的政策意见。《关于进一步推进重点企业紧缺技术工种开展免费技能培训的通知》指出，当下经济发展要靠科技，但公司高科技部门缺乏人才，无法高效率地进行工作与创新，因此一定要进行相关工种的培训，激发生产活力。《厦门市人力资源和社会保障局关于促进老区富余劳动力就业的通知》强调，要努力为剩余劳动力提供就业机会。《关于做好促进创业带动就业工作的通知》指出，要着重解决农村与老区就业难问题，在鼓励下岗工人实现自主创业的同时，让城乡居民进行作坊生产活动。

3. 打造和谐劳动关系，保障劳动者合法权益

劳动关系是否和谐，事关广大职工和企业的切身利益，关乎经济发展和社会和谐稳定。厦门深入推进和谐劳动关系创建活动，出台了《中共厦门市委、厦门市人民政府关于构建和谐劳动关系的实施意见》，加大对企业的激励力度。为了保障农民工利益，厦门市在《关于加强企业劳动争议调解工作的意见》等文件中强调为农民工工资设置专用账户，保障对农民工工资支付工作的督察与问责。

（四）汕头经济特区

汕头经济特区是我国东南沿海的重要港口城市，努力促进产业转移和农村劳动力转移，是汕头公共就业服务方面的特色。截至2019年底，常住人口为566.48万人，失业率为2.41%，总体失业率呈下降趋势。

1. 制定政策规章，完善体系建设

2003年，汕头市政府发布文件，实行就业扶持计划，此后，围绕就业问题，汕头市政府制定了一系列政策，如《转发关于进一步做好农民工积

分制入户和融入城镇工作意见的通知》（2012）、《汕头市人民政府关于进一步促进创业带动就业的贯彻意见》（2015）、《就业服务与就业管理规定》（2018）、《转发关于做好退役军人就业帮扶工作的通知》（2019）等，汕头初步形成了政府部门与劳动者联动、部门之间团结协作的相对完备的公共就业服务体系。

2. 加强工作技能培训，力促农村剩余劳动力转移

汕头市农村人口约占常住人口的25%，农村存在大量剩余劳动力。由于农村富余劳动力普遍存在知识技能缺乏、平均年龄较高、工作能力不足等问题，亟须加强工作技能培训。

汕头市通过对所有农村户口人口的就业情况进行排查，明确了解了农村就业情况以及面临的困境。汕头整合劳动力培训资源，市、区、县相互配合，形成上下两级关联互通、信息共享的机制；对培训方式进行创新，在劳动力个人能力不同、特长不同的基础上针对个人特点开展培训工作。例如，针对年轻男性更多地偏向于电工、计算机等相关工作的培训，针对女性则更多地偏向于衣物加工、首饰雕琢等相关工作的培训，支持文化程度稍高的待业人员进入技校进行专门学习，如中医药等行业。

3. 提高劳务合作帮扶效率，全面加快就业服务进程

汕头市距离深圳、广州、惠州、东莞等城市较近，可以更方便地进行劳务合作。汕头和东莞确立了联席会议制度，建立了人才交流工作组，合作推动在人力资源的开发和利用方面广泛开展经验交流活动。随着粤港澳大湾区战略的实施，汕头市进一步加强了与珠三角地区其他城市的劳务合作。政府相关部门建立了专门用于人力资源和就业服务的工作窗口，进行相关政策咨询工作和职业测评工作。

（五）海南经济特区

海南在推进城市化、工业化过程中，积极采取措施提高就业率，促进农村剩余劳动力转移，取得了一定成效。2019年，海南省新增城镇就业人口为14.49万人，同比增长12.9个百分点，城镇登记失业率为2.25%，同比

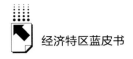

降低 0.06 个百分点；农村劳动力转移就业 13.41 万人，同比下降 4.6%，①总体就业形势良好。在全力推进海南自贸区（港）建设的大背景下，海南大力加强巩固就业服务平台构建，着力加大对就业服务的支持力度。

1. 扩大服务供给，全方位推进公共就业服务

近年来，海南省人力资源和社会保障厅制定了一系列关于如何做好全方位公共就业服务的具体措施。第一，扩大服务范围，覆盖全省人民。2018年，海南省颁布了《关于开发就业扶贫公益专岗的指导意见》，明确提出积极开展就业扶贫的专岗开发公益工作，帮助海南全省建档立卡且具备劳动能力的贫困家庭摆脱"零就业"的困境。2019 年，海南制定了《海南省就业见习管理暂行办法》，提出通过提供就业见习平台全面提升海南省高校毕业生等青年的群体竞争力，如实践能力和创新能力。第二，优化贯穿全程的服务功能。2019 年，海南通过制定行政审批和公共服务事项清单，在面向就业困难劳动者提供扶持服务的同时，通过引入终身技能职业培训体系全方位满足市场需求。第三，完善辐射全域的服务体系。政府采取倾斜的财政政策，通过技术手段和相对应的帮扶措施推动城市公共就业服务扩展到农村地区。

2. 加强示范平台帮扶指导，实现政企平台互联互通

海南省通过专家指导、组织培训等手段，提升平台的服务能力，扩大业务范围，鼓励并支持企业学习专业技能和现代企业管理知识，提升经营管理的能力与科学决策能力。截至 2018 年末，已成功培育形成 32 家面向中小企业的公共就业服务示范平台。2018 年，各示范平台举办了人才培训、管理咨询、法律援助、投融资服务、技术支持等近 1000 场次创新创业服务活动，服务小微企业近 2000 家次。

海南省工信厅以单位自筹、国家补助和省财政配套补贴方式统筹建成由 1 个省枢纽平台、7 个市县窗口平台和 9 个行业窗口平台构成，与国家工信部总平台互联互通的"1 + 7 + 9"中小企业公共服务平台网络体系。同时，

---

① 《2019 年海南省国民经济和社会发展统计公报》，海南省人民政府网站，2020 年 3 月 3 日，http://www.hainan.gov.cn/hainan/ndsj/202003/a03a4d8c72184b6b867bea6e70aa25b3.shtml。

海南还建立了金融服务、政策服务、志愿者服务平台等10大类专业服务平台，与微软创新中心、中国电信、58同城等优质服务机构签署战略合作协议，并评选出9家优秀服务机构入驻实体大厅，累计服务企业3000余次。举办了包括机构座谈、专题交流会、政策宣讲、专家门诊、人才培训五个形式的专题活动42场及一对一服务对接活动40余场。

3. 全面实施职业技能提升行动，健全职业发展机制

2018年，海南省出台《海南省关于提高技术工人待遇若干措施》，进一步完善了技术工人收入水平、政治待遇、技能提升及评价激励等职业发展机制。2019年，《海南省职业技能提升行动（2019—2021年）实施方案（征求意见稿）》提出，要将失业保险基金中的7.3亿元用于职业技能提升行动，并计划在3年内组织开展超30万人次的职业技能培训。同年，《关于推行终身职业技能培训制度的实施意见》提出要加快建设公共实训基地，推进构建高技能人才培训基地，推进完善市场化、社会化的职业技能培训发展机制等技能培训制度。同时，海南还新设了6个高技能人才培训基地，用于推动技能人才平台建设。

在整合培训资源方面，2017～2018年海南省人社局、农业局用于职业培训的支出合计为21013.11万元，其中人社局培育项目资金支出为16595.11万元，占就业补助资金支出的21.87%，在新型职业农民培育项目上农业局支出资金4418万元（中央资金2418万元，省级资金2000万元）。2019年，人社局已提前下达就业补助资金24607万元，市县可按职业培训工作需求统筹使用资金。

三　经济特区公共就业服务体系建设经验

结合各个经济特区加强公共就业服务体系建设、推动经济高质量发展、促进社会和谐的各项措施可以看出，经济特区已经普遍建立起相对完善的公共就业服务体系，政府通过制度建设、平台建设、就业指导、就业培训、权益保护等全方位公共就业服务体系建设，营造了和谐稳定的劳动

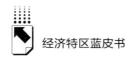
力市场格局，各个经济特区在促进就业方面为我国其他地区提供了丰富的经验。

（一）完善公共就业服务政策体系，为促进就业提供制度保障

就业工作千头万绪，只有政府、企业、劳动者、民间组织等共同参与推动，才能形成合力。各个经济特区均高度重视对就业问题的应对，纷纷出台了一系列促进就业发展的文件和政策规章，不断完善公共就业政策体系。依靠各级政府的人力资源和社会保障行政部门，搭建了街道、乡镇、社区共同负责的公共就业服务平台，建立了覆盖各级公共就业服务机构的较完备的制度体系，如失业登记制度、就业援助制度等。

（二）积极调动社会力量，加大职业介绍与培训力度

经济特区采取各种措施，积极解决招工难和失业率高同时并存的问题。通过加大职业介绍与培训力度，努力实现富余劳动力知识技能与工作能力的匹配，各个经济特区在职业介绍与培训方面硕果累累。例如，深圳经济特区开展的"广东技工""粤菜师傅""南粤家政"三大培训工程、教师特岗计划以及"三支一扶"计划等基层服务项目，珠海经济特区开办的"同心战疫"三大主题招聘会等，在促进失业人员就业和劳动力转移方面都发挥了重要作用。各个经济特区通过加大对职业介绍机构的投资力度，不断建立和完善各个街道办事处、社区的就业服务网络，有效推动了职业介绍、指导与培训等多项服务工作的开展。

（三）完善公共就业统筹管理，加强信息化建设

各经济特区在建设公共就业服务体系的过程中，通过制定统一的服务流程与服务规范，形成了一套网络架构明确、监督体系完善、体制管理合理、服务高效的体系。为满足广大劳动人民的服务需求，各经济特区定期评估相关部门工作成效，及时清理整顿各类问题，不断改进服务方法和手段。各经济特区普遍注意加强公共就业服务的信息化建设，推动公共就业

服务全部联网，基本实现了失业人员网上登记、工作人员网上服务、企业网络招聘，为解决就业难问题提供了更加快捷的方式。经济特区通过建立严格的网络信息管理制度，构建了劳动力市场信息管理体系，保证了服务和监管信息畅通。

参考文献

吴琼：《公共就业服务质量管理研究——以 A 市为例》，《经营与管理》2020 年第 8 期。

闫锋：《新时代公共就业服务体系建设探索》，《吉林化工学院学报》2020 年第 6 期。

柏健：《新形势下全方位公共就业服务体系建设分析》，《现代企业》2020 年第 4 期。

王延群：《新形势下全方位公共服务就业体系建设探究》，《现代商贸工业》2019 年第 20 期。

王阳：《推进公共就业创业服务均等化的政策建议——对江苏省苏州市的调查和启示》，《中国经贸导刊》2019 年第 10 期。

金熹微：《苏州市吴江区公共就业服务体系建设研究》，硕士学位论文，西北农林科技大学，2015。

李慧萍：《马克思社会公正观视域下的农民工公共就业服务体系建设研究》，硕士学位论文，曲阜师范大学，2015。

张宇航：《我国公共就业服务体系建设研究》，硕士学位论文，中央民族大学，2011。

B.7
中国经济特区金融业发展报告

郭茂佳 *

摘　要：　2019年，在"维稳"总体发展战略基调的引领下，虽然中国经济特区金融业内部各子行业之间的发展步调并不一致，但总体上呈现体量继续扩张、体质不断增强、转型有序推进、改革开放措施稳步落实和风险隐患不断被排除的发展态势。2020年，虽然科技、转型和开放升级等利好因素给特区金融业发展带来一些新的机遇，但因新冠肺炎疫情突然来袭，特区金融业发展也将面临一些可以预料的新挑战，即全球贸易保护主义的逆流将更加汹涌，企业尤其是中小企业面临的生存和融资难问题将更加突出，实体经济增长存在断崖式下挫的风险。为应对这一突如其来的新变化，2020年，特区金融业发展宜采取"保根基"、"稳阵地"和"谋发展"三大既相互联系又相互促进的发展战略。

关键词：　金融业　行业隐患　倒逼机制

一　2019年中国经济特区金融业发展的基本态势

2019年，中国经济特区金融业发展虽然受到了国内外诸多不确定性因素的干扰，但总的发展态势仍然向好，其特征可以用"稳中有进"加以概括。

---

* 郭茂佳，深圳大学中国经济特区研究中心教授，主要研究方向为金融理论与资本市场。

（一）体量继续扩张

1. 银行业的体量继续扩大

由图 1 可以看出，2019 年，5 个典型经济特区的本外币存贷款规模再创新高，其中，存款增速达 13.3%，为 2016 年以来的最高值，比上年 3.7% 的增速净提升了 9.6 个百分点；贷款增速为 12.9%，比上年提高了 1.3 个百分点。2019 年，经济特区银行业体量继续扩大的判断还可以用上市银行和民营银行规模指标的变化来加以印证。

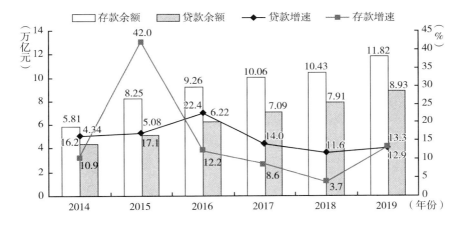

图 1　2014～2019 年五大经济特区本外币存贷款规模及增速统计

资料来源：根据 2014～2019 年 5 大经济特区《国民经济和社会发展统计公报》的相关数据整理而成。

由表 1 可以看出，2019 年，五个典型经济特区及上海浦东新区 A 股上市银行的资产、存款和贷款规模三项指标的平均增速均为两位数，其中，贷款规模平均增速高达 13.56%。同时，2019 年，微众银行的年报数据显示，其贷款规模达 1629.66 亿元，同比增长 36.01%，存款规模达 2362.88 亿元，同比增长 52.96%，说明个别民营银行体量扩大的速度更快。

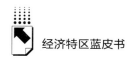
表1　2019年经济特区*A股上市银行资产规模、本外币存贷款规模及其增速统计

单位：亿元，%

上市银行及平均增速	资产规模	增长率	存款规模	增长率	贷款规模	增长率
交通银行	99056.00	3.93	60050.70	3.66	53042.75	11.85
招商银行	74172.40	9.95	48444.22	10.08	44907.00	14.20
浦发银行	70059.29	11.39	36278.53	12.42	39720.86	11.91
平安银行	39390.70	15.22	24369.35	14.49	23232.05	16.30
上海银行	22370.82	10.32	11860.71	13.77	9725.05	14.32
平均增速	—	10.16	—	10.88	—	13.56

＊指五个典型经济特区和上海浦东新区。

资料来源：根据2019年五个典型经济特区和上海浦东新区A股上市银行的相关数据整理而成。

2. 证券业的体量继续扩大

由图2可以发现，2019年，经济特区6家A股上市证券公司的资产规模首次突破了2万亿元，较上年增长了9.63%，无论是资产规模，还是增长速度，均为2016年以来的新高。

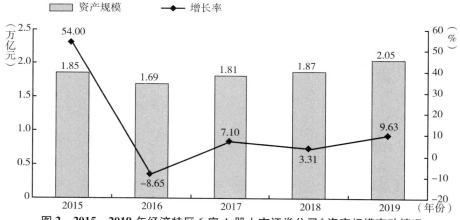

图2　2015～2019年经济特区6家A股上市证券公司*资产规模变动情况

＊指中信、招商、国信、国泰君安、东方和第一创业6家证券公司，余同。

资料来源：根据中信、招商、国信、国泰君安、东方和第一创业2015～2019年年报的数据整理而成。

3. 保险业的体量继续扩大

由图3可以发现，2019年，5个典型经济特区的保费收入首次突破了2000

亿元,增速比上年提高了1.12个百分点。2019年,特区保险业规模加速扩张的势头,还可以用两家A股上市保险公司的规模增速指标做进一步印证。

图3 2014～2019年五个典型经济特区保费收入情况统计

资料来源:根据2014～2019年五个典型经济特区《国民经济和社会发展统计公报》的相关数据整理而成。

由表2可以看出,2019年,两家A股上市保险公司的资产规模扩张速度虽未触及近几年的最高点,但与近几年的最高点较为接近,达到了14.76%,较上年提高了2.72个百分点。

表2 2015～2019年两家A股上市保险公司*资产规模扩张情况

单位:万亿元,%

公司名称及平均增速	2015年		2016年		2017年		2018年		2019年	
	规模	增长率	规模	增长率	规模	增长率	规模	增长率	规模	增长率
中国平安	4.76	18.95	5.57	17.61	6.49	16.52	7.14	10.02	8.22	15.13
中国太保	0.92	11.97	1.02	10.87	1.17	14.71	1.42	21.37	1.53	7.75
平均增速	—	15.46	—	13.76	—	15.59	—	12.04	—	14.76

*指中国平安、中国太保,余同。

资料来源:根据深圳平安保险和上海浦东新区的中国太保两家A股上市保险公司2015～2019年年度报告的相关数据整理而成。

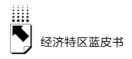

4. 基金业的体量显著扩大

表3的数据显示，2019年，经济特区连续三年管理资产过千亿元的公募基金规模一改前两年低速增长的历史，出现了超高速增长的现象，增速高达33.30%。

表3 2017~2019年经济特区连续三年管理资产过千亿元公募基金规模变动情况

单位：亿元，%

序号	公司名称	注册地	2017年		2018年		2019年	
			规模	增长率	模规	增长率	模规	增长率
1	中银	浦东	2327.86	34.76	2555.84	9.79	2964.16	15.98
2	博时	深圳	2254.27	-9.56	2464.94	9.35	3270.39	32.68
3	汇添富	浦东	1872.93	20.99	2419.70	29.19	3104.48	28.30
4	嘉实	浦东	2288.31	-2.82	2187.06	-4.42	2783.40	27.27
5	南方	深圳	2050.11	-3.19	2173.44	6.02	2968.53	36.58
6	招商	深圳	1828.38	-7.82	1790.08	-2.09	2236.70	24.95
7	富国	浦东	1303.77	-20.66	1257.43	-3.55	2363.50	87.96
8	华安	浦东	1196.73	-8.32	1164.36	-2.70	1655.40	42.17
合计			15122.36	—	16012.85	—	21345.56	—
平均增速			—	0.42	—	5.89	—	33.30

注：不包括货币基金规模。

资料来源：根据东方财富choice的相关数据整理而成。

5. 金融租赁业的体量继续扩大

表4的统计结果表明，2019年，经济特区进入全国金融租赁企业资产规模前10名的金融租赁企业的资产规模由上年的12143.6亿元，扩大到12825.4亿元，增长速度为5.61%，比上年增速提高了2.51个百分点。

表4 2017~2019年进入全国前10名的经济特区金融租赁企业资产规模及增速情况

单位：亿元，%

全国排名	公司名称	2017年		2018年		2019	
		资产规模	增长率	资产规模	增长率	资产规模	增长率
1	工银金融租赁	3148.9	4.30	2715.0	-13.78	2709.81	-0.19
2	交银金融租赁	2072.4	20.40	2317.0	11.80	2531.19	9.24
3	国银金融租赁	1871.0	12.30	2380.7	27.24	2613.01	9.76
4	民生金融租赁	1782.9	16.80	1736.7	-2.59	1877.38	8.10

全国排名	公司名称	2017 年		2018 年		2019	
		资产规模	增长率	资产规模	增长率	资产规模	增长率
5	招银金融租赁	1554.1	13.40	1712.9	10.22	1887.18	10.17
7	兴业金融租赁	1349.4	14.60	1281.3	−5.05	1206.83	−5.81
合计		11778.7	—	12143.6	—	12825.4	—
平均增速		—	13.60	—	3.10	—	5.61

资料来源：根据 2017~2019 年进入全国金融租赁企业资产规模前 10 名的特区金融租赁企业的年报资料整理而成。

（二）体质稳步增强

1. 银行业的体质稳步改善

（1）赢利能力仍呈强势

由图 4 可以看出，2019 年，5 家 A 股上市银行净利润规模再创新高，达 2775.6 亿元，增速达 9.73%，维持在 2015 年以来的高位水平。民营银行的盈利增速更快，如微众银行的年报显示，其 2019 年的净利润达 39.5 亿元，同比增长率高达 60%。

图 4　2014~2019 年 5 家 A 股上市银行*净利润及增速变动情况

* 指交通银行、浦发银行、招商银行、平安银行和上海银行，余同。

资料来源：根据交通银行、浦发银行、招商银行、平安银行和上海银行 2014~2019 年度报告的相关数据整理而成。

（2）不良贷款比率继续下降

从图5和图6的数据对比中可以发现，2019年，5家A股上市银行的不良贷款规模与前期相比仍呈扩大的趋势，达2611.7亿元，但不良贷款比率下降到了1.49%，是自2016年以来的新低。

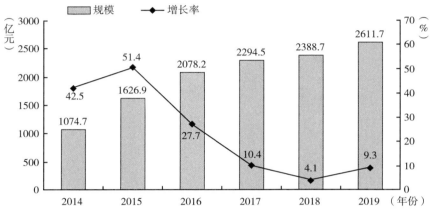

图5　2014～2019年5家A股上市银行不良贷款规模变动情况

资料来源：根据交通银行、浦发银行、招商银行、平安银行和上海银行2014～2019年年度报告的相关数据整理而成。

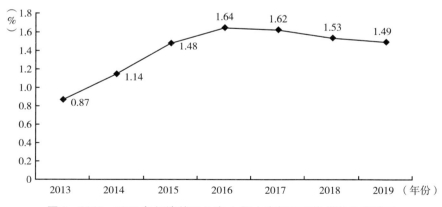

图6　2013～2019年经济特区5家A股上市银行不良贷款比率情况

资料来源：根据交通银行、浦发银行、招商银行、平安银行和上海银行2014～2019年年度报告的相关数据整理而成。

（3）抗风险能力不断增强

由表5和图7可以看出，2019年，经济特区5家A股上市银行的资本充足率平均水平和拨备覆盖率均继续提升。其中，资本充足率平均水平达13.75%，比上年提升了0.11个百分点；拨备覆盖率超过了250%，为2016年以来的新高，这表明经济特区银行业的抗风险能力呈现整体提高的态势。

表5 2017～2019年特区5家A股上市银行资本充足率变动情况

单位：%，个百分点

项目	2017年		2018年		2019年	
	资本充足率	同比变动	资本充足率	同比变动	资本充足率	同比变动
交通银行	14.00	0	14.37	0.37	14.83	0.46
浦发银行	12.02	0.26	13.67	1.65	13.86	0.19
招商银行	15.45	2.15	15.68	0.23	13.02	-2.66
平安银行	11.20	-0.33	11.50	0.30	13.22	1.72
上海银行	14.33	1.16	13.00	-1.33	13.84	0.84
平均	13.40	0.65	13.64	0.24	13.75	0.11

资料来源：根据交通银行、浦发银行、招商银行、平安银行和上海银行2014～2019年年度报告的相关数据整理而成。

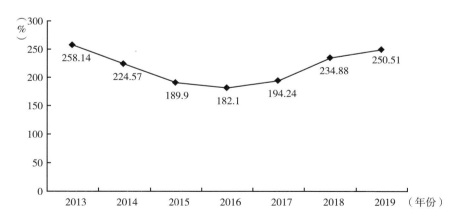

图7 2013～2019年经济特区5家A股上市银行拨备覆盖率变动情况

资料来源：根据交通银行、浦发银行、招商银行、平安银行和上海银行2014～2019年年度报告的相关数据整理而成。

2. 证券业的体质稳步改善

由图8和图9可得，2019年，6家A股上市证券公司无论是营业收入和净利润的规模，还是营业收入和净利润的增长速度均为2016年以来的新高。其中，营业收入和净利润的规模分别达1275.25亿元和360.0亿元，

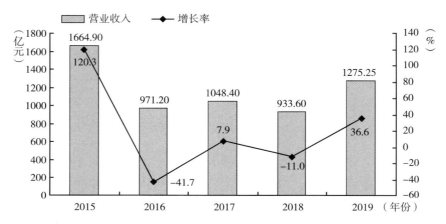

图8 2015～2019年经济特区6家A股上市证券公司营业收入变动情况

资料来源：根据中信、招商、国信、国泰君安、东方和第一创业2015～2019年年报的数据整理而成。

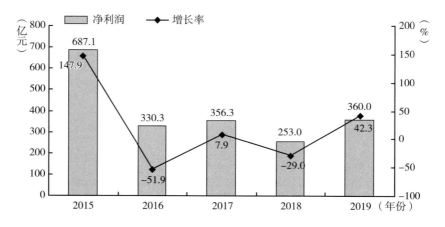

图9 2015～2019年经济特区6家A股上市证券公司净利润变动情况

资料来源：根据中信、招商、国信、国泰君安、东方和第一创业2015～2019年年报的数据整理而成。

分别比上年净增长了341.65亿元和107亿元；营业收入和净利润的增长速度分别为36.6%和42.3%，不仅由负转正，而且出现了大幅正增长，分别比上年增速加快了47.6个和71.3个百分点。

3. 保险业的体质稳步改善

从表6和表7中数据可以看出，2019年，无论是营业收入，还是净利润，经济特区两家A股上市保险公司均呈较高的增长水平。其中，营业收入的平均增速达16.8%，比上年同期提高了6.8个百分点；净利润的平均增速更是高达41.2%，为2016年以来的最高点。

表6   2015～2019年经济特区两家A股上市保险公司营业收入变动情况

单位：亿元，%

项目	2015年		2016年		2017年		2018年		2019年	
	营收	增长率	营收	增长率	营收	增长率	营收	增长率	营收	增长率
中国平安	6199.9	33.9	7124.5	14.9	8908.8	25.0	9768.3	9.6	11688.7	19.7
中国太保	2472.0	12.5	2670.1	8.0	3198.1	19.8	3543.6	10.8	3854.9	8.8
合计	8671.9	—	9794.6	—	12106.9	—	13311.9	—	15543.6	—
平均增速	—	23.2		12.9		23.6		10.0		16.8

资料来源：根据中国平安、中国太保2015～2019年年报的数据整理而成。

表7   2015～2019年经济特区两家A股上市保险公司净利润变动情况

单位：亿元，%

项目	2015年		2016年		2017年		2018年		2019年	
	净利润	增长率	净利润	增长率	净利润	增长率	净利润	增长率	净利润	增长率
中国平安	542.0	37.9	623.9	15.1	890.9	42.8	1074.0	20.6	1494.1	39.1
中国太保	177.3	60.4	120.6	-32.0	146.6	21.6	180.2	22.9	277.4	53.9
合计	719.3	—	744.5	—	1037.5	—	1254.2	—	1771.5	—
平均增速	—	49.2		3.5		39.4		20.9		41.2

资料来源：根据中国平安、中国太保2015～2019年年报的数据整理而成。

4. 信托业质量改善的苗头开始显露

从表8中数据可以发现，2019年，无论是营业收入平均增速，还是净

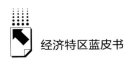

利润平均增速指标，特区 4 家信托投资公司都告别了 2018 年同期负增长的历史，同时呈现了正增长的态势，增长率分别达 4.6% 和 1.7%。

表8 2018~2019 年经济特区 4 家信托投资公司经营情况

单位：亿元；%

项目	注册地	2018 年				2019 年			
		营业收入	增长率	净利润	增长率	营业收入	增长率	净利润	增长率
平安信托	深圳	48.79	−17.38	31.78	−18.70	46.8	−4.1	26.5	−16.6
华润信托	深圳	23.88	−3.50	21.41	−1.50	30.4	27.3	28.8	34.5
厦门信托	厦门	8.00	−23.37	4.80	−26.04	9.9	23.8	5.4	12.5
华宝信托	上海浦东	28.20	−3.55	12.78	−1.99	26.8	−5.0	11.3	−11.6
合计		108.87		70.77		113.9		72.0	
平均增速			−11.95		−12.06		4.6		1.7

资料来源：根据 2018~2019 年 4 家信托投资公司的年报数据整理而成。

（三）转型有序推进

1. 科技化转型有序推进

银行业科技化转型明显发力。2019 年，招商银行、上海银行、交通银行和浦发银行年报的数据显示，其信息科技投入规模分别达 93.6 亿元、14.33 亿元、50 亿元和 41.2 亿元，同比增幅均在 20% 以上。其中，招商银行和上海银行的同比增幅分别高达 43.97% 和 36.91%。信息科技投入占营业收入的比例全部突破了 2%，分别达 3.72%、2.95%、2.57% 和 2.16%。

非银行业科技化转型也不甘落后。首先，以金融科技化作为转型发展方向的力度在经济特区证券业中加大。根据中国证券业协会发布的资料，2019 年，信息科技投入排名前五的经济特区券商分别是国泰君安、中信证券、平安证券、国信证券和招商证券，投入规模分别达 12.39 亿元、11.39 亿元、7.7 亿元、7.52 亿元和 7.42 亿元；同比增速排名前五的经济特区券商分别是东方证券、招商证券、东亚前海、国信证券和中信证券，增速分别达 125.1%、105.86%、100.31%、98.35% 和 96.37%；信息科技投入占营业收入比重最高的前五名经济特区券商分别是平安证券、东方证券、国信证券、招商证券和国泰君安，比例分别是 13.5%、12.21%、8.16%、7.24 和 6.72%。其次，以金融科技化作为转型发展方向的力度在经济特区保险业中加大。以中国平安为例，2019 年，科技业务从业人员达 11 万人、研发人员达 3.5 万人、一流科技人才达 2600 人，科技业务总收入达 821.09 亿元，同比增长27.1%。最后，以金融科技化作为转型发展方向的力度在经济特区信托业中加大。2019 年，经济特区几乎所有的信托公司都将金融科技提升至了发展战略的地位，有些头部公司的金融科技投入规模已超过了 1 亿元。同时，越来越多的信托公司将金融科技运用至营销管理、风险合规、消费金融、证券信托、财富管理等多个创新研究和应用领域。

2. 业务结构转型有序推进

银行业"靠利息收入打天下"的传统继续改变。除交通银行外，2019年，招商银行、浦发银行、平安银行和上海银行的非利息净收入增速均超过了其营业收入的增速，表明非利息净收入对营业收入和净利润的贡献度在进一步提升。

证券业"靠天吃饭"的传统正在改变。如 2019 年，中信证券实现的营业收入为 431.4 亿元，较上年增长了 15.9 亿元，其中"靠天吃饭"的经纪业务收入逆势下降，由 98.94 亿元下降至 95.54 亿元，自营投资收益为166.92 亿元，居行业首位，同期国信证券、招商证券的自营收益也都超过了 50 亿元。

信托业转型动作频频。一是回归本源业务取得重要阶段性成果。2019年，经济特区 4 家信托投资公司均开展了家族信托业务，存续规模已突破了百亿元大关。二是向标准化、净值化和证券化转型的力度加大。2019 年，特区信托业的通道类、非标类、非净值业务占比迅速下降，投向资本市场领域的股权投资和证券投资类业务占比明显上升。三是创新业务占比不断提高。2019 年，经济特区信托公司普遍将服务信托作为未来重要的发展方向，大力拓展了资产证券化、家族信托、慈善信托、消费信托、小微金融信托和保险金信托等创新业务。

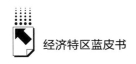

（四）改革开放的措施稳步落地

1. 科创板成功落地并试点注册制

2019 年 6 月 13 日，位于浦东新区的上海证券交易所正式推出注册制的科创板，当年挂牌的企业达 70 家。其中，有 13 家挂牌上市企业来自三个经济特区，占比高达 18.57%。在经济特区 13 家挂牌上市企业中，8 家来自上海浦东新区，4 家来自深圳特区，另有 1 家来自天津滨海新区。科创板的成功落地，不仅让经济特区具有核心技术的战略性新兴产业和企业融资更加便利，而且也为提供与科创板跟投、发行、承销、自营、经纪等业务相关服务的经济特区金融业开辟了新的业务和赢利增长点。

2. 理财子公司破茧而出

表 9 的统计结果表明，2019 年，共有 3 家银行理财子公司在经济特区正式开业，它标志着经济特区银行业务与资管业务开始走向分离化，这既有利于经济特区银行资管业务走向专业经营，也有助于经济特区对银行业务风险与资管业务风险进行有效隔离。

表 9　经济特区银行理财子公司筹建及开业情况

序号	名称	简称	获批筹建时间	开业时间	注册地
1	建信理财有限责任公司	建信理财	2018 年 12 月 26 日	2019 年 5 月 20 日	深圳
2	交银理财有限责任公司	交银理财	2018 年 12 月 26 日	2019 年 6 月 24 日	上海浦东
3	招银理财有限责任公司	招银理财	2019 年 4 月 16 日	2019 年 10 月 31 日	深圳

资料来源：建设银行、交通银行和招商银行 2019 年年报。

3. 贷款市场报价利率（LPR）形成机制改革取得重要进展

2019 年，在经济特区贷款市场上，从业者不仅用贷款市场报价利率取代了贷款基础利率这一中文名，而且对报价原则、形成方式、期限品种、报价行、报价频率和运用要求等方面进行了改革，使经济特区银行贷款的利率定价方式变为参考 LPR 机制、自主加点定价。这一改革对经济特区金融业的深远影响主要有二：一是有助于疏通利率在经济特区金融业的传导机制和渠道，进而提高央行货币政策在经济特区金融业的传导效率；二是有助于缓解经济特区实体经济长期面临的融资难和融资贵的难题。

4. 对外开放项目成批落地

资本市场开放水平提升的成果不断涌现。如上海证券交易所与伦敦证券交易所开展沪伦通，与日本交易所集团实现中日 ETF 互通等。

外资金融机构准入限制放宽的成果不断涌现。2019 年，根据放宽持股比例限制，削减对外资设立机构和开展业务的总资产、经营年限等数量型要求等"引进来"精神，经济特区金融业接受了多家外资银行和保险机构筹建申请，国家首批批准的外资控股证券公司摩根大通证券和野村东方国际证券、外资独资保险控股公司安联（中国）在上海浦东新区成功落户。

（五）隐患不断被排除

1. P2P 行业的隐患不断被排除

按照要么有序退出、要么转型这两大行业发展思路，2019 年，经济特区金融监管部门对 P2P 行业的乱象进行了分类整顿：对已出风险的 P2P 平台采取严厉监管措施，对逃废债行为实行严厉打击，对自融 P2P 平台坚决予以取缔。经过分类清理，行业发展呈现新格局，一方面，通过歇业停业、清盘和良性退出三种方式清退了 95% 以上的 P2P 平台，即使是龙头企业陆金所也实际退出了 P2P 业务；另一方面，对于余下不足 5% 的 P2P 平台，给出了助贷、小贷、消费金融公司和综合理财超市等行业转型方向。

2. 信托业的隐患不断被排除

2019 年，经济特区信托业根据监管层制定的"治乱象、去嵌套、防风险"的发展思路，不断减少通道类、融资类和房地产类业务，促使经济特区信托业回归信托本源和支持实体经济发展的轨道上来。以头部公司平安信托为例，2019 年，通道类、融资类和房地产类业务规模分别减少了 625 亿元、146.13 亿元和 33.38 亿元，同比降幅分别达 25.3%、7.7% 和 2.4%。同时，信托公司展业时严格遵循"卖者尽责，买者自负"的原则，一方面让投资者对投资风险事项了然于胸，另一方面信托公司尽力做好投资过程管理，

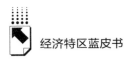

对于出险产品，按照合同约定，采用质押、抵押物变现等资产保全措施，对仍不能覆盖兑付要求的产品，通过展期或发新换旧等手段暂时化解风险。

3. 金融控股公司的隐患不断被排除

2019年，监管层制定了适用于经济特区金融集团的合规性评价和有效性评价指标体系，分别从加强党建与加强董事会、监事会、高管层约束以及激励制衡机制建设等角度入手，对于治理失范和风控失位的经济特区金融集团，进行深入排查，进而矫正了诸多违法违规行为；降低了与资金"空转"套利有关的影子银行业务和交叉金融业务风险；让非法集资和非法吸收存款等非法金融活动的蔓延势头得到了有效遏制。

二 2020年中国经济特区金融业面临的新机遇

2020年，中国经济特区金融业发展面临的形势可以用一个词概括，即"形势逼人"。

（一）核心科技受制于人倒逼带来的新机遇

1. 倒逼支持硬核科技企业间接融资规模扩大

受美国制裁华为等高科技企业的影响，尽快突破"卡脖子"关键核心技术限制成为国人的共识，经济特区金融业势必将把支持科技企业间接融资的重点放在研发和生产高端蒸镀机、靶材、钢材、电池、轴承、电容、电阻、光刻机、芯片、激光雷达、铣刀刀盘和刀片、滤波器、振荡器、传感器、CT机探测器、设计软件、自研操作系统、数控系统和机器人算法等的硬件和软件科技企业上，与此相关的间接融资服务需求将大幅增加。

2. 倒逼支持硬核科技企业直接融资规模扩大

因硬核科技企业融资具有回报周期长、风险大等特点，仅靠间接融资难以满足其融资需要，需要在不断完善和充分借鉴科创板注册制的基础上，在创业板试行注册制，并对新三板市场实行分层动态管理，经济特区证券业将凭借近水楼台先得月的先天优势，成为最大的受益者。

（二）疫情倒逼带来的新机遇

1. 倒逼逆向调节力度加码

为应对突如其来的疫情冲击，央行的货币政策将更加灵活。首先，逆向操作的力度将比 2019 年有所加大；其次，应对各种不确定性的货币政策工具，如逆回购、MLF 以及国库现金定存等可能被频繁使用；再次，补充银行资本金的渠道将进一步拓宽，与央行票据互换的银行无固定期限资本债将应运而生。因此，在央行货币和资金供应宽松的背景下，经济特区金融业的整体流动性理应不会"紧张"。

2. 倒逼无接触、远程化金融业务增加

在疫情倒逼之下，建立在互联网、手机应用程序、客户服务电话等载体之上，网上银行、手机银行、微信银行、家居银行、智能客服、供应链金融等无接触、运程化金融服务业务将迅速增加。

3. 倒逼金融业数字化转型步伐加快

向数字化转型原本是 2019 年经济特区金融业的整体转型方向，疫情来袭，更是推动了线上生活、线上学习、线上办公、线上社交和线上金融等数字经济的爆发式增长，为适应这一要求，2020 年，经济特区金融业将进一步加大对信息科技领域的资金和人力投入，使普惠金融、在线交易、线上信贷和数字化支付结算的普及程度和覆盖率得到较大幅度的提高。

4. 倒逼强化保险保障功能

2020 年，经济特区保险业的作用将因新冠肺炎疫情而更加突出。一是与复工复产有关的产品责任保险业务将相应增加。二是新冠肺炎疫情引发的大额医疗支出保险将相应增加。三是与扩大外贸出口相关的信用保险业务将相应增加。

（三）转型倒逼带来的新机遇

1. 经济转型倒逼服务业越来越成为推动经济特区经济增长的主要推动力

2019 年，上海浦东新区服务业占其地区生产总值的比重高达 77.3%，而

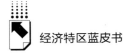
其他经济特区，即使是深圳，服务业占地区生产总值的比重也只有 60.9%，表明与上海浦东新区相比，其他特区经济向现代服务业转型的空间仍然巨大。2020 年，随着经济特区高净值和中等收入群体规模的扩大和老龄化社会的到来，政府、企业和家庭财富管理、资产配置以及居民健康养老保险等金融服务需求将继续增加。

2. 银行转型倒逼对公业务和新零售业务双轨驱动成为推动银行业发展的主要推动力

从近几年经济特区银行业发展战略的变动轨迹来看，几乎每隔几年就来一次转型。如 2012～2013 年，倡导向"大同业"和"大资管"转型；2017～2019 年，倡导向"大零售"转型。2020 年经济特区倡导的将是向对公业务和新零售业务双轨驱动转型。

对公业务的拓展力度将有所加大。疫情的出现，一方面将重创消费贷款、信用卡等零售金融业务，另一方面对公信贷投放将相对增加，因此，疫情对零售业务冲击造成的损失自然将通过做大对公业务来填补。事实上，有"零售之王"之称的招商银行近年来对对公业务拓展的松懈导致零售业务拓展受限。一是做大资产规模受限。因为对公业务是财富管理的核心资产来源，对公业务薄弱就意味着零售业务无法提供充足的财富管理产品。二是做大客户规模受限。因为对公业务是零售业务客户的重要来源，尤其是代发工资业务对于零售业务客户拓展至关重要，如果没有公司金融和同业金融的助力，零售业务很难有用武之地。

有质量的零售业务拓展力度将有所加大。就经济特区银行业零售业务的数量而言，其应该迫近了天花板。根据 2020 年 4 月 16 日新金融琅琊榜董云峰《全球九大银行的启示：零售业务不是大救星》，2019 年摩根大通、富国银行、花旗集团三家美国大银行的零售业务收入平均占比达47%，2019 年，平安银行和招商银行的零售业务收入占比已明显高于这一比例，分别高达 58% 和 56.69%。之所以如此，与前几年居民家庭加杠杆的因素密不可分，但在居民部门杠杆率已达 56%、居民消费贷款数量扩张已近极限的情形下，继续采取数量扩张的策略已不合时宜，唯有向质量要发展空间，即零售业务向新零售转型才是未来的发展方向。一是要通过个性化来拓展零售业务。特区银行业可根据客户的不同偏好，利用数据分析，提供有价值的、差异化的决策和产品。二是要通过数字化来拓展零售业务。即要建立数字化经营理念，构建数字化流程和经营模式。三是要通过场景化来拓展零售业务。既可以采用自建平台的方式，也可以采用开放合作的方式，把金融服务巧妙地融入服务对象的生产和生活场景，着力打造场景金融，在发挥引流客户作用的同时，提高客户的黏性。四是要通过轻型化来拓展零售业务。即让零售业务流程更加自动化和智能化，呈现轻资产、轻资本、轻成本的"三轻"特征。

（四）资本市场地位提升倒逼带来的新机遇

在经济下行、高杠杆和疫情冲击的三重约束下，破解难题的最优选择就是进一步提高资本市场的地位，从而为经济特区金融催生出新的展业机会。

1. 倒逼创业板改革并试点注册制

2020年，为提高直接融资效率，经济特区资本市场将在做大做强科创板的基础上，进一步改革创业板，并试点注册制，以支持更多的有创新、有创造和有创意的成长型企业通过资本市场融资，这将为经济特区金融业的跟投、保荐、定价、承销和交易等直接金融业务带来新机会。

2. 倒逼放宽险资进入股市的限制

2020年，要想进一步加强上海和深圳两个证券交易所的筹资能力，就必须千方百计地吸引中长期资金进入股票市场，为此，管理层将赋予保险公司更多的股票市场投资自主权，进一步提高权益类资产占投资资产的比重，鼓励保险公司运用长久期账户资金，增持优质上市公司的股票，甚至包括科创板上市公司的股票。

（五）逆全球化逆流倒逼带来的新机遇

1. 倒逼加快建立国际金融中心的进程

为彰显中国倡导全球化的决心和行动，管理层将提升经济特区尤其是提

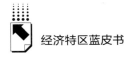

升金融市场基础良好的深圳和上海浦东新区金融市场的开放程度，提升跨境投融资功能，全力帮助它们把自己打造成为全球金融资产交易中心、定价中心和管理中心。

2. 倒逼加快金融业"强身健体"

境外金融机构对境内金融行业渗透的进程将大大加快。外资控股境内银行、证券公司、保险公司和理财公司，外资资产管理公司设立外资全资的基金管理公司，外资参与设立商业银行理财子公司的情形将大量增加。同时，随着支付清算、信用评级等领域取消准入限制，境外此类同行也将加快向中国渗透的步伐，从而倒逼经济特区金融业"强身健体"以适应未来残酷的行业竞争环境。

外资金融机构对境内金融产品的需求将大幅增加。一是因为中国经济复苏前景和增长势头优于其他主要经济体，对中国金融资产的避险性需求增多；二是受高利差的诱惑，中资金融资产投资的吸引力相对较强；三是随着开放程度的加深，海外机构和资金对中资金融资产的被动性配置需求将大大增加，倒逼经济特区金融业为全球投资者提供种类丰富、功能完善的金融产品和工具，以满足客户的各种金融服务需求。

（六）市场乱象倒逼带来的新机遇

2020年，在从严监管和打破刚性兑付两大工作方针的共同作用下，银行、信托、证券和P2P等的不良资产规模迅速扩大将是一个大概率事件，这将为经济特区资产管理公司处置不良资产带来更大的展业机会，甚至将让此类业务经营达到近几年难得一见的高潮。

三 2020年中国经济特区金融业
面临的主要挑战

2020年，百年不遇的世界政治经济变局叠加突如其来的新冠肺炎疫情，经济特区金融业发展面临前所未有的挑战。

（一）稳增长的难度前所未有

1. 服务对象稳增长的难度前所未有

经济特区金融业的主要服务对象是经济特区实体经济，2020 年经济特区实体经济面临的最确定的发展环境就是存在很大的不确定性。一是受新冠肺炎疫情的影响，2020 年全球经济和贸易出现负增长的可能性将大大增加；二是外部环境进一步滑向对抗型的可能性将大大增加，逆经济全球化的逆流将乘势而上，地缘政治将成为影响经济特区金融业发展稳定性的重要变量之一；三是为抵御疫情对经济的破坏，几乎所有的国家都采取了前所未有的调控措施，从而为未来全球经济的走向带来了不确定性。因为这些不确定性的存在，经济特区金融业在发放贷款时在贷还是不贷、贷多还是贷少、贷长还是贷短方面，均难以做出抉择。

2. 金融业自身稳增长的难度前所未有

规模增长的难度前所未有。与特区经济增速放缓相适应，经济特区金融业的发展速度也将相应降低。同时，利率上限下调将迫使经济特区中小商业银行关闭无明确消费场景的助贷渠道，让线上贷款业务清零，缺乏低成本资金的小额贷款公司、信托公司等金融机构和各种附着于助贷业务的融资担保和信用保险机构，将彻底退出消费金融业务。

盈利增长的难度前所未有。首先，经济特区金融业向实体经济让利，势必将导致经济特区银行业净息差进一步收窄，压缩信贷金融机构的赢利空间，尤其将压缩处于资金成本劣势的中小银行和小额贷款公司的赢利空间。其次，为应对疫情可能带来的信贷损失，经济特区银行业将加大贷款拨备计提与坏账核销的力度，这势必将侵蚀一部分赢利空间。最后，打破理财刚性兑付，势必将压缩理财业务规模和收入，造成盈利不同程度地下滑。为应对盈利减少的困局，有些银行也许可以通过增加贷款这一薄利多销的方式予以部分缓解，但 2020 年经济特区商业银行利润增速整体放缓、资本回报整体降低将是大概率事件。

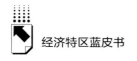
（二）理财市场展业的难度前所未有

1. 保理财业务存量的难度前所未有

2020 年仍然是资管新规实施期和资管行业整改期，这将从两个方面导致理财存量的压减：一是全面取消"保本理财"硬性监管要求，将导致保本理财产品存续余额不断下降，乃至接近清零；二是对同业理财和非标资产的清理，将导致同业理财规模萎缩和非标资产持续退出。

2. 扩理财业务增量的难度前所未有

一方面因为参与境内理财市场的竞争主体不断增加，尤其是一部分外资理财管理机构的引入，另一方面由于境内外各类资产管理机构的监管尺度渐趋统一，2020 年，经济特区理财市场同业竞争将达到白热化的程度，让理财蛋糕做大的难度进一步加大。同时，打破刚性兑付和利率上限限制将使一些低风险、高收益的理财产品的吸引力大大下降，销售难度进一步加大，非保本理财高歌猛进时代将一去不复返。

（三）控制不良率上升的难度前所未有

1. 四重因素叠加导致经济特区银行业资产质量下降的压力陡增

在特区经济增长速度继续下降、结构调整继续深化、消化前期刺激政策力度不减和新冠肺炎疫情突袭四大惯性的作用下，2020 年，经济特区金融业不良资产规模扩张和不良资产比率上升将在所难免。考虑到四重因素叠加对经济特区金融业影响的时滞性，经济特区金融业风险暴露可能是一个中长期过程，这也将持续考验经济特区金融业的风险管理和危机应对能力。

2. 保实体经济的社会责任为不良率上升埋下了伏笔

为分担保实体经济的社会责任，经济特区金融业不得不加大向中小微企业提供融资的规模，中小微企业融资则恰恰是风险系数相对较高的融资。

3. 监管部门的权宜之计让不良率长期保持高位

迫于应对疫情的需要，经济特区监管部门不得不提高了不良贷款的容忍度，这样势必将让不良贷款涉及的地区越来越广，涉及的行业越来越多，不良贷款规模越来越大，不良贷款的比率越来越高。

总之，2020 年，无论是经济特区金融业的信贷资产，还是非信贷资产的不良率均将明显增加或提升，尤其是那些存量不良资产处置不力、控制不良资产产生能力不强、处置不良资产渠道有限的中小金融机构和民营金融机构，其不良率上升的风险更大。同时，在新冠肺炎疫情影响以及监管部门加大风险排查力度的影响下，经济特区信托业的风险将加速暴露，违约事件将频繁发生，违约信托公司和违约项目数量将增加，估计信托业资产风险率也将从 2019 年末的 2.6% 左右，大幅提升到 3.5% 以上。

四　2020~2021年中国经济特区金融业发展的基本方略

基于 2019 年的发展根基和 2020 年面临的新机遇和新挑战，本报告认为，2020～2021 年，经济特区金融业的发展应该采取循序渐进的三大推进战略。

（一）"保"字为要

与 2019 年"稳"字为首的发展战略有所不同的是，2020～2021 年，经济特区金融业的发展需要把"保"字放在首要位置上。理由是，2020～2021 年特区经济面临的首要问题是如何有效地化解疫情带来的巨大冲击，而作为与经济特区实体经济血脉相连、共存共荣的经济特区金融业，自然要把首要的发展任务转移到"保"字上来，并围绕"保"字做足两篇大文章。

1. 做好保实体经济稳定的金融服务这篇大文章

扩大向经济特区实体经济提供融资的规模。面对疫情，经济特区金融业非但不能沿用惜贷、压贷和断贷等以往应对危机的老方法，反而要根据疫情的不断变化，采取逆周期供贷的新思路。一是要及时、合理地扩大企业信用贷款、中长期贷款和制造业贷款等间接融资的规模，对有市场和有发展前景的贷款企业不盲目压贷、抽贷和断贷，对于资金周转暂时出现困难的贷款企业，要尽可能地采取延期还本付息、借新还旧、展期、调整贷款合同等变通

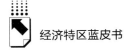

政策，帮助其维持生产的持续性和稳定性。二是要及时、合理地提高股权、地方政府债券、疫情防控和公用事业类企业债券、中小企业私募债券和集合债券的发行量以扩大经济特区直接融资的规模。三是要扩大投贷联动融资的规模，让金融企业和普通企业组成抗风险的利益共同体。

降低向经济特区实体经济提供融资的成本。经济特区金融业，尤其是银行业，可通过扩大小微企业优惠利率贷款规模和降低企业贷款利率与费率的方式，向实体经济让利，千方百计地降低企业的融资成本。

提高向经济特区实体经济提供融资服务的质量。如可通过加强借款企业信贷资金用途监管的方式，防止贷款企业运用优惠利率贷款资金在票据市场和贷款市场进行资金套利或将优惠利率贷款资金投向房地产市场谋利。

扩大向经济特区实体经济提供融资的覆盖面。如可通过增加信用贷款户和提高普惠金融、小微金融首次贷款户的户数等方式，提高融资的可获得性，让更多的企业受益。

2. 做好保自身稳定这篇大文章

客观地说，保实体经济这副担子不轻，仅凭经济特区金融业一己之力承担将孤掌难鸣、独木难支，非但不能实现保实体经济的初衷，反而有可能殃及池鱼，将经济特区金融业拖入险境。因此，2020年经济特区金融业要想做到在保实体经济稳定的同时，不影响自身的稳定，最为有效，也是可行的办法就是与央行、金融监管和各级政府加强通力合作，形成帮扶实体经济的组合拳。首先，经济特区金融业的金融支持要与央行的再贷款、再贴现资金发放优惠利率贷款、支持发放信用贷款和中长期信贷等措施相结合；要与央行的中小微企业贷款延期还本付息和普惠小微信用贷款支持政策相结合；要与央行的直达货币政策工具，如扩大抵押品范围、提高抵押率等创新性货币政策工具相结合；要与央行的市场报价利率改革举措相结合。其次，经济特区金融业的金融支持要与金融监管部门对不合理和违规收费进行严格检查的措施相结合，让金融业的减免服务费用、规范和限制小微企业贷款收费的让利措施落到实处。再次，经济特区金融业的金融支持要与政府政策性金融、地方政府专项债券、融资担保、产业基金、风险分担、征信体系、税收优惠、减少收费、贴息、财务重组等措施相结合，让地方政府置身于保实体经济的大局之中。最后，经济特区金融业之间要相互配合，运用联合贷款、信用保险、联合担保等方式形成分散金融风险的合力。

（二）保中求稳

2020～2021年，经济特区金融业在完成了保实体经济稳定这一重任之后，需要进一步思考的问题是如何在保实体经济稳定的基础上实现自身的稳定。

1. 要把保实体经济与企业生存和自身风险防控有机结合起来

2020～2021年，经济特区金融业如果只把眼光停留在大举让利、缓收贷款这些保经济复苏和企业生存的举措上，自身不良贷款的规模和比率将迅速上升，势必将突破不发生系统性金融风险的底线。况且，金融业经营风险具有外溢效应性较大、风险暴露时滞较长等特点，因此，经济特区金融业在保实体经济和企业生存时一定要给自己多系几条安全带。一是要夯实资本金这一抵御金融风险的堤坝。对于经济特区金融业而言，资本金既是经营的基础，也是抵御风险的重要屏障。然而，在影子银行治理导致非标转标、表外融资回标的背景下，经济特区金融业原本就因资本金额外消耗而普遍面临较大的资本金补充压力，2020年，叠加疫情的冲击，商业银行，尤其是中小商业银行抗风险的脆弱性将更加迅速地显露出来，因此，经济特区金融业需要果断采取逆周期调整资本金比率的策略。一方面要尽可能提高利润补充资本金的比例，通过内源性自身积累来充实资本金；另一方面要多管齐下，运用发行新股、定向增发、发行优先股、可转债、二级资本债、永续债及地方专项债等多种外源性方式夯实资本金的规模和提高资本充足率。二是要努力提足拨备，以提高拨备覆盖率，并对不良贷款进行及时、足额的核销。三是要建立健全的内控机制，严把资产质量分类关，防止一些机构和个人出于应付考核的原因，采取人为的调节措施，尽力把一些"准风险"或风险项目暴露在阳光之下，从而将营业收入和盈利指标做实。四是要广泛运用资产证券化、债转股以及主旨资产包等方式，活化存量资产，优化增量资产，提升整体资产质量。五是要坚持不懈地把影子银行和房地产贷款乱象作为风险监

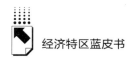

管的重点，防止前期取得的监管成果付诸东流。

2. 要构建起智能化、全流程和穿透式的动态风险防控体系

2020～2021年，为筑牢经济特区金融业风险防控体系，必须根据经济特区金融业风险的新源头和新特点，对原有的防控体系进行更新升级。一是要强化经营专业化和管理专家化，提高对金融业务和服务对象的甄别能力。二是要重视成本核算工作，坚持业务拓展和业务经营的可持续性原则。三是要高度关注境内市场与境外市场波动的联动性。随着开放程度的加深，资本跨境流动将越来越频繁，这不仅将加大汇率的波动性，也将加剧金融市场的波动性。因此，在对跨境资本流动进行监管时，要采取审慎监管的政策，把机构和企业的跨境交易行为作为监管的重点，特别是要时刻监测短期资本、投机性资本异常跨境流动情况。

3. 要充分发挥资产管理公司稳定器的作用

2020～2021年，为充分发挥经济特区资产管理公司稳定器的作用，一是要适当增加经济特区资产管理公司的数量。二是要把不良资产处置行业对外开放作为经济特区金融业对外开放不可或缺的一环，引入外资不良资产管理公司。三是要尽快壮大经济特区存量资产管理公司的实力。可通过引入战略投资者、混合所有制改革、增加公募债券发行和银行贷款发放等多种方式增强其拓展业务的资金实力。四是要让经济特区资产管理公司回归处置不良资产的本源业务，即特区资产管理公司不应把金融控股集团作为自己追求的发展目标，更不应想方设法地把自己转变成贷款机构等资本运作平台，而是要把业务拓展重点放在收购不良资产上。之所以如此，是因为，首先，资产管理公司回归处置不良资产本源业务符合金融监管的大方向。其次，现存的不良资产处置业务规模足以满足现有资产管理公司生存和发展的需要，并且，随着不良资产处置规模的不断扩大，其能够支持各资产管理公司回归主业，并实现健康发展。因此，当务之急是尽快疏通经济特区资产管理公司不良资产处置的政策堵点，丰富金融业不良资产处置的模式。

4. 要高度重视信息安全

2020～2021年，无论是向数字化转型，还是加大"无接触式金融"服

务的力度，经济特区金融业都存在一个如何控制信息科技风险和保证信息安全的问题，更何况经济特区金融业的数字化和无接触式金融业务监管还存在许多空白和盲区。因此，稳妥起见，经济特区金融业在发展数字化和无接触式金融业务时，一是要尽快建立起统一的监管标准和指标体系；二是要与自身的监管能力相匹配，尽可能使监管精准化。

（三）稳而思进

2020～2021年，经济特区金融业的发展虽受疫情的影响短期内可能面临较大的压力，但考虑到特区经济和金融基本面长期向好的趋势不会因疫情而发生根本性改变，特区经济和金融业转型升级的大趋势也不会因疫情而发生根本性改变，因此，经济特区金融业的发展不能仅仅止步于"保"和"稳"上，还应该有进取之心和进取之为。

1. 向新格局要发展空间

2020～2021年，经济特区金融业的发展要放在以国内大循环为主体，国内国际双循环相互促进的新发展格局中来谋划，除了要把增量资金投向帮助因疫情受困企业脱困以外，还要把部分增量资金投向先进制造业的升级和新兴产业的发展。同时，要结合"一带一路"倡议和打造数字经济新战略，把增量资金投放的重点放在与"互联网＋"和新基建相关的重点区域、领域、项目和企业上。

2. 向新科技要发展空间

一是要运用新科技对经济特区金融业的经营模式实行改造。即运用科技赋能，让经济特区金融业的经营模式呈现重大数据、轻资产、非网点和平台化的特点，以此提高经济特区金融业的效率和降低经济特区金融业的风险。

二是要运用新科技对经济特区金融业的价值曲线实行改造。即运用科技赋能，将经济特区金融业以"资产负债表"为载体的传统价值曲线，改造为以数据资产为载体的新型价值曲线，让数据成为经济特区金融业的关键性资产和发展要素。

三是要运用新科技对经济特区金融业的技术架构实行改造。即在金字塔

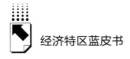
的塔基，构建与产品、渠道、业务和客户信息有关的海量数据库；在金字塔的中间，构建能够进行超强吞吐和高速实时计算的金融云端、雾端和边缘端平台，并把线上、线下、场景、生态与平台结合起来；在金字塔的塔尖，构建能够满足市场实时需要的各种移动化、智能化的金融产品和服务，使经济特区金融业呈现日益网络化和数字化的特征，进而整体性地提高金融业的服务广度与深度。

3. 向新盈利增长点要发展空间

为解决存贷利差收窄这一客观难题，经济特区银行业的传统应对策略主要有二：一是运用"薄利多销"的方式做大资产规模；二是运用提高信用风险容忍度的方式做大资产规模。但这样做的副作用将使贷款结构劣化，不良资产比率上升。从中长期良性发展的角度考虑，更为合理的策略应该是，在保持信贷规模合理增长同时，借助科技金融推动服务转型升级，提高支付、理财、生活服务、金融科技等非利息收入在营收中的比重，降低对重资产与资本业务的依赖。

参考文献

陶一桃主编《中国经济特区发展报告（2019）》，社会科学文献出版社，2020。

辛继召：《零售金融遭遇"滑铁卢"，一些银行开始思考新的战略方向》，《21 世纪经济报道》2020 年 4 月 4 日。

张卓青：《阶段性政策退出，下半年货币将保持平稳增长》，《每日经济新闻》2020 年 7 月 13 日。

张卓青：《不搞大水漫灌而是"精准滴灌"》，《每日经济新闻》2020 年 8 月 19 日。

孟凡霞、马嫡、杜晓彤：《六大行少赚 700 亿，银行直面业绩考题》，《北京商报》2020 年 8 月 31 日。

欧阳洁：《扩大金融开放，服务实体经济》，《人民日报》2020 年 9 月 22 日。

郭新双：《银行拥抱新零售要防范共债、互联网贷款等风险》，《21 世纪经济报道》2020 年 9 月 23 日。

许予朋：《六大行行长共议银行业未来》，《中国银行保险报》2020 年 9 月 24 日。

B.8
中国经济特区文化产业发展报告

钟雅琴　陈礼华　廖春林*

摘　要： 2019年，我国对文化科技融合、文旅融合、文化消费、文化遗产保护等多个领域进行重点部署，文化产业总体上呈现平稳增长态势。在此背景下，经济特区文化产业建设各有侧重，呈现多点开花的发展图景。各经济特区紧跟时代步伐，利用新技术为文化产业赋能，推动文旅融合取得持续发展，并积极推进文化遗产保护工作。随着我国文化体制改革进入深水区，文化产业迎来了新的发展机遇和挑战，经济特区应当充分释放科技潜力、推动旅游业高质量发展、构建数字文创生态、加快发展夜间经济，以此助力区域文化产业取得新进展。

关键词： 经济特区　文旅融合　文化遗产保护

2019年，《文化产业促进法（草案征求意见稿）》发布，标志着我国文化产业立法工作迈出了跨越性的一步。在积极推动立法的同时，国家对文化科技融合、文旅融合、文化消费、文化遗产保护等多个领域进行重点部署，出台了一系列应对性、引导性政策，其中包括《关于文化和科技深度融合的指导意见》《公共数字文化工程融合创新发展实施方案》《关于促进"互

---

* 钟雅琴，深圳大学文化产业研究院副教授、特聘研究员，博士，硕士生导师，美国杜克大学访问学者，主要研究方向为文艺理论、文化产业与城市文化研究；陈礼华，深圳大学文化产业研究院 2019 级硕士研究生，主要研究方向为文化产业与文化创新；廖春林，深圳大学文化产业研究院 2018 级硕士研究生，主要研究方向为文化产业与文化创新。

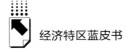

联网＋社会服务"发展的意见》《关于进一步激发文化和旅游消费潜力的意见》《文化和旅游规划管理办法》《关于加快发展流通促进商业消费的意见》《博物馆馆藏资源著作权、商标权和品牌授权操作指引》《国家文物保护专项资金管理办法》《关于进一步加强文物消防安全工作的指导意见》等。相关政策法规的制定和完善，既为我国文化产业发展提供制度保障，也进一步明确了我国文化产业的发展方向，不断促进文化产业与国家经济社会的良性互动。

2019 年，我国文化产业总体上呈现平稳增长态势，新业态发展势头强劲。官方统计数据显示，2019 年全国文化及相关产业企业营业收入比 2018 年增长 7.0%（按照可比口径），达 86624 亿元，9 个文化行业全部实现正增长，其中文化核心领域营业收入比上年增长 9.8%，达 50471 亿元，产业结构持续优化。① 在此背景下，经济特区文化产业建设各有侧重，呈现多点开花的发展图景。

一 2019年经济特区文化产业进展

（一）深圳经济特区

随着《粤港澳大湾区发展规划纲要》和《关于支持深圳建设中国特色社会主义先行示范区的意见》相继出台，深圳经济特区在文化产业建设上有了新定位、新目标和新使命。2019 年，深圳市牢牢把握"双区"建设机遇，引领全市精神文明建设，着力推进数字文化产业和创意文化产业发展，朝着"建设全球区域文化中心城市"的方向砥砺前行。2019 年，深圳市地区生产总值比 2018 年增长 6.7%，达 26927.09 亿元，其中文化及相关产业

---

① 《国家统计局社科文司统计师辛佳解读 2019 年全国规模以上文化及相关产业企业营业收入数据》，中华人民共和国国家统计局网站，2020 年 2 月 14 日，http：//www. stats. gov. cn/tjsj/sjjd/202002/t20200214_ 1726366. html。

增加值较 2018 年增长 18.5%，达 1849.05 亿元。①其中，文化及相关产业增长速度远高于其他三大支柱产业，发展势头最为强劲。

2019 年，深圳高水平文体设施建设取得新进展，文体事业发展迈上新台阶。深圳创意设计馆等首批"新时代十大文化设施"建设正式启动，观澜版画基地、华侨城创意文化街区等"十大特色文化街区"活化改造工作稳步推进。推动体育场馆惠民开放，新增便民利民体育场地 80 个，市民健身更加便利。此外，根据深圳市官方数据，2019 年全市公共图书馆数量为 674 座，馆藏量达 4745.95 万册（件），较 2018 年增长 6.5%。②依托不断完善的文体设施，深圳市政府成功举办了周末剧场、美丽星期天、第十六届"鹏城金秋"市民文化节、第五届深圳合唱展演、2019 市民文化大讲堂、第二十届深圳读书月等系列群众文化活动以及 2019WTA 总决赛、2019 国际马拉松赛、2019 中国网球大奖赛等大型体育赛事。丰富多彩的文体活动不仅调动了深圳市民的参与热情，还吸引了世界各地的目光，成为深圳对外交流的文化名片。

与此同时，深圳文化创新发展环境实现进一步优化，文化产业创新成果显著。市委市政府审定通过《关于加快文化产业创新发展的实施意见》和《深圳市文化产业发展专项资金资助办法》，并推动各区完善文化产业相关资助政策，为深圳文化产业发展指明方向。市政府还制定专项资金扶持计划，投入 1.52 亿元对 451 个文化产业项目进行资助，助力文化产业创新发展。③2019 年 7 月，《关于推动深圳创意设计高质量发展的若干意见》出台，该文件提出从产业发展、基础设施建设、人才培养引进、对外交流合作等方面入手推动深圳创意设计高质量发展，旨在引进世界顶级创意设计资源，引导创意设计与实体产业深度融合。除此之外，深圳文化产业集聚效应凸显，

---

① 《深圳市 2019 年国民经济和社会发展统计公报》，深圳市统计局网站，2020 年 4 月 15 日，http：//tjj. sz. gov. cn/zwgk/zfxxgkml/tjsj/tjgb/content/post_ 7294577. html。

② 《深圳市 2019 年国民经济和社会发展统计公报》，深圳市统计局网站，2020 年 4 月 15 日，http：//tjj. sz. gov. cn/zwgk/zfxxgkml/tjsj/tjgb/content/post_ 7294577. html。

③ 《深圳市文化广电旅游体育局 2019 年工作总结》，深圳市文化广电旅游体育局网站，2020 年 1 月 20 日，http：//wtl. sz. gov. cn/xxgk/ghjh/ndgzjhjzj/content/post_ 6745866. html。

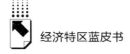

文化和科技融合成绩亮眼。9月，深圳市文化产业园区协会成立，标志着全市园区运营管理体系实现了新的跨越。截至2019年9月，深圳市61个文创产业园区中入驻企业超过8000家，总营收超过1500亿元，为全市提供近20万个就业岗位。① 南山区和华强方特、雅昌文化集团和华侨城文化旅游科技集团先后入围第三批、第四批国家文化和科技融合示范基地，文化产业重点区域和龙头企业持续发挥引领带动作用。

第十五届深圳文博会作为庆祝新中国成立70周年举办的重要展会，积极落实"一带一路"倡议，全力打造国际化、高端化的文化产品展示与项目交易综合平台，不断深化国际合作，助力国内文化创意企业、文化产品走出去。展会设66个分会场，来自全球50个国家和地区的132家机构参展；共有2312个政府团体、企业和机构出席，前来参会、参展和采购的海外展商超过2.1万名。② 本届博览会首设"粤港澳大湾区文化产业馆"，举办了粤港澳IP联展、"湾区新时代·文创新业态"粤港澳新文创融合论坛、粤港澳设计思维工作坊等活动，为粤港澳青年交流提供平台。深圳文博会为内地与港澳文化企业和文化机构深入合作搭建平台，充分显示了国家级展会的使命与担当。③ 本届文博会吸引观众数量超过780万人，品牌影响力进一步提升。

（二）珠海经济特区

自2016年《珠海市"十三五"文化创意产业发展规划》发布以来，珠海市一直以"成为珠三角地区重要的文化创意产业中心"为基本目标，致力于影视产业、数字内容产业和文化制造产业等六大文化创意产业领域的布局。依托优美宜居的自然环境和多彩的人文景观，珠海市具备得天独厚的旅游产业优势。2019年，珠海市一般公共预算支出增长7.5%，达615.74亿元；其中，文化旅游体育和传媒支出增长8.9%，达10.45亿元。根据官方

---

① 《深圳市文化产业园区协会成立》，《中国文化报》2019年9月10日，第7版。
② 《第十五届中国国际文化产业博览交易会在深圳开幕》，百家号网站，2019年5月16日，https://baijiahao.baidu.com/s?id=1633678880046956753&wfr=spider&for=pc。
③ 《文博会澳门精品展举办》，《深圳特区报》2019年10月18日，第A03版。

数据，珠海市 2019 年接待国内游客共计 4077.07 万人次，接待入境游客为 541.14 万人次，国内旅游收入和国际旅游外汇收入分别增长了 15.9%、12.4%，达到 427.53 亿元和 16.5 亿美元。① 2019 年 3 月，珠海市文化广电旅游体育局和市旅游发展中心相继发布了 2019 珠海最新旅游形象、2019 珠海十大主题精品线路。文旅产品爆款应运而生，如南粤古驿道、海上看大桥等旅游项目；各重点旅游项目持续推进，丽新横琴创新方、长隆二期等都即将建成投入使用。

横琴是近几年珠海快速崛起的重点区域。4 月，《横琴国际休闲旅游岛建设方案》公布，该方案明确了横琴在国际、国内和粤港澳大湾区的三大定位、三大阶段性目标和六大重点任务。在政策指导下，横琴休闲旅游业取得长足进步，围绕长隆国际海洋度假区进行开发，呈现多样化的全域旅游发展格局。星乐度·横琴露营乐园、横琴紫檀文化中心、香洲埠文化中心相继落成和开放，为横琴旅游业打下了良好的产业基础；特色鲜明的港澳元素成为横琴休闲旅游产业的优势资源；WTA 赛事、中国（珠海）国际马戏节等一批精品文体项目的进驻，极大地拓宽了横琴对外交流的窗口。

2019 珠海国际设计周以"设计与科技"为主题，探索产业创新平台建设和城市产业升级新路径。设计周由 6 大板块近 40 个项目组成。聚焦设计与创新创业、设计与制造业、设计与珠澳合作等话题，来自 10 多个国家和地区的设计师展开专题对话、交流设计理念、分享创新成果。活动在珠海和澳门多处文旅、科技和城市地标场所设立分会场，呈现丰富的湾区元素。该展首次推出"珠海设计奖—大湾区设计力""大湾区优秀原创设计师奖""大湾区产业创新设计领袖奖"，展示湾区设计界新锐力量，用设计的思维为大湾区产业创新发展注入动能。②

目前珠海市共有文化创意产业园区 9 个、旅行社 13 个、电影城 41 家，

① 《2019 年珠海市国民经济和社会发展统计公报》，珠海市统计局网站，2020 年 3 月 27 日，http://tjj.zhuhai.gov.cn/attachment/0/224/224004/2516631.pdf。
② 《2019 珠海国际设计周：聚焦城市产业发展新动能》，新华网，2019 年 11 月 27 日，http://www.gd.xinhuanet.com/newscenter/2019-11/27/c_1125278836.htm。

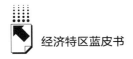
5000万元总产值规模以上印刷企业23家、各级文物保护单位81个。[①] 横琴科学城、港珠澳合作创新（珠海）基地、横琴星艺文创天地、九州湾文体旅游产业园等重点文化项目稳步推进，旨在加强"产城融合"、建设粤港澳大湾区标志性文旅商务会展城市。

（三）厦门经济特区

2019年，厦门市经济总量稳步增长，全年地区生产总值比2018年增长7.9%，达5995.04亿元。第三产业增长6.6%，达3474.56亿元。地区生产总值三次产业结构调整为0.4:41.6:58.0，产业结构进一步优化。产业动能转换加快，新兴服务业发挥引领带动作用。信息传输、软件和信息技术服务业增长速度较快，对全部服务业增长贡献度达72.2%。其中，广告业营收增长率高达463.7%，总额为75.1亿元，表现十分亮眼。[②]

2019年5月，厦门市政府印发《厦门市利用外国人144小时过境免签政策促进产业发展工作方案》，提出充分发挥毗邻金门的地理优势和政策效益，加大招商引资引智力度，并通过文旅融合方式深化"邮轮+"内涵、助推产业服务升级，加快城市文化建设。6月，厦门市颁布《2019年度厦门市文化产业发展专项资金申报指南》，提出重点支持与文化投资运营、内容创作、文化传播等相关的六大文化产业核心门类，支持文化产业高精尖人才引进以及地方特色文化产业的融合发展。11月，厦门市政府发布《厦门市推进平台经济加快发展三年行动方案》，提出重点发展网络视听产业平台与艺术品线上交易平台。以文化创意服务为中心，推动文化科技融合发展，建成全国重要艺术品交易中心和国家级网络视听产业基地。

此外，厦门市文化事业进展顺利，文艺精品不断涌现。2019年，厦门不仅举办第28届中国金鸡百花电影节，吸引1000余名电影界的代表参加开幕式，还取得中国金鸡百花电影节未来十年的举办权。厦门坚持"全域影

---

① 珠海市民生数据开放平台，http://data.zhuhai.gov.cn/#/data？c=source&k=17。
② 《稳中有质，服务业保持健康发展——2019年厦门服务业发展情况分析》，厦门市统计局网站，2020年3月19日，http://tjj.xm.gov.cn/tjzl/tjfx/202003/t20200319_2433280.htm。

城""以节促产"的思路，将电影节办成市民广泛参与的群众性节日。^① 成功举办"庆祝新中国成立 70 周年暨厦门解放 70 周年优秀剧目展演季"，精心遴选一批优质剧目和交响音乐会，面向人民群众开展 30 余场惠民文艺活动，吸引近 2 万名市民参与，配合活动上线的 5 场网络视频直播点击量超过 70 万人次。^② 此次展演季一方面提升了优秀传统剧目的知名度和影响力，另一方面也让更多厦门群众享受了文艺创作成果。

作为厦门市优势产业，全市会展业在 2019 年实现稳步增长。全年举办各类展览活动 236 场。举办 50 人以上的商业性会议 9978 场，增长 7.7%。会展经济效益再创新高，达 450.94 亿元。^③ 作为连接海峡两岸文化商贸活动的纽带，第十二届海峡两岸（厦门）文博会围绕数字电影、文创旅游等板块打造展区 12 个，举办论坛、推介会、对接会、签约等活动 39 项，并在 28 个分会场举办专项文化活动 141 场，实现海峡两岸文旅项目的有效对接。^④

（四）汕头经济特区

汕头经济特区 2019 年国民经济发展稳健，地区生产总值较 2018 年增长 6.1%，达 2694.08 亿元。第三产业占比提高 1.2 个百分点。其中，现代服务业较上一年增长 9.7%，实现增加值 646.21 亿元，增长速度高出地区经济整体水平 3.6 个百分点。^⑤ 汕头市气候宜人、历史悠久，孕育出独具特色的潮汕文化、侨乡文化、非遗和民俗文化。深厚的人文底蕴成为汕头市文化事业和文化产业建设的重要依托。

---

① 《第 28 届中国金鸡百花电影节：面朝大海的电影盛会》，人民网，2019 年 11 月 25 日，http://media.people.com.cn/n1/2019/1125/c14677 - 31472224.html。

② 《厦门市 2019 年国民经济和社会发展统计公报》，厦门市统计局网站，2020 年 3 月 20 日，http://tjj.xm.gov.cn/tjzl/ndgb/202003/t20200320_ 2433283.htm。

③ 《厦门市 2019 年国民经济和社会发展统计公报》，厦门市统计局网站，2020 年 3 月 20 日，http://tjj.xm.gov.cn/tjzl/ndgb/202003/t20200320_ 2433283.htm。

④ 《第十二届海峡两岸文博会开幕——两岸合作共赢 文旅相融共生》，厦门市人民政府网站，2019 年 11 月 2 日，http://www.xm.gov.cn/xmyw/201911/t20191102_ 2390305.htm。

⑤ 《2019 年汕头国民经济和社会发展统计公报》，汕头市统计局网站，2020 年 3 月 20 日，https://www.shantou.gov.cn/tjj/tjzl/tjgb/content/post_ 1733953.html。

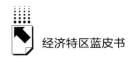
汕头市公共文化服务体系日趋完善，群众文化活动不断丰富。2019 年，濠江巨峰桃花文化节、澄海首届葡萄文化旅游节、汕头·澄海薄壳美食文化旅游节、"汕头潮剧艺术周"、"体彩杯"汕头首届海丝武术文化节暨第四届大潮汕武术大赛与海丝狮王争霸赛相继开展，不断满足基层群众日益增长的文化需求，社会参与热情持续高涨。在各级政府的管理、政策指导和扶持之下，建立公共文化服务"软指标"，将随机性节目转变为制度化、常态化的社区活动，打造区域优势文化活动，将是汕头市文化事业探索的重点。此外，汕头位于海上丝绸之路的重要节点，是我国著名的侨乡，具备"开放"的基因，因而应积极开展对外文化交流活动。2019 年 12 月，为落实"一带一路"倡议，泰国曼谷的潮州会馆举办汕头文化周活动，旨在弘扬中华文化、促进中泰交流、敦睦乡情乡谊。市文广旅体局积极组织汕头文化艺术团，以杂技、小品、话剧、歌舞等丰富多彩的艺术形式结合非遗文化展示、汕头旅游推介，为海外潮人怀乡恋乡架起文化友谊之桥。

作为全国重要的工艺玩具制作基地，汕头市玩具产业紧跟时代潮流、不断转型升级。2019 年 4 月，益智设计与教学交流研讨会暨"澄海杯"塑胶益智玩具设计大赛辅导会在澄海区举行，会议通过工业产品设计创新理念和创新技术的经验分享，致力于推动汕头玩具设计概念与制造技术更新。5 月，宝奥城与十方旅游文化有限公司成功签约，确定了"玩具产业 + 文化旅游"的综合发展方向。8 月，2019 年工业互联网走进汕头玩具产业集群活动在澄海区举办，与会者探讨了工业互联网助力产业集群数字化转型与协同创新发展路径。汕头是世界"玩具之都"，2019 年汕头市商务部先后组织企业参加 2019 巴基斯坦亚洲日用消费品玩具婴童用品及游戏娱乐展、印尼国际玩具与婴童用品展，有力推动汕头工艺玩具外贸企业打造品牌，不断拓展海外市场。第 21 届中国澄海国际玩具礼品博览会成功举行，展会总面积近 7 万平方米，参展产品超 8 万款，参展商来自全球 50 多个国家和地区，各个省市的上万名客商前来洽谈贸易。① 澄海

---

① 《第 21 届中国澄海国际玩具礼品博览会盛大开幕》，汕头市人民政府网站，2019 年 4 月 15 日，https：//www.shantou.gov.cn/cnst/ztzl/zyjhjs/content/post_ 1361284.html。

玩博会历经 20 年的发展，在专业性、商业性和国家化上达到国内领先水平，成为汕头市重要的文化名片。如何促进传统玩具的智能化、网络化、高端化转型，成为汕头玩具产业新课题。

汕头市在非物质文化遗产保护与开发上重点着力，取得显著成效。2019年 1 月，汕头市公布的《第六批非物质文化遗产项目名录》，收录了包括传统音乐、民俗等在内的 9 类共 29 项文化遗产，其中传统技艺 19 项。自 2013年起，汕头市每周定期开展"潮剧大观园·周五有戏"文艺演出活动，推出潮剧、粤剧、正字戏等多种歌舞杂技节目。作为市级文化惠民工程重点项目，慧如剧场通过低票价及赠票方式，让广大群众共享本土戏剧繁荣发展成果。截至 2019 年 9 月，慧如剧场共演出各类剧目 400 余场，有力地推动了汕头市非物质文化遗产的推广与活化。[1]

（五）海南经济特区

2019 年 8 月，海南经济特区发布《关于申报 2019 年度海南省文化产业发展专项资金的通知》，提出启动专项资金推进文化产业项目建设，重点支持文化旅游融合、对外文化贸易、影视动漫和游戏、优秀传统文化传承、文化创意与相关产业融合等文化产业项目。[2]

2019 年海南省旅游产业规模保持稳步增长。游客数量较上年增长9.0%，达 8311.20 万人次；旅游产业总体收入较 2018 年提高 11.3%，达1057.80 亿元。从游客构成看，入境游客增长较快，同期增幅为 13.6%，达143.59 万人次。[3] 省旅文厅持续推进旅游产业招商引资，中免集团、首家中韩合资旅行社等企业纷纷入驻，文化项目建设取得重要进展。10 月，国际

① 《精品创作推陈出新　文化惠民深入人心》，汕头人大网站，2019 年 10 月 28 日，http：//rd. shantou. gov. cn/rd/2019stcj/201910/00b19eb480a74d608bd8057707c4fb35. shtml。

② 《海南省财政厅关于申报 2019 年度海南省文化产业发展专项资金的通知》，海南省人民政府网站，2019 年 8 月 13 日，http：//www. hainan. gov. cn/hainan/0101/201908/e010397eca3640b3b69ef0a46aa86c38. shtml。

③ 《2019 年海南省国民经济和社会发展统计公报》，海南省统计局网站，2020 年 3 月 2 日，http：//stats. hainan. gov. cn/tjj/xxgk/0200/0202/202006/t20200616_ 2804813. html。

旅游消费年正式启动，创新旅游营销模式、优化高端消费情境、推动旅游产业实现转型成为海南旅游服务业的工作重点。① 文旅融合推动产品创新、激发产业新动能，2019年海南中央文旅休闲区推出《红色娘子军》等多部大型实景演绎作品，重塑升级东坡书院、热带天堂公园、三亚千古情等知名文化旅游品牌，重新认定6个省级旅游园区与4个A级旅游景区，并通过举办海南国际旅游岛青年狂欢节等特色民俗节庆丰富旅游内涵，提升旅游品牌传播力与影响力。

海南省在文化产业集群建设上同步发力，以海口文化产业园为中心打造新兴文化产业聚集区。截至2019年5月，园区入驻包括阿里巴巴影业、美拉传媒、爱奇艺创意中心在内的文化企业127家。海南生态软件园则重点发展游戏产业，通过平台搭建、政策扶持以及简化行政审批事项等方式吸引企业入驻，目前吸引了腾讯游戏等国内知名文娱企业共计650家。"电影工厂"影视文化产业园、观澜湖电影公社等多个影视基地相继落地，一方面带动旅游消费，另一方面也吸引上下游企业落地海南，以完善影视产业链，提升产业效能。海南省努力打造文化产业强省，将持续支持影视演艺、动漫游戏、特色文化产业基地发展。

二　经济特区文化产业发展分析

较之2018年，2019年各经济特区文化产业均取得了新的突破，并呈现以下三方面的主要特征。

（一）新技术赋能文化产业

从2015年的"互联网＋"，到2017年的"数字经济"，再到2019年我国第一次提出的"工业互联网"和"智能＋"，信息技术在全球新一轮科技

---

① 《2020年海南将深入推进文旅融合发展　推动旅游产业提质升级》，海南省旅游和文化广电体育厅网站，2020年1月23日，http://lwt.hainan.gov.cn/ywdt/ywdt_55370/ghkf/202001/t20200123_2740382.html。

与产业革命中发挥关键作用，科技创新引领文化产业高质量发展成为时代浪潮。2019 年，我国文化及相关产业中新业态特征较为明显的 16 个行业小类营业收入增长率高达 21.2%。其中，可穿戴智能文化设备制造行业、互联网其他信息服务营收增速超过 30%。[①] 5G、人工智能、大数据、区块链等新兴科技在文化产业领域逐渐渗透，推动文化新业态的形成与发展。在数字传媒时代，文化内容生产与数字技术的联系愈发紧密。基于技术革新，文化产业数字化进程逐步推进。

以深圳为代表的经济特区在新科技领域率先筹谋布局，发挥了先行示范作用。以 5G 技术为例，作为全国电信产业重镇，深圳在信息技术创新领域先行示范，出台《关于率先实现 5G 基础设施全覆盖及促进 5G 产业高质量发展的若干措施》，提出"全力建设 5G 研发创新高地""建设成为世界级 5G 产业标杆城市"等意见举措，并于 2019 年底建成 1.5 万个基站。2019 年，深圳经济特区战略性新兴产业增加值比 2018 年增长 8.8%，达 10155.51 亿元，其中数字经济产业增长率高达 18.0%。[②] 作为经济特区和粤港澳大湾区核心引擎城市，深圳在"文化＋科技"的产业实践上走在全国前列，以腾讯、华强方特为代表的文创集团不断探索高新技术在内容产业中的应用。

（二）文旅融合持续发展

2019 年，全国各级文旅部门按照"宜融则融，能融尽融"的思路，积极探索平台、资源、项目、活动等方面的有机融合。经济特区紧跟时代步伐，推动文旅融合取得持续发展，文旅融合为各地协调统筹文物保护、公共文化服务、文化产业、旅游产业发展提供新思路，为产业转型提供新动能。

---

① 《国家统计局社科文司统计师辛佳解读 2019 年全国规模以上文化及相关产业企业营业收入数据》，中华人民共和国国家统计局网站，2020 年 2 月 14 日，http：//www.stats.gov.cn/tjsj/sjjd/202002/t20200214_ 1726366.html。

② 《深圳市 2019 年国民经济和社会发展统计公报》，深圳市统计局网站，2020 年 4 月 15 日，http：//tjj.sz.gov.cn/zwgk/zfxxgkml/tjsj/tjgb/content/post_ 7294577.html。

2019 年各经济特区文化产业和旅游产业总量规模稳步增长，产业投资、产品数量、服务质量显著提升，居民文化和旅游消费日趋活跃。海南省共推动 7 批 51 个文旅项目集中建设，①厦门市政府发布包括人文历史游、乡村休闲游、研学科普游在内的十大文旅主题线路，第十五届深圳文博会首次设立文化和旅游融合发展馆。各经济特区正加快传统景区转型升级、跨领域产业协同发展、文旅 IP 创新发展，构建完善的文化旅游公共服务。广大游客对博物馆、历史街区、民俗村、特色小镇等场所的热情不断高涨，旅游产品的创意元素和审美价值不断增加和提升，文化建设和旅游惠民融合发展的思路得到延续。

（三）文化遗产保护迎来黄金期

2019 年，《非物质文化遗产传承发展工程实施方案》出台，该方案部署了 12 项重点任务，提出 6 项保障措施，要求深入推进非物质文化遗产保护基础性工作，助力中华优秀传统文化的传承与弘扬。随后，《曲艺传承发展计划》等国家政策文件相继发布，我国非物质文化遗产相关政策不断完善。与此同时，央视等主流媒体也推出以"非遗"为主题的节目普及非遗知识，展现优质传统文化的核心精神。随着对非遗内涵、门类和价值的广泛宣传，非遗保护意识深入人心。

响应国家号召，各经济特区积极开展文化遗产保护相关政策制定以及活动宣传工作。厦门市司法局颁布《厦门经济特区闽南文化保护发展办法（草案）》，深圳市光明区颁布《第一批区级非物质文化遗产项目申报工作方案》，珠海市人民政府颁布《珠海经济特区历史文化名镇名村和历史建筑保护办法》，为文化遗产项目工作提供政策支持与指导。深圳市"第二届深圳非物质文化遗产周""国际非遗创新主题展""连接·第九届非遗当代艺术展"，汕头市"潮剧艺术周"等活动的开展，让文化遗产贴近人民生活。如

---

① 《2020 年海南将深入推进文旅融合发展 推动旅游产业提质升级》，海南省旅游和文化广电体育厅网站，2020 年 1 月 18 日，http：//lwt. hainan. gov. cn/ywdt/ywdt＿55370/ghkf/202001/t20200123＿2740382. html。

何拓展文化遗产呈现方式，塑造丰富的场景感，激发文化遗产创新活力，需要继续探究。

三 经济特区文化产业发展建议

我国文化产业发展迈上了新台阶，在保持稳步增长的同时，应持续追求高质量发展。当下我国文化体制改革进入深水区，文化产业迎来了新的发展机遇和挑战。经济特区可从以下四方面推动区域文化产业进一步发展。

（一）充分释放科技潜力

随着科技革命的日渐推进以及媒体融合的不断深化，文化产业发展愈发呈现数字化、体验化和智能化的趋势。然而，科技创新对文化建设的支撑作用仍存在较大的提升空间，产业装备与大数据基础设施有待完善，文化领域核心技术产品开发推广不足，文化科技创新格局与发展体系建设尚处于探索阶段。各经济特区应当充分释放科技潜力，加强基础科学和大数据、产权保护与侵权追踪等关键技术研究，推动智能技术在文化产品内容创作与接受各个环节中的创新。发挥文化科技企业先锋示范作用，构建产学研结合、产业链完备、开放性较强的高效协同创新格局。

（二）推动旅游业高质量发展

2019 年国内游客人数首次突破 60 亿人次，国内旅游收入达 57251 亿元，较 2018 年分别为增长 8.4% 和 11.7%。[①] 现阶段，我国旅游产业规模问题得到解决，供给质量不足成为亟待解决的问题。产业结构与市场不适应，中高端供给匮乏与低端供给过剩、旅游衍生品创意匮乏等问题依旧存在。各经济特区应当加大文旅融合发展的力度，提升广度和深度，推动旅游业实现

---

① 《中华人民共和国 2019 年国民经济和社会发展统计公报》，中华人民共和国国家统计局网站，2020 年 2 月 28 日，http://www.stats.gov.cn/tjsj/zxfb/202002/t20200228_1728913.html。

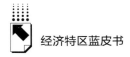

大而强。2019年，中国旅游集团发展论坛提出积极推进区块链、AI等高新科技与旅游产业有效融合，创新我国旅游产业内容生产、传播方式和消费场景，推动旅游产业智能化发展，以科技创新助力旅游服务便利化、管理智慧化和业态多样化，提升旅游品质、改善旅游体验、提高游客的满意度和幸福感。

（三）构建数字文创生态

近年来，国内非物质文化遗产项目申报热情高涨，非遗博物馆大量兴建。在博物馆事业蓬勃发展的今天，如何释放文化遗产价值、为大众提供多样化的产品和服务，成为文博运营的重要课题。文创产品是文化精神的重要承载方式，对于文化资源盘活、中国故事讲述、文化品牌树立、文化自信提升具有重要作用。2018年，腾讯首次提出"新文创"概念，即运用数字化手段激活传统文化资源，引入流行文化IP提升文化活力，推动建立健康的数字文创生态。这要求文博运营以构建IP为中心，打造更多具有地方特色的文化符号；突破产业思维，联动更广泛的文化主体，为文创拓展新空间。

（四）加快发展夜间经济

在消费需求多元化的今天，经济活动时间的延伸为夜间服务和夜间文创提供了文化消费市场。2019年《关于加快发展流通促进商业消费的意见》出台，"夜间消费场景""夜间商业""夜间市场"等概念迅速走红。推行夜间经济既是民间传统，也是当下拓展消费空间、提升消费需求的顶层设计。灯光秀、景观照明等不仅是聚焦历史文化遗产、展现民俗风情的重要方式，更是塑造城市文化形象、传播城市文化精神的重要载体。经济特区应立足本土文化，加强夜景规划，开发更丰富有趣的夜游文化产品，营造多维夜间文化体验空间，打造业态丰富、空间有序的特色商圈和购物街区；同时借用数字科技，创造观演融合、互动参与、文旅一体的深度旅游体验，彰显夜间旅游的文化属性。

特区发展分述报告

Reports on the Special Economic Zones

B.9

深圳经济特区年度发展报告[*]

伍凤兰　杨梅[**]

摘　要：　本报告基于2019年深圳经济特区社会经济的发展概况，通过深入分析深圳经济特区的宏观经济规模、产业结构分布、对外开放水平及营商环境，针对深圳经济特区的战略定位，提出深圳应抢抓粤港澳大湾区和先行示范区"双区驱动"重大历史机遇，构建具有国际竞争力的现代产业体系，加快建设国际科技、产业创新中心，促进"产业链＋创新链"深度融合，依托高新技术产业基础，打造社会主义现代化强国的城市范例，为中国特色社会主义新型制度文明提供深圳样板，为推动中华文明全面复兴贡献深圳智慧。

---

[*] 本报告是国家社科基金项目"全球经济治理视野下'一带一路'国际公共产品供给研究"（16BJY146）、深圳市社科"十三五"规划课题"粤港澳大湾区背景下区域公共服务供给与合作研究"（SZ2020B015）的成果。

[**] 伍凤兰，深圳大学经济学院教授，主要研究方向为制度经济学、特区台港澳经济学；杨梅，深圳大学经济学院硕士研究生，主要研究方向为制度经济学。

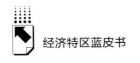

关键词： 高质量发展　先行示范区　双区建设　制度创新

一　2019年深圳经济特区社会经济发展概况

（一）总体经济稳中求进、稳中提质

深圳经济运行总体平稳。从总量上看，2019年深圳市全年实现地区生产总值26927.09亿元，地区生产总值领跑粤港澳大湾区（见图1）。从经济增速上看，地区生产总值比上年增长6.7%，增长速度较往年有所放缓（见图2）。

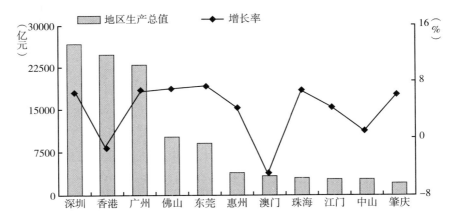

图1　2019年粤港澳大湾区各地地区生产总值及增长率对比

资料来源：粤港澳大湾区各地经济部门官网。

深圳产业结构持续优化，质量效益持续提升。2019年深圳第一产业增加值、第二产业增加值、第三产业增加值之比为0.1∶39.0∶60.9。以金融业为代表的现代服务业在地区生产总值中的占比上升，意味着深圳经济结构更加合理，以服务经济为主的产业结构进一步巩固。2019年第三产业增加值达16406.06亿元，增长8.1%。服务业增加值平稳增长，对经济的拉动作用明显。第二产业增加值达10495.84亿元，全市规模以上工业增加值增长

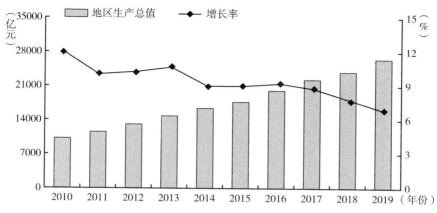

图 2　2010～2019 年深圳地区生产总值及增长率变化情况

资料来源：深圳市统计局网站。

4.7%。其中，作为实体经济主要指标的先进制造业和高新技术制造业增加值分别增长 5.5% 和 5.9%。第二产业以最具发展潜力、含金量更高的高新技术产业、新兴产业为主，表明实体经济质量更高。这充分显示深圳在深入推进供给侧结构性改革方面卓有成效，发展的质量和效益持续提升。

四大支柱产业中，高新技术产业增加值达 9230.85 亿元，同比增长 11.3%。在地区生产总值中占 34%，是深圳的第一经济增长点、第一大支柱产业。金融业是深圳的重要支柱产业之一，2019 年金融业增加值达 3667.63 亿元，增长 9.1%，是拉动经济发展的坚实力量。物流业增加值达 2739.82 亿元，增长 7.5%，2019 年深圳港开通国际集装箱班轮航线 211 条，集装箱吞吐量达 2576.91 万标准箱，位居全球第四。深圳在全国率先确立"文化立市"战略，深圳也是全国首个获得联合国教科文组织"设计之都"称号的城市，2019 年文化及相关产业增加值达 1849.05 亿元，增长 18.5%。深圳各产业增加值占比情况如图 3 所示。

战略性新兴产业蓬勃发展。深圳围绕新一代信息技术产业、数字经济产业、高端装备制造产业、绿色低碳产业、海洋经济产业、新材料产业、生物医药产业七大战略新兴产业，实施创新驱动发展战略。2019 年深圳战略性新兴产业增加值合计 10155.51 亿元，占地区生产总值的 37.7%，远高于全国平均水平，战略性新兴产业已成为深圳新的经济增长点和产业升级的主引擎。2019 年深圳战略性新兴产业增加值及增长率见图 4。

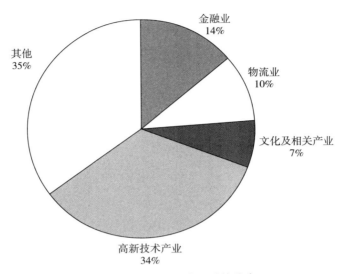

图 3　2019 年深圳产业结构分布

资料来源：《深圳市 2019 年国民经济和社会发展统计公报》，深圳统计局，国家统计局深圳调查队，2020 年 4 月 15 日。

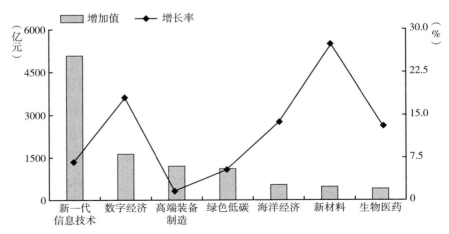

图 4　2019 年深圳战略性新兴产业增加值及增长率

资料来源：《深圳市 2019 年国民经济和社会发展统计公报》，深圳市统计局网站，2020 年 4 月 15 日，http://tjj.sz.gov.cn/zwgk/zfxxgkml/tjsj/tjgb/content/post_ 7294577. html。

（二）对外贸易迎难而上，加快形成高水平对外开放新格局

2019 年，全球经济下行压力持续加大，全球贸易形势复杂多变，全球货物贸易出口额同比下降 3%。同时，中美贸易摩擦不断升级，深圳出口贸易面临严峻考验。面对不景气的国际经济形势和贸易摩擦，深圳表现出了十足的韧性。2019 年全年深圳货物出口总额达 16708.95 亿元，比上年增长 2.7%（见图 5），连续 27 年居内地大中城市首位，对广东省出口额增长贡献率高达 66.6%。2019 年，深圳一般贸易进出口额占全市进出口总额的 47.5%，较 2018 年增长了 1.2 个百分点，表明深圳企业的外贸自主性进一步提升。深圳民营企业实现进出口额双增长，占全市进出口贸易额的近 60%，成为深圳市对外贸易的"稳定器"。融入"一带一路"建设，为深圳企业带来了巨大的发展空间，也为深圳形成高水平对外开放新格局增添了新动力。随着深圳企业"走出去"的步伐和力度不断加大，"一带一路"共建国家和地区已成为深圳企业开拓国际市场的重要方向。2019 年深圳对"一带一路"共建国家和地区进出口规模占全市外贸的比重达到 22.1%，对共建国家和地区出口额增长 13%。

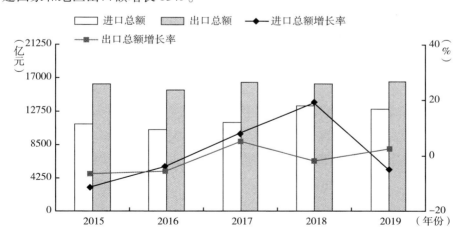

图 5 2015～2019 年深圳货物进出口额及增长率

资料来源：深圳市 2015～2019 年《国民经济和社会发展统计公报》。

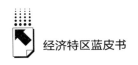

（三）创新投入和成效位居全国前列，创新发展动能强劲

从科研投入上看，深圳市政府鼓励创新，持续加强创新能力建设，不断加大研发投入，正从以技术创新见长向注重基础研究转型。自 2018 年以来，在市级科研资金结构中，基础研究资金占科技研发资金的比重超过 30%。2019 年深圳投入研发经费 1161.9 亿元，研发投入强度为 4.80%，在全国主要城市中仅次于北京的 6.31%，远高于全国平均的 2.23%（见表 1）。深圳与北京的创新动力源不同，北京的研发经费中大约 80% 来自科研院校，而深圳的研发经费 90% 以上来自企业。深圳的创新模式主要是以市场化的力量来推动创新，形成了以市场为导向、以企业为主体、产学研深度融合的创新发展体系。

表 1　2019 年我国主要城市研发投入及强度

单位：亿元，%

地区	研发投入	研发投入强度
全国	22143.6	2.23
北京	2233.6	6.31
深圳	1161.9	4.80
上海	1524.6	4.00
广州	678.1	2.87

资料来源：2015～2019 年各城市统计年鉴。

从创新成果来看，2019 年深圳专利申请量、授权量、授权量增速、有效发明专利 5 年以上维持率、PCT 国际专利申请量均位居全国第一，创新成果强势领跑。2015～2019 年一线城市专利授权量见图 6。

源源不断的人才为深圳发展提供了原动力。2019 年末全市各类专业技术人员共 183.50 万人，比上年增长 10.1%，其中具有中级技术职称以上的专业技术人员共 54.69 万人，增长 7.4%。[①] 从创新主体来看，深圳新增国

---

① 《深圳市 2019 年国民经济和社会发展统计公报》，深圳市统计局网站，2020 年 4 月 15 日，http://tjj.sz.gov.cn/zwgk/zfxxgkml/tjsj/tjgb/content/post_7294577.html。

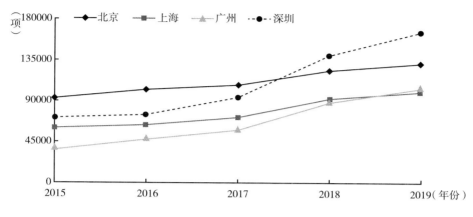

图6 2015～2019 年一线城市专利授权量对比

资料来源：2015～2019 年各城市统计年鉴。

家级高新技术企业超 1.7 万家，形成了创新企业集群，高新技术产业产值超 2.62 万亿元，同比增长 10.08%。深圳国家高新区综合实力连续 3 年排名全国第二，可持续发展能力指标位列全国第一。深圳建立了社会资源参与基础研究与应用基础研究的支持机制，建立联合基金、众筹等多元化投入机制。创新载体大量涌现，2019 年末全市各级创新载体达 2258 个。其中，国家级重点实验室、工程实验室和技术中心等创新载体 116 个，部级创新载体 604 个，市级创新载体 1537 个，形成了运行良好的创新生态系统。

（四）金融业平稳发展，服务实体经济能力增强

2019 年深圳金融业综合实力稳步提高，质量效益稳中向好。深圳市金融业增加值达 3667.63 亿元，同比增长 9.1%，占地区生产总值比重为 14%，位居全国第三。金融业税收持续增长，全年实现税收（不含海关代征关税和证券交易印花税）1522.4 亿元，占全市总税收的 24.7%，继续稳居各行业首位。在 2019 年 9 月发布的"全球金融中心指数"（GFCI）中，深圳排名全球第 9，首次进入全球十大金融中心行列。

服务功能持续增强。在金融业服务实体经济方面，深圳聚焦解决中小企业"融资难、融资贵"问题，不断提升金融业服务实体经济的能力，并打

造有效的创新资本形成机制，支持创投业发展，切实缓解了中小企业融资难的困境。2019 年底深圳银行业小微企业贷款余额达 1.17 万亿元，增长 24.24%；民营企业贷款余额达 1.87 万亿元，同比增长 19.11%，高于各项贷款平均增速 5.7 个百分点。2019 年 5 月，深圳正式启动小额贷款保证保险试点工作，首批 22 家银行、12 家保险公司参与，累计授信 22 亿元。全年本地企业通过境内股票市场融资 589.9 亿元，通过交易所债券市场融资 4889.4 亿元，合计 5479.3 亿元，较上年增长 1/3。2019 年，深圳保险业累计提供各类风险保障 347 万亿元，其中，出口信用保险承保外贸出口超过 412 亿美元，科技保险提供风险保障 1865 亿元。直接融资的快速发展也大大加强了金融业支持实体经济的力度。

此外，深圳坚持服务导向，不断优化金融政策环境，为金融机构和人才在深集聚发展创造良好条件；大力发展金融总部经济，吸引金融机构在深设立法人总部，不断增强深圳金融业的集聚力和辐射力。

（五）持续发力营商环境改革，助推经济高质量发展

深圳采取一系列措施全面优化营商环境，推动高质量发展。2019 年 5 月，深圳发布了 41 条优化营商环境的举措。"41 条"聚焦商事登记、食品药品管理、知识产权保护、质量技术服务能力提升、标准和信用建设等领域，不断优化政务服务流程，加强智慧政务顶层设计。深圳深入推进数字政府和智慧城市建设，推动政务信息系统整合共享和数据资源整合利用。创新思路和政务工具，为企业办事提供便利。上线区块链电子证照应用平台，新推广"秒批"服务和"不见面审批"事项各 200 项。全面推广统一政务服务 App——"i 深圳"，累计整合近 4700 项政务服务事项，努力实现 95% 以上个人事项和 60% 以上法人事项移动办理，企业和个人政务办事效率显著提高。深圳多措并举，不断优化营商环境，深入实施"放管服"改革，进一步降低市场准入门槛，发挥粤港澳大湾区核心城市的引领作用，不断提升城市能级。近年来，在全国营商环境评价中深圳均排名靠前（见表 2）。

表2 2017～2019 年我国主要城市营商环境排名

城市	2019 年	2018 年	2017 年
北京	1	4	2
上海	2	2	4
深圳	3	1	3
广州	4	3	1
重庆	5	5	5
南京	6	7	6
杭州	7	8	7
成都	8	6	13
天津	9	18	11
宁波	10	15	8

资料来源：2017～2019 年《中国城市营商环境报告》。

营商环境的优化，有效减轻了企业负担，增强了城市活力。截至 2019 年底，深圳市累计共有商事主体 327.8 万户，创业密度稳居全国第一。在"双区驱动"重大战略机遇下，深圳吸引了更多企业在此落户，近 300 家世界 500 强企业在深圳投资，深圳的 500 强企业数量领跑粤港澳大湾区（见表3）。

表3 2019 年粤港澳大湾区世界 500 强企业分布情况

单位：家

城市	数量	世界 500 强企业简称（排名）
深圳	8	中国平安(21)、华为(49)、正威国际(91)、恒大(152)、招商银行(189)、腾讯(197)、万科(208)、深投控(442)
香港	7	华润(79)、联想(224)、招商局集团(235)、友邦保险(250)、怡和集团(301)、长江实业(328)、中国太平保险集团(392)
广州	3	南方电网(105)、广汽集团(206)、雪松控股(296)
佛山	2	碧桂园(147)、美的(307)

资料来源：《财富》世界 500 强排名。

（六）民生福祉稳步提升

收入方面，2019 年深圳居民人均可支配收入达 62522 元，比上年名义

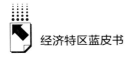
增长 8.7%，低保标准提高至每人每月 1160 元，居全国首位。就业方面，新增就业 16 万人，城镇登记失业率为 2.2%，举办高校毕业生秋季就业双选会，组织 500 家以上用人单位提供 1 万个以上就业岗位，继续实施"青年驿站"项目，为 3000 名来深应届毕业生提供免费服务。教育方面，全年新增学位 6 万多个，其中公办学位 5 万多个，全年新建和改扩建中小学校 40 所、新增幼儿园 63 所，新增 60 家以上义务教育阶段学校提供午餐午休服务，试点学生营养餐计划。医疗方面，新建和改扩建医疗卫生项目 83 个，新增病床约 3800 张，新增社康机构 30 家以上，开通家庭医生服务热线，社康机构诊疗量占比提高至 45% 以上，50% 以上一类社康中心设心理咨询室，建立 5 个中医医疗质控中心、6 个中医专科联盟、5 个以上中医专科护士与护理技术培训基地。住房方面，建设筹集公共住房超过 9 万套，新增养老床位 1000 张，在 30 个社区试点开设"长者饭堂"，完成 600 个以上城中村综合治理。

二 深圳的新战略和新定位

2019 年 8 月 18 日，中央全面深化改革委员会第九次全体会议通过了《关于支持深圳建设中国特色社会主义先行示范区的意见》。作为中国最早实施改革开放，也是中国最成功的经济特区，深圳长期以来都是改革开放的试验田和孵化场，一直肩负着中国改革排头兵的重任，承担着中国改革开放先行先试、创新探索的崇高使命。建设先行示范区，是党中央在新时代赋予深圳经济特区的新的战略定位和新的历史使命，在更高起点、更高层次、更高目标上对深圳提出了更高的要求。建设中国特色社会主义先行示范区，既明确了深圳"先行示范"这一新时代新使命，也延续了深圳先锋排头兵的功能特质。深圳要打造社会主义现代化强国的城市范例，为中国特色社会主义新型制度文明提供深圳样板，为推动中华文明全面复兴贡献深圳智慧。

三 深圳经济特区发展面临的困难和挑战

当前，全球正在经历"百年未有之大变局"，在数字技术颠覆作用凸显、世界经济下行风险加剧、国内发展面临前所未有冲击和挑战的背景下，深圳的发展也面临许多困难和新的挑战。

（一）逆全球化湍流冲击强劲，外部环境风险增多

近年来，贸易保护主义、单边主义抬头，肆虐全球的新冠肺炎疫情更是加速了逆全球化的趋势，全球产业链、供应链面临重大冲击。深圳经济面临的外部不稳定、不确定因素增多，经济下行压力增大。由于经济、文化、历史的影响，深圳的经济发展模式一直是典型的外向型经济，经济的对外依存度很高，2019年深圳经济对外依存度达110.6%，远高于上海的89.2%、北京的81%和广州的42.3%。当前部分发达国家兴起逆全球化思潮，对深圳进出口贸易、外商投资构成一定压力。加上愈演愈烈的中美贸易摩擦，其对深圳制造业影响巨大，进而对深圳经济持续增长带来挑战。

（二）公共服务供给与需求不匹配

虽然深圳对公共服务的投入在逐年加大，但作为一个拥有庞大人口规模和经济体量的超大型城市，深圳在教育、医疗等方面的供给数量和质量远不能满足人民群众的需求。教育方面，基础教育资源的供需矛盾十分突出，深圳的普通高中录取率仅为43.85%，远低于北京的85.7%，普通高中学位缺口较大。教育资源逐渐成为人才选择就业城市的一个重要考量因素，教育资源的匮乏，将逐渐降低深圳对人才的吸引力。长远来看，其将影响深圳创新发展的后劲，不利于深圳产业创新升级。医疗方面，相对于日益增多的城市人口而言，深圳各级各类医院数量较少，优质医疗资源尤其稀缺，三甲医院数量远低于北京、上海、广州等城市。

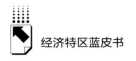

（三）产业外迁的挑战

深圳土地、劳动力等生产要素的成本不断攀升，导致企业经营成本过高。加上土地供给不足，工业用地接近饱和，部分企业难以找到合适的工业用地扩大生产规模，不得不将部分产能转移到其他地区，以满足扩大生产的需求。并且，由于深圳交通运输的优势下降，东莞、惠州等周边城市的劳动力相对充足，劳动力价格、土地成本及水电成本较低，它们凭借成本优势和招商引资的政策优势吸引了部分产业迁入，造成深圳制造业大量外迁。而且存在龙头企业外迁导致供应链跟随外迁的风险，这进而危及深圳产业链的完整性，进一步加剧了深圳产业发展的困境，也在一定程度上加剧了深圳产业升级的迫切性。

此外，对标国际一流水平，深圳的营商环境仍有较大提升空间，与国际通行规则衔接还不够紧密，社会信用体系不够完善，在营商环境的法治保障、公平审慎的市场监管、包容的创新生态等方面有待实现新的突破。

四　深圳经济特区未来发展的政策建议

针对深圳发展中面临的问题和在新的历史节点上的新形势、新定位，本报告提出如下建议。

（一）抓住"双区"建设重大机遇，打造全球标杆城市

抢抓粤港澳大湾区和先行示范区"双区驱动"重大历史机遇，先行先试体制机制改革创新，加大新技术和新产业的发展力度，进一步夯实创新体系，建立一整套新型科研体系，加强基础研究，促进"产业链＋创新链"深度融合，依托科研资源优势和高新技术产业基础，实施关键核心技术攻坚，补足"短板"，突破"卡脖子"的瓶颈，以创新培育发展动能，瞄准科技革命前沿，培育壮大战略性新兴产业。加快建设国际科技、产业创新中心，引导企业向高端化、集群化方向发展，构建具有国际竞争力的现代产业

体系。

全面扩大开放，实现国内国际市场的深度融合，畅通国内国际双循环，实现内外市场联通、要素资源共享，进一步加强国际合作，积极推动深圳实现更大范围、更宽领域、更深层次的对外开放，为改革开放注入新的活力。

（二）金融业与实体经济齐头并进，打造全球金融科技中心

构建服务实体经济和科技创新的现代金融体系，加快推进创业板改革并试点注册制，建设融资功能完备、基础制度扎实的中小企业资本市场，加快完善有利于创新资本形成的要素机制，加大金融对产业的支持力度。

推进金融市场平稳、有序开放，推动深圳与香港、澳门的金融市场互联互通和金融产品互认，加快推动本外币一体化跨境资金池业务、港澳保险服务中心、跨境理财通试点工作，加强金融基础设施建设，探索创新跨境金融监管。

牢牢把握金融科技快速发展的历史契机，研究制定金融科技专项扶持政策，持续抓好金融科技、绿色金融等重点领域生态建设。强化深圳金融的集聚效应和辐射功能，加快培育金融科技创新项目，加快形成深圳金融科技企业集群，加大金融科技人才培养和引进力度，打造国际一流的金融科技中心，实现深圳金融中心建设弯道超车。

（三）以制度创新为抓手，优化营商环境

深圳的产业结构已迈向中高端，因此，依靠优惠、补贴等措施来降低企业成本的空间已十分有限，只有凭借提高法治化水平、优化营商环境等，使市场主体地位更公平、市场竞争更平等、资源配置能力更强，才能吸引高端产业和高端人才聚集，使深圳的发展更具活力和韧性。

优化营商环境，应以制度创新为抓手，促进制度和规则与国际接轨。可借鉴国际一流城市的经验，深化商事制度和投资贸易便利化改革，在企业经营的各个环节制定并完善更加详细可操作的规章制度，在外商投资、贸易投资、工程建设、公司管理、行政监督等领域不断减少审批事项，并通过数字

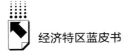

技术等方式优化流程，提升服务效率，提高营商环境的透明度，从制度层面为优化营商环境提供更为有力的保障和支撑。

参考文献

胡耀亭、陈作华：《创新资本形成："双区"建设的优先目标与实现路径》，《深圳大学学报》（人文社会科学版）2020年第2期。

庄宇辉：《率先示范，发挥国内国际双循环的重要枢纽作用》，《深圳特区报》2020年7月20日，第A01版。

许正中：《深圳如何应对发展的新挑战》，《开放导报》2020年第4期。

《深圳市第六届人民代表大会第八次会议政府工作报告全文发布》，深圳新闻网，2020年1月22日，http：//www.sznews.com/news/content/2020–01/22/content_22797878.htm。

《中共中央国务院关于支持深圳建设中国特色社会主义先行示范区的意见》，中华人民共和国中央人民政府网站，2019年8月18日，http：//www.gov.cn/zhengce/2019–08/18/content_5422183.htm。

《2019年深圳市金融业基本情况：2019年深圳市银行业资产总额占广东省的34.36%，年末上市公司数量总计299家》，中国产业信息网，2020年9月29日，https：//www.chyxx.com/industry/202009/898242.html。

B.10
珠海经济特区年度发展报告

陈红泉 *

摘　要：　2019年，珠海经济特区受国内外多种因素影响，工业、固定资产投资、外贸等多个经济指标增速有所下滑，整体经济在转型优化中增速趋缓，但以"内循环"为主的第三产业发展较快，随着珠海外贸依存度的持续下降，珠海经济特区初步形成国内国际双循环相互促进的发展新格局。面对新的国际国内形势，本报告建议，珠海经济特区须坚定发展信心，进一步融入以国内大循环为主体、国内国际双循环相互促进的新发展格局，以港珠澳大桥建设为契机提高珠海在粤港澳大湾区的经济辐射力，同时坚持金融供给侧改革，加大银行信贷对珠海实体经济的支持。

关键词：　珠海经济特区　内循环　港珠澳大桥　金融供给侧

一　2019年珠海经济社会发展情况

（一）经济由高速增长继续向中高速增长转型

2019年，珠海经济特区实现地区生产总值3435.89亿元，同比增长6.8%，增速比上年下滑1.2个百分点（见图1），但仍然比广东省和全国生

---

* 陈红泉，深圳大学中国经济特区研究中心讲师，主要研究方向为特区经济、货币理论与货币政策。

产总值增速分别高出 0.6 个和 0.7 个百分点。地区生产总值增速由连续 2 年的全省首位下滑至全省第四。从经济发展趋势看，珠海地区生产总值增速近 10 年虽然有所下滑，但仍然保持中高速增长，这也与中国整体经济由高速增长向中高速增长转型换挡一致。

2019 年，珠海第三产业成为对珠海经济增长贡献最大的产业，占地区生产总值比重继 2016 年之后再次突破 50%。2019 年珠海第一产业增加值为 57.36 亿元，比 2018 年增长 1.9%，对地区生产总值增长的贡献率为 0.5%；第二产业增加值为 1528.33 亿元，比 2018 年增长 4.6%，对地区生产总值增长的贡献率为 33.1%；第三产业增加值为 1849.79 亿元，比 2018 年增长 9.2%，对地区生产总值增长的贡献率为 66.5%。当年珠海三次产业增加值占地区生产总值比重之比为 1.7∶44.5∶53.8。

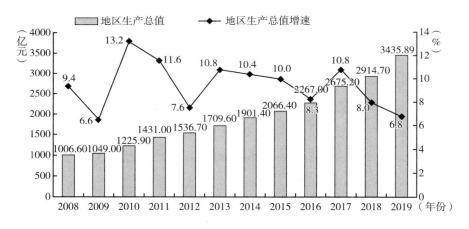

图 1　2008～2019 年珠海经济特区地区生产总值及增速

注：本图及本报告其他图表的地区生产总值、各产业增加值、固定资产投资等指标的绝对数按现价计算，其增长速度按不变价计算。

资料来源：《2019 年珠海市国民经济和社会发展统计公报》；《珠海统计年鉴—2018》。

2019 年，珠海经济特区人均地区生产总值达 17.55 万元，按平均汇率折算为 2.54 万美元，是广东省和全国人均地区生产总值的 1.86 倍和 2.48 倍，连续第二年位居广东省第二，已较大幅度超过广州市，仅次于深圳市（见图 2）。

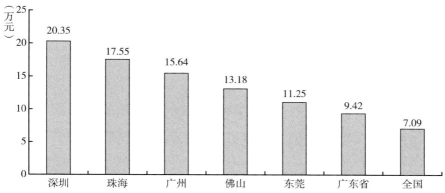

图2　2019 年广东省人均地区生产总值前五城市的人均地区
生产总值和广东省、全国人均地区生产总值

资料来源：2019 年各地国民经济和社会发展统计公报。

（二）一般公共预算收入增速继续回落，税收收入稳定增长

2019 年，珠海经济特区一般公共预算收入达 344.49 亿元，比 2018 年增长 3.9%，增速继续回落，增速比 2018 年回落 1.5 个百分点，增速回落幅度分别低于广东省和全国 1.9 个和 2.4 个百分点。2019 年，珠海一般公共预算收入中的税收收入为 284 亿元，比 2018 年增长 9.1%，增速比 2018 年增加 0.2 个百分点。

由此可见，珠海一般公共预算收入质量及其对税收贡献保持了较高水平，另一方面也说明，2019 年珠海经济特区一般公共预算收入增速出现较大幅度下滑的原因主要在于非税收收入方面，即行政性收费等收入增速下降以及对企业的所得税退税和补贴增速更快。

从一般公共预算收入占地区生产总值比重这一衡量企业整体税负水平的重要参考指标来看，珠海近几年该指标保持稳步下降趋势，较广东省和全国低（见表1），2019 年珠海该指标继续下降 1.34 个百分点，下降幅度比广东省和全国平均水平也更大一些。可见，珠海在大力实施"降成本"过程中有效降低了整体税负水平，使企业充分获益，对促进珠海实体经济发展、保持经济活力具有积极作用。

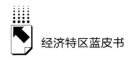

表1　2013～2019年珠海、广东省和全国一般公共预算收入占地区生产总值比重

单位：%

地区	2013年	2014年	2015年	2016年	2017年	2018年	2019年
珠海	11.57	12.01	13.33	13.13	11.75	11.37	10.03
广东省	11.39	11.90	12.86	13.07	12.62	12.44	11.75
全国	21.97	22.07	22.10	21.45	20.87	20.37	19.21

资料来源：2013～2018年数据来源于国家统计年鉴和各地统计年鉴，2019年数据来自国家统计公报和各地统计公报。

（三）工业经济增速下滑

在2017年和2018年连续两年保持较快速度增长之后，2019年珠海工业经济增长乏力，增速出现较大幅度的下滑。

2019年，珠海规模以上企业实现工业总产值4627.76亿元，同比增长3.3%，增速比2018年大幅下降10个百分点。规模以上工业增加值达1133.54亿元，同比增长4.0%，增速比2018年大幅下降10.1个百分点（见图3）。从工业用电量指标来看，珠海工业用电量同比增长2.7%，增速比2018年下降4.9个百分点。

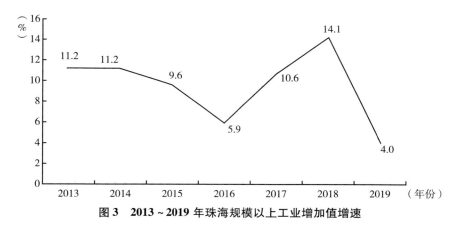

图3　2013～2019年珠海规模以上工业增加值增速

资料来源：2013～2019年《珠海市国民经济和社会发展统计公报》。

从主要工业行业看，六大支柱产业工业增加值增速出现较大幅度的下滑，是珠海工业经济乃至地区生产总值增速放缓的重要原因。2019 年，珠海六大支柱产业增加值合计 804.32 亿元，比 2018 年增长 5.1%，增速比 2018 年下降 8.0 个百分点（见表 2）。不过，六大支柱产业增加值占全市规模以上工业增加值比重由上年的 68.7% 提高至 71.0%。其中，第一大支柱产业即家电电气工业增加值达 252.42 亿元，比 2018 年增长 15.2%，继续保持快速增长，是拉动珠海工业产值增长的最主要产业；电子信息工业增加值达 209.04 亿元，比 2018 年下降 2.1%，受国际信息产业形势发展变化的影响较大；石油化工工业增加值达 136.51 亿元，比 2018 年增长 4.0%；电力能源工业增加值达 89.29 亿元，比 2018 年增长 2.0%；生物医药工业增加值达 61.05 亿元，比 2018 年增长 23.6%，继续保持高速增长态势；精密机械制造工业增加值达 56.02 亿元，比 2018 年下降 13.8%，下滑幅度较大。

表 2　2010～2019 年珠海经济特区六大支柱产业工业增加值同比增速

单位：%

年份	平均增幅	家电电气	电子信息	电力能源	石油化工	精密机械制造	生物医药
2010	18.6	16.0	29.8	10.6	20.0	13.2	23.0
2011	11.5	20.3	-4.0	10.6	11.4	14.2	25.0
2012	7.8	15.6	1.1	-7.6	10.0	14.7	18.5
2013	9.2	7.4	14.8	0.8	11.2	8.6	11.0
2014	5.0	5.6	6.5	7.2	-2.3	4.2	16.2
2015	9.6	0.7	20.5	12.9	2.8	14.9	15.7
2016	8.1	11.9	-1.6	9.1	16.6	22.5	2.9
2017	10.9	9.9	11.9	-0.5	6.5	27.5	19.4
2018	13.1	24.8	7.2	7.0	8.9	8.9	23.5
2019	5.1	15.2	-2.1	2.0	4.0	-13.8	23.6

资料来源：2010～2019 年《珠海市国民经济和社会发展统计公报》和珠海市统计局网站公开数据。

（四）固定资产投资增速下滑

2019 年珠海经济特区完成固定资产投资 1971.88 亿元，比 2018 年增长

6.1%，增速比 2018 年大幅下降 14.6 个百分点。2011～2019 年，由于基数不断扩大，珠海固定资产投资增速难以维持较高水平，总体呈现下滑趋势（见图 4）。

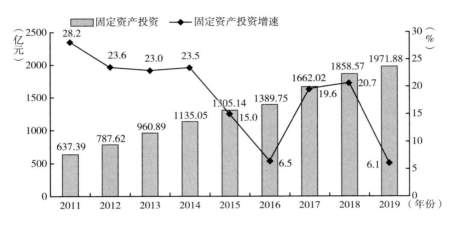

图 4　2011～2019 年珠海固定资产投资及其增速

资料来源：《2019 年珠海市国民经济和社会发展统计公报》；《珠海统计年鉴—2018》。

分投资主体看，珠海非国有经济尤其是民营经济连续多年在投资总量和增速方面是珠海固定资产投资的主力军，但 2019 年增速有所下滑。2019 年，珠海非国有经济投资占比进一步提升至 80.72%，达 1591.75 亿元，比 2018 年增长 8.4%，增速比上年下滑 19 个百分点。其中民营经济投资达 909.17 亿元，比 2018 年增长 5.2%，增速比 2018 年下降 22.1 个百分点。2019 年珠海的港澳台、外商经济投资暂时止住增速下滑的态势，比 2018 年增长 12.7%，为 226.37 亿元。2019 年珠海国有经济投资达 380.13 亿元，比 2018 年下降 2.7%，增速比 2018 年下降 3.6 个百分点。

分产业看，2019 年珠海第二产业投资恢复增长，第三产业投资增速回落较大，是拖累珠海固定资产投资增速下滑的主要原因。2019 年珠海第二产业投资达 290.8 亿元，比 2018 年增长 15.2%，增速比 2018 年提高 10.5 个百分点；其中工业投资达 291.68 亿元，比 2018 年增长 15.5%。第三产业投资达 1679.5 亿元，比 2018 年增长 4.6%，增速比 2018 年下降 19 个百分点；其中房地产业投资达 957.93 亿元，比 2018 年增长 13.6%，增速与 2018 年相比小幅上升 0.3 个百分点。

（五）受外部环境变化影响较大，外贸经济增速下滑

2019 年，受全球贸易摩擦、国际经济增长放缓等外部环境变化影响，珠海外贸经济出现较为明显的全面下滑，出口额延续过去几年的增速下滑态势，进口额则由过去两年的高增长转为负增长，显示国际经济环境对珠海外贸经济已产生较大影响。

总体来看，2019 年珠海经济特区完成进出口总额 2908.89 亿元，同比下降 10.4%，增速比上年下降 18.9 个百分点。其中，出口额为 1654.55 亿元，同比下降 12.3%，增速比上年下降 12.5 个百分点；进口额为 1254.33 亿元，同比下降 7.8%，增速比上年下降 30.3 个百分点（见图 5）。

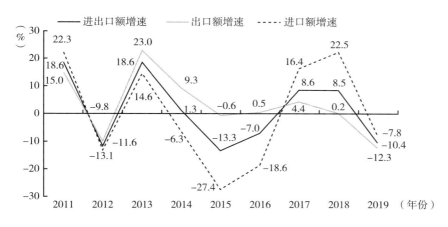

图 5　2011～2019 年珠海进出口额增速

资料来源：2011～2019 年《珠海市国民经济和社会发展统计公报》。

从结构和发展趋势来看，珠海外贸经济的变化主要有以下三点。

第一，对美出口额继续负增长，对美出口额占比不断降低，所以对美出口额对珠海出口额的直接影响将不断缩小。2019 年，珠海对美出口额为

202.91 亿元，比上年同期下降 26.1%（见表 3）。实际上，在中美贸易摩擦前后，珠海对美出口额已连续三年大幅下降，2016 年、2017 年、2018 年珠海对美出口额分别下降 26.8%、21.0% 和 5.3%。珠海对美出口额占全市总出口额的比重已由 2013 年的 21.5% 下降至 2019 年的 12.3%。因此，中美贸易摩擦对珠海外贸经济的直接影响将不断缩小。

第二，过去几年对印度、东盟、"一带一路"共建国家和地区出口额的快速增长趋势未能延续，2019 年珠海对上述国家和地区的出口额增速也出现较大的跌幅，可见珠海外贸经济受国际经济放缓和全球贸易保护主义的影响而增速下滑，这可能是个长期的严峻形势，需要做好应对长期困难的准备。

表 3　2019 年珠海经济特区对主要国家和地区进出口额及增速

单位：亿元，%

国家和地区	出口额	比上年增长	进口额	比上年增长
美国	202.91	−26.1	89.45	2.7
中国香港	289.67	9.2	—	—
欧盟	255.99	−6.7	113.11	27.8
东盟	185.37	−18.2	172.84	−5.7
日本	113.16	−5.1	92.61	−2.5
印度	151.29	−39.4	—	—
"一带一路"共建	569.41	−18.9	405.60	−13.9

注：①珠海从香港进口额较小，2016~2019 年均未公布，2014 年和 2015 年珠海从香港进口额仅为 1.81 亿美元和 7.65 亿元；②珠海从印度进口数据近几年均未公布。

第三，从贸易方式和进出口产品看，因受到不利国际经济环境的影响，2019 年各经济指标均出现较为明显的下滑。2019 年，珠海加工贸易出口额和进口额降幅较大，分别为 −16.3% 和 −28.9%，一般贸易出口额和进口额增速则分别为 −11.2% 和 −7.6%。在珠海外贸经济中占重要地位的机电产品和高新技术产品，2019 年未能延续过去几年的较快增长，出现了较大跌幅。2019 年，珠海机电产品出口额和进口额增速分别为 −9.9% 和 −17.2%，高新技术产品出口额和进口额增速分别为 −21.1% 和 −21.8%（见表 4）。

表4　2019年珠海经济特区进出口额及增长速度

单位：亿元，%

指标	绝对数	同比增速
进出口额	2908.89	−10.4
出口额	1654.55	−12.3
其中:一般贸易	961.79	−11.2
加工贸易	626.0	−16.3
其中:机电产品	1299.26	−9.9
高新技术产品	522.584	−21.1
进口额	1254.33	−7.8
其中:一般贸易	664.63	−7.6
加工贸易	266.83	−28.9
其中:机电产品	576.50	−17.2
高新技术产品	399.56	−21.8

资料来源：《2019年珠海市国民经济和社会发展统计公报》。

（六）华南地区交通枢纽地位不断巩固

经过持续多年的交通基础设施建设，珠海经济特区基本完成"海陆空铁"立体化交通体系的跨越，机场、港口、铁路（高铁）等多项交通运输指标稳定增长，珠海华南地区重要交通枢纽城市的地位不断巩固。

2019年，珠海机场全年旅客吞吐量第二年突破1000万人次，达1228.3万人次，同比增长9.47%，货邮吞吐量达5.09万吨，同比增长9.91%，运输飞行起降8.68万架次，同比增长7.02%。珠海机场这三项航空指标增长率连续第三年领先同期的广州机场和深圳机场。航线通达航点86个，同比增长17.81%。以旅客吞吐量计，2019年珠海机场在中国民航机场中排第35位，与2018年持平。

2019年，珠海全年规模以上港口完成货物吞吐量1.38亿吨，同比增长0.3%，港口共完成集装箱吞吐量为231万标准箱，同比增长10.8%。

2019年，珠海铁路货物周转量达16.06亿吨公里，同比增长2.98%；

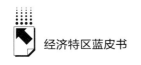

铁路客运量达 2497.05 万人次，同比增长 7.86%。公路货物周转量达 55.58 亿吨公里，同比增长 3.65%；公路全年客运量为 2561.31 万人次，同比增长 0.8%。

（七）民生保障投入加大，居民收入增长较快

2019 年，珠海经济特区继续加大对民生和社会建设领域的财政投入。公共财政预算用于教育、科学技术、社会保障和就业、医疗卫生、节能环保、农林水事务、住房保障等九项民生支出全年合计 436.1 亿元，同比增长 8.9%，增速快于地区生产总值 2.1 个百分点，占全市一般公共预算支出的 70.8%，比上年提升 0.9 个百分点。

2019 年，珠海经济特区就业形势受经济增速下滑影响出现了小幅波动。2019 年珠海城镇新增就业人数 40856 人，比上年少增加 6239 人。2019 年末城镇登记失业率为 2.29%，比上年上升了 0.04 个百分点。

2019 年珠海经济特区全体居民人均可支配收入为 52495 元，同比增长 9.1%，增速高于广东省 0.2 个百分点，也高于珠海地区生产总值增速 2.3 个百分点。其中，城镇居民人均可支配收入为 55219 元，同比增长 8.9%，增速高于广东省 0.4 个百分点；农村常住居民人均可支配收入为 29069 元，比上年增长 11.0%，增速高于广东省 1.4 个百分点。

（八）生态环境继续向好，建设生态宜居之城

2019 年，珠海经济特区大气、水环境等生态环境各项指标继续保持优良水平。

2019 年，珠海环境空气中可吸入颗粒物（PM10）和细颗粒物（PM2.5）年日均值分别为 0.041mg/m³ 和 0.025mg/m³，分别比上年下降 4.6% 和 7.4%，优于国内甚至国际环境空气质量标准，符合世界卫生组织二级标准。全年有 316 天空气质量为优良，空气质量达标率为 86.6%。在生态环境部公布的 2019 年度全国 168 个城市环境空气质量排名中，珠海居第 14 位，比上年下降 3 位。

2019 年珠海经济特区水环境质量继续处于较高水平，集中式饮用水源水质达标率继续保持 100%。城市污水日处理能力为 93.5 万吨，与上年持平。城镇生活垃圾无害处理率达 100%。

珠海经济特区历来非常重视生态环境保护，近年来致力于建设生态宜居之城，全面创建全国生态文明建设示范市，把生态文明建设摆在突出位置，在碧水保卫战、蓝天保卫战、净土保卫战和污染防治攻坚战等生态文明治理建设中，成效显著。在全省乃至全国处于领先地位，并获得广泛肯定和赞誉，多次荣获"国家生态园林城市""全国最宜居城市""国家级生态示范区""国家森林城市""国家生态市""国际花园城市"等国家有关部委、学术机构甚至联合国等颁发的荣誉称号。

二　珠海经济特区面对的新形势

（一）国际经济环境趋势性变坏有可能长期存在

近几年来，国际经济环境复杂多变，全球地缘政治紧张局势频发、社会动荡和社会分裂逐步蔓延到西方大国、贸易保护主义导致国际经贸摩擦日益深化、全球产业供应链遭到人为扰乱等，这些不断增多、日益严重的风险因素使得全球经济总体处于下行趋势中。

根据国际货币基金组织（IMF）发布的《世界经济展望》，2019 年全球经济增长 2.9%，比 2017 年的 3.8% 和 2018 年的 3.6% 分别低 0.9 个和 0.7 个百分点。IMF 曾在 2018 年 4 月的《世界经济展望》中乐观估计，2016 年中开始的全球经济回升已变得更为广泛、更为强劲。实际是，全球经济经历 2016 年的短暂回升后已重新陷入下行风险中。

IMF 也多次呼吁：各国应抓住机会巩固增长，使经济增长更具可持续性；各国应以合作方式迅速化解贸易分歧及其带来的政策不确定性。并指出各国强有力的多边合作在多个领域依然至关重要。

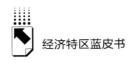

（二）国内经济平稳健康发展，发展韧性较强

中国经济正处于由粗放型高速增长转向集约型高质量中高速增长、发展动能新旧转换的历史新阶段。2019年，在面对中美贸易摩擦、国际经济增速放缓、全球贸易保护主义抬头等外部因素变化时，中国经济仍然保持较强韧性。2019年，中国经济运行总体健康平稳，发展水平迈上新台阶，发展质量稳步提升，但长期积累的风险隐患暴露增多，宏观经济面临一定的下行压力。

一是宏观经济继续保持较高速增长，但仍存在一定的经济下行压力。2019年中国国内生产总值为99.09万亿元，同比增长6.1%，比上年下降0.5个百分点。第一至第四季度GDP增速分别为6.4%、6.2%、6.0%和6.0%，经济下行压力不断加大。

二是工业增加值增长有所放缓，结构进一步优化。2019年全国规模以上工业增加值同比增长5.7%，增速比上年回落0.5个百分点。2019年，全国高新技术制造业等先进制造业增速继续快于传统工业，工业结构进一步优化，高技术制造业、战略性新兴产业和装备制造业增加值继续实现快速增长，分别同比增长8.8%、8.4%和6.7%，它们为中国经济保持韧性、持续发展提供了工业新动能基础。

三是第三产业实现相对快速发展，服务业尤其是现代服务业发展迅速。2019年，全国第三产业增加值为53.4万亿元，增长6.9%，第三产业占GDP比重已达53.9%。2019年，战略性新兴服务业、科技服务业和高技术服务业等现代服务业企业营业收入实现快速增长，分别比上年增长12.7%、12.2%和12.1%。

四是居民收入继续保持稳定增长，人民生活持续改善，消费成为拉动经济增长的主要驱动力。2019年全国居民人均可支配收入为30733元，同比增长8.9%，增速比上年提升0.2个百分点。不断提高的居民收入，对消费形成有力支撑。2019年全国居民人均消费支出为21559元，同比增长8.6%，增速比上年提升0.2个百分点。2019年，最终消费支出对经济增长的贡献率为 57.8%。其中，网上消费为推动中国消费持续增长提供了强大动力。2019 年网上零售继续快速增长，同比增长 16.5%，为 10.6 万亿元，占社会消费品零售总额的 25.8%，占比提升 1.9 个百分点。

五是固定资产投资继续回落，第三产业投资增速相对较快。2019 年，全国固定资产投资为 56.09 万亿元，同比增长 5.1%，增速比上年回落 0.8 个百分点。2019 年，全国信息传输、软件和信息技术服务业等第三产业固定资产投资增长 6.5%，增速比上年提升 1 个百分点。值得注意的是，作为财政政策重要刺激手段的基础设施投资，连续第二年增长乏力，2019 年只增长 3.8%，增速与上年持平。

六是对外贸易增速继续回落，吸引外资止住下滑趋势。2019 年全国进出口总额为 31.6 万亿元，同比增长 3.4%，增速比上年回落 6.3 个百分点。其中出口额和进口额分别增长 5.0% 和 1.6%，增速分别回落 2.1 个和 11.3 个百分点。2019 年实际使用外资 9415 亿元，同比增长 5.8%，增速比上年回升 4.9 个百分点。

2019 年，中国经济在结构调整和产业转型升级的战略调整过程中，受到复杂国际经济形势的不利影响，总体上出现一定的下行压力。但从长期来说，中国经济基本面长期向好的趋势仍然没有改变，随着中国不断深化改革、扩大开放，创新活力、内生增长动力不断增强等有利经济条件为中国经济保持韧性、持续发展提供了坚实基础。

（三）珠海经济特区面临的机遇与挑战

1. 珠海逐渐融入国内国际双循环相互促进的新发展格局

珠海当前的经济结构特点决定了国际经济环境的影响已大为减弱，并将继续减弱。珠海建立经济特区以来，外贸经济快速发展，在珠海经济过去 40 年发展中地位重要、贡献巨大。珠海经济外贸依存度①曾在 2007 年高达

---

① 外贸依存度是指一国或地区经济依赖对外贸易的程度，也是衡量外贸经济发展的一个重要指标，它等于该国或地区进出口贸易总额与其国内或地区生产总值之比。

325.46%，是当时全国外贸依存度最高的大中城市，甚至超过当年的深圳。但该指标此后一路下降，并在2019年首次跌破100%，为84.66%。可以说，珠海外贸依存度这一指标的持续下降，从一个侧面说明了珠海过去十多年在不断扩大对外开放、发展"国际循环"型经济的同时，也逐步形成了"国内生产、国内服务、国内消费"的"国内循环"经济新局面。

珠海2019年以"国内循环"为主的第三产业增加值为1849.79亿元，比2018年增长9.2%，是当年对珠海经济增长贡献最大的产业，贡献率达66.5%。其中，旅游产业在珠海经济中的地位日益突出。2019年，珠海接待国内游客4077.1万人次，比2018年增长7.3%；国内旅游收入达427.5亿元，比2018年增长15.9%，连续多年保持高速增长。

2. 港珠澳大桥在粤港澳大湾区建设中的作用尚未充分发挥

港珠澳大桥直接形成了"珠海—香港—澳门"的半小时时空圈，在粤港澳大湾区建设中被寄予厚望。2019年10月24日，广东省交通运输厅公布了港珠澳大桥开通一周年的运营情况，主要有以下四个方面的特点。一是日均车流量约为4210车次，与港珠澳三大城市经济发展水平不匹配，与杭州湾跨海大桥2008年通车之初的日均车流量之间有超过2万车次的差距，当然港珠澳大桥不能与杭州湾跨海大桥直接相比，但较大的差距说明港珠澳大桥的作用尚需进一步挖掘。二是在日均车流量相对较少的情况下，经港珠澳大桥往来的旅客日均约为6.69万人次，与珠海拱北口岸日均客流量40万人次也相距甚远。三是通行车辆以客车为主，其中穿梭巴士和小客车占比接近八成，分别占31.2%和48.1%，而且周末节假日高峰特征明显，工作日客流量相对较少，由此可见以商务为主的客流尚未形成。四是货车通行量相对较低，货物流尚未形成规模，截至2019年9月底，累计21.58万吨货物经港珠澳大桥进出口，可见日均只有大约635吨的货物经过大桥。虽然具有特殊性的港珠澳大桥在通车之初受到诸如"通车牌照"等各种特殊条件的制约，但进一步发挥其在粤港澳大湾区建设中的作用，是珠海经济特区的机遇也是挑战。

3. 珠海的工业规模和经济总规模相对偏小，制约了珠海经济辐射力的提升

2019 年珠海地区生产总值在珠江三角洲排名中重新超越中山市和江门市，位居第 6，但与广州市和深圳市仍然有较大差距。工业是国民经济的基础，历史、发展导向等各种因素积累导致珠海工业规模相对偏小，这是珠海经济总量偏小的主要原因，这进一步制约了珠海作为珠江口西岸核心城市经济辐射力的提升。

三 促进珠海经济特区进一步发展的主要建议

（一）坚定信心，进一步融入以国内大循环为主体、国内国际双循环相互促进的新发展格局

如前所述，国际经济环境趋势性变坏有可能长期存在，对于外贸经济仍然占据较大比重的珠海经济特区来说，一方面要做好思想准备和工作准备，应对各种复杂局面和风险因素，另一方面也要坚定发展的信心，依托基本面长期向好的国内经济，在坚持对外开放、进一步融入国际经济大循环的同时，扩大消费、加快现代服务业等第三产业的发展，积极参与"国内大循环"经济活动，大力发展民营经济，尤其支持民营经济创新，进一步融入以国内大循环为主体、国内国际双循环相互促进的新发展格局。

（二）完善港珠澳大桥有关机制，推进粤港澳大湾区的资源整合

进一步完善港珠澳大桥有关机制建设，推动与港澳建立更深层次合作，推动珠海、香港、澳门在人员流动、商贸流动、资金物流、技术创新、产业链等生产要素和资源方面进行快速整合，提升珠海在粤港澳大湾区发展中的经济地位和经济辐射力。

（三）继续加强金融供给侧改革，加大银行信贷对珠海实体经济的支持

银行业是一般城市金融的主体部分，从银行存贷款余额结构看，目前珠

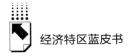

海的住户债务水平明显高于企业债务水平。2019 年珠海住户各项存款余额为 1985.20 亿元，占各项存款余额 9047.24 亿元的 21.94%；非金融企业和机关团体各项存款余额为 6127.34 亿元，占各项存款余额的 67.73%。2019 年珠海住户各项贷款余额为 2566.27 亿元，占各项贷款余额 6358.61 亿元的 40.36%，是住户各项存款余额的 1.29 倍；非金融企业和机关团体各项贷款余额为 3581.93 亿元，占各项贷款余额的 56.33%，是非金融企业和机关团体各项存款余额的 58.46%。这些数据表明，银行信贷资金进入住户部门的远高于企业部门，导致住户债务率水平更高，企业得到的资金支持相对偏弱。因此，应继续加强金融供给侧改革，调整信贷资金结构，加大银行信贷对珠海实体经济的支持。

参考文献

陶一桃主编《中国经济特区发展报告（2019）》，社会科学文献出版社，2020。

《政府工作报告——2020 年 1 月 14 日在广东省第十三届人民代表大会第三次会议上》，广东省人民政府办公厅网站，2020 年 1 月 19 日，http：//www.gd.gov.cn/gkmlpt/content/2/2875/post_ 2875129. html#45。

《2020 年珠海市人民政府工作报告——2020 年 6 月 9 日在珠海市第九届人民代表大会第八次会议上》，珠海市人民政府办公室网站，2020 年 6 月 16 日，http：//www.zhuhai.gov.cn/zw/zfgzbg/content/post_ 2591614. html。

B.11
汕头经济特区年度发展报告

马丽梅　孟　霏*

摘　要：　2019年，汕头经济特区经济发展稳中求进，产业结构逐步趋好，固定资产投资额持续攀升，货物进出口额逆势增长，创新水平、环境治理成效显著。本报告分别采用劳克森相对指标法、区位熵指数、Jenks最佳自然断裂点法以及数据包络分析法（DEA）对汕头经济特区社会经济发展情况进行评价，研究发现：汕头城市经济发展类型为"发展中区"，经济发展前景较好；第二产业专业化程度较高，属相对优势产业；创新效率在广东省各城市中位列第15，创新过程中的投入产出结果不够理想，仍有较大优化空间。在此基础上，本报告指出汕头经济发展过程中值得关注的三点问题，并提出有针对性的优化建议。

关键词：　汕头经济特区　产业结构　创新效率

一　2019年汕头经济特区社会经济发展概况

（一）经济发展稳中求进

2019年，汕头经济特区全年生产总值为2694.08亿元，位列广东省第

---

* 马丽梅，深圳大学中国经济特区研究中心助理教授，管理学博士，主要研究方向为产业经济学；孟霏，深圳大学中国经济特区研究中心2018级博士研究生，主要研究方向为创新经济学。

11 名，较上年上涨 6.1%（见图 1），与深圳（26927.09 亿元）、广州（23628.60 亿元）这两座省内地区生产总值破 2 万亿元的城市仍有一段差距。自 2013 年以来，汕头经济发展稳中求进，持续保持增长态势，但从增速来说，呈一种波动放缓态势，在 2013 年时经济增速达到峰值，2019 年则是跌落谷值，不过仅比全省地区生产总值增速低 0.1 个百分点。①

图 1　2013～2019 年汕头地区生产总值及增速

注：图中地区生产总值为名义生产总值，增速为实际增速。

资料来源：2014～2019 年《汕头统计年鉴》；《2019 年汕头国民经济和社会发展统计公报》。

　　2019 年，汕头各区县的经济发展总体保持良好态势，但存在"西北强、东南弱"的发展格局，位于东南部的濠江区和南澳县与其余区县仍有较大差距（见图 2）。具体来说，金平区和龙湖区联袂迈入 500 亿元"俱乐部"，地区生产总值分别为 540.25 亿元和 522.55 亿元。濠江区和南澳县地区生产总值较小，仅为 147.94 亿元和 29.33 亿元。但从增速来看（按可比口径统计），濠江区保持领先，地区生产总值增长率达 8.3%，高出第 2 名的龙湖区 1.5 个百分点。

　　进一步对比省内所有城市地区生产总值可得，深圳和广州遥遥领先，已

---

① 《2019 年广东国民经济和社会发展统计公报》，广东省统计信息网站，2020 年 3 月 7 日，http：//stats. gd. gov. cn/tjgb/content/post_ 2923609. html。

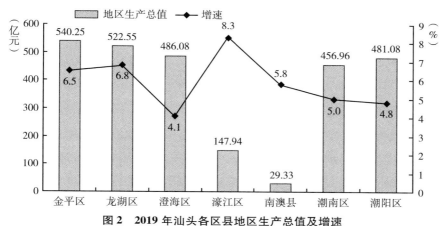

图2 2019年汕头各区县地区生产总值及增速

资料来源：2019年汕头各区县人民政府官方网站统计数据。

破2万亿元大关，佛山和东莞紧随其后，汕头则位于第11名，地区生产总值为2694.08亿元，低于全省均值（5127.49亿元），说明汕头经济发展虽位于省内中游水平，但未来发展潜力较大。

表1 2019年广东省各城市地区生产总值

单位：亿元

排名	城市	地区生产总值	排名	城市	地区生产总值	排名	城市	地区生产总值
1	深圳	26927.09	9	中山	3101.10	17	梅州	1187.06
2	广州	23628.60	10	湛江	3065.00	18	潮州	1080.94
3	佛山	10751.02	11	汕头	2694.08	19	汕尾	1080.30
4	东莞	9482.50	12	肇庆	2248.80	20	河源	1080.03
5	惠州	4177.41	13	揭阳	2107.77	21	云浮	921.96
6	珠海	3435.89	14	清远	1698.20	—	合计	107677.3
7	茂名	3252.34	15	韶关	1318.40	—	均值	5127.49
8	江门	3146.64	16	阳江	1292.18	—		

资料来源：2019年广东省各地级市《国民经济和社会发展统计公报》。

（二）产业结构逐步趋好

2019年，汕头三次产业增加值分别为120.88亿元、1279.70亿元和

1293.50 亿元，较上年上扬 3.0%、4.1% 与 8.7%，三次产业结构调整为 4.5：47.5：48.0（见图 3）。图 3 显示，汕头产业结构趋于优化，第三产业增加值占比愈发提升，城市经济发展逐步迈向高层次、高水平，三大产业增加值从 2013 年的 5.6：52.2：42.2 调整至 2019 年的 4.5：47.5：48.0，现代产业体系初步形成。值得一提的是，在第三产业增加值中，民营经济增加值较上年上涨 5.5%，成为全市经济增长的压舱石。

虽然汕头产业结构正朝着高质量方向发展，但仍有优化空间。纵览近 7 年产业增加值占比，第二产业依旧是城市经济增长的中坚力量，占比约为 50%。自 2017 年起，第一产业增加值占比皆维持在 4.5% 左右，2019 年农林牧渔业产值同比增长率分别为 5.0%、3.8%、-11.3% 和 21.4%。

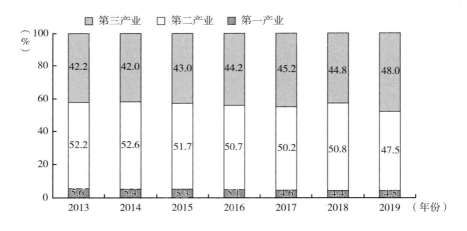

图 3　2013～2019 年汕头三大产业占比

资料来源：2014～2019 年《汕头统计年鉴》；《2019 年汕头国民经济和社会发展统计公报》。

（三）固定资产投资额持续攀升

2019 年，汕头固定资产投资额继续上升，为 2700.1 亿元，同比上涨 12.9%（见图 4）。其中，国有投资额增长 69.7%，民间投资额回落 2.7%，民间投资额占投资总额的 68.2%，反映民间资本是汕头经济发展的主要力量。分产业来看，工业投资额增长2.7%，工业投资额中制造业投资额回落6.3%，高新技术制造业投资额回落13.7%。

图4 2013～2019年汕头固定资产投资额及增速

资料来源：2013～2019年《汕头国民经济和社会发展统计公报》。

（四）货物进出口额逆势增长

2019年，汕头全年货物进出口总额较上年上扬3.4%（见图5）。其中，货物进口额增长8.7%，出口额下降11.2%，进出口差额较上年增加7.87亿美元。自2013年起，汕头货物出口额大致维持在60亿美元至70亿美元之间，于2018年滑落至最低点，为61.95亿美元，2019年出口额回升明显。货物进口额大致维持在20亿美元左右，2019年降至最低点。总体来说，货物进出口额均保持平稳趋势。货物进出口额增速波动明显，在2015年、2016年与2018年为负增长，增速分别为−2.9%、−8.2%与−4.3%，其余年份保持正增长，说明汕头对外贸易发展潜力较大。

（五）创新水平、环境治理成效显著

2019年，汕头专利申请和授权数量分别为20024件（涨11.6%）和14809件（涨17.1%）。其中，发明专利申请1056件，同比下降21.2%，

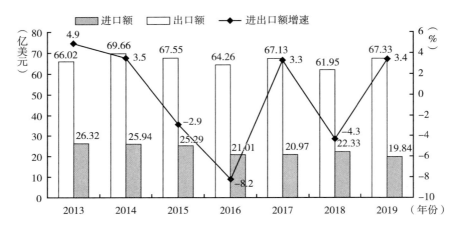

图5 2013～2019年汕头货物进出口额及增速

资料来源：2013～2019年《汕头国民经济和社会发展统计公报》。

发明专利授权331件，同比下降18.9%（见表2）。近7年来，汕头专利申请与授权数量皆呈整体稳步上升趋势，但多数集中于实用新型和外观设计专利，以2018年来说，两者分别占专利申请数的22.9%和69.7%，占专利授权数的22.6%和74.1%。相比之下，发明专利申请与授权数量亟须增加，这也是未来汕头创新发展需要突破的一大方面。

表2 2013～2019年汕头专利申请与授权数量

单位：件

年份	申请数				授权数			
	发明	实用新型	外观设计	合计	发明	实用新型	外观设计	合计
2013	1692	2431	6877	11000	211	1804	4818	6833
2014	884	1670	6543	9097	230	1414	4826	6470
2015	1043	2359	6425	9827	328	1619	5704	7651
2016	1296	2881	8600	12777	355	1777	5792	7924
2017	1427	3100	9936	14463	384	2010	7199	9593
2018	1341	4102	12506	17949	408	2863	9380	12651
2019	1056	3947	15021	20024	331	2939	11539	14809

资料来源：2014～2019年《汕头统计年鉴》；《2019年汕头国民经济和社会发展统计公报》。

以专利授权数量为例进一步分析，相较广东省其他城市，2019 年汕头专利授权数量为 14809 件，位列省内第 7（见表 3），创新成果显著，但与排名前 4 已破 5 万件大关的深圳（166609 件）、广州（104811 件）、东莞（60421 件）、佛山（58752 件）仍存在较大差距，创新发展潜力巨大。

表3　2019 年广东省各城市专利授权数量

单位：件

地区	发明	实用新型	外观设计	合计	排名
全省	59742	282740	184907	527389	—
深圳	26051	87433	53125	166609	1
广州	12221	54745	37845	104811	2
东莞	8006	37931	14484	60421	3
佛山	4582	35480	18690	58752	4
中山	1476	15565	16354	33395	5
珠海	3327	12917	2723	18967	6
汕头	331	2939	11539	14809	7
惠州	1592	9405	3580	14577	8
江门	647	7224	5411	13282	9
潮州	80	709	5434	6223	10
揭阳	70	1330	4528	5928	11
肇庆	309	3088	1127	4524	12
湛江	246	1822	1538	3606	13
韶关	157	2134	1016	3307	14
阳江	38	946	2149	3133	15
清远	210	2129	719	3058	16
河源	87	2091	758	2936	17
梅州	70	1542	962	2574	18
汕尾	100	1475	954	2529	19
茂名	94	1113	1299	2506	20
云浮	36	682	631	1349	21

资料来源：2019 年广东省市场监督管理局官方网站统计数据。

2019 年，汕头生态环境治理扎实推进，PM2.5 年均浓度为 23 微克/立方米，同比回落 14.8%，空气质量为优的天数同比上涨 15.0%，为 169 天（见图 6）。自 2015 年起，汕头 PM2.5 年均浓度一路下滑，空气质量为优的天数虽有所波动，但也大致维持在 145~170 天，反映出汕头近些年环境治理工作表现亮眼。

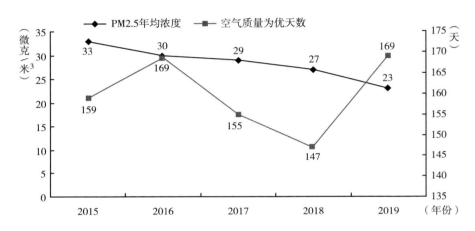

图 6　2015~2019 年汕头 PM2.5 年均浓度与空气质量为优天数

资料来源：2015~2019 年《汕头国民经济和社会发展统计公报》。

二　汕头经济特区社会经济发展评价

（一）经济发展状况比较分析——劳克森相对指标法

在经济发展新常态下，探究粤东明珠——汕头的经济发展现状具有十分重要的现实意义。区域经济发展差异可采用劳克森相对指标法判断，考虑数据可获取性，借鉴学者们的一贯做法，拟选择地区生产总值及其增速替代收入水平及其增速两大原始指标，变形后的公式如下：

$$A = 某一城市生产总值/全省生产总值均值$$
$$B = 某一城市生产总值增速/全省生产总值增速均值 \qquad (1)$$

按地区经济发展水平，劳克森相对指标法判定标准可分为以下四类（见表4）。

表4 劳克森相对指标法判定标准

	$A > 1$	$A < 1$
$B > 1$	繁荣区	发展中区
$B < 1$	较繁荣区	发展潜力区

繁荣区特点：经济发展比较"健康"，若保持现状经济发展水平不太可能下降。

较繁荣区特点：经济发展看似"健康"，实际潜藏深层次问题，如未及时采取有力措施化解，未来将有可能沦为发展潜力区。

发展中区特点：经济发展较为落后，如继续保持经济增速，并克服经济发展过程中的难题，则经济发展前景较好。

发展潜力区特点：经济发展落后于全国平均水平，发展较为缓慢，亟待提升。

根据式（1），计算广东省各城市经济发展劳克森相对指标法指标值，如表5所示。

表5 2019年汕头与广东省其他城市劳克森相对指标法指标值对比

指标	深圳	广州	佛山	东莞	惠州	珠海	茂名
A	5.25	4.61	2.10	1.85	0.81	0.67	0.63
B	1.22	1.24	1.26	1.35	0.77	1.24	0.78
指标	江门	中山	湛江	汕头	肇庆	揭阳	清远
A	0.61	0.60	0.60	0.53	0.44	0.41	0.33
B	0.78	0.22	0.73	1.11	1.15	0.55	1.15
指标	韶关	阳江	梅州	潮州	汕尾	河源	云浮
A	0.26	0.25	0.23	0.21	0.21	0.21	0.18
B	1.09	1.49	0.62	0.91	1.22	1.00	1.11

资料来源：根据2019年广东省各城市《国民经济和社会发展统计公报》计算所得。

进一步判断汕头在广东省内处于何种经济发展类型区域,如表 6 所示。

表 6　2019 年广东省各城市劳克森相对指标法地区经济发展类型划分

指标特征	经济发展类型	城市
$A > 1, B > 1$	繁荣区	深圳、广州、佛山、东莞
$A > 1, B < 1$	较繁荣区	无
$A < 1, B > 1$	发展中区	珠海、汕头、肇庆、清远、韶关、阳江、汕尾、河源*、云浮
$A < 1, B < 1$	发展潜力区	惠州、茂名、江门、中山、湛江、揭阳、梅州、潮州

* 河源 B = 1.00,此处计入发展中区。
资料来源:根据 2019 年广东省各城市《国民经济和社会发展统计公报》计算所得。

对照上表可知,2019 年汕头为发展中区,表明汕头经济发展水平虽然与广州、深圳等城市仍有较大差距,但经济增速较快,未来发展前景较好。

(二)产业发展专业化程度分析——区位熵指数

区位熵指数 (β) 反映某一产业发展的专业化水平,计算公式如下:

$$\beta_{ij} = \frac{\theta_{ij} / \sum_{i=1}^{n} \theta_{ij}}{\sum_{j=1}^{n} \theta_{ij} / \sum_{i} \sum_{j} \theta_{ij}} \tag{2}$$

式(2)中,θ_{ij} 为城市 j 行业 i 产值,$\sum_{i=1}^{n} \theta_{ij}$ 为城市 j 地区生产总值,$\sum_{j=1}^{n} \theta_{ij}$ 为行业 i 全国总产值,$\sum_{i} \sum_{j} \theta_{ij}$ 为 GDP。

$\beta_{ij} > 1$ 表示城市产业专业化水平在全国具备一定竞争优势;$\beta_{ij} < 1$ 表示城市产业专业化水平低于全国标准。

表 7 给出了汕头 2013～2019 年三次产业区位熵指数及其变化趋势。其中,第一产业区位熵指数每年均小于 1,保持为 0.58～0.63,表明汕头第一产业专业化程度较低,产品不能做到自给自足,与全国其他城市相比不具备竞争优势,属劣势产业。但第一产业区位熵指数呈波动上升态势,反映汕头第一产业处于不断发展过程中,相对弱势程度有所减弱。

第二产业区位熵指数每年均大于1，表明汕头第二产业专业化程度较高，产品生产富有相对规模优势，不仅做到自给自足，还能对外输出，与全国其他城市相比具备竞争优势，属优势产业。第二产业区位熵指数呈波动上升态势，反映汕头第二产业也处于不断发展过程中，相对弱势程度有所减弱。第三产业区位熵指数每年均小于1，表明汕头第三产业专业化程度也不高，属相对劣势产业，且产业区位熵指数呈波动下降趋势，反映相对弱势程度有所增强。

表7　2013～2019年汕头三大产业区位熵指数

年份	第一产业	第二产业	第三产业
2013	0.58	1.19	0.90
2014	0.59	1.22	0.88
2015	0.58	1.26	0.86
2016	0.59	1.27	0.86
2017	0.58	1.24	0.87
2018	0.61	1.25	0.86
2019	0.63	1.22	0.89

资料来源：根据2013～2019年《汕头国民经济和社会发展统计公报》及国家统计局数据库（http：//data. stats. gov. cn/easyquery. htm？cn＝C01）数据计算所得。

（三）创新发展空间格局分析——Jenks最佳自然断裂点法

以城市专利申请数据为基础，采用Jenks最佳自然断裂点法描绘广东省城市创新发展程度（4级——高、较高、较低、低），描述其空间分异情况。

总体来看，广东省城市创新水平空间格局较为稳定，"中心—外围"特征明显，创新水平较高和高的城市分布在珠江口合围的"倒U形"地区，西部、东部和北部地带城市的创新水平有待提升。具体来看，2013年，创新水平高的城市只有深圳，其专利申请数量占全省专利申请数量的比重达4.8%；较高的城市包括广州、佛山、中山、东莞，占比19.0%；江门、珠海、惠州和汕头创新水平较低，占比 19.0% ；其余 12 个城市落在低水平区间，占比 57.2% 。至 2019 年，除广州由较高水平升至高水平，中山由较高水平降至较低水平外，其余城市创新水平的空间格局与 2013 年保持一致。无论 2013 年还是 2019 年，汕头创新水平一直处在较低区间内，创新驱动发展战略的促进效应急需进一步提升。

（四）城市创新效率分析——数据包络分析法

囿于数据可获取性，拟采用数据包络分析法（DEA）测算 2013 ~ 2018 年广东省城市创新效率，并将汕头与其他城市的创新效率值进行对比。

假设规模收益变动、投入导向的 BCC 模型如下：

$$
\min\left[\theta - \varepsilon\left(\sum_{j=1}^{m} s^- + \sum_{j=1}^{r} s^+\right)\right]
$$

$$
\text{s. t.}\begin{cases}
\sum_{j=1}^{n} x_j \lambda_j + s^- = \theta x_0 \\
\sum_{j=1}^{n} y_j \lambda_j - s^- = y_0 \\
\lambda_j \geqslant 0 \\
s^+ \geqslant 0, s^- \geqslant 0 \\
\sum_{j=1}^{n} \lambda_i = 1
\end{cases}
\tag{3}
$$

借鉴以往研究，构建城市创新效率评价指标体系，如表 8 所示。

表 8　城市创新效率评价指标体系

指标类型	指标及单位	含义	编码
投入变量	从业人员（万人）	劳动投入	lab
	固定资产投资总额（万元）	资本投入	cap
	教育事业＋科学技术支出（万元）	技术投入	tech
产出变量	地区生产总值（万元）	经济产出	econ
	专利申请数（件）	创新产出	inn

资料来源：作者绘制。

将原始数据代入 BCC 模型，利用 DEAP 2.1 软件，计算得到广东省各城市创新效率值，详见表9。

表9　2013～2018年广东省各城市创新效率值

城市	2013 年	2014 年	2015 年	2016 年	2017 年	2018 年	均值	排名
广州	1.000	1.000	1.000	1.000	1.000	1.000	1.000	1
韶关	0.593	0.616	0.599	0.605	0.542	0.647	0.600	18
深圳	1.000	1.000	1.000	1.000	1.000	1.000	1.000	1
珠海	0.582	0.650	0.642	0.767	0.787	0.682	0.685	16
汕头	0.864	0.770	0.707	0.689	0.650	0.676	0.726	15
佛山	1.000	1.000	1.000	1.000	1.000	1.000	1.000	1
江门	0.821	0.767	0.730	0.717	0.780	0.718	0.756	13
湛江	0.849	0.840	0.825	0.822	0.845	0.838	0.837	11
茂名	1.000	1.000	0.948	1.000	0.901	0.988	0.973	5
肇庆	0.848	0.850	0.815	0.819	0.842	0.859	0.839	10
惠州	0.862	0.862	0.799	0.827	0.689	0.704	0.791	12
梅州	0.688	0.612	0.579	0.602	0.565	0.551	0.600	18
汕尾	0.564	0.575	0.562	0.580	0.639	0.679	0.600	18
河源	0.569	0.566	0.530	0.536	0.515	0.519	0.539	21
阳江	0.889	0.927	0.936	0.872	0.894	1.000	0.920	7
清远	0.720	0.707	0.718	0.709	0.845	0.670	0.728	14
东莞	1.000	1.000	1.000	1.000	1.000	1.000	1.000	1
中山	1.000	1.000	1.000	0.781	1.000	1.000	0.964	6
潮州	1.000	0.918	0.837	0.880	0.842	0.900	0.896	8
揭阳	0.861	0.838	0.800	0.808	0.804	1.000	0.852	9
云浮	0.589	0.573	0.568	0.594	0.633	0.677	0.606	17
均值	0.824	0.813	0.790	0.791	0.799	0.815	——	——

资料来源：根据 2014～2019 年《广东省统计年鉴》数据计算所得。

由表9可知，2013～2018 年汕头创新效率均值为 0.726，位列广东省第15，处于中等偏下位置，表明汕头创新过程中的投入产出结果不够理想，仍有较大改进和提高的余地。

进一步对比汕头创新效率值与广东省创新效率均值（见图7）。

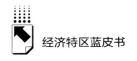

图7　2013～2018年广东省与汕头创新效率值

资料来源：根据城市创新效率值绘制。

图7显示，2013～2018年汕头创新效率值为0.650～0.864，呈波动下降趋势，仅于2018年有所回暖，说明汕头创新效率具有较大改进余地。具体来看，只有在2013年时汕头创新效率值大于广东省城市创新效率均值，表明这一年汕头在创新要素投入转化为创新产出方面表现亮眼，有效转化率较高。

三　汕头经济特区社会经济发展值得关注的问题

（一）区域发展不协调

2019年，汕头经济发展总体稳中求进，但自2017年起，经济增速低于广东省平均水平，考虑到汕头经济总量较珠三角地区城市不高，因此，对粤东中心城市汕头来说，追赶珠三角地区城市经济发展步伐将愈发不易。不过，增速缓意味着"高质量"或将成为汕头经济发展的主旋律。虽然当前汕头经济发展卓有成效，但依然存在各区县发展不协调的现象。位于东南板块的濠江区和南澳县与西北板块的潮南区、潮阳区、金平区、澄海区和龙湖区长期存在发展差距。以2019年为例，西北板块地区生产总值达2486.92

亿元，占全市地区生产总值的 92.31%，成为汕头经济发展的主要力量，东南板块地区生产总值仅为 177.27 亿元，占比 6.58%，两大板块相差高达 2309.65 亿元。如何通过协调发展进一步缩小区域差距值得深入思考。值得一提的是，从经济增速来说，虽然濠江区地区生产总值仅为 147.94 亿元，但其增速远高于其他区县，达到了 8.3%，表明被冠以"中国建筑之乡"美名的濠江区经济发展潜力较大，应再接再厉。

（二）产业整体竞争力不强

当前汕头经济增长以第二、第三产业为主力军的现状已持续多年，2013~2019 年第二产业占比维持在 47.5%~52.6%，第三产业占比维持在 42.0%~48.0%，两大产业呈并驾齐驱态势。虽然汕头近年来第三产业占比有所提升，产业结构不断优化，但不可否认第二产业仍是汕头城市经济增长的助推器，这也从侧面反映出实现产业发展高级化仍有较长一段路要走。《2019 广东企业 500 强》榜单中，汕头共有 10 家企业入选，位居省内第 7，数据亮眼，企业名单详见表 10，但较之深圳（199 家）、广州（161 家）、佛山（40 家）等城市，仍有较大差距。现今汕头仍以服装、塑料、玩具和机械等传统加工产业为主，产业整体竞争力不强，增加值相对较低，粗放型的经济增长方式并未实现本质扭转，加之缺乏龙头企业带动，导致汕头产业集群的"量"和"质"均落后于广佛、深莞惠等城市。

表 10　2019 年广东企业 500 强汕头入选企业名单

省内排名	公司名称
82	宜华企业(集团)有限公司
177	众业达电气股份有限公司
257	广东汕头超声电子股份有限公司
279	汕头万顺新材集团股份有限公司
297	创美药业股份有限公司
325	西陇科学股份有限公司
336	汕头东风印刷股份有限公司

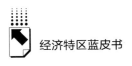

省内排名	公司名称
338	广东太安堂药业股份有限公司
343	广东潮基实业股份有限公司
369	星辉互动娱乐股份有限公司

资料来源：《2019 广东企业 500 强》。

（三）科技创新能力不足

从科技创新方面来看，虽然汕头近年来无论专利申请还是授权数量均有所提升，但与珠三角核心区域城市相比，其科技创新实力依然不强，这也是未来汕头经济发展需要突破的一大关键。进一步分析城市创新效率，自2014 年起，汕头创新效率持续低于广东省平均值，表明汕头应提高创新要素投入转化为产出的有效转化率。造成这种情况的原因可能在于，第一，科技研发投入不高。以 2018 年为例，汕头地区生产总值为 2512.05 亿元，R&D 经费内部支出为 23.25 亿元，仅占地区生产总值的 0.9%，深圳地区生产总值为 24221.98 亿元，R&D 经费内部支出为 1163.54 亿元，占地区生产总值的 4.8%，可见汕头对科技创新的投入力度有待加强。第二，科研人才缺乏。2018 年，汕头 R&D 人员共计 14778 人，深圳 R&D 人员达到 340899人，两者差距较大。要加快建成省域副中心城市，就必须抓住人才资源，促进科技产业发展。

四　促进汕头经济特区社会经济发展的对策建议

（一）促进传统产业转型升级

2020 年 6 月，汕头市长郑剑戈在汕头《2020 年政府工作报告》中强调要"全力推动制造业高质量发展"。由此可见，推进产业结构"高端化"已成为汕头时下亟待解决的问题之一。汕头高端制造业涵盖机械制造、通信等领域，应将有限资源向以知识为核心的高端产业适度倾斜，一方面要给予龙头企业最优惠的扶持政策，从而带动整体产业集群形成和发展，打造高水平产业集群，另一方面对具有潜力的中小企业加以鼓励，可适当采取财政奖励、费用减免、提供市场需求信息等手段，引导企业开拓市场，帮其扎扎实实做大、做强。此外，在政策上汕头虽未被纳入粤港澳大湾区内，但应充分抓住国家的政策契机，立足自身产业特色，主动对接粤港澳大湾区发展机遇，实现产业优势互补，促进产业协同发展，实现共赢。

（二）加大科技研发投入力度

当前汕头科技研发投入强度偏小，与珠三角核心区域城市差距较大，投入小将日益降低城市竞争力。汕头在致力于提升本地经济水平的同时，应加大科技研发投入力度，带动社会资本参与创新主体研发，进一步激发企业作为创新主体的活力。同时，应提高研发经费投入的针对性，引导资本投入地区重点关注的高端产业，不断扩大高技术企业规模，提升资金利用效率，为创新驱动发展提供核心动力。此外，应尝试探索走自主创新的产学研结合发展之路，突出高校、科研院所与企业的"优势叠加"作用，营造良好的创新生态环境。

（三）完善科技人才保障机制

科技创新最终是以"高、精、尖"人才集聚为支持。近年来，汕头出台了多项人才优惠政策，目的是吸引人才流入，提升城市创新能力。目前，汕头科技人才总体数量不足，不仅难以吸引外地人才流入，本地培养的人才也存在外流现象。可能的原因是，一方面汕头大学作为地区唯一一所高等学府，毕业生往往被周边城市高优惠政策吸引，本地优惠政策又难以吸引外来人才；另一方面潮汕地区存在对外来文化包容度不足的传统，这在一定程度上阻碍了外来人才流入。培养人才、吸引人才需要投资，汕头应适当加大对科技人才的优惠力度，既要为科技人才提供充足的科研资金，也要为科研人

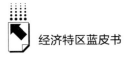

才提供一个能发挥其聪明才智的平台，使其安心扎根于此，从而打造属于汕头自身的"创新人才高地"。

参考文献

陈松洲：《汕头传统优势产业转型升级的路径选择》，《南方职业教育学刊》2012 年第 6 期。

郑梦婕：《粤港澳大湾区背景下打造大汕头湾区城市格局的机遇、挑战及对策研究》，《特区经济》2018 年第 1 期。

肖滢、邓宏兵：《长江经济带城市创新效率差异及空间演化特征研究》，《江西社会科学》2017 年第 6 期。

胡春雷、肖玲：《汕头市经济发展病的定量分析与诊治》，《热带地理》2003 年第 2 期。

纪倩、黄楠希：《基于区位商的汕头地区产业结构分析》，《特区经济》2019 年第 2 期。

许琳、沈静：《共同演化视角下的产业集群发展路径——以汕头市澄海区玩具产业集群为例》，《热带地理》2017 年第 6 期。

B.12
厦门经济特区年度发展报告

周轶昆　唐　辉　张培喜*

摘　要：　2019年厦门积极应对经济下行压力和中美贸易摩擦不利影响，经济运行总体呈现稳中有升态势，地区生产总值增速在副省级城市中排名第一，实体经济实力不断增强。重点领域改革持续深化，对外开放步伐加快，跨岛发展稳步推进，绿色发展取得实效，城市功能品质持续提升，社会事业加快发展，民生福祉不断增进。同时，发展中还存在一些困难和问题。国内外经济形势不稳定不确定因素增多，经济下行压力较大，部分企业生产经营困难，龙头企业发展后劲不足，城乡融合发展体制机制还须健全，社会民生领域还存在一些短板。

关键词：　创新驱动　双循环发展新格局　开放发展　厦门

一　厦门经济特区发展概况

（一）经济发展稳中有升

厦门市 2019 年地区生产总值达 5995.04 亿元，相比 2018 年，增长了 9.6%，远高于全国 GDP 增长率 6.1%。其中，第一产业的生产总值为

---

* 周轶昆，深圳大学中国经济特区研究中心讲师，经济学博士，主要研究方向为区域经济、产业经济；唐辉，深圳大学理论经济学 2020 级硕士研究生，主要研究方向为区域经济、产业经济；张培喜，深圳大学理论经济学 2020 级硕士研究生，主要研究方向为区域经济、产业经济。

26. 49 亿元，增长 0. 7%，增速比 2018 年下降 1. 9 个百分点；第二产业的生产总值为 2493. 99 亿元，增长 9. 7%，相比 2018 年增加了 1. 6 个百分点；第三产业的生产总值为 3474. 56 亿元，增长了 6. 6%，相比 2018 年增速下降了 0. 9 个百分点，三大产业占地区生产总值比重之比为 0. 4∶41. 6∶58. 0。

图 1　2010～2019 年厦门市地区生产总值及其增速

资料来源：厦门市统计局、国家统计局厦门调查队编《厦门经济特区年鉴—2020》，中国统计出版社，2020。

厦门市 2019 年底常住人口为 429 万人，比 2018 年增加了 18 万人。人均地区生产总值（按常住人口计算）达 142739 元，比 2018 年增长 4. 3%，低于全市生产总值增长率。财政总收入为 1328. 5 亿元，增长 1. 7%，其中，地方级财政收入为 768. 3 亿元，增长 1. 8%。居民消费价格总指数比 2018 年增加 3%，商品零售价格总指数增加 2. 5%，增幅较平稳，均远低于地区生产总值增速，控制在预期目标之内。

厦门市居民的人均可支配收入达到 55870 元，相较 2018 年增加了 9. 7%。城镇居民可支配收入为 59018 元，增长 8. 5%，农村居民可支配收入为 24802 元，增长 10. 7%，都在福建省排行靠前。城乡居民人均可支配收入增速都高于地区生产总值增速，且城镇与农村之间可支配收入差距进一步缩小。城镇化率达 89. 2%，比 2018 年增加了 0. 1 个百分点。

在需求侧方面，"三驾马车"都获得了较快增长。其中，进出口贸易总额达 6412.9 亿元，增加了 6.9%，出口总额为 3528.7 亿元，增加 5.7%，进口总额达 2884.2 亿元，增加 8.3%。固定资产投资增长了 9.0%，投资结构继续优化调整，流入工业、基础设施和民生领域的投资约占 60%。社会消费品零售总额达到了 1731.86 亿元，相较 2018 年增长了 12.2%，增长速度在福建省中位列第一。

（二）区域协调发展加速推进

2019 年，思明区地区生产总值达 1896.46 亿元，比 2018 年增长 7.20%；固定资产投资（非农户）为 216.24 亿元，增长 11.70%；思明区财政总收入为 252.89 亿元；城镇居民人均可支配收入为 71162 元。

湖里区地区生产总值为 1297.29 亿元，比 2018 年增长 8.30%，湖里区财政总收入为 216.6 亿元。

海沧区全年实现地区生产总值 796.87 亿元，比 2018 年增长 7.80%；固定资产投资（非农户）增长 10.60%；区财政总收入为 176.81 亿元，增加了 1.6%；城镇居民人均可支配收入达到了 53925 元，增加了 8.5%；农村居民人均可支配收入达到了 30557 元，增加了 10.1%。

集美区全年实现地区生产总值 789.37 亿元，比 2018 年增长 7.70%；全社会固定资产投资为 330.00 亿元，下降 3.70%；财政总收入为 126.10 亿元，增长 2.3%。人均可支配收入达到了 5.06 万元，增加了 10.5%，超过地区生产总值增速 2.8 个百分点，城镇居民人均可支配收入达到 5.30 万元，增加了 8.7%，农村居民人均可支配收入达到 2.99 万元，增加了 10.6%。

2019 年，同安区全区经济社会平稳健康发展。全区实现地区生产总值 551.23 亿元，比 2018 年增长 8.30%；固定资产投资（非农户）增长 17.30%；财政总收入为 96.3 亿元，增长 6.6%；城镇和农村居民人均可支配收入分别增长 8.5% 和 10.7%。

2019 年，翔安区地区生产总值为 663.83 亿元，比 2018 年增加了 9.30%；固定资产投资（非农户）增加了 9.50%；财政收入为 66.95 亿元，增加了 6.3%；社会消费品零售总额为 90.90 亿元，增加了 12.40%（见表 1）；城镇居民人均可支配收入为 41968 元，增加了 8.3%，农村居民人均可支配收入为 22467 元，增加了 10.8%。

表 1　2019 年厦门各区主要经济指标

指标	思明区	湖里区	海沧区	集美区	同安区	翔安区
地区生产总值（亿元）	1896.46	1297.29	796.87	789.37	551.23	663.83
地区生产总值同比增速（%）	7.20	8.30	7.80	7.70	8.30	9.30
规模以上工业增加值同比增速（%）	5.10	10.50	8.50	6.80	6.00	10.40
社会消费品零售总额（亿元）	648.51	377.72	170.48	179.32	264.93	90.90
社会消费品零售总额同比增速（%）	13.40	13.90	10.00	12.00	8.60	12.40
固定资产投资（非农户）增速（%）	11.70	9.50	10.60	-3.70	17.30	9.50
区级公共财政预算收入（亿元）	58.62	49.60	39.84	37.89	25.67	20.90
区级公共财政预算收入同比增速（%）	5.20	4.50	1.90	9.60	11.60	5.60

资料来源：《厦门市 2019 年国民经济和社会发展统计公报》，厦门市人民政府网站，2020 年 3 月 20 日，http：//www.xm.gov.cn/zfxxgk/xxgkznml/gmzgan/tjgb/202003/t20200320_ 2433223.htm。

厦门市各区经济发展状况可以从表 1 中明显看出，其中，思明区与湖里区显著领先于其他四个区，但在部分指标上，岛外四区增速超过了岛内两区，使其差距进一步缩小。例如，在地区生产总值上，翔安区增速为 9.30%，超过了其余五个区；同安的固定资产投资（非农户）增速与区级公共财政预算收入增速位于全市各区之首，表现出了良好的发展势头。

（三）产业转型升级动能充足

2019 年厦门市产业转型升级进一步深化，以新产业、新业态、新商业模式为主要特征的新经济发展迅速。具体表现为，一是高附加值的高科技产业在工业中的占比将近 70%。全年规模以上工业高科技产业实现 1205.54 亿元的生产值，占规模以上工业的 67.1%，相较 2018 年增长了 10.4 个百分点，比规模以上工业平均增速高 1.8 个百分点。二是外资持续进入高附加值产业。全年高技术制造业实际使用外资 25.60 亿元，占全部制造业外资的 40.0%，主要涉及电子及通信设备制造业，医药制造业，航空、航天器及设备制造业等行业。高技术服务业实际使用外资 16.50 亿元，增长 35.1%，占服务业实际使用外资的 23.5%，主要分布在科技成果转化服务、信息服务等行业。三是"互联网+"的模式为全市经济发展提供了新的动力。厦门市 2019 年网络零售额达到 378.40 亿元，相较 2018 年增加了 36.2%。

厦门市政府 2019 年进一步深化创新驱动发展机制改革，出台《厦门市新型研发机构管理办法》和《厦门市众创空间管理办法》，新认定市级众创空间 48 家，主要涉及人工智能、物联网、新材料、文化创意等新兴产业。2019 年，厦门市有研发单位 1189 家，比 2018 年增加了 21.82%；研发人员 70434 人，减少了 1.02%；此外，研发经费内部支出与外部支出、专利申请数、发明专利数、有效发明专利数均达到两位数的增速（见表 2），反映出厦门市 2019 年研发投入增加较多，创新能力加强，产业转型升级动能充足。

表 2　厦门市 2018 年与 2019 年全社会研发情况对比

指标	单位	2019 年	2018 年	增长（%）
有 R&D 活动的单位数	家	1189	976	21.82
R&D 人员	人	70434	71163	−1.02
R&D 人员折合全时当量合计	人年	49399	51292	−3.69
R&D 经费内部支出	万元	1776588	1551482	14.51
日常性支出	万元	1586242	1408988	12.58
资产性支出	万元	179725	142493	26.13
R&D 经费外部支出	万元	111385	96975	14.86
专利申请数	件	15271	11852	28.85
发明专利数	件	5871	4980	17.89
有效发明专利数	件	18396	15348	19.86

资料来源：厦门市统计局、国家统计局厦门调查队编《厦门经济特区年鉴—2020》。

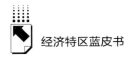
（四）消费结构持续调整

2019 年，厦门市在扩大商品消费、发展线上消费和推进岛内消费三个方面加大执行力度，这"三驾马车"刺激了厦门市消费市场的高质量发展，消费结构持续调整，消费潜力被进一步激发，全年社会消费品零售额达1731.86 亿元，比 2018 年增长 12.2%，其零售额增速比 2018 年提高 4.6 个百分点。

全市商品零售额达到了 2010.56 亿元，同比增加了 12.3%，为全市社会消费品零售总额增速提供了 11.0 个百分点。全市限额以上企业实现零售额 1250.39 亿元，同比增长 15.3%。线上零售充分发挥规模效应，拉动社会消费品零售总额增长 8.2%，拉动力高出线下零售 4.2 个百分点。岛内湖里区和思明区两个区社会消费品零售额共计 1026.23 亿元，湖里区以 13.90% 的增速和思明区以 13.40% 的增速分别位列全市六个区第一与第二，岛内两区无论零售总额的绝对值还是增速都远高于其余四个区。两区共同拉动社会消费品零售总额增长 7.7%，比岛外四区高出 3.2个百分点。

全市限额以上企业网络零售额达 378.40 亿元，增长 36.2%，拉动全市社会消费品零售总额增加 5.0%。市内企业在网络上进一步扩大市场份额，迎合市场需求，提供优质商品和服务；朴朴、众库等生鲜电商企业积极发掘新零售模式，兼顾成本、效率和体验，提高市场竞争力。

（五）投资结构继续优化

2019 年厦门市固定资产投资（非农户）相比 2018 年增加了 9.0%。从产业结构来看，第一产业投资下降 32.2%；第二产业投资增加了4.8%；第三产业增加了 9.9%。第三产业的增速远远高于第一、第二产业。其中，房地产开发投资增加了 1.7%，水利、环境和公共设施管理业的投资比 2018 年增加了 76.1%，交通运输业降低了 16.8%，社会事业投资增加了 70%。

从市内六区情况来看，除集美区外均保持较快增长。其中思明区比2018年增加11.70%，湖里区增加9.50%，海沧区增加10.60%，同安区和翔安区分别增加了17.30%和9.50%，集美固定资产投资（非农户）降低了3.70%。岛外四区固定资产投资（非农户）共增加了8.60%，在全市固定资产投资中占比达74.7%。

从企业注册类型来看，内资企业固定资产投资增加了10.1%；港澳台商固定资产投资比2018年降低了7.6%；外商固定资产投资降低了1.9%，国际政治与经济环境持续动荡被认为是导致港澳台商以及外商固定资产投资下降的重要原因。

新增固定资产投资主要用于基础设施建设和保障民生。其中，2019年新建学校项目36个，相比2018年增加了20个，计划总投资增加1.5倍；新建交通及市政项目115个，增加了62个，计划总投资增加了48.7%，大型基础设施项目厦门第二东通道开工建设；新建入统保障房及安置房项目14个，计划总投资超过150亿元。

从行业类型来看，先进制造业投资增加了12.9%，在工业投资中占比为51.1%，超过工业投资增速7.7个百分点；从建设性质来看，工业改建和技术改造投资增加了11.1%，高于工业投资增速5.9个百分点，在工业投资中占比为30.2%。此外，社会事业投资也获得了较快增长，比2018年增加了70.0%。其中，教育行业投资增长1倍。市政工程投资继续推进，增加5000万元以上市政工程投资项目76个，全市水利、环境和公共设施管理业投资增加了76.1%。

（六）开放发展全面深化

2019年厦门市进出口总额达到了6412.9亿元，相较2018年增长了6.9%，其中出口额达3528.7亿元，增加了5.7%；进口额达2884.2亿元，增长8.3%，增幅分别高出全国3.5个、0.7个和6.7个百分点。其进出口总额占据了全省接近50%的进出口总额，远远高于第二名福州市的2526.61亿元与第三名泉州市的2111.82亿元，是拉动全省外贸的龙头。

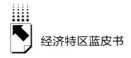
其中，国企进出口总额为 1935.56 亿元，增加 29.7%，是所有企业中增长速度最快的，为全市进出口增速贡献了 7.4 个百分点；民企进出口总额为 2254.43 亿元，增长 6.8%；外企进出口总额达 2222.91 亿元，比 2018 年降低了 6.9%。

受中美贸易摩擦的持续影响，2019 年对东盟和欧盟进出口总额比 2018 年分别增长 11.3% 和 8.9%，对美国进出口总额下降 17.6%，三者合计占全市进出口总额的 44.3%。

新型贸易方式和新业态不断发展。全年其他贸易额为 1001.87 亿元，比上年增长 22.5%，占全市进出口总额的 15.6%，其中保税区转口贸易额为 971.72 亿元，增长 21.1%；一般贸易进出口额为 4244.83 亿元，增长 10.4%；加工贸易额下降 12.8%。出口方面，新型贸易方式贡献突出，保税出口额增幅达 59.4%，拉动全市出口增长 4.3%；一般贸易出口额增长 2.5%；受贸易摩擦和全球贸易链条影响，加工贸易出口低迷，出口额下降 14.1%。进口方面，一般贸易方式占主导，进口额为 2180.1 亿元，增长 19.0%，拉动全市进口增长 5.8%；加工贸易进口额和保税区仓储转口额分别下降 10.3% 和 25.0%。

进出口商品结构进一步调整优化。出口方面，全年机电产品出口 1620.01 亿元，增长 3.9%，占 45.9%，比上年下降 0.8 个百分点；高新产品出口 617.93 亿元，下降 8.1%，占 17.5%，比上年下降 2.6 个百分点。传统七大类产品出口 1260.7 亿元，增长 11.2%，占 19.7%。进口方面，主要资源性大宗商品拉动进口增长。全年机电产品进口 833.68 亿元，降低了 15.8%。其中，集成电路进口额降低了 4.6%，液晶显示屏进口额降低了 21.2%，飞机进口额减少 86.39 亿元。资源性大宗商品中铁矿、煤、锰矿、铜矿、镍矿、锌矿进口额分别增加了 66.6%、31.8%、58.3%、1.7 倍、64.8% 和 44.0%，是进口额增长的最重要拉动力。

厦门市政府进一步推动开放发展体制改革。2019 年成为全国第一批二手车出口试点城市，并进一步加强了与"海上丝绸之路"共建国家的交流合作。启动全国第一个以航运为主题的"一带一路"国际综合物流服务品牌"丝路海运"平台；厦门 43 条"丝路海运"航线已开行 1049 航次，吞吐量达 86.5 万标箱。

（七）体制机制改革动能增强

国企改革进一步深化，混合所有制改革持续推动。一是发布了《厦门市关于新时期深化国有企业改革的意见》与《关于推进国有资本投资、运营公司改革试点的实施方案》，推动建发集团、国贸控股、象屿集团和翔业集团 4 家资产经营一体化公司改组为国有资本投资公司。二是出台《厦门市市属国有企业外部董事选聘与管理暂行办法》《厦门市改革完善市属国有企业监事会工作的实施方案》等文件，完善市属国有企业法人治理结构，首先在建发集团、国贸控股集团、象屿集团等企业开展试点。三是出台《关于深化市属国有企业混合所有制改革的实施意见》，推动国企混改，夏商农产品集团有限公司被列为国家混改第四批试点企业。在完善财税金融体制方面，发布《关于调整完善重点园区招商奖励机制的通知》，鼓励区域联合招商，完善园区财税分成等利益分享机制。完善了人才人力开发体制机制，通过"海纳百川"重点产业紧缺人才计划，进一步鼓励企业引才留才。出台《关于完善我市高层次人才安居政策的补充通知》与《厦门市软件和信息服务业人才计划暂行办法》等一系列引才留才政策。

深化社会信用体系改革。一方面推动建设信用大数据创新中心，鼓励公共信用信息与市场信用信息两者融合。建设全国中小企业融资综合信用服务平台，其获得"全国中小企业融资综合信用服务示范平台"称号，两年内是全国性唯一示范平台。已经吸引 52 家金融机构和 161 家银行地方分支机构入驻，注册企业共计 2.5 万余家，发放贷款 718 亿元。落实重要产品追溯制度、信用安全配套管理制度。建立市级重要产品追溯统一平台，开通官网及微信公众号，为消费者提供一站式查询服务。

（八）绿色发展成效显著

2019 年厦门共计有 16 家企业或园区被工信部列入第四批绿色制造名

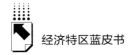

单，26家企业或园区被福建省列入第一批与第二批绿色制造名单。提前3个月完成了新能源汽车推广任务，全年推广超过1.4万辆新能源汽车，超过福建省年度推广任务的40%，推广量位居全省第一。

民用项目绿色建筑全覆盖。一是在全省率先实现新建民用建筑100%强制执行绿色建筑标准，全市有613.02万平方米民用建筑项目通过绿色建筑施工图审查，完成304万平方米公共建筑节能改造，每年可节约用电5719.70万千瓦时，减少二氧化碳排放4.38万吨。二是探索研究建筑废土资源化利用的机制，推动就地资源化项目落地。三是在全省实现混凝土绿色生产管理全覆盖，全市混凝土绿色生产星级达标率为100%。

如图2所示，2019年厦门市企业单位地区生产总值能耗、单位工业增加值能耗、单位地区生产总值电耗均比2018年下降，其中，单位工业增加值能耗降低幅度最大，降低了7.33%。这标志着厦门市企业能源使用效率进一步提高，绿色发展成效显著。

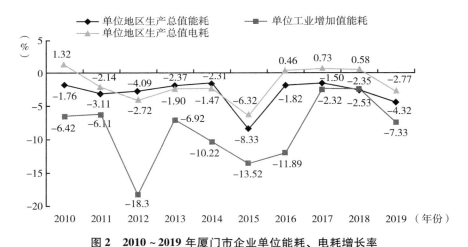

图2　2010～2019年厦门市企业单位能耗、电耗增长率

资料来源：厦门市统计局、国家统计局厦门调查队编《厦门经济特区年鉴—2020》。

（九）社会民生进一步改善

2019年厦门市新增就业人口26.2万人，城镇登记失业率为2.84%，低于全国城镇登记失业率 3.62%。其中，城镇非私营单位人员由 2018 年的 155.59 万人减少到 126.9 万人，职工平均工资由 2018 年的 85166 元增加到 97779 元。基本养老参保人数增加 6.5%。城乡居民基本医疗保险财政补助标准提高至每人每年 680 元。低保标准和特困供养人员基本生活标准分别提高至每人每月 800 元和 1200 元。

厦门市 2019 年内共新建 48 个幼儿园、中小学项目，增加 3.4 万个学位。整治了 27 所小区配套幼儿园和 403 所无证幼儿园，普惠性幼儿园覆盖率达 88%，截至 2019 年底，全市共有幼儿园 989 所。新增厦门松柏中学、湖滨中学两所国际教育试点校，进一步加强普通高中国际教育试点工作。此外，2019 年福建省理科前 100 名和文科前 50 名中厦门市共有 49 人，优秀学生人数继续名列福建省第一。在高等院校建设上取得良好成绩，集美大学被列为福建省双一流大学建设高校，厦门理工学院更名大学纳入规划。

厦门市人均预期寿命达 80.89 岁，高于全国人均期望寿命 77.3 岁。全市相比 2018 年新增 307 家卫生医疗机构，共计 2111 家（不含部队医院）。其中基层医疗卫生机构 2005 家、医院 63 家、专业公共卫生机构 24 家、其他卫生机构 19 家。按经济类型分，全市共有 676 家公立医疗卫生机构，增加 108 家；1435 家民营医疗卫生机构，增加 199 家。全市医院床位共计 17539 张，基层医疗机构床位 354 张，公共卫生机构床位 751 张，其他医疗卫生机构床位 140 张，共计 18784 张床位；每千人实有床位数为 4.38 张，比 2018 年增加 0.34 张。

二 厦门经济特区发展面临的问题

（一）中美贸易摩擦带来不确定性

厦门是福建省出口分量最重、出口依存度最大的城市，中美贸易摩擦对厦门的贸易、产业结构和外资引入都产生了影响。2019 年厦门市的进出口总额为6412.89亿元，虽然比2018年增长6.9%，但是贸易顺差仅为644.53亿元，比2018年下降4.5%。2019年厦门市进出口贸易目标国家和地区前五名为美国、澳大利亚、中国台湾、日本和印度尼西亚，占全市贸易总额的36.06%，前十个贸易对象的贸易总额更是占到了52.52%，贸易份额过于集中在少数几个国家和地区。其中，中美贸易摩擦对厦门外资企业的影响尤为明显。2019年厦门市外资企业进出口总额为2222.91亿元，比2018年下降6.9%，其中出口总额为1267.93亿元，下降了9.1%，进口总额为954.98亿元，下降3.9%。美国是厦门市出口的第一大国，2019年厦门市对美国出口总额为674.4亿元，较2018年下降6.28%，出口总额占全市出口总额的19.11%。厦门市对美国的进口总额仅为178.2亿元，较2018年大幅下降43.5%。全年厦门市对美国的进出口总额为852.6亿元，较2018年下降17.62%。厦门市的对美出口结构中，厦门对美国的主要出口产品都在美国对华加征关税的产品目录中，电子、电器与机械设备等行业受到较大的影响。厦门对美国的进口产品主要是初级产品，包括植物油和粮食等食品。2019年厦门市CPI增长率高达3%，消费品价格上涨率更是高达4.7%，中美贸易摩擦的不确定性将持续影响厦门的CPI。由于厦门服务业的对外依存度低，其增长主要依赖国内市场的推动，因而服务业受中美贸易摩擦的影响较小。从外资的引入情况来看，2019年厦门市还面临外资吸引能力下降的问题。受贸易摩擦影响，2019年新批外商投资项目1322个，合同外资为355.17亿元，比2018年下降了23.8%，引进千万美元以上项目92个，合同外资共48.88亿美元，比2018年下降了26.7%，下降幅度非常显著。

（二）经济下行压力较大

虽然厦门在2019年生产总值为5995.04亿元，比2018年增长了7.9%，经济增速在全国15个副省级中居第一位，然而经济总量排在副省级城市中的第十三位，仅高于长春和哈尔滨。与深圳经济特区相比，经济总量差距在逐步拉大。2015年厦门市地区总产值低于深圳市13696亿元，到 2019 年这一差距扩大到了 20932.05 亿元，厦门市经济发展仍然有待提速。在全市 2110 家规模以上企业中，产值比 2018 年下降的就达到了 997 家，占比超过四成，高于 2018 年的 1/3，达到了 47.3%，其中有 87 家企业减产超过 1 亿元。从工业投资来看，2019 年厦门市完成工业投资增长仅为 5.3%，低于福建省 10.3 个百分点，工业增长相对乏力，主要表现在缺乏大项目的拉动上，比如新机场项目原定于 2019 年下半年开工，但是由于受到用海问题影响而未能如期开工。全市 2019 年工业用电为 137.62 亿千瓦时，仅比 2018 年增长 1.5%，由于需求端的疲软，工业增长将持续乏力，由此将为经济增长带来较大压力。与此同时，2019 年在反映工业企业的经济效益指标中，劳动生产率、总资产贡献率、资本保值增值率、成本费用利润率、资产负债率、产品销售率、流动资产周转次数等指标全部比 2018 年下降，这些都将影响厦门工业效率的提高和转型升级，将对经济的持续高增长构成挑战。从消费需求来看，相对于电商的高速发展，传统零售业发展缓慢，面临持续的经营压力，1～11 月，以百货超市为主体的传统零售业销售额仅增长 1.8% 为 110.25 亿元。批发零售和住宿餐饮企业对未来信心不足，占受访总量 63.6% 的批发零售企业对未来经营持"一般"或"不乐观"的态度，住宿餐饮企业中对未来经营持"一般"或者"不乐观"的更是达到了 81.8%，企业信心不足将影响消费品市场的持续性发展。

（三）社会民生事业有待进一步改善

社会民生事业发展滞后的问题还没有得到根本性解决，其发展滞后于经济发展水平，主要表现为总量不够、质量较低、地方之间配置不均衡。上学难、住房贵、出行难、看病难等问题依然突出。2019 年厦门市共有卫生机构床位 18784 张，每千人实有床位数为 4.38 张，低于福建省平均水平。2019 年厦门市公交客运总量较 2018 年下降 3.2%，年末实有公交运营车辆 4387 辆，较 2018 年下降 5.3%，轮渡客运总量下降 2.7%，为支持旅游业的进一步发展，公共交通状况需要进一步改善。岛内外发展不均衡、城乡发展不均衡问题依然突出，2019 年厦门市城乡居民收入差距较大，其中城镇居民人均可支配收入为 59018 元，而农村居民的只有 24802 元。岛内外交通通达性不足、偏远山区公路建设滞后等问题有待解决，以同安区为例，尽管从厦门市区到同安区有多条公交线路和快速公交系统，但是它们都没有直达同安区代表性景点，例如竹坝南洋风景区。加快社会民生事业发展是实现高质量发展的必要条件，是提升市民获得感、幸福感的迫切需要。

三　政策建议

（一）积极参与构建双循环发展新格局

针对厦门经济对外依存度大的问题，一方面可以鼓励优势产业发展，构建以"内循环为主，外循环为辅，以内促外"的双循环发展格局，切实降低中美贸易摩擦等外部冲击对经济发展的影响。根据人民论坛测评中心课题组 2017 年的研究，在全国 15 个副省级城市和 4 个直辖市中，厦门的城市旅游产业发展指数居第四位，达 78.38 分，高于均值 72.48 分，厦门市在旅游发展方面具有较为显著的优势。2019 年，厦门接待游客数量超过 1 亿人次，比 2018 年增长了 12.5%，实现旅游收入 1655.9 亿元，增长 18.1%。旅游业为厦门市经济增长的一大重要支柱，其对拉动经济增长的作用进一步提升。为鼓励厦门市旅游产业的发展，必须推动打造高品质的旅游品牌，推动旅游与文化、商业贸易等产业的融合，完善旅游产业链的发展。深化旅游业供给端结构性改革，提高旅游业企业的服务质量，完善相关制度，在 2020 年"双循环"的大背景下，积极开拓厦门市旅游资源，推动旅游消费的进一步提升，推动多元化旅游消费。另外，积极拓展新的国外市场，积极降低贸易份额对"美日印澳"联盟的集中度，依托"一带一路"建设，积极发展同其他国家的贸易关系，努力降低中美贸易摩擦对经济的冲击。

（二）深化供给侧结构性改革并刺激内需

厦门应在供给侧、需求端协同发力。在优化营商环境方面，市场准入门槛有所降低。虽然开办企业的时间压缩到了 3.5 个工作日以内，低于全国 8.5 个工作日的要求。然而在企业退出方面，存在企业退出时间长、跨度大的问题，企业破产退出市场的流程步骤相对烦琐。由于退出的不及时，部分企业成为"僵尸企业"。这在一定程度上扰乱了资源的优化配置，降低了资本等资源的流动性，在一定程度上弱化了市场有效配置资源的功能。因此在优化营商环境方面不仅要简化市场准入程序、降低市场准入门槛，也要简化企业退出市场的步骤，让资本流动性得到实现，激发市场创造和创新的活力。在推动工业企业经济质量提高方面，需要积极提高政府机关工作效率，推动金融发展对实体经济的支持，积极缓解中小企业融资难的问题，继续积极落实降税减负政策，帮助企业降成本、减负担，提高企业经营信心。在需求端方面，刺激消费需要、切实提高居民的可支配收入，可通过完善社会保障体系提高居民的获得感，推动就业市场的发展，积极降低就业市场信息获得成本，促进居民就业等措施实现。刺激投资需要积极完善厦门市的产业链，切实保障企业家和工人的利益，提高人们对未来经济的美好预期，加强企业的投资信心，同时加快大型项目的落地开工速度。

（三）加强基础设施建设补齐民生短板

为解决岛内外公共交通通达性不足的问题，厦门市需要大力发展公共交通。要积极完善偏远地区的道路建设，同时尽快推进新机场项目的落实，加快景点地区道路基础设施的完善和停车场的建造，加增公共交通在地区之间的运营，增强地区之间的联动性，切实解决市民和游客出行难和停车难的问题。目前厦门市民生建设还有很大的进步空间，在医疗卫生方面，需要积极提高基本公共卫生服务水平，健全疾病防控和卫生应急体系，进一步提高公共卫生资源的数量和质量，通过优惠政策吸引并留住医护人员，切实解决市民看病贵、看病难的问题。房价贵是厦门市未来发展的一大瓶颈，在相关产业链还没有得到完全的完善和发展之前，过高的房价将降低人才的黏性，加大高端人才流失的可能性，因而厦门市应坚持"房住不炒"的政策，积极引导房地产市场向健康方向发展，加大力度加快完善产业链。厦门市应当发挥政府的引导作用，积极鼓励和引导社会资本参与社会民生建设，在推进社会保障方面，实行基本保障人人落实、额外保障市场解决的社会保障制度。在教育方面，增加学前教育和义务教育的供给，解决人才引进后其子女教育问题，切实解决全市上学难的问题，同时加强对高等教育的质量建设，推进产教深化融合。

参考文献

翟晨晨：《国民经济和社会发展概况》，厦门市统计局，2020。

张乐：《对外贸易和对外经济合作发展概况》，厦门市商务局，2020。

福建省统计局、国家统计局福建调查总队编《福建统计年鉴—2020》，中国统计出版社，2020。

刘晔：《厦门市乡村旅游整合发展研究》，《榆林学院学报》2020 年第 5 期。

李萍：《厦门实体经济高质量发展路径研究》，《厦门特区党校学报》2020 年第 2 期。

李艳波、刘松先：《基于创新创业生态系统的厦门营商环境的改善》，《厦门理工学院学报》第 4 期。

《厦门市第十五届人民代表大会第五次会议政府工作报告》，厦门市人民政府网站，2020 年 1 月 23 日，http：//www. xm. gov. cn/zfxxgk/xxgkznml/szhch/szfgzbg/202002/t20200206_ 2420191. htm。

《厦门市 2019 年国民经济和社会发展统计公报》，厦门市人民政府网站，2020 年 3 月 20 日，http：//www. xm. gov. cn/zfxxgk/xxgkznml/gmzgan/tjgb/202003/t20200320_ 2433223. htm。

《2019 年厦门市规模以上工业稳中向好》，厦门市统计局网站，2020 年 2 月 28 日，http：//tjj. xm. gov. cn/zfxxgk/zfxxgkml/tjsjzl/tjfx/202002/t20200228_ 2425246. htm？ad_ check = 1。

《商贸动能高质量增长　消费品市场活力升级——2019 年厦门市消费品市场分析》，

厦门市统计局网站，2020 年 2 月 18 日，http：//tjj. xm. gov. cn/zfxxgk/zfxxgkml/tjsjzl/tjfx/202002/t20200218＿2423095. htm。

《1—11 月我市消费品市场运行情况简析》，厦门市统计局网站，2019 年 12 月 30 日，http：//tjj. xm. gov. cn/zfxxgk/zfxxgkml/tjsjzl/tjfx/201912/t20191230＿2412949. htm? xxgk。

B.13
海南经济特区年度发展报告

刘伟丽 方晓萌*

摘　要：　2019年，海南经济运行总体呈现"稳中有进"态势，第三产业占地区生产总值比重逼近发达国家标准，对外开放和创新水平进一步提升，在政务服务上力求简化、在政策制定上对标国际，制度创新核心优势得以发挥。与此同时，海南经济特区主要面临全球经济发展格局重大调整、人口资源环境约束，全省及东中西部经济高标准高质量发展水平呈现"东部较高、全省次之、中西部较低"的区域异质性特征。据此，在筑保障、提质量、增活力、提效率等方面本报告提出促进海南经济特区发展的具体建议。

关键词：　改革创新　高标准高质量发展　区域异质性　海南

一　2019年海南经济运行基本特征

（一）经济运行总体稳中向好

2019年海南地区生产总值为5308.93亿元，首次突破5000亿元大

---

* 刘伟丽，深圳大学中国经济特区研究中心教授，深圳大学中国质量经济发展研究院院长，博士生导师，主要研究方向为质量经济与管理、国际经贸规则与标准；方晓萌，深圳大学中国经济特区研究中心2020级博士研究生，主要研究方向为特区经济。

关，其经济增速与 2018 年持平，维持在 5.8%。与此同时，人均地区生产总值实现了快速增长（见图 1），但距离全国水平（7.1 万元）有很大差距。从人均可支配收入看，2019 年，海南居民人均可支配收入为 26679 元，扣除价格因素，实际人均可支配收入是 2015 年的 1.12 倍。其中，城乡居民人均可支配收入持续提高，近五年平均增幅分别为 8.12%、8.62%（见图 2）。

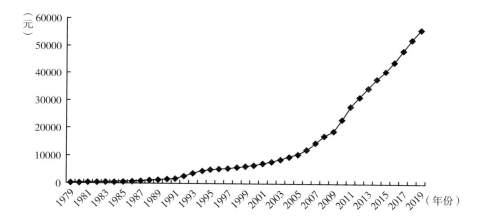

图 1　1979~2019 年海南省人均地区生产总值变化趋势

注：本报告图表资料来源除注明外均同此处。

资料来源：海南省统计局网站（http://stats.hainan.gov.cn/tjj/）；海南省统计局、国家统计局海南调查总队编《海南统计年鉴—2020》，中国统计出版社，2020。

随着人均可支配收入的增长以及居民消费结构的不断改善，居民对高质量产品、服务和生活方式的需求大幅提高。例如，在食品方面，2019 年，海南城乡居民家庭恩格尔系数分别为 34.3%、41.7%，较 2015 年分别下降 3.9 个百分点和 1 个百分点。居民用于食品方面的支出明显减少，饮食消费更加注重营养与品质。一个重要的表现在于肉、禽、蛋、奶等动物性食品消费显著增加。例如，2019 年，城镇居民家庭鲜蛋人均年购买量较 2015 年的 4.79kg 增加了 0.33kg；2019 年农村居民家庭牛羊肉人均消费量较 2015 年的 1.11kg 增加 1.07kg。总之，随着人均可支配收入增多，居民在衣食住行、文化教育、医疗卫生等的需求上更关注品质，为满

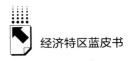

足人民群众日益增长的对美好生活的向往和需要，有必要增加高质量供给，提升产品和服务供给质量。

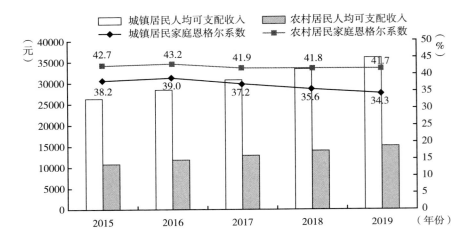

图 2　2015～2019 年城乡居民人均可支配收入与恩格尔系数变化趋势

（二）产业内部结构调整继续优化

产业结构状况是经济发展水平的重要标志和经济效益高低的决定性因素，产业结构改善是经济协调与可持续发展的必要条件，同时也是经济发展的动力所在。伴随十二个重点产业的成形成势，海南经济结构不断优化，2019 年"三二一"产业结构比例为 59.3∶20.6∶21.1。

从三次产业结构演变规律看，改革开放 40 多年来，海南在三次产业发展上做出了很多阶段性调整，三次产业结构发生了深刻变化。在经历1989 年"洋浦风波"、1993 年房地产泡沫冲击后，1993 年 7 月海南省第二次党代会明确提出超前发展以旅游业为龙头的第三产业。1996 年，海南聚焦新兴工业、农业基地、海岛旅游，提出"一省两地"产业发展基本方针，此后海南基本围绕这一方针，以"巩固第一产业、升级第二产业、发展第三产业"为准则进行产业结构上的战略微调。三次产业贡献率见图 3。2019 年，第三产业增加值占地区生产总值的比重为 75.30%，较 1989 年提高了 51.2 个百分点；第一、第二产业贡献率整体上呈现下降趋势，2019 年对经济增长的贡献率分别为 9.1%、15.7%。另外，就三次产业就业人员占总就业人员的比重而言，第二产业就业人员占比十分稳定，就业人员逐步从第一产业转向第三产业（见图 4）。2019 年末，第三产业就业人员占比为 50.06%，较 1989 年末上升 30.02 个百分点；从三次产业就业人员占比变化的转折点看，2013 年，第三产业就业人员所占比重超过了第二产业。总体而言，如果从产业贡献率和就业人员占比两个指标看，海南处于工业化的中后期，也即第二产业占比下降，第三产业快速发展但尚未占据绝对支配地位的阶段。

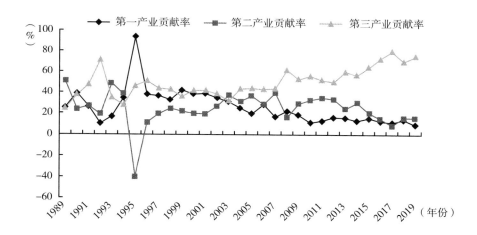

图 3　1989～2019 年海南三次产业贡献率变化趋势

从三次产业内部结构调整看，首先，2019 年，海南省已初步建立以"种植业强力拉动、林业持续增长、牛羊禽稳定增长"为支撑的热带特色高效现代农业产业体系，农业增加值达 1117.98 亿元，较上年增长 9.59%。农业已经逐步由依靠土地和劳动力投入、资本和机械化投入转向依靠技术创新，在农业耕作、排灌、收获、运输等机械需求中更加注重对效率和科技的追求。例如，2019 年，海南大中型耕作拖拉机数量较上年增加 875 台，小型拖拉机数量较上年减少 1419 台；农用排灌机械中电动

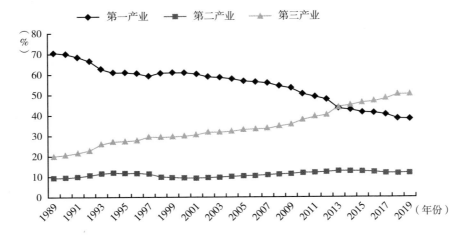

图4　1989~2019年三次产业就业人员占总就业人员的比重变化趋势

机的农用排灌机械数量较上年增加1108台，使用柴油机的农用排灌机械数量较上年减少3717台。此外，2019年，地方财政农林水事务支出达37.76亿元，占地方一般公共预算支出的13.53%，较上年增加3.33%，财政支农惠农力度不断加大，成为现代农业发展和农民增收的重要助力。

其次，海南工业逐步从以传统加工业为主转为逐步形成以油气、医药、低碳制造业为支撑的现代化新型工业发展方向。2019年，石油加工、炼焦和核燃料加工业增加值增长4.2%，医药制造业增加值增长6.9%，主要工业产品如太阳能电池（光伏电池）及人造板产量保持三位数增速，铁矿石（原矿）产量保持两位数增速（见表1）。

表1　2019年海南主要工业产品产量及其增长速度

产品名称	单位	产量	比上年增长(%)
铁矿石（原矿）	万吨	434.47	52.7
饲料	万吨	265.07	-5.6
成品糖	万吨	14.03	0.7
罐头	万吨	19.20	8.3

续表

产品名称	单位	产量	比上年增长（%）
软饮料	万吨	83.67	5.9
卷烟	亿支	118.00	0.4
人造板	万立方米	45.46	102.0
纸浆	万吨	184.68	7.0
机制纸及纸板	万吨	178.78	7.5
精甲醇	万吨	141.62	4.5
氮肥（折合 N100%）	万吨	65.55	6.7
合成纤维单体（PTA）	万吨	226.95	9.7
合成纤维聚合物（PET）	万吨	151.09	4.9
水泥	万吨	2019.04	−8.0
商品混凝土	万立方米	1303.79	−13.7
汽车	万辆	0.04	−98.3
太阳能电池（光伏电池）	万千瓦	54.59	405.8

资料来源：《2019 年海南省国民经济和社会发展统计公报》；海南省统计局、国家统计局海南调查总队编《海南统计年鉴—2020》。

最后，海南省服务业厚积薄发，发展方向上逐步从以运输邮电、商品零售、商业饮食等传统服务业为主转变为以旅游业为龙头的现代服务业为主。2019 年，海南旅游市场呈现红色旅游、体育旅游、夜市旅游等多样化的旅游新亮点，旅游业总收入为 1057.80 亿元，比上年增长 11.3%，快于全国增速 2.3 个百分点；入境游客为 143.59 万人次，比上年增长 13.6%，快于全国增速 9 个百分点。6 个 5A 级景区中有 3 个景区进入 2019 年海南热门景区排名前十，蜈支洲岛成为最具人气旅游景点，亚龙湾热带天堂森林公园和天涯海角依次排名第二、第三，两个 5A 级景区——南山文化旅游区和呀诺达雨林文化旅游区较 2018 年排名有所下降（见表 2）。此外，在"十三五"规划冲刺之年，海南金融机构本外币期末存贷款余额分别较上年上涨1.32%、7.95%，互联网产业、现代物流业、会展业蓬勃发展，产业增加值均保持两位数增速，为推进自贸港建设、国际旅游消费中心建设注入动能。

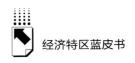

表 2　2018～2019 年海南热门景区排名情况

排名	景区名称（2019 年）	级别	景区名称（2018 年）	级别
1	蜈支洲岛	5A	亚龙湾热带天堂森林公园	4A
2	亚龙湾热带天堂森林公园	4A	蜈支洲岛	5A
3	天涯海角	4A	天涯海角	4A
4	亚龙湾	4A	南山文化旅游区	5A
5	三亚千古情景区	—	三亚千古情景区	—
6	南山文化旅游区	5A	呀诺达雨林文化旅游区	5A
7	三亚·亚特兰蒂斯水世界	—	槟榔谷	—
8	鹿回头风景区	4A	分界洲岛	5A
9	三亚·亚特兰蒂斯失落的空间水族馆	—	三亚·亚特兰蒂斯失落的空间水族馆	—
10	呀诺达雨林文化旅游区	5A	西岛	4A

　　资料来源：赵优《大数据看海南旅游这一年》，《海南日报》（旅游周刊）2020 年 1 月 8 日；赵优《大数据为海南旅游"画像"》，《海南日报》（旅游周刊）2019 年 1 月 2 日。

（三）对外开放不断推进

　　在对外交流上，2019 年，海南省成功举办了博鳌亚洲论坛年会、首届中非农业合作论坛等。另外，新中国成立以来首个驻琼领事机构——柬埔寨驻海口总领事馆开馆。在贸易转型升级上，海南在全国首先采取服务贸易先导计划，服务贸易顺差达 6.53 亿元，出口额增长 33%，其中，高新技术产品出口额为 44.86 亿元，比上年增长 180.9%，进口额为 123.57 亿元，比上年下降 46.2%。在贸易合作伙伴上，与共建"一带一路"国家贸易进出口额为 352.29 亿元，占贸易进出口总额的 38.89%，其次为东盟（见图 5）；分国家和地区来看，海南省货物出口额较高的国家为新加坡、菲律宾、越南，货物进口额较高的国家和地区为美国、中国香港、越南（见图 6）。

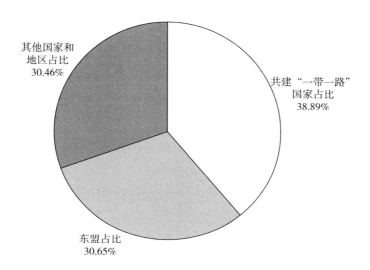

图5　2019年海南重要贸易合作伙伴进出口额占总进出口额的比重

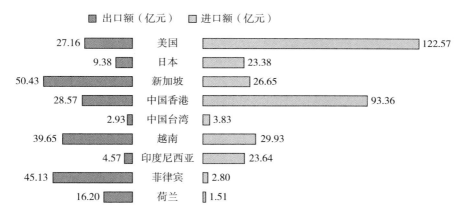

图6　2019年海南主要国家和地区货物进出口额对比

（四）创新驱动力逐步提升

2019年海南技术创新程度增强。研究与试验发展（R&D）活动人员全时当量是衡量科技进步的重要指标，2014～2019年R&D人员全时当量基本保持平稳提升，2019年，R&D人员全时当量达到8903.4人年，

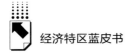

表明海南技术进步水平较为稳定且有所提高（见图7）。另外，R&D 经费支出持续增加，2019 年 R&D 经费支出为 29.91 亿元，同 2013 年相比提升 101.55%，2019 年 R&D 经费投入强度（R&D 经费占地区生产总值比重）为 0.56%，较上年有所提升（见图8）。此外发明专利申请授权量逐步提升，2019 年为 530 件，同比增长 8.38%。

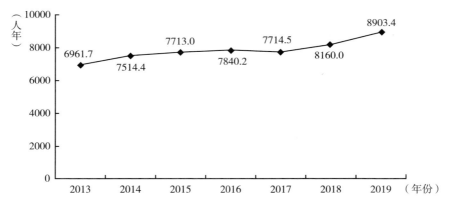

图 7　2013～2019 年 R&D 人员全时当量

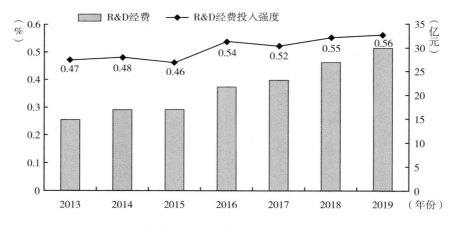

图 8　2013～2019 年 R&D 经费情况

（五）制度创新核心优势持续壮大

为进一步挖掘海南市场潜力、形成国内外市场竞争力，2019年，海南围绕建设发展经济特区、自贸试验区、自贸港等制定了相应的推进措施（见表3），提出涉及引资引智、项目推进、园区建设、国际合作等多方面的举措，相关政策举措突出坚持制度创新，以及经济高质量、高标准、可持续的重要性。海南省政府出台11条制度创新推进措施，推动审议涉及自贸试验区、自贸港的地方性法规草案9件，配合自贸港顶层设计，推动重点园区承接自贸港政策和制度安排，推进经济特区体制机制创新。例如，宣布免税消费政策从3万元提高到10万元，从有限次数提高到不限次数。此外，积极推进"极简审批""一枚印章管审批""一网通办""单一窗口"等行政审批工作，政府服务能力得到全面提升，制度创新核心优势持续壮大。

表3 海南经济特区发展相关政策文件

定位	文件号或发布会议	相关政策
政策背景	国发〔1988〕26号	《国务院关于鼓励投资开发海南岛的规定》
	国发〔2009〕44号	《国务院关于推进海南国际旅游岛建设发展的若干意见》
指导精神	海南建省办经济特区30周年大会	习近平总书记"4·13"重要讲话
整体规划	国发〔2018〕34号	《中国(海南)自由贸易试验区总体方案》
指导意见	新华社北京2018年4月14日电	《中共中央 国务院 关于支持海南全面深化改革开放的指导意见》
改革任务	琼发〔2019〕1号	《中共海南省委印发〈关于推进全面深化改革开放"政策落实年"的意见〉的通知》
战略路径	新华社北京2019年5月12日电	《国家生态文明试验区(海南)实施方案》
发展支撑	琼府办函〔2019〕234号	《海南省优化营商环境行动计划(2019—2020年)》

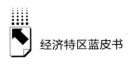
定位	文件号或发布会议	相关政策
专项措施	琼府〔2019〕37 号	《关于支持博鳌乐城国际医疗旅游先行区发展的措施（试行）》
		《关于支持洋浦经济开发区发展的措施（试行）》
		《关于支持海口江东新区发展的措施（试行）》
		《关于支持三亚崖州湾科技城发展的措施（试行）》
机制创新	琼发〔2019〕14 号	《中共海南省委 海南省人民政府关于建立更加有效的区域协调发展新机制的实施意见》
整体规划	新华社北京 2020 年 6 月 1 日电	《海南自由贸易港建设总体方案》

资料来源：中国政府网（http：//www.gov.cn/）、海南省人民政府网站（http：//www. hainan.gov.cn/）、海南省人力资源和社会保障厅网站（http：//hrss.hainan.gov.cn/）。

二 2019年海南经济特区发展面临的现实问题

（一）全球经济发展格局重大调整的影响

"十三五"时期，受世界经济放缓、中美贸易摩擦、反经济全球化等不确定性因素的影响，世界经济低速增长常态化趋势明显。国际货币基金组织（IMF）预测，2020 年全球经济将萎缩 3%，为 20 世纪 30 年代大萧条以来最严重的经济衰退。国际劳工组织预计，超过 10 亿名就业者面临减薪或失业的高风险。世界贸易组织发布报告显示，2020 年全球贸易将缩水 13%～32%，其中电子产品和汽车产业缩水将更为明显。受国际环境的影响，2019 年海南省接待外国游客人数增速放缓，较 2016 年下降 11.67%，国际旅游收入较 2016 年下降 15.14%。

（二）人口、资源与环境的约束制约

当前，人口老龄化、资源短缺、环境恶化等对经济稳定持续发展的影响

日益显现。首先，老龄化进程加快，将直接影响经济发展动力。2014～2019
年人口老龄化程度攀升（见图9），2019年65岁及以上人口比例较2018年
增加1.33个百分点。其次，能源消耗持续快速增长影响了经济发展的可持
续性。2019年，全年规模以上工业综合能源消费量为1190.14万吨标准煤，
同比上升6.14%。从分燃料消费量的统计看，原煤消费量为1130.39万吨，
同比下降2.78%；原油消费量为1138.16万吨，同比上升7.29%；天然气
消费量为41.94亿立方米，同比上升6.91%；电力消费量为118.67亿千瓦
时，同比上升1.51%。虽然煤炭能源消费量下降，但其仍是占比较大的工
业能耗品。

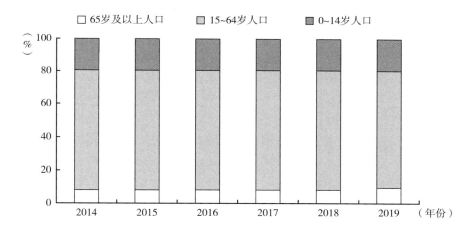

图9　2014～2019海南省分年龄段人口结构

　　最后，环境污染将影响经济系统的生态环境承载力。2019年海南省
空气质量达到二级以上天数占全年有效监测天数的97.5%，较2018年
下降0.9%。此外，对比2018年与2019年海南省东部中小河流水质状
况，发现水质有所恶化（见图10）。水质测评没有发现Ⅰ类水质（主要
适用于源头水），Ⅱ、Ⅲ类水质（主要适用于生活饮用水）比例下降；
Ⅳ、Ⅴ类水质（主要适用于工业农业用水区）比例上升，超标段面在
2018年的文昌河水涯新区、文教河坡柳水闸基础上，新增石壁河河口、

东山河河口；劣Ⅴ类水质（无使用功能）段面——珠溪河河口仍未有明显改善。

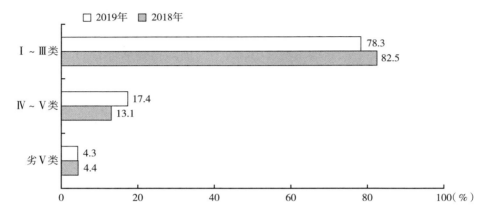

图 10　2018～2019 年海南省东部中小河流水质状况对比

资料来源：《2019 年海南省生态环境状况公报》，海南省生态环境厅网站，2020 年 6 月 4 日，http：//hnsthb. hainan. gov. cn/xxgk/0200/0202/hjzl/hjzkgb/202006/t20200604_ 2799067. html。

（三）内部经济发展的不平衡不协调

由于海南内部各市县的地区特色、经济基础不同，仅以海南各市县地区生产总值或增速来研判海南省内部经济发展水平是不全面的。因此通过构建指标体系的方法对海南经济高标准高质量发展进行综合评价。

1. 评价指标体系构建

张云云等从经济效益、创新发展、人民生活、可持续发展四个维度构建了经济高质量发展指标体系，[①] 该文章也被海南省统计局于 2019 年 5 月 10 日在官方网站上转载。参考其指标选取办法，并结合海南经济特区性质，本报告建立了五维度下海南经济高标准高质量发展指标体系（见表 4）。其中，样本指标数据来源于《海南统计年鉴—2020》《海南统计年鉴—2019》。

----

① 张云云、张新华、李雪辉：《经济发展质量指标体系构建和综合评价》，《调研世界》2019 年第 4 期。

表4　海南经济高标准高质量发展评价指标体系

评价层	指标层	指标描述	变量表示
经济效益	经济发展速度	人均地区生产总值增速	X_1
	经济发展效益	地方一般公共预算收入/地区生产总值	X_2
	经济发展结构	第三产业生产总值/地区生产总值	X_3
创新发展	科技创新人力投入	科技研究和技术服务业从业人员数/总从业人员数	X_4
	科技创新财政投入	科技支出/财政支出	X_5
人民生活	工资水平	城镇非私营单位从业人员平均工资增速	X_6
	城乡收入差距	农村居民人均可支配收入/城镇居民人均可支配收入	X_7
可持续发展	绿色环境水平	建成区绿化覆盖率	X_8
对外开放	外贸依存度	进出口总额/地区生产总值	X_9

2. 综合评价方法选择

目前对于综合评价问题主要有5种方法：层次分析法（AHP）、模糊综合评价法、神经网络评判法、TOPSIS法、秩和比法。近年来，TOPSIS法已经被广泛应用于医药卫生、宏观经济管理、环境科学等领域，并适用于本报告的多单位横向层面的比较分析。此外，在定量法确定权重方面，CRITIC法确定权重时不仅关注各指标的变异大小，也考虑了指标间的冲突性。[①] 因此本报告引入赋权计算的TOPSIS法，根据决策矩阵的数值信息计算权重，使得评标方法更加客观。本报告通过CRITIC-TOPSIS法对海南省分市县、分区域经济高标准高质量发展水平进行评价与比较。

CRITIC法在权重计算时，将对比强度与指标冲突性相乘，并且进行归一化处理，即得到最终的权重。首先对比强度以标准差 σ 的形式来表现，指标冲突性以相关系数 r_{ij} 来表现，设 E_j 表示第 j 个指标所包含的信息量，公式为：

---

① 王昆、宋海洲：《三种客观权重赋权法的比较分析》，《技术经济与管理研究》2003年第6期。

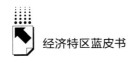
$$E_j = \sigma_j \sum_{i=1}^{m} (1 - r_{ij}) \qquad (1)$$

其中 m 为评价对象的个数，第 j 个评价指标所包含的信息量 E_j 越大，则该指标相对越重要。因此第 j 个指标的 CRITIC 客观权重应为：

$$W_j = E_j / \sum_{j=1}^{n} E_j \qquad (2)$$

其中 n 为评价指标的个数。用 CRITIC 法计算的权重矩阵 $w = (w_1, w_2, \ldots, w_n)^T$ 与归一化后的矩阵 Z_{ij} 相乘：

$$x_{ij} = w_j \times z_{ij} (i = 1, 2, \ldots, m; \quad j = 1, 2, \ldots, n) \qquad (3)$$

由于本报告中 j 为效益型属性，确定正理想解 x^* 为 $\max_i x_{ij}$，负理想解 x^0 为 $\min_i x_{ij}$。接着计算各方案到正理想解和负理想解的距离如下：

x_i 到正理想解的距离为：

$$d_i^* = \sqrt{\sum_{j=1}^{n} (x_{ij} - x_j^*)^2}, i = 1, \ldots, m \qquad (4)$$

x_i 到负理想解的距离为：

$$d_i^0 = \sqrt{\sum_{j=1}^{n} (x_{ij} - x_j^0)^2}, i = 1, \ldots, m \qquad (5)$$

最后计算各方案的相对贴近度 C_i^*，并按由大到小的顺序排列确定优劣次序。

$$C_i^* = d_i^0 / (d_i^0 + d_i^*), i = 1, 2, \ldots, m \qquad (6)$$

3. 评价结果分析

通过上述 CRITIC 法对应公式计算各县市指标权重值如表 5 所示。从表 5 中数据可以发现，X_3 这一指标所占权重最大，这说明第三产业产值占地区生产总值的比重在经济高标准高质量发展评价中具有重要意义。X_4 这一指标所占权重最小，表明当前海南省科技创新人力投入对经济高标准高质量发展的贡献不足。

表5　各指标 CRITIC 权重

单位：%

指标	X_1	X_2	X_3	X_4	X_5	X_6	X_7	X_8	X_9
权重	9.71	10.22	22.30	1.14	3.24	18.28	7.96	16.27	10.87

　　随后将所得的权重矩阵与归一化后的指标矩阵相乘，将新矩阵数据带入 TOPSIS 法公式中，得出 2019 年海南省分市县高标准高质量发展水平相对贴近度（见表6）。根据综合得分情况，可将 18 个县市分为三种类型。相对贴近度（评价值）为 0.6~1，表明经济发展水平较高，包括三亚市、海口市。三亚被称为旅游度假胜地，已形成地区发展优势、特色品牌，是海南国际旅游的开放窗口，同时也是"一带一路"的支点城市。海口市是海南省的省会，是政治文化中心，拥有资源优势。评价值为 0.3~0.6，包括保亭县、陵水县、五指山市、琼中县、儋州市、琼海市、屯昌县、白沙县、澄迈县、万宁市。这 10 个市县经济高标准高质量发展水平一般，可能原因是：产业未形成对东南亚周边产业的竞争优势，有效输出不够；产业发展与地方特色未实现有效对接；未有效发挥品牌优势等。评价值为 0~0.3，包括文昌市、定安县、乐东县、昌江县、临高县、东方市。这 6 个市县经济高标准高质量发展水平不理想，可能原因是公共服务水平不足，基础设施建设不完善，资源供给质量和效益不高等。从上述得分可以看出，海南各市县之间经济发展不平衡。

表6　2019 年海南省分市县高标准高质量发展水平排序情况

市县	正理想解距离 d_i^*	负理想解距离 d_i^0	相对贴近度 C_i^*	排序结果
海口市	0.326	0.549	0.627	2
三亚市	0.248	0.526	0.679	1
五指山市	0.454	0.338	0.427	5
文昌市	0.528	0.212	0.286	13
琼海市	0.480	0.283	0.371	8
万宁市	0.515	0.223	0.302	12

续表

市县	正理想解距离 d_i^*	负理想解距离 d_i^0	相对贴近度 c_i^*	排序结果
定安县	0.533	0.201	0.274	14
屯昌县	0.485	0.274	0.361	9
澄迈县	0.515	0.244	0.322	11
临高县	0.633	0.160	0.202	17
儋州市	0.474	0.318	0.402	7
东方市	0.640	0.127	0.166	18
乐东县	0.615	0.192	0.238	15
琼中县	0.486	0.358	0.424	6
保亭县	0.407	0.422	0.509	3
陵水县	0.413	0.371	0.473	4
白沙县	0.497	0.271	0.353	10
昌江县	0.618	0.187	0.232	16

最后，以上述方法对全省以及东中西部经济高标准高质量水平进行比较分析。根据海南省政府网关于东中西线和东中西部的划分标准，海南省中部地区包括海口市、三亚市、文昌市、琼海市、万宁市、陵水县；中部地区包括五指山市、定安县、屯昌县、琼中县、保亭县、白沙县；西部地区包括儋州市、东方市、澄迈县、临高县、乐东县、昌江县。表7显示出区域间具有十分明显的差异。并且海南省经济高标准高质量发展水平的排序结果呈现"东部较高、中部次之、西部较低"的特征。对比全省以及东中西部发展水平，东部地区经济高标准高质量发展水平较高，中、西部不如全省发展水平高，可能原因是中、西部区域经济基础差、内部各市县区域协调性不够。

表7　2019年海南省分区域高标准高质量发展水平排序情况

区域	正理想解距离 d_i^*	负理想解距离 d_i^0	相对接近度 C_i^*	排序结果
全省	0.156	0.262	0.627	2
东部	0.112	0.321	0.741	1
中部	0.270	0.174	0.393	3
西部	0.356	0.051	0.125	4

三 海南经济发展总体评述及促进海南经济发展的政策性建议

（一）2019年海南经济发展总体评述

2019年是海南全面建成小康社会的关键年，也是建成国际旅游岛的关键年，海南面临经济特区、全面深化改革开放试验区、国家生态文明试验区、自由贸易试验区、国际旅游消费中心"四区一中心"的重大历史发展机遇。这一年，海南省先行先试、敢想敢试，经济社会发展取得实质性进步，为建设开放"新高地"和世界一流自由贸易港奠定了良好的基础。2019年海南经济特区发展状况可以基本概括为以下两方面。

一是实现"五大提升"，有效承接重大战略机遇。第一，经济总体运行水平稳步提升，2019年，海南地区生产总值首次突破5000亿元，人均地区生产总值持续增加，城乡居民家庭恩格尔系数降低，人民生活水平得到提高，以人均地区生产总值来看，海南整体即将迎来中等收入水平阶段，要想跨越中等收入陷阱，需要提前制定相关举措，实现经济动能转换，创造经济增长点。① 第二，产业内部结构优化提升。第三产业占地区生产总值比重逼近发达国家标准，农业种植、灌溉、仓储、运输更加高效，低碳高附加值制造业比重增大，旅游服务业更多元化，已具备了建设现代化产业体系的基础和条件。第三，对外开放水平不断提升，2019年，海南省通过启动贸易先导项目、举办国际论坛、实施贸易便利措施、开通国际航线等行动，加快对外开放步伐，展现海南开放新形象。第四，创新驱动力逐步提升。创新人力、经费投入不断增加，以市场需求为目标，实施创新引领、产业强县战略，在农业技术、生物医药等新兴产业领域创新驱动发展均有所体现。第五，制度创

---

① 刘哲希、陈彦斌：《"十四五"时期中国经济潜在增速测算——兼论跨越"中等收入陷阱"》，《改革》2020年第10期。

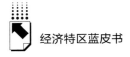

新核心优势持续提升。在政务服务上，主要以主题综合窗口简化审批程序为重要抓手，推行转变政府协调管理服务职能；在政策制定上，对标国际标准、国际惯例，做到全局性、战略性、前瞻性考虑。对标国际标准，建设自由贸易港的一般规则和制度，例如对标世界银行标准，制定优化营商环境的政策措施。

二是面临"三大制约"，需要持续变革升级。2019年，海南省面临全球经济发展格局重大调整的制约，人口、资源与环境的约束制约以及内部经济发展不平衡不协调的制约。这一年，国内外经济形势多变急变，中美贸易摩擦、反经济全球化等不确定性因素的影响加剧，世界经济面临萎缩。受此影响，海南接待外国游客人数较"十三五"开局之年增速放缓。此外，人口老龄化不断加剧、不可再生能源的消费量仍然居高不下、水质污染更加严重、空气质量有所下降，海南省在增量提速的同时也不能忽视质量。分县市来看，经济高标准高质量发展水平较好的市县是三亚市和海口市；分区域来看，全省及东中西部经济高标准高质量发展水平呈现"东部较高、全省次之、中西部较低"的区域异质性特征。

（二）促进海南经济发展的政策性建议

结合海南地区发展情况，针对国际经济环境突变急变、人口资源环境制约、发展不平衡不协调等问题，参考东部部分地区如三亚市、海口市的建设经验，结合经济特区系统特色与发展需求，坚持经济高标准高质量发展的综合发展目标，本报告提出促进海南经济发展的具体建议。

1. 以制度创新筑保障

制度创新是经济可持续高质量发展的保障。海南应积极完善资源配置机制、创新公共服务供给和社会治理体系、优化政府职能，积极建设一流的营商环境，使自由港成为高度开放的贸易投资新热土、新高地。首先，在开放方面，从流动性开放向制度性、规则性开放迈进。除了制造业、服务业实体经济方面的积极开放，对于互联网信息、数字的跨境移动也应该保持开放态度，构建开放型新体制，这将有助于促进岛内外、境内外信息和数据的移动。其次，应建立贸易清算系统，以服务外包方式出口的企业，主要依托新加坡和中国香港进行美元贸易结算，这导致流失了金融服务方面的重要资源，同时给企业带来了不便。另外，在外籍人才引进方面，针对外籍人员的签证、收入纳税、社会保障制度问题，应确立相关管理体系和标准。最后，建立港澳台侨服务工作站，发挥港澳台侨在招商引资方面的资源优势。

2. 以产业转型提质量

产业转型升级可实现换道超车，有利于增强产业韧性，提升经济发展质量。海南应发挥地缘优势，积极打造热带特色高效农业、低碳高附加值制造业、多元化国际旅游服务业品牌和王牌，加快12个重点产业做大做强，发挥海南自由港独特定位。首先，建立信息化农业，加强农业与科研院所的协作，使科学技术在海南转换为生产力，打造农业产业发展制高点。其次，发挥洋浦经济开发区在海南11个自由贸易港重点园区的示范作用，其占海南外贸进出口总额的比重超过四成，应以洋浦港为依托，打造海上运输储藏加工交易中心。此外，以泛南海邮轮旅游为重点，形成对东南亚旅游市场的辐射力，深挖海南旅游资源，特别是历史人文资源，实现旅游业的双循环多元发展。最后，推动数字贸易发展，使大数据与金融业相结合，利用"金融+科技"新模式推动海南经济多元化发展，助力构建三新经济发展新格局。

3. 以消费升级增活力

消费是中国经济的压舱石、重要的稳定器。海南应顺应消费升级趋势，推动供给侧改革。首先，可借鉴新加坡、迪拜的成功经验，创新商业模式。例如新加坡樟宜机场的"星耀樟宜"项目，其打造具有新加坡当地特色的室内瀑布、热带雨林公园，整合新加坡餐饮服务、购物服务等，使得机场成为消费的配套场所。海口机场、三亚机场可以打造具有海南本土特色的综合体，以此推动国际旅游消费中心的建设。其次，积极打造消费新业态，推动新旧产能的动能转换。可以学习"珠江琶醍"网红街，其利用珠江啤酒原址老厂房建立的酒吧街，集生产、消费、娱乐和艺术文化展览于一体。海南省可推进集文化、体验、社交于一体的夜经济发展。夜经济有效地连接消费端与生产端，有利于海南双循环新发展格局的构建。

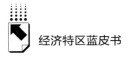
4. 以区域协调提效率

对于经济高标准高质量发展水平较低的区域，应重塑区域分工关系格局，改变市县发展相互独立的现象。在制定有针对性的具体政策时，应该把握经济发展的客观规律，因地适宜。以区域内已制定的相关政策为基础，借鉴其他优势地区的实践经验，对接市县产业规划与布局，打造协作平台与联动机制。例如推进市县企业数据交流共享，实现资源要素高效流动配置，为产业转型升级打好基础。建立跨部门跨市县的协作工作机制，成立产业技术联盟，由具备优势资源的企业提供专业化技术服务与综合化解决方案，逐渐探索可复制、可推广的经验模式。此外，增强跨县市、跨区域的合作交流，海南经济特区与北面粤港澳大湾区在资源产业上形成互补，可依托泛珠三角区域合作机制、琼州海峡合作，实现人才流动、产业分工合作，以实现经济整体效率的进一步提升。

B.14
上海浦东新区年度发展报告

章平　吴晓丹　曾梅*

摘　要： 2019年，浦东新区以高质量发展、高水平开发实现经济社会
超常规发展，成为上海乃至全国经济发展的重要引擎。通过
对浦东新区发展进行历史梳理、对2019年发展情势进行重点
分析发现：浦东新区经济总体平稳、稳中有进，在部分新兴
领域取得突破，总体完成年度目标，保持较为健康的发展态
势。但经济转型以及经济增长动力不足的问题依然存在。根
据数据分析结果，本报告给出了有针对性的政策建议，如聚
焦硬产业高地建设，打造高质量发展先行区等。

关键词： 高水平开放　高质量发展　超常规发展　浦东新区

2019年是决胜小康的关键一年，三大攻坚战能否取得决定性进展同
经济发展质量好坏与"十三五"目标能否实现相挂钩。即将迈入"而立
之年"的浦东新区面对新历史、新使命、新方位，又该如何增强自己的
吸引力？在过去的一年，即使面临严峻的挑战，浦东新区仍迎难而上，
再创佳绩。2019年8月增设的自贸试验区临港新片区给经济注入新的活
力，主动集成资源、引领以上海为龙头的长三角一体化展，新片区将再

---

* 章平，深圳大学中国经济特区研究中心副教授，管理学博士，主要研究方向为比较制度分析、
人口与土地城市化；吴晓丹，深圳大学中国经济特区研究中心2019级硕士研究生，主要研究
方向为城市经济学；曾梅，深圳大学中国经济特区研究中心2019级硕士研究生，主要研究方
向为城市经济学。

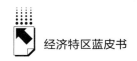
缔造一个"新浦东",使新区经济总量再迈上一个台阶。本报告根据历年统计年鉴数据和《2019年上海市国民经济和社会发展统计公报》对2019年浦东新区(以下视情简称"新区")的经济发展状况进行梳理分析,并提出政策建议。

一 发展态势和总体特征

（一）浦东经济发展总体平稳，保持持续健康发展态势

2019年是具有标志性意义的一年，不仅对"十三五"规划产生重要影响，也关系新区能否成功向"全球城市核心区"迈进。过去一年，新区经济社会总体保持平稳，稳中求进，进中求质，好于预期，积极适应经济发展新常态，保持了持续健康发展趋势。浦东经济承压前行，全年实现地区生产总值比上年增长9.1%，达12734.25亿元，连续两年突破万亿大关。一般公共预算收入增长7.5%，达到1071.5亿元，保持稳定增长。全社会固定资产投资总额达2126.06亿元，近五年累计已超过9000亿元；外贸进出口总额达20514.7亿元，连续两年保持在2万亿元以上。经济结构继续优化升级，其中第一产业增加值增速下降9.8个百分点，第二产业和第三产业增加值占地区生产总值比重分别为22.5%和77.3%，战略性新兴产业产值占工业总产值的43.2%，第三产业增加值占比上年提高了1.7个百分点，服务型产业进一步巩固。社会民生不断改善，人民生活品质不断提升。2019年新区继续增加社会民生投入，同比增长9.1%，居民人均可支配收入同比增长8.3%，提高到7.16万元。在社会就业方面，全区就业形势持续向好，就业岗位增加11.4万个，更多浦东人民享受到新区开发开放的发展成果。

（二）推动五个中心融合发展，持续增强城市竞争能力

城市竞争能力的增强离不开背后"五个中心"的深度融合发展。"五个

中心"的进一步融合具体表现为以下四点。第一，金融核心功能持续提升。2019 年，浦东金融业取得丰硕成果，金融要素市场国际化水平显著提高，助力浦东金融实现高质量发展。"沪伦通"的正式启动促进又一国际化金融要素平台在浦东落地；20 号胶期货在浦东挂牌交易；浦东持牌类金融机构总量超过 1075 家，占全市近 2/3；此外，科创板上市发行企业占全市上市发行企业近 7 成，外资资产管理公司 83 家，融资租赁资产规模约 2 万亿元。这些都进一步加深了金融业的对外开放，为金融业的发展带来更多机遇。

第二，新区贸易网络能级稳步提高，加快贸易创新步伐，持续完善国际贸易"单一窗口"功能，实施更多开放举措以至于各种新的贸易形式层出不穷。离岸贸易、服务贸易、技术贸易、跨境电子商务、金融租赁和大宗商品现货交易的出现使交易便捷化，对经济增长有重要作用。新区在过去的一年商品销售总额突破 4 万亿元，外贸进出口总额突破了 2 万亿元，占全市的47.3%。

第三，航运资源配置高端聚焦，枢纽功能进一步增强。2019 年，浦东继续加强航运新区核心功能区建设，推进航运发展体系创新，航运要素集聚效应明显加强。第一家外商独资船务代理公司以及其他一批新的企事业单位落户。集装箱吞吐量占全市的 90%，机场货物和邮件吞吐量占全市的 64%。2012 年以来，浦东国际机场面对严峻形势，依旧保持第三的位置。

第四，新区秉承高质量发展的战略要求，科创中心建设富有成效。张江科学城建设稳步推动，大批大型科技设施和具有科技资源能力的重大科技创新项目被培育。长三角一体化发展国家战略的全面实施直接推动了交通、能源、信息等一批基础设施合作项目的开工建设，并且助力 G60 科创走廊能源水平提升。此外，新区启动一系列高科技重点科学项目建设，并且以各种新的研发机构为载体将其付诸实施。当然，这一系列措施成效颇为显著。由图 1 可知，专利授权总量和每万人发明专利拥有量自 2014 年以来一直保持上升趋势，2019 年也不例外。全社会研发支出相当于浦东新区地区生产总值的 4%。

图1　2014～2019年浦东新区专利数量变化

资料来源：国家知识产权局专利年度统计数据。

（三）不断深化城市治理创新，城市功能布局更加完善

2019年，浦东新区围绕基础设施建设顺利开展各项工作，持续推进重大工程。城市交通更加便捷，轨道交通路线在原有基础上进一步增加，崇明线工程、轨道交通10号线二期工程（浦东段）、轨道交通14号线工程、轨道交通18号线工程相继开工。区域交通网络也在整治中，新区继续推进沪通铁路二期浦东段、G228公路等工程；龙东大道的改造步伐以及东西通道建设步伐加快，杨高路改建工程、周家嘴路隧道、郊环隧道建设进展顺利，按预期完成工程并实现通车。为了使城市的规划布局更加合理，新区着手编制"浦东2035"总体规划，致力于形成"一主、一新、一轴、三廊、四圈"的合理空间结构，将"城市管理精细化三年（2017—2020）"进行到底。此外，在不断提高城市管理水平的同时，新区也继续加快"城市大脑"建设步伐，在城市交通、设施、执法等领域加大创新力度，比如将各种光影秀与丰富的浦东元素结合，营造开放、现代、包容与祥和的城市氛围。

城市生态环境更加友好。制度创新是浦东新区的灵魂，垃圾分类管理工作也位居前列。2019年，新区严格遵循《上海生活垃圾管理条例》，

全面开展生活垃圾全程分类工作，生活垃圾分类达标率达 91.4%，全区基本形成全覆盖格局。其中不乏具有特色之处，比如新区采用河长制方法处理危害很大的生活污水，17.1 万户农村家庭生活污水治理和 378 个老旧小区雨污分流改造工作顺利完成。此外，工厂污泥处理项目、临港污水处理厂扩建工程也先后开工，劣 V 类水体占比下降到 6.4%。

二 探本溯源：浦东新区经济发展30年历程回顾

1992 年 10 月，国务院批复设立上海市浦东新区，浦东以更加主动的姿态加入经济全球化的浪潮。经过近 30 年的发展，浦东新区不断实现新的突破，无论在规模方面还是在质量方面都取得令人骄傲的佳绩，用一系列经济成果书写奇迹，实现华丽蜕变，成为中国经济增长最快和城市化进程最快区域中的一员。浦东地区生产总值从 1990 年 60.24 亿元到 2019 年的 12734.25 亿元，增长了 210 倍；工业总产值从 1990 年的 176.85 亿元到 2019 年的 2710.43 亿元，一直保持迅猛的发展势头。

（一）初露峥嵘（1990~2000年）

1990 年，"开发浦东，振兴上海，服务全国，面向世界"的开发方针由上海市委、市政府制定，自此，浦东的开发开放成为我国的标志性事件。在这一阶段，开发与发展协调推进，浦东经济进入快速发展时期。新区最初的目标是到 2000 年，地区生产总值预计将超过 200 亿元，比 1990 年增加 2.5 倍。之后在 1992 年提出力争实现浦东新区地区生产总值翻三番，达到 500 亿元的目标。浦东新区用惊人的增长速度证明自身的潜力。如表 1 所示，1990 年新区的生产总值为 60.24 亿元。到 2000 年底，浦东新区的地区生产总值已经超乎预期，达到了 923.51 亿元，增长超过了 14 倍。值得深思的是，发生于 1997 年的东南亚金融危机没有对新区的经济发展造成较大的危害，新区经济依然维持稳定的增长。

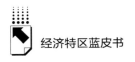

表1　1990年和2019年浦东新区经济指标对比

单位：亿元

	地区生产总值	全社会固定资产投资总额	工业总产值
1990年	60.24	25.92	176.85
2019年	12734.25	2126.06	2710.43
增长倍数	210	81	14

资料来源：《上海浦东新区统计年鉴》；《浦东统计月报》。

（二）梅开二度（2001～2012年）

浦东新区开发开放第二阶段的经济增长与第一阶段相比有所回落，但是也抓住了发展的第二个黄金时期，"梅开二度"——以开放促改革，全面开发建设。这一时期，新区把握住加入WTO、筹办世博会以及率先开展综合配套改革试点等有利因素，保持高速增长的态势。2001年，新区经济总量实现突破，达到1087.53亿元，第一次打破1000亿元，2008年更是达到了3015.99亿元。为了抵抗2008年金融危机带来的负面影响，国务院提出要将上海要打造成国际经济、金融、贸易、航运"四个中心"，并且在四个中心的基础上加强核心功能区建设。在这个背景下，新区贸易服务业发展迅猛，到2012年，浦东新区经济总量扩大到5929.91亿元，是2001年经济总量的5.5倍。

（三）破壳而出（2013年至今）

随着党的十八大的召开，全国经济进入新常态，新区经济发展进入第三阶段——全面深化改革、创新型发展阶段。新区经济没有延续以往高速迅猛的发展趋势，逐步进入高质量发展时期，主要表现在经济增速不再是两位数，而是进入个位数的发展区间。这一时期，上海自贸试验区"破壳而出"，在新的阶段成为新区经济的领头羊。2013年9月29日，以"制度创新"为核心的上海自贸试验区挂牌成立，为新区经济注入新的活力。目前，试验区经济总量占新区经济总量近3/4，是新区经济发展不可或缺的组成部分，也是浦东新区探索开放型经济体制的重要助推器。

三 高质量发展和高水平开放中的浦东新区

（一）经济质量效益显著提升，高速增长转向高质增长

2019 年，"应改革而生，因改革而兴的"浦东新区重新站在了起跑线上。同年 6 月 26 日，市政府发布《关于支持浦东新区改革开放再出发实现新时代高质量发展的若干意见》，其中明确指出新区要做好排头兵和试验田，为全市的高质量发展做出更大的贡献。事实也的确如此，2019 年新区即使面对个别不利因素与严峻的挑战，各项经济指标同样实现新的突破。首先，可以聚焦新区的经济规模，新区 2019 年地区生产总值达到 12734.25 亿元，比上年增长 21.72%。如图 2 所示，在 2014 年之后、2019 年之前，增长速度基本都是下降状态。直到 2019 年，增速才开始回升，是最近几年增长幅度最大的年份。2014 年以来，虽然地区生产总值逐年增长，保持良好的趋势，但是增长速度有所放缓。十八大召开以后，我国经济进入了新常态，开始更加注重经济发展的质量和效益，对产业结构不断进行优化以拉动经济增长。

经济效益也超出预期，不断收获惊喜。此处通过投资产出率进行探索与衡量。2014～2019 年浦东新区全社会固定资产投资总额是逐年增加的，说明政府对于基础设施方面的建设给予了更多重视。投资产出率是地区生产总值与当年全社会固定资产投资总额的比值。从图 3 中，也可以知道新区最近六年的投资产出率与全社会固定资产投资总额增长趋势是一致的，也是逐年稳步上升。其中 2019 年的投资产出率为 5.99，比 2018 年增长了 0.77。同理，可以得出 2019 年每多投资 1 元，将比 2018 年多得到 0.77 元的收益。可喜的是财政收入也年年攀升（2019 年的财政收入在年报和年鉴中未披露），而且与其他地区相比，浦东新区的财政收入对上海市的总财政收入贡

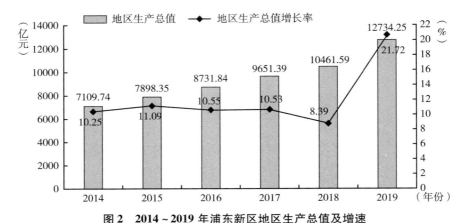

图 2　2014～2019 年浦东新区地区生产总值及增速

资料来源:《上海浦东新区统计年鉴》;《浦东统计月报》。

献较大。此外,不难发现,新区一般公共预算收入也在稳定增长,从 2014 年开始,一般公共预算收入一直保持上升趋势,只是增速有所放缓,其"稳定器""压舱石""动力源"的作用发挥得淋漓尽致(见图 4)。

图 3　2014～2019 年浦东新区全社会固定资产投资总额和投资产出率

资料来源:《上海浦东新区统计年鉴》;《浦东统计月报》。

新区一直是高水平改革开放、高质量发展、高品质生活等方面的先行者。2019 年,新区全年社会民生投入增长 9.1% ,人均可支配收入达到 71647 元,人民生活质量有了很大提高。如图 5 所示,新区政府对于社会民生的投入在波动中

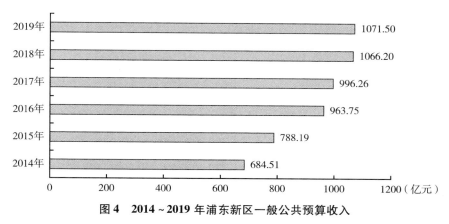

图4　2014～2019 年浦东新区一般公共预算收入

资料来源：《上海浦东新区统计年鉴》；《浦东统计月报》。

逐渐增加，说明民生一直以来都是政府关注的重点。"老小旧远"等民生工程扎实推进，村居"家门口"服务中心实现全覆盖，养老服务供给也在不断优化升级。居民家庭可支配收入增率的变化与社会民生投入的变化基本一致，唯一不同的是 2019 年居民家庭可支配收入增长率下降了。此外，人们最关心的就业问题也得到改善。2019 年，新区新增就业岗位 11.4 万个，各种新的消费模式层出不穷。夜经济、特色商业综合体、网络销售等引领城市消费新时尚。节庆、展览、体育活动精彩纷呈，社会消费品零售总额稳步增长。

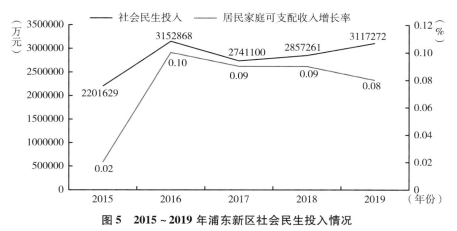

图5　2015～2019 年浦东新区社会民生投入情况

资料来源：《上海浦东新区统计年鉴》；《浦东统计月报》。

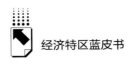

（二）始终坚持自由贸易试验区建设，经济示范效应不断扩大

1. 自由贸易试验区建设经济成果

新区顺应全球经贸发展新潮流，实施新的开放政策，建立自由贸易试验区（以下视情简称"自贸区"），为上海乃至全国带来发展红利。2019 年自贸区建设成效显著，为全区带来红利，市场活力显著释放。根据《2019 年上海市国民经济和社会发展统计公报》所提供的数据，自贸区改革推动外贸服务领域发展，外商直接投资实际到位金额为 79.63 亿美元，引进外资项目数量达1814 个，外贸进出口总额达 14841.80 亿元，占全市比重达 47.3%。金融创新保持优化升级，推动经济高质量发展。由表 2 可知，2019 年中国（上海）自由贸易试验区内持牌类金融机构数为 1075 家，较上年增长 3.2%。不能忽视的是，自贸区内其他指标，除一般公共预算收入和规模以上工业总产值外，均呈正增长，以此看出自由贸易试验区对于新区经济发展的重要性。

表 2 2019 年中国（上海）自由贸易试验区主要经济指标绝对值及其增长速度

指标	绝对值	相比上年增长（%）
一般公共预算收入（亿元）	588.60	-9.2
外商直接投资实际到位金额（亿美元）	79.63	17.6
全社会固定资产投资总额（亿元）	725.68	13.7
规模以上工业总产值（亿元）	4652.35	-2.5
社会销售品零售额（亿元）	1602.90	5.8
商品销售总额（亿元）	43008.39	4.5
服务业营业收入（亿元）	5787.30	9.9
外贸进出口总额（亿元）	14841.80	4.4
出口额（亿元）	4493.50	3.8
期末监管类金融机构数（家）	921	3.8
持牌类金融机构数（家）	1075	3.2

资料来源：《上海浦东新区统计年鉴》；《浦东统计月报》。

2. 自由贸易试验区改革进展

联合综合配套改革，自贸区制度体系创新持续优化。自贸区进一步推进货物状态分类监管制度和口岸监管"单一窗口"管理制度试点工作，

"放管服"改革不断深入。启动"一业一证"改革，自动审核发布、自主纳税申报、网上监管、优化检查、简化入关申报清单要素等一系列便利化措施不断得到探索创新。市场准入管理体系不断完善，在自由贸易区市场准入负面清单五个版本中，2019年发行版本里共列出131项，较上一版减少了20项。取消了不符合清单定位的措施，缩短了负面清单的长度，采取有含金量的措施。

金融市场开放稳步进行，市场体系日益完备。作为国际金融中心核心承载区的浦东新区，金融业务领域不断延伸，人民币资本项目可兑换、利率市场化、汇率市场化和离岸金融等服务进一步开放。2019年开立FT账号13.1万个，全年跨境人民币结算总额达38112亿元，相比上年增长49.4%。从图6可知，浦东新区持牌类金融机构总数逐年上升，2019年已达到1075家，占全市近2/3，较上年增长了3.2%。

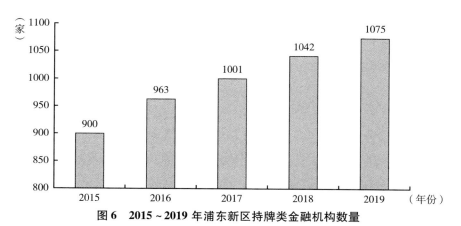

图6　2015～2019年浦东新区持牌类金融机构数量

资料来源：《上海浦东新区统计年鉴》；《浦东统计月报》。

贸易服务领域不断拓展，贸易和运输自由全面升级。自贸试验区临港新片区建设将加快贸易创新步伐，不断完善"单一窗口"贸易功能，贸易规模稳步提升。从图7可以看到，浦东新区2019年商品销售总额已经达41226.65亿元，连续两年突破4万亿大关，外贸进出口总额达20514.73亿元。区域贸易服务功能的不断拓展，带动了离岸贸易、跨境电子商务、文化贸易等 10 个领域近 350 家企业的功能拓展，创造进出口总额超过 100 亿美元。"跨境通"正式运营、"前店后库"保税展示交易平台推出，期货保税交割试点范围和标的进一步扩大，高新技术服务外包、再制造等贸易服务业发展迅速，贸易运输自由度全面提升。

图7　2015～2019 年浦东新区外贸进出口总额与商品销售总额

资料来源：《上海浦东新区统计年鉴》；《浦东统计月报》。

2019 年 8 月 6 日，在深层次、宽领域、大力度推进全方位高水平开放背景下，临港新片区宣告成立。新区全力推进《中国（上海）自由贸易试验区临港新片区总体方案》实施，目的在于将新区建设成为具有国际市场影响力和竞争力的特殊经济功能区，进一步推动"五个中心"核心功能区与张江科学城融合，打造浦东创新走廊。自新片区拍板落地以来，总体方案持续推进，新片区喜报不断。临港新片区在 2019 年，新增企业 4025 家，签约落地 168 个重点项目，涉及总投资达 821.9 亿元。

临港新片区地理位置优越，处于长江经济带、海上丝绸之路交叉点处，发展海洋产业具有先天性优势。近年来，临港新片区在海洋新能源装备产业、大型船用高端关键件产业、船舶及零部件产业等主要支柱产业上集聚效应明显，这离不开当地对其有力的支持。12 月 26 日，长三角海洋工程装备新技术发展论坛的成功召开不仅有力推动了海洋工程产业链在区域内的有机联动，还为临港新片区海洋工程装备发展找到新的发展点，海边盐碱荒地逐渐转变为"海洋硅谷"。

2019 年 8 月 30 日，临港新片区管委会、上海临港经济发展（集团）有限公司与京东集团在无人驾驶高峰论坛上达成战略合作。上海临港经济发展（集团）表示创新中心今后将采用"2＋3"的实施路径来进行建设。"2＋3"的实施路径指分别从经验技术积累和吸引孵化企业两个角度出发，依托京东 AI 的 NeuHub 人工智能开放平台以及丰富的场景数据，盘活产业链，推动智能产业落地实践，建设一条属于上海的 AI 技术全产业链。

2019 年 9 月 3 日，抓住临港新片区揭牌机遇重新出现在人们视野的临港科技城展现出与众不同的样貌。其承载着打造上海科创中心重要环节的使命，肩负着重要任务，在保证原有产业稳定发展的基础上，聚焦核心产业的技术策源。11 月，临港新片区启用上海第一个国家级航空飞行营地，将新片区航空体育运动业发展推到全市前列，提高临港区域飞行资源的利用效率。12 月，临港科技城"无人机库"正式投入使用，极大提高了园区巡查效率，让园区安全得到有力保证。

（三）产业结构不断优化升级，硬核产业集群成效显著

2019 年，浦东新区在稳定产业升级发展的同时注重不断提升质量，稳中有进、进中提质。从 1990 年以来，新区一直坚持"产业高端化发展"的原则，至今已经形成以现代服务业为主体、以战略性新兴产业为引领、以先进制造业为支撑的产业格局。近五年的发展也不例外，现代服务业的经济贡献夺人眼球，现代服务业逐渐成为经济增长的新动能是不可改变的趋势。2019年，第三产业产值占 77.3%，其优势地位在三大产业中显而易见；第一产业占比很小，只有 0.2%（见图 8）；第二产业所占比重相比上一年，也有所下降。截至 2019 年底，最近五年三大产业的产值比重没有发生显著变化，第二产业下降趋势很明显，第三产业比重整体增长，到 2019 年，已经比 2015 年增加了 5.3 个百分点（见图 9）。在第三产业中，金融业表现非常抢眼。2019 年金融业增加值高达 3017.2 亿元，增长率为 2.7%，是浦东新区服务业中绝对的主导行业。而且新区金融业发展主体膨胀，数量不断增多，2019 年浦东新区持牌类

金融机构有 1075 家，新增 33 家。此外，新区在 2019 年对创新科研投入的经费
也增加了，成效显著。如表 3 所示，虽然专利授权总量每年都在增加，但是
2019 年比 2018 年增加的幅度是最大的，这离不开浦东新区政府的支持。

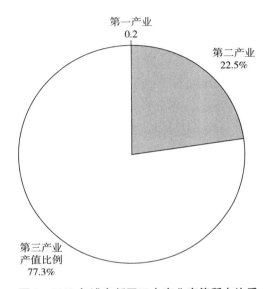

图 8　2019 年浦东新区三大产业产值所占比重

资料来源：《上海浦东新区统计年鉴》；国家知识产权局专利年度统计数据。

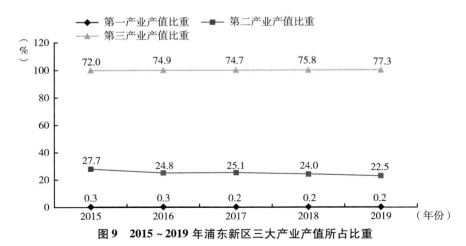

图 9　2015～2019 年浦东新区三大产业产值所占比重

资料来源：《上海浦东新区统计年鉴》；国家知识产权局专利年度统计数据。

表3　2014~2019年浦东新区专利授权总量

单位：项

项目	2014年	2015年	2016年	2017年	2018年	2019年
专利授权总量	10896	13299	15512	18753	23219	30251

除了三大产业外，新区积极推进硬核产业发展与产能升级，构造硬核产业集群。政府编制产业地图，产业布局更加合理，这其中也包括一系列具体的措施。比如集成电路设计产业园、张江创新药产业基地和张江医疗器械产业基地等项目先后启动。对于产业用地，新区采取集约化方法并且不断提高区域经济密度。产业区内外采用不同的措施，区内项目依照需求提高容积率，区外实行"零增地"扩建。产业集群效应显著，"中国芯""创新药""智能造""蓝天梦""未来车""数据港"等六大硬核产业都获得较快发展，集成电路规模增加14.5%，生物医药产业规模增长14.6%，航空航天制造业产值增长17.8%，高端装备制造业产值增长10.7%，软件信息服务业营业收入增长12.9%。

四　政策建议

（一）聚焦硬产业高地建设，打造高质发展先行区

2019年，新区的确取得了不俗的成绩，但依旧不能忽视困难与挑战的存在。经济增长的压力很大，支撑经济高质量发展的动力单一；外部环境仍然严峻，2020年初新冠肺炎疫情的暴发对于我国经济冲击强烈，全面停工停产对实体经济产生巨大的负面影响等。在这种形势下，需要将力量汇聚于硬核产业的发展，建设硬核产业集群。当然，不能忽略浦东新区已有的优势产业，对于这部分产业，需要对其产业能级发力，聚焦产业发展的核心环节，并且竭力在重点瓶颈领域取得突破，取得更多成果。如在"中国芯"集成电路方面，要努力将其打造成国内领先并且具有全球影响力的电路设计

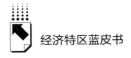

产业园，争取销售额达到 1500 亿元。对于"创新药""蓝天梦"等医药和航空产业，需要不断优化推动航空与制造业协调发展，努力使航空制造业产值达到 100 亿美元。

对于高端服务业，需要打造高端服务产地，全面提高服务业产业能级。加快建立具备全球城市功能的现代化产业，发展新兴、高端、精细、特色服务。可以考虑将新技术与服务业相结合，比如将区块链、云计算、大数据、人工智能等新技术融入服务经济。新区可以把握自己本身具有的金融开放优势、人才优势，将自己打造成高质发展先行区。

（二）把握新片区建设契机，助推改革开放再出发

2020 年是"十三五"规划的最后一年，是建设更具开放性、创新性以及高品质浦东新区的关键一年，接下来浦东新区继续传承敢闯敢试、先行先试的精神品质，向全球城市核心区看齐。继续深化自贸区改革，为临港新片区建设提供新的动力。积极主动推进高水平改革开放，建设高水平高标准的上海自贸试验区，抓住临港新片区建设契机，构建与国际接轨的制度体系，加快提供金融辐射服务的步伐，进一步建设具有国际影响力的航运枢纽，助力提升浦东新区全球贸易地位，深化"五个中心"的融合发展，全力打造新时代改革新高地。同时，要顺应经济全球化趋势，以更加积极主动的姿态融入"一带一路"建设以及长三角一体化发展；建设以张江长三角科技城为核心的南北创新走廊，发挥浦东新区科创中心核心承载区的辐射功能，加快全球科技创新资源的集聚。

参考文献

《2019 年上海市国民经济和社会发展统计公报》，中国经济网，2020 年 3 月 10 日，http：//district. ce. cn/newarea/roll/202003/10/t20200310_ 34455281. shtml。

《2020 年政府工作报告》，上海市浦东新区人民政府网站，2020 年 2 月 8 日，http：//www. pudong. gov. cn/shpd/InfoOpen/20200228/014003_ 1446ac0d － c72e － 4c17 －

9186 – f301e367380f. htm。

胡云华：《浦东经济发展 30 年：演进、成效及再出发》，《科学发展》2020 年第 2 期。

夏骥：《上海自贸试验区临港新片区引领长三角更高质量一体化发展》，《学发展》2020 年第 3 期。

《浦东新区国民经济和社会发展第十三个五年规划纲要》，《浦东开发》2016 年第 2 期。

B.15
天津滨海新区年度发展报告

李 桐[*]

摘 要: 2019年是新中国成立70周年，对天津滨海新区来讲也是促进高质量发展的攻坚之年，天津市委市政府举全市之力支持滨海新区高质量发展重大举措相继实施，在一系列利好政策加持下，天津滨海新区2019年继续做大做强实体经济，拼发展质量、优化产业结构，取得了积极成效，自贸区建设、功能区优化以及高端制造业和服务业发展都取得积极进展。本报告在现代服务业、战略性新兴产业和混合所有制改革以及自贸区和服务国家战略等方面提出政策建议。

关键词: 天津 滨海新区 京津冀 协同发展

2019年是"京津冀协同发展"国家战略实施的第六个年头。习近平总书记亲赴天津滨海新区（以下视情简称"滨海新区"），先后视察天津港和滨海新区中关村协同创新展示中心，就京津冀协同创新、承接科技创新和研发转化、北京非首都核心功能转移等重大问题进行调研并听取汇报，强调自主创新在促进中国动能转换、高质量发展中的重大意义。国务院印发《关于支持天津滨海新区高质量发展的意见》，明确了滨海新区是服务京津冀协

---

* 李桐，深圳大学中国经济特区研究中心教师，经济学博士，主要研究方向为中外经济特区比较。

同发展和"一带一路"建设战略支点的重要定位，提出支持滨海新区有效发挥在京津冀协同发展中的辐射带动作用。随后，天津市委市政府和滨海新区政府贯彻落实国务院文件精神，相继制定具体切实举措，下放滨海新区行政审批权限，确保国务院各项要求得到准确执行。

据统计，2019 年滨海新区地区生产总值增长 5.8%，区级一般公共预算收入为 502.68 亿元，比上年增长 8.4%，区级一般公共预算支出为 791.15 亿元，比上年增长 21.6%。全年全区新增市场主体 4.47 万户，比上年增长 17.4%。其中新增内资企业 2.49 万户，增长 14.6%；新增外资企业 0.12 万户，增长 12.2%。新增个体工商户 1.86 万户，增长 21.8%。全年全区高技术制造业产值比上年增长 6.7%，增速高于全区规模以上工业总产值 2.9 个百分点。2019 年，全区居民消费价格上涨 2.7%。固定资产投资比上年增长 12.6%，全年城镇常住居民人均可支配收入为 53218 元，增长 7.3%，[①] 完成了天津市下达的节能减排降碳任务。

本报告以 2019 年天津滨海新区各项经济指标为依据，重点分析滨海新区经济发展所取得的成绩和产业结构优化进展，通过翔实数据分析滨海新区在立足自身发展和服务国家战略两大方向上的发展业绩，在经济高质量发展、巩固传统优势产业和促进现代服务业发展等方面提出政策建议。

一 2019年总体态势及发展特征

与近三年类似，2019 年，滨海新区仍未公布地区生产总值数据，只公布了比上年增长 5.8%，据此推算 2019 年滨海新区地区生产总值为 7600 ~ 7700 亿元。分产业来看喜忧参半，第一产业增加值增长率由 2018 年的 1.5% 猛增至 9.6%。从行业细分看，这主要得益于林业产值的增长。在全

---

① 《2019 年滨海新区统计公报》，天津市滨海新区人民政府（统计局）网站，2020 年 4 月 30 日，http://tjj.tjbh.gov.cn/contents/1810/191618.html。

年农林牧渔业完成的 35.18 亿元总产值中，农业产值为 7.33 亿元，下降 11.7%；林业产值为 0.88 亿元，增长 15.7 倍；畜牧业产值为 13.32 亿元，增长 22.3%；渔业产值为 13.21 亿元，下降 5.9%。第二产业增加值增长率由 2.1% 增长至 4.8%，从行业细分看，资源循环及环保产业、生物医药产业、航空航天产业、新能源产业和建筑业总产值分别增长 42.9%、12.6%、11.7%、10.2% 和 13.9%。第三产业增加值增长率由 7.9% 下降至 7.1%，这已经是连续三年下降，2017 年第三产业增加值增长率高达 11.5%，随后呈逐年下降态势。2019 年三次产业结构比为 0.2∶50.0∶49.8，对比三次产业结构近五年的变化可以看到，第一产业占比稳定，第二产业和第三产业此消彼长，并未形成较稳定格局，由于 2017 年统计口径发生重大变化，第一产业仅在 2017 年占比达到 1.2%，其他年份均为 0.1% 或 0.2%，与之形成对比的是同样在 2017 年，第二产业和第三产业占比分别达到 40.8% 和 58.0%，均为近五年之最：第二产业占比最低，第三产业占比最高。从第二产业自身变化来看，近五年的波动幅度也相当大，从 2015 年的超过 60% 下降到 40.8% 又回升到 50.0%，表明第二产业在产业结构调整过程中经历了巨大变化，变化的部分主要体现在其与第三产业的此消彼长方面（见图 1）。

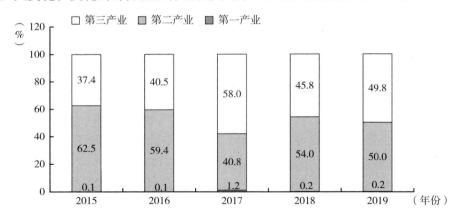

图 1　2015～2019 年天津滨海新区三次产业结构变化情况

资料来源：根据历年天津市滨海新区《国民经济和社会发展统计公报》内容整理。

　　滨海新区在高质量发展思想的引领下，近几年更加注重经济社会发展所取得的实际效果，虽然统计数据略有下降，但仍高于天津市平均水平，引领天津全市经济社会整体发展作用依然突出。比如2019年滨海新区5.8%的地区生产总值增速高出天津市1个百分点，三次产业增长率均高于全市1个百分点以上，第一产业9.6%的增长率与天津市的仅0.2%相比，更体现了滨海新区在天津全市产业结构优化调整过程中的重要性。

　　从图2滨海新区2019年地区生产总值构成看，第二产业和第三产业共同主导整个产业结构，金融业、批发和零售业、交通仓储邮政业与房地产业占比相对较高。与2018年相比，金融业占比继续提升，增加2.6个百分点，房地产业占比上升幅度最大，从2%增加到5.2%，批发和零售业增加2.1个百分点，产业结构进一步优化，扩大内需和供给侧改革效果较为明显，拉动第三产业整体占比较上年增长4个百分点。

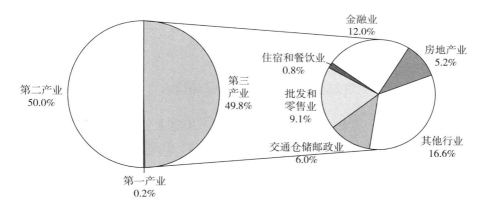

图2　2019年滨海新区地区生产总值构成

资料来源：《2019年滨海新区统计公报》，天津市滨海新区人民政府（统计局）网站，2020年4月30日，http://tjj.tjbh.gov.cn/contents/1810/191618.html。

（一）继续落实国家重大战略，用足用好各项政策

　　近年来，滨海新区在服务"一带一路"建设、落实京津冀协同发展战略方面不断取得新突破，随着这两项国家战略在滨海新区陆续落地、不断融

合发展，港口建设、重大项目、推进国际合作等与国家战略相关的基础设施建设不断取得新成绩。2019 年，天津港申报并成功入选 23 个国家物流枢纽名单，物流综合费用在全国竞争优势明显，进出口整体通关时间分别压缩 74% 和 87%。推进"一带一路"服务中心建设，形成备案信息、国际贸易、海外工程、跨境金融、专业服务五大功能模块。新增 4 条国际干线，港口集装箱吞吐量突破 1700 万标准箱。国际班列保持常态化运营。开通天津港至雄安新区绿色通道，建成京津冀港口智慧物流协同平台。推动泰达苏伊士经贸合作区提档升级。滨海国际机场新增航线 26 条，全年旅客吞吐量达 2380 万人次。[①]

滨海新区加快打造承接非首都功能疏解标志区，优化承接清单，以央企总部、金融机构、科研院所等为重点承接资源，推动疏解项目快速落地。2019 年承接非首都功能疏解项目 468 个，协议投资额达 2711.9 亿元，中远海运总部、紫光立联信芯片等重点项目落户。滨海中关村科技园累计注册企业达 1423 家，注册资本达 135.3 亿元。优化南港工业区规划，促进世界一流化工新材料基地加快建设。[②]

（二）天津自贸试验区创新步伐明显加快

2019 年 1 月，《天津市滨海新区机构改革实施方案》提出天津自贸试验区管委会与滨海新区政府合署办公。一年来，自贸试验区坚持突破性、首创性、差异化制度创新，制度创新步伐加快。2019 年自贸试验区新登记市场主体累计超过 6.4 万户，注册资本超过 2.16 万亿元。天津市政府出台支持自贸试验区创新发展措施及行动方案，自贸试验区管委会体制机制改革方案获天津市委市政府批准，其推出 100 条天津首创、有天津特色的创新举措，27 项创新成果在全国得到复制推广，自由贸易账户政策落地实施，亚投行灾备中心项目落地，初步建成国家租赁创新示范区。开通境外飞机航程内保

---

① 《2020 年天津市滨海新区政府工作报告》，《滨海时报》2020 年 1 月 20 日。

② 《2019 年滨海新区统计公报》，天津市滨海新区人民政府（统计局）网站，2020 年 4 月 30 日，http://tjj.tjbh.gov.cn/contents/1810/191618.html。

税维修绿色通道，率先开展飞机离岸租赁对外债权登记业务、共享外债额度便利化试点工作以及船舶委外加工保税维修工作，全国第一个海关区块链验证系统上线运行。①

（三）功能区体制改革继续深入，协同创新能力增强

自从2017年底启动滨海新区功能区体制改革以来，整合后的五大功能区依托各自禀赋和区位优势，不断从制度上完善新功能区的各项体制机制，引领各功能区发挥优势，错位发展。2019年8月，国务院发展和改革委批复同意《天津经济技术开发区条例（2019年）》，这是天津市人大常委会对《天津经济技术开发区条例》《天津港保税区条例》《天津新技术产业园区管理条例》进行的第二次修正，此次修正赋予了开发区更大自主发展权，明确了开发区内的行政管理部门实行政务限时办理制度，鼓励单位和个人投资电子信息、生物医药、环境保护、新材料、新能源等高新技术产业。引导社会资金建立风险投资基金，鼓励单位和个人设立风险投资机构及专业投资服务管理机构，投资高新技术企业和高新技术成果转化项目。2019年天津经济技术开发区生产总值增长7.9%，高于滨海新区2.1个百分点。

2019年，天津港保税区坚定执行"依托两港、开放引领、产业升级、创新经济，高水平建设宜业宜居国际生态活力新城"的发展思路，落实京津冀协同发展战略，大力实施战略东移，继续在航空、口岸、物流、电商等重点领域加强北京项目转移聚集，持续优化承接政策环境，在大飞机总装、平行车进口、口岸通关、跨境电商等重大项目上取得突出成绩。2019年10月，在天津港保税区举办的第五届国际直升机博览会上，共有包括空客A320机身系统总装项目在内的6个重点项目落户天津港保税区。天津港保税区航空产业历经10余年发展，在航空制造、航空维修、航空物流、航空服务四个领域，已先后吸引60多个航空项目落户，走出了一条以国际合作

---

① 《2020年滨海新区政府工作报告》，《滨海时报》2020年1月20日。

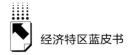

为特色的航空产业发展之路，天津港保税区已成为中国重要的航空产业基地。① 2019 年，天津港保税区大力推动跨境电商产业发展，着力打造京津冀地区跨境电商重要发展基地，进一步扩大保税备货模式跨境进口业务，依托天津航空物流区大通关基地全力推动跨境电商零售出口，打造新经济增长点。2019 年，天津港保税区跨境电商全年总单量超 1800 万单，同比增长 52.5%；货值超 28 亿元，同比增长 46.9%，保税区业务量占全市65%。②

2019 年，滨海高新技术产业开发区以法定机构改革为契机，大力实施"向东向海"发展战略，坚持以海洋科技园为主战场，围绕发展安全自主可控产业，聚焦人工智能、大数据、云服务、区块链等前沿科技领域，构建"安芯智业"产业体系，引进培育一批雏鹰、瞪羚和独角兽企业。引进一大批优质商业、教育配套设施，努力营造良好营商环境，做到把企业招进来，把资金引进来，把项目干起来，把人气聚起来，携手打造一个生态宜居、产城融合的现代化科学城。③ 为鼓励科技创新，滨海高新技术产业开发区制定了《天津高新区科技创新驱动高质量发展行动计划（2019—2020 年）》，设立 20 亿元高质量发展创投基金，出资 800 万元重奖科创板上市企业，设立 2000 万元风险补偿资金池等，以实际行动支持企业实现高质量创新发展。

2019 年，东疆保税港区继续发挥自身在融资租赁、汽车平行进出口、航运物流等方面的集聚和领先优势，飞机租赁业务快速发展，2019 年突破1500 架，产业聚焦效应进一步显现，成立了天津东疆飞机资产管理有限公司，引领租赁行业从资金管理走向资产管理新时代。2019 年 7 月，全国首批二手商用车出口在东疆口岸顺利完成，从进口到出口，东疆汽车口岸的业

---

① 《天津港保税区直博会上揽收六大重点项目》，人民网，2019 年 10 月 11 日，http://tj. people. com. cn/n2/2019/1011/c375366 – 33424386. html。

② 《2019 年天津市跨境电商进口共申报 2828. 7 万单同比增长 59. 9%》，人民网，2019 年 12 月19 日，http://tj. people. com. cn/n2/2019/1219/c375366 – 33646121. html。

③ 《经济发展主战场再传捷报！18 个优质项目落户海洋科技园》，一点资讯，2019 年 12 月 17日，https://www. yidianzixun. com/article/0OEjV8xo。

务范围正在逐渐多元、完善。12 月，成立东疆船舶资产管理公司的战略合作协议也已签署，真正实现依托区位优势实现"上天入海"的华丽升级和资源整合。

2019 年，中新天津生态城荣膺"2019 绿色发展优秀城市"称号，表明了生态城多年来在绿色发展方面所取得的成就。中新天津生态城致力于发展文化创意、旅游健康和人工智能等绿色产业。国家海洋博物馆正式开馆，成为又一张长驻生态城的旅游新名片。中新友好图书馆开门迎客，成为生态城新的城市文化地标。2019 年底，国网瑞嘉首批"黎明牌"配网带电作业机器人总部项目落户生态城，总部设立后，将不断加快技术融合提升，进一步加大产品推广应用力度，全面推进配网带电作业机器人的实用化研究、产业化发展和规模化应用，推动公司新一代人工智能与信息技术产业升级，该项目的落户也将积极带动生态城智能机器人产业聚集。

（四）巩固传统优势产业，制定战略性新兴产业发展计划

作为天津传统优势产业的重工业基地，滨海新区 2019 年工业增加值比上年增长 5.0%。在规模以上工业中，2018 年起单独统计的 11 大优势产业①2019 年总产值比上年增长 3.4%。其中，资源循环及环保产业、生物医药产业、航空航天产业和新能源产业分别增长 42.9%、12.6%、11.7% 和10.2%。② 主要工业产品产量方面，中成药产量比上年增长超过两倍，集成电路产量比上年增长 89.8%，汽车产量比上年增长 23.7%。空客 A320 机身装配项目开工建设，A350 完成且交付中心落户，大型航天器项目顺利推进。京津冀特色"细胞谷"建设规划启动实施，国家合成生物技术创新中心获

---

① 优势产业包括电子信息产业、航空航天产业、机械装备产业、汽车产业、新材料产业、生物医药产业、新能源产业、资源循环及环保产业、石油化工产业、冶金产业、轻纺工业等11 个产业。

② 《2019 滨海新区统计公报》，天津市滨海新区人民政府（统计局）网站，2020 年 4 月 30日，http：//tjj. tjbh. gov. cn/contents/1810/191618. html。

批建设，康希诺生物在港股上市，赛诺医疗成为天津市首家登陆科创板的企业。新能源新材料集聚化多元化发展，三星动力电池建成投产，中环高端半导体产业园加快建设。汽车产业逆势上扬，整车产量突破 100 万辆，推出一批主打车型。石油化工、软件和信息服务、电子信息、汽车制造被评为四星级国家新型工业化产业示范基地。促进工业转型升级和培育发展战略性新兴产业两项工作获国务院督查激励和奖励。[①]

巩固传统优势产业，同时大力扶持高新技术和战略性新兴产业发展，推进先进制造业集聚式发展。2019 年，高技术制造业产值比上年增长 6.7%，增速高于全区规模以上工业总产值增速 2.9 个百分点；战略性新兴产业产值占比达 29.9%。人工智能和新一代信息技术、可穿戴智能设备、计算机制造业等战略性新兴产业产值成倍增加。经济技术开发区生物医药、高新区网络信息安全产品和服务产业入选国家战略性新兴产业集群。

（五）加快服务业转型发展，营利性服务业产值增势显著

服务业发展，特别是以通信、信息、金融、物流、软件及互联网为代表的现代服务业发展，长期以来是滨海新区的短板，在优化升级传统工业结构的同时，大力发展与之配套的现代服务业，是滨海新区高质量发展的必经之路，也是需要长期坚持的发展思路。在教育、医疗、金融、中介以及批发零售等传统服务业方面，探索与市场化经营相结合的服务业转型升级，将营利性的市场化服务与非营利性基础性服务分离，在基础公共服务和社保保障兜底服务基础上，以市场化为导向发展营利性服务业，是推进现代服务业发展的重要手段。2019 年，滨海新区营利性重点服务业企业实现营业收入1472.18 亿元，增长 34.9%。其中，商务服务业、互联网和相关服务业、软件和信息技术服务业营业收入分别增长 59.6%、30.5% 和 12.0%，共拉动滨海新区营利性服务业产值增长 31.2%，增势显著。

---

① 张文弟：《牢记嘱托　奋力开创滨海新区高质量发展新局面》，《滨海时报》2020 年 1 月 17
日，第 12 版。

（六）坚持"双创"引领，继续创造有利于民营经济创业的良好氛围

自 2015 年"双创"特区成立以来，滨海新区坚持把创新作为第一动力，把项目作为重要支撑，加快积蓄发展动能，创新要素加速聚集，2019年全区共有市级以上研发机构 488 家，全年新增科技型中小企业 2049 家，[①]其中规模过亿元企业 66 家。全年新认定国家高新技术企业 355 家，累计达到 2561 家，新增上市企业 4 家。全区拥有国家级企业技术中心 33 家，市级企业技术中心 254 家。拥有重点实验室 129 家，其中国家级 17 家；工程（技术研究）中心 111 家，其中国家级 17 家；天津市产业技术研究院 8 家；天津市综合性技术创新中心 4 家，其中国家级 1 家。全年新增市级众创空间10 家，占全市 43.4%；新增市级孵化器 5 家，占全市 55.5%；新增纳入市级培育体系生产力促进中心 3 家，占全市 60%。全区累计备案国家级众创空间21 家，市级 54 家；认定国家级科技企业孵化器 15 家，市级 12 家；纳入市级培育体系生产力促进中心 13 家。核心关键技术攻关取得重大突破，新一代超级计算机项目获批建设，全球首款软件定义互连芯片"经纬芯"正式发布，全球首台全自主配电网带电作业机器人投入使用，专利授权量达 1.3 万件。[②]

创新创业和高端科技发展离不开科技型人才支撑，2019 年全区共新建博士后工作站 31 个、博士后创新实践基地 15 个，年末共有博士后工作站165 个、创新实践基地 43 个，培养资助在站博士后 62 人。实施更加积极的人才政策，贯彻落实"海河英才"行动计划，累计发放准迁证 50113 张，47726 名人才完成落户。其中，2019 年度发放准迁证 21167 张，20002 名人才完成落户。[③]"海河英才"计划累计引进人才 4.7 万人，"鲲鹏计划"资助储备人才 1.2 万人。

---

① 牛婧文：《科技创新支撑起新区高质量发展》，《滨海时报》2020 年 1 月 15 日，第 1 版。
② 牛婧文：《科技创新支撑起新区高质量发展》，《滨海时报》2020 年 1 月 15 日，第 1 版。
③ 《2019 年滨海新区统计公报》，天津市滨海新区人民政府（统计局）网站，2020 年 4 月 30日，http：//tjj.tjbh.gov.cn/contents/1810/191618.html。

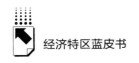
（七）深入推进政府机构改革，高标准承接行政事权下放

自 2018 年底国务院和滨海新区政府分别发布深入推进行政审批职能相关制度以来，一年时间里，无论是机构改革还是"放管服"改革方面都取得新成效，区属国有企业深入推进混合所有制改革，制定加强和规范区属国有企业监管工作意见及国有企业深化改革两年工作方案，全年完成混改、出让挂牌企业 18 家，清退 44 家，盘活存量房产 5 万平方米，实行国有企业工资总额管理，强化企业负责人经营业绩考核。开发区推行全员竞聘、企业化管理，面向全球选聘领导班子，干部队伍年龄结构、知识结构、专业结构进一步优化，释放了发展活力和改革红利；建立差异化薪酬体系，实行全员绩效考核，业绩导向更加鲜明。坚持招商为要，突出主责主业，一线招商人员超过 20%，落地项目数量、质量实现双提升。①

在国务院和天津市政府的大力支持下，滨海新区"放管服"改革取得更大成效，高标准承接一次性下放市级事权 622 项，本着应放尽放的原则，大幅提升办事效率，真正实现"滨海事滨海办"；出台《加快推进新时代滨海新区高质量发展的意见》，深化"一制三化"改革，推行"先照后证"信用承诺审批，落实"五减四办"改革，行政许可要件减少 254 项，企业投资项目审批压缩至 70 天，基本实现"最多跑一次"。率先推行"一企一证"综合改革，从根本上破解企业"准入不准营"问题。推行无人审批、电子登记，全国首个全流程自动化制证中心投入使用。强化事中事后监管，构建审管信息共享机制，推行移动监管新模式。加强诚信滨海建设，信用中国滨海网站上线运行，中国（滨海新区）知识产权保护中心、国家商标受理窗口揭牌。②

智慧滨海运营中心投入使用，建成集智慧政务、智慧经济、智慧城市、智慧民生四大板块和 38 个应用系统于一体的智慧城市管理体系，该中心整

---

① 《2020 年滨海新区政府工作报告》，《滨海时报》2020 年 1 月 20 日。
② 《改革创新"给力"宜居宜业幸福城——滨海新区坚定不移推进高质量发展综述之八》，人民网，2020 年 1 月 19 日，http://tj. people. com. cn/n2/2020/0119/c375366 - 33729226. html。

合信息资源，打通信息壁垒，实现了数据互通共享。推行全域网格化管理，建立8890便民服务平台，开通滨海掌上行手机App，构建了"三位一体"的便民服务系统。中新生态城智慧城市样板建设迈出坚实步伐，编制实施智慧城市指标体系，智慧交通、智慧环保、智慧民生等一系列智慧场景得到广泛应用，滨海新区成为全国首批智慧城市典型地区。[①]

二　2020年滨海新区发展面临的挑战

2020年是"十三五"规划收官之年，也是全面建成小康社会关键之年，世界格局加速演变，外部环境不稳定不确定性因素不断增多，我国整体经济也处于结构优化调整期，随着2020年初新冠肺炎疫情在全球蔓延，2020年必将是近年来各项事业发展最困难的一年，必须做好充分的思想准备，发挥"越是艰险越向前"的战斗品格和昂扬斗志，确保"十三五"规划圆满收官。

2019年滨海新区各项经济指标处于基本稳定发展阶段，其仍处于转型发展进程中，但新旧动能转换仍不够快，战略性新兴产业对经济发展的支撑和拉动作用还不够强，服务业增长率连续两年下降，社会治理能力和水平有待进一步提升，生态保护和污染防治任务仍然艰巨。

（一）现代服务业特别是生产性服务业发展没有得到应有重视

无论从国际经验还是从国内经济强省发展规律来看，服务业产值占地区生产总值比重的不断提升，是地区经济持续向好发展的必然反映，特别是面向企业和个人提供生产和生活服务的高质量现代服务业占比的提升。滨海新区近十年来总体上服务业产值占比不断提升。2017年"挤水分"重新测算后，第三产业增加值增长率已经连续两年出现下降趋势，而且下降趋势较为明显（见图3）。同时在服务业指标统计中，现代服务业并未

① 《2020年滨海新区政府工作报告》，《滨海时报》2020年1月20日。

受到应有重视，目前在滨海新区统计公报中以"经营性重点服务业"替代现代服务业作为统计对象，口径上并未与国家统计局或其他省区市一致。其实早在 2016 年，滨海新区发布的《滨海新区关于促进新兴产业发展的指导意见》就已明确将现代服务业列为未来发展的主攻方向，但在产业转型升级过程中并未给予其应有重视。在 2020 年工作报告中，区委区政府也明确将大力发展现代服务业写入报告，并列出大数据、互联网、区块链等科技前沿产业，电子商务、互联网服务等新兴业态，以及建设北方大数据交易中心，推进京津冀大数据综合试验区建设等重点任务，① 可以说，滨海新区推进现代服务业发展工作刻不容缓。从长远看，大力发展现代服务业，特别是服务生产经营活动的生产性服务业，是产业转型升级进程中急需的举措，现代服务业的快速发展也将对先进制造业的高质量发展产生积极推动作用，比如风险投资、大数据应用以及批发零售和仓储物流业等领域的快速发展势必为传统优势制造业和战略性新兴产业做大做强提供强有力支撑，这是现阶段滨海新区面临的较为紧迫的一项任务。

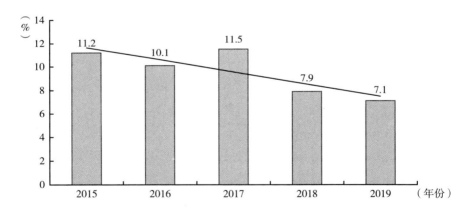

图 3　2015～2019 年滨海新区第三产业增加值增长率

资料来源：各年《天津滨海新区统计年鉴》。

---

① 《2020 年滨海新区政府工作报告》，《滨海时报》2020 年 1 月 20 日。

（二）战略性新兴产业发展势头较好，但对整体经济的支撑作用还不够强

滨海新区作为中国传统制造业基地，在承接非首都功能疏解方面，新区已经将目光聚集在提升新区战略性新兴产业发展上。2019年，11大优势产业总产值比上年增长3.4%，低于全区工业增加值5%的增长率，表明战略性新兴产业发展势头较好，但对整体工业发展的支撑作用仍不够强，京津冀协同发展国家战略实施以来，天津在吸引北京产业转移和高水平科技企业方面取得了不少成就，但从现实来看，落户新区的行业领先企业和技术优势聚集的产业链等仍数量较少，同时对战略性新兴产业的界定也应与时俱进地实现动态调整优化，保证各项优惠政策能及时有效落实到各新兴产业和行业。

（三）市场主体多元化仍有待加强，混合所有制改革任务艰巨

2019年，滨海新区政府制定了加强和规范区属国有企业监管工作意见及国有企业深化改革两年工作方案，旨在深入推进混合所有制改革，民营经济发展活力进一步增强。2019年滨海新区新增市场主体44651户，同比增加17.43%，实有市场主体突破25万户，同比增长11.21%。其中，新增国有控股企业523户，同比减少11.80%；新增民营企业24394户，同比增加15.38%；新增个体工商户18583户，同比增加21.77%；新增外资企业1151户，同比增加12.18%。[①] 可以看出，2019年民营企业和个体工商户新增规模已经明显超过国有控股企业数量，多元化市场主体和混合所有制改革步伐不断加快，但与发达省份相比仍远远不够，在利用外资和吸引重大项目引领滨海新区经济增长已经越来越困难的大背景下，更有效地利用混合所有制改革所产生的改革红利，是滨海新区可探索的有效路径之一。

---

① 《关于印发〈2019年滨海新区市场主体发展报告〉的通知　津滨市场监管政服〔2020〕12号》，天津市滨海新区人民政府（市场监督管理局）网站，2020年1月30日，http：//scjgj.tjbh.gov.cn/contents/7003/143990.html。

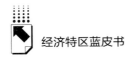
（四）外部发展环境持续动荡、区域竞争加剧阻碍滨海新区产业结构优化和成长

2019 年实施的高新技术和战略性新兴产业发展行动计划，推进了先进制造业集聚式发展。但随着外部发展环境持续动荡，以美国为首的西方国家对中国高技术产业持续打压，加之新冠肺炎疫情在全球持续蔓延，各国采取的封锁措施更加剧了高新技术产业转型压力。滨海新区在计算机制造、人工智能和新一代信息技术、航空航天、生物技术、半导体等领域近几年来始终保持快速发展趋势，加快产业转型步伐。在新的不确定因素不断增多的大环境下，持续支持战略性新兴产业发展，在新业态新模式不断集聚的同时，大力扶持与之配套的现代服务业发展，是 2020 年滨海新区面临的重大任务之一。

三　发展展望及政策建议

2019 年 10 月国务院印发的《关于支持天津滨海新区高质量发展的意见》和天津市委市政府出台的《加快推进新时代滨海新区高质量发展的意见》，对滨海新区如何实现发展目标做出了具体部署要求：以实体经济为根基，建设世界一流产业创新中心；落实重大国家战略，打造服务京津冀协同发展示范区；构建体制机制新优势，当好全面深化改革开放"尖刀团"；坚持将创新作为第一动力，打造创新驱动发展先导区；践行"绿水青山就是金山银山"理念，建设宜居宜业现代化海滨新城；以人民为中心，持续增强群众获得感、幸福感；加大引育力度，打造人才特区；坚持聚焦倾力，构筑高质量发展有力保障。① 这既是要求，也是滨海新区高质量发展的动力和长远目标。围绕国务院和天津市委市政府的部署要求，滨海新区应细化目标，分短期和长期规划分别落实，与现行政策相一致的产业创新中心和京津

---

① 张姝：《本市出台系列政策支持滨海新区高质量发展》，《滨海时报》2019 年 10 月 22 日，第 1 版。

冀协同发展示范区建设等已经实施的项目要加快产业聚集和发挥协同效应，对于需要长期攻坚的保障性要求，应制定长期规划，长期坚持。同时应充分发挥港口区位和资源禀赋优势，与北京、河北两地实现优势互补、错位发展。

一是在产业创新发展方面，以现有规划为基础，全面落实战略性新兴产业集聚式发展，尤其在产业链延伸方面，使战略性新兴产业与现代服务业发展相结合，在大项目拉动下，全面改革区级国有控股企业所有制形式，引进民营资本积极参与大项目相关产业链建设。二是在天津自由贸易试验区建设方面，要加快制度创新步伐，坚持首创性、差异化原则，着力在金融创新，融资租赁、保理等特色业务方面取得重大突破。三是在发挥滨海新区无可撼动的港口资源这一得天独厚的优势方面做足文章，与雄安新区和北京城市副中心等新兴功能区做好产业和物流衔接，将港口优势延伸至内陆地区，继续完善陆港联运制度创新，提升通关效率。持续关注共建"冰上丝绸之路"倡议的新动向，抢抓机遇，为共同开发北极航道做足准备，待条件成熟时抢占先机。四是在政府办事效率和营商环境改善方面应继续坚持从简、从优、持续优化的理念，通过"互联网＋大数据"和诚信滨海、信用滨海等移动平台，创新监管模式。五是在水、土、气污染防治攻坚方面打持久战，久久为功，这是"上天入地入海"的长久之计，无捷径可走，也是检验发展模式的重要标准。六是在打造人才特区方面，引进人才固然重要，但留住人才更为重要，在人才住房政策体系、子女入学、医疗保障等民生领域，都需要加大支持力度，保障人才引得进、留得住，使其发挥专长，心无旁骛地投身事业。

特区发展动态考察报告

Investigation Reports on the Development Trends of
the Special Economic Zones

B.16

深圳前海深港现代服务业
合作区发展报告[*]

雍 炜[**]

摘 要: 本报告围绕制度创新、现代服务业集聚、深港合作,梳理了
深圳前海深港现代服务业合作区在过去一年里所取得的新进
展。面对新冠肺炎疫情、逆全球化思潮冲击世界经济全球
化,国内产业结构优化升级处于攻坚阶段的情况,现阶段深
圳前海深港现代服务业合作区改革的焦点问题有二:一是以
高水平的对外开放创造国际竞争新优势,二是以现代服务业
的集聚发展助力中国产业全球价值链攀升。作为中国改革开
放的先行示范,深圳前海深港现代服务业合作区应该继续紧

* 本报告的数据均来自深圳市前海管理局网站(http://qh.sz.gov.cn/)。
** 雍炜,深圳大学中国经济特区研究中心讲师,经济学博士,主要研究方向为特区经济、收入
分配。

抓"香港要素",融入以国内大循环为主体、国内国际双循环相互促进的新发展格局,同时深化"放管服"改革,在现代服务业集聚发展过程中充分发挥政府的积极作用。

关键词: 制度创新 现代服务业集聚 深港合作

一 深圳前海深港现代服务业合作区发展状况与进展

2020年是深圳前海深港现代服务业合作区创立10周年。这10年里,前海深港现代服务业合作区在"制度创新、现代服务业集聚、深港合作"等方面取得不断突破,成效显著,引领并带动中国进入更高层次的改革与开放。2019年9月至2020年9月,前海深港现代服务业合作区的发展状况以及取得新进展如下。

(一)制度创新:持续深化"放管服"改革,制度创新溢出效应显著

制度创新是前海深港现代服务业合作区开发开放的重要使命。作为"制度的高地",前海深港现代服务业合作区坚持以"简政放权、放管结合、优化服务"为重点,推进政府职能的转变,在投资便利化、法治创新、金融创新、事中事后监管等方面先行先试,优化营商环境,积极打造可复制可推广的制度创新"前海模式"。中山大学自贸区综合研究院发布的"2019~2020年度中国自由贸易试验区制度创新指数"显示,前海蛇口片区制度创新成效凸显,创新动力足,各项指数均列前三。一场突发的公共卫生事件也展示了前海深港现代服务业合作区前期制度创新的溢出效应。面对新冠肺炎疫情的冲击,与其他区域经济萎缩状况呈现反差,2020年1~3月,前海深港现代服务业合作区入驻企业增加值坚挺,同比增长5.9%。

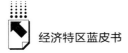
1. 稳步推进简政放权，持续改善营商软环境

优化营商环境是前海深港现代服务业合作区的重要抓手和核心任务。为此，应推进政府简政放权，优化政务服务，最大限度减少政府对市场的直接干预，充分发挥政府的作用，为构建市场化、法治化、国际化的营商软环境输出"前海模式"。

在投资便利化方面，前海深港现代服务业合作区积极对标国际高标准，不断创新，努力打造市场化、国际化的营商环境。2019 年 8 月，全面升级企业"一窗通"平台，"将企业设立登记、公章刻制、银行开户预约、申领发票、企业社保单位参保登记等涉企项目全部归集到一窗通平台，市场监管、公安、税务、社保、银行等部门线上线下互联互通"。[1] 2019 年 9 月，推出了针对内资自然人无人工干预的智能审批服务企业登记"秒批"项目，将企业注册的审批时限压缩至几十秒内。此外全面升级外资"一口受理"平台，将外资企业注册的审批时限压缩到 1 个工作日内，使前海深港现代服务业合作区成为全国外资企业注册速度最快的地方。2019 年 12 月，推出了企业政策精准服务平台"e 企惠"，为入驻的境内外企业提供政策查询、解读、匹配等一站式服务。2020 年 1 月，我国首部外商投资领域的基础性法律——《中华人民共和国外商投资法》正式实施。这是将自贸区、前海深港现代服务业合作区外商投资管理模式创新成果制度化、法制化的一项重要举措，实现了"基层探索"与"顶层设计"的有效互动。

在法治创新方面，继续构建国际商事争议多元解纷体系，营造公平、公正、高效、透明的法治化营商环境。随着前海深港现代服务业合作区入驻企业"井喷式"增长、国际商事活动日益频繁，国际商事纠纷越来越复杂纷呈。有效解决多元化商事纠纷主体的利益冲突，满足商事纠纷主体化解纠纷的多元诉求，保障当事人的合法权益，需要构建一个完善的国际商事争议多元解纷体系。前海法院积极应对粤港澳大湾区、前海深港现代服务业合作

---

① 张智伟：《前海投资便利化吸引优质企业加速进驻》，《深圳特区报》2020 年 8 月 12 日，第 A03 版。

区、自贸区对于国际商事纠纷解决的司法需求，不断创新发展多元化的纠纷解决机制，与域内外47家仲裁、调解机构合作构建多元化的国际商事诉调对接中心，联动整合域内外纠纷解决资源，搭建集商事、金融、知识产权、海事等领域纠纷调解于一体的专业化的国际商事化解平台，截至2020年6月30日，共受理12579件案件，其中成功调解4459件。逐步完善域外法律查明和适用机制，建立对接域外法律的纠纷解决规则体系，确保域外法律"认得全、查得明、用得准"，截至2020年6月，共有76件案件适用域外法律审理。建立粤港澳解纷资源协同共享机制，建立专业化的审判团队以及国际化的调解队伍，与南沙法院、横琴法院共享调解员资源。不断创新"互联网＋"国际商事纠纷调解模式，开展"在线调解"以及"远程司法协作"，为国际商事纠纷主体提供在线法律服务。

在金融创新方面，继续推进跨境金融创新，积极探索资本项目可兑换改革，打造国际化的营商环境。继"五大跨境"业务①之后，又推出了"FT账户企业通"，这是前海深港现代服务业合作区在构建跨境金融体系中的又一次重大突破，同时也是积极探索资本项目可兑换的一项重大举措。作为一项重要的金融基础设施，"FT账户企业通"的开通，能够有效地提高国际资本流动的效率，加速资金周转，降低融资成本，为前海深港现代服务业合作区内企业、境外企业在汇兑、跨境贸易、投资融资等方面提供利好，使企业统筹利用好境内外两个金融市场资源，灵活运用国内、国际两个市场，高起点地参与国际市场竞争。"FT账户企业通"的落地实施，提升了前海深港现代服务业合作区金融服务实体经济的水平。此外在特色金融创新发展方面，除了传统的金融业务之外，融资租赁、商业保理、股权投资、金融外包服务、互联网金融、要素交易、资产管理、小额贷款等新兴金融业态百花齐放，有利于解决企业融资难题，助力实体经济发展。

---

① 指跨境双向股权投资、跨境双向人民币资金池、跨境人民币贷款、跨境金融资产转让、跨境双向人民币债券。

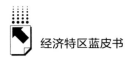

2. 推动放管结合，创新监管机制，完善以信用监管为核心的事中事后监管体系

事中事后监管是与事前审批相对应的。之前国家一直比较重视对市场主体的事前审批，弱化了对其事中事后的法律行为进行监管，这样不可避免地带来了一系列的市场风险，增加了市场主体的运营成本。加强事中事后监管，可以通过政府主动实施的监管行为来实现，这种监管基于法律制度规范市场主体的各种市场行为，从而有效地维护经济秩序、营造法治化的营商环境。

继续构建以信用监管为核心的跨部门协同的事中事后监管模式。信用是市场经济的重要基石。社会信用体系建设是市场经济有效运行的基础。为将社会信用体系与市场监管体系有效地融合在一起，前海深港现代服务业合作区做了不断创新。继续打造公共信用平台。2019 年 12 月，集 "舆情监测、风险预警、协同监管、联合奖惩" 于一体的多功能综合信用平台——前海公共信用平台（三期）正式上线运营。通过 "信用 + X" 综合信用监管平台、"AI 智能预警 + 企业信用画像"、"过去（失信及风险信息监测）—现在（舆情信息监测）—未来（不良行为预测）" 企业全生命周期信用预警体系、关联风险传导 - 打造全面企业关系网络、企业地址大数据库，运用大数据，实现政府对市场主体事前、事中、事后的高效、精准监管。截至 2019 年 12 月，已经归集了政府部门及市场主体的公共信用信息 14.4 亿条，覆盖了深圳市发展改革、市场监管、公安、法院等 74 个政府部门，以及 525 万个市场主体，其中世界 500 强企业 7 家、中国 500 强企业 32 家、国内上市公司 285 家。稳步推进信用税管，以 "信用" 为标准，对企业进行分类，并为其提供相应的 "信用放""信用服""信用管""信用控" 服务。此外在这些大数据的基础上，完善企业信用画像，大力推进 "信易 +" 模式，开发 "信易贷""信易托""信易租" 等系列信用产品及服务，为守信的企业尤其是中小企业降低经营成本，助推社会信用体系建设。

3. 继续发挥先行先试作用，形成可复制推广的经验供全国借鉴，服务内地

"服务内地" 是前海深港现代服务业合作区的一项重要使命。10 年来，

前海深港现代服务业合作区通过持续的制度创新，形成了可复制推广的经验供全国借鉴，同时加速与内地的协同发展，向全国源源不断地输出"前海模式"，服务内地。

经过 10 年的开发开放，前海深港现代服务业合作区已经陆续地向全国输出制度创新的前海模式。"10 年来，前海累计推出的制度创新成果 573 项中全国首创或领先 226 项，其中在投资贸易便利化、金融开放创新、法制创新等重点领域推出的首创或领先的制度创新成果达 188 项。其中在全国复制推广 58 项，在全省复制推广 69 项，在全市复制推广 165 项，在山西省、上海市、天津市、赣江新区、哈尔滨香坊区等区域实现点对点复制推广 434 项，成为新时代'制度创新策源地'和'改革开放试验田'。"①

在与内地的协同发展上，前海通过建立"全国自贸片区创新联盟""自贸试验区改革创新协同发展示范区"，与其他重点区域签署合作备忘录或框架协议等形式，协同内地，共同推进跨区域制度创新，加速跨区域产业合作与发展。目前全国自贸片区创新联盟成员已经增加到 42 个，先后收集梳理了 200 项自贸试验区的优秀创新成果，并推出了涉及 9 个省份的 25 个产业对接项目，通过建立"服务内地合伙人企业"，② 投资内地，构建跨区域产业协同发展。此外前海蛇口自贸区已经与深圳市福田区政府、南山区政府、大鹏新区管委会等市内区级政府，广州高新区、梅州市政府等省内地市级或区级政府，哈尔滨香坊区等跨省区级政府签订了自贸试验区协同发展示范区战略合作协议。截至 2020 年 6 月，前海蛇口自贸区还与青岛高新区、武汉东湖新技术开发区管委会等地方政府、自贸区等十多个区域签署了跨区域合作备忘录和框架协议。

（二）现代服务业集聚、经济成效显著

截至 2020 年 6 月，前海深港现代服务业合作区累计新增 173690 家注册

---

① 马培贵：《前海深港合作区 10 周年答卷》，《深圳特区报》2020 年 8 月 22 日，第 A04 版。
② 已有 20 家前海企业成为"服务内地合伙人企业"，其在内地投资成立了 5.87 万家企业。

企业，累计注册资本金为 95719.75 亿元。其中世界 500 强投资企业有 324 家，内地上市公司投资企业有 934 家，挂牌金融机构有 243 家。从取得的经济成效来看，前海深港现代服务业合作区注册企业实现增加值 2013 年为 49.89 亿元，2019 年为 2288.99 亿元，较 2013 年，6 年间实现增加值增长了 44.88 倍（见表 1）。其中主导行业金融业 2019 年实现增加值比上年同期增长 18.3%，现代物流业比上年同期增长 8.9%，信息服务业同比增长 12.5%，科技服务业比上年同期增长 36.1%，专业服务业比上年同期增长 16.9%。2019 年前海深港现代服务业合作区经济密度为每平方公里创造 152.60 亿元的经济总产值。

表1　2013～2019 年前海深港现代服务业合作区注册企业实现增加值、税收收入情况

单位：亿元，%

指标	2013 年	2014 年	2015 年	2016 年	2017 年	2018 年	2019 年
增加值（初步数）	49.89	192.98	569.46	925.45	1528.09	2001.46	2288.99
增加值增速	—	286.81	195.09	62.51	65.12	30.98	14.37
税收收入	5.19	30.47	95.39	184.90	275.75	361.47	428.00
税收收入增速	—	487.09	213.06	93.84	49.13	31.09	18.41

另外从为国家创造税收来看，前海深港现代服务业合作区税收 2013 年为 5.19 亿元，2019 年为 428.00 亿元，较 2013 年，6 年间前海深港现代服务业合作区税收年均增长速度为 108.64%。2019 年其税收密度为每平方公里创造税收 28.53 亿元。

（三）深化深港合作新进展

在产业合作方面，2019 年以来，前海深港现代服务业合作区陆续推出了《深圳前海深港现代服务业合作区总部企业认定及产业扶持专项资金实施细则》《关于支持粤港澳青年在前海发展的若干措施》《前海深港现代服务业合作区支持创新创业载体发展专项资金实施细则（试行）》等 10 多部

政策，通过资金资助、产业扶持等支持港澳青年来深创业、港资企业在深发展。截至 2020 年 6 月，已有 11772 家港资企业入驻前海深港现代服务业合作区，注册资本金达 1.31 万亿元。目前已经汇聚了汇丰、恒生、港交所、周大福等大批知名港资企业，形成了以金融业为主导的包含现代物流、信息服务、科技服务和专业服务等的现代服务产业集群。① 前海深港现代服务业合作区实际利用港资累计 204.01 亿美元，占实际利用外资的近九成。

在人才交流合作方面，前海深港现代服务业合作区不断完善深港青年创业生态圈，聚集了包含 5123 名港籍人才在内的 8786 名境外优秀人才入驻前海，积极构建全球高端人才配置枢纽。2019 年 12 月又发布了《关于以全要素人才服务加快前海人才集聚发展的若干措施》，围绕"构建多层次人才政策支撑体系、推进建设粤港澳人才合作示范区、营造人才发展宜居宜业环境、开展国际人才管理制度创新"四个方面，推出"优化人才吸引、激励机制，建立港澳专业人士执业'深港通'机制，建立人才数据联动共享机制"等 20 项具体政策。

二 深圳前海深港现代服务业合作区经济社会发展新形势与新动态

（一）新冠肺炎疫情、"逆全球化"思潮冲击世界经济全球化

经济全球化是世界经济发展的重要趋势和主要特征。数十年来，经济全球化促进了生产要素的跨国、跨地区流动，推动了世界各国市场分工与协作以及各经济体的经贸发展，也使得世界经济成为紧密联系的整体。② 新冠肺炎疫情这场突如其来的世界公共卫生事件给世界经济全球化带来严重冲击，同时也给全球产业链、供应链、价值链的发展格局带来不稳定性、不确定

---

① 雍炜、王梦：《深圳前海深港现代服务业合作区发展报告》，载陶一桃主编《中国经济特区发展报告（2019）》，社会科学文献出版社，2020。
② 沈铭辉、李天国：《后疫情时代的国际秩序与东亚区域合作》，《当代世界》2020 年第 8 期。

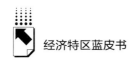

性。面对疫情，全球许多国家不得不采取停工停产政策，生产、贸易、投资等经济活动不得不停顿，造成短期内部分产业链、供应链出现断裂，全球价值链也受到冲击。在当前全球化的格局中，欧美等发达国家企业主导全球价值链，处于微笑曲线两端，后发国家一般都处于价值链的中低端。当处于全球产业链、供应链、价值链上游的产业受到严重冲击时，处于产业链中、下游的产业当然也难以独善其身。

另一方面，受到后金融危机以及新冠肺炎疫情的持续影响，西方发达国家经济恢复缓慢，全球经济增长进入周期性低点，根据 2020 年 6 月国际货币基金组织发布的《世界经济展望》：2020 年全球经济增长速度为 –4.9%，同比下降 7.8 个百分点；发达国家经济体增长速度为 –8%，同比下降 9.7 个百分点；新兴市场和发展中经济体增长速度为 –3%，同比下降 6.7 个百分点；美国经济将萎缩 8%，欧元区经济将萎缩 10.2%。2020 年全球经济将持续处于不景气的大环境中。可以说，新冠肺炎疫情从某一程度上来讲，加剧了欧美发达国家的"逆全球化"。"产业回流""再工业化""对高技术产品、服务等停止供应""打压他国高科技企业"等保护主义行为愈演愈烈，单边主义、民粹主义等"逆全球化"思潮暗潮涌动，全球产业链、供应链、价值链正面临重构的风险，经济全球化遭遇挑战。

面对全球价值链、分工体系重构的巨大挑战，如何把握这种战略重组的方向？在这样一个国际背景下，前海深港现代服务业合作区如何进一步开发开放？

（二）国内产业结构的优化升级处于攻坚阶段

我国经济已经"由高速增长阶段转向高质量发展阶段"。一方面国内的经济增长与要素成本、资源、环境的矛盾日渐突出，已经成为制约我国经济可持续发展的重要因素，亟须加快劳动密集型产业向技术、资本密集型产业转移升级。另一方面国际环境也发生了巨大变化。改革开放的 40 多年来，我国通过引进、学习、模仿、消化、吸收发达国家的先进技术，充分利用后发优势，实现了在技术、知识上的迅速积累，完成了经济的高速持续增长。但随着"逆全球化"思潮的冲击，国际上一部分发达经济体试图通过技术封锁等方式来阻碍新技术、新知识的传播，阻止知识技术的外溢，抑制我国的创新发展。我国目前虽然拥有了完整的产业链，但从全球产业链的参与情况来看，仍然处于附加价值较低的中下游，并且严重依赖国外高新技术型产品。从贸易结构数据来看，中国与美国主要是互补型贸易，中国主要对美国出口机电和轻工消费品等劳动密集型产品，美国主要对中国集中出口机械、航空、光学、医疗设备等技术及资本密集型产品。①

我国国内产业的优化升级已经进入攻坚阶段。技术创新是优化产业结构、加快产业结构升级的持久动力和源泉。实现经济的高质量发展，从本质上来讲就是要依靠科技创新的驱动，在未来的发展中，不断深化信息化与工业化的融合，利用现代信息技术成果，推进传统产业的优化升级，同时改变原有的经济发展方式，"必须坚持创新是第一动力，在全球科技革命和产业变革中赢得主动权"。

三　深圳前海深港现代服务业合作区发展的焦点问题

（一）以高水平的对外开放创造国际竞争新优势

面对"逆全球化"思潮导致的保护主义加剧，单边主义、民粹主义抬头，全球产业链、供应链、价值链发展格局不确定性增加等国际形势，作为中国进一步对外开放的前沿阵地，前海深港现代服务业合作区应当继续坚持全球化的发展战略，深入推进对外开放，充分利用并发挥好"香港要素"，以高水平的对外开放创造国际竞争新优势。高水平的对外开放意味着要与国

---

① 郑建雄、方兴起：《新冠疫情影响下全球产业链重构与中国应对》，《华南师范大学学报》（社会科学版）2020 年第 5 期。

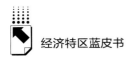

际通行规则接轨，也就是对标、对接并融入国际通行的贸易投资规则。当前全球贸易投资规则正在发生深刻重构，新一轮高标准国际经贸新规则已从传统的以关税、配额、许可证等为特征的边境开放措施，延伸到贸易和投资便利化、知识产权保护、政府采购、竞争中立、监管一致性、营商环境等边境后（内）措施和规则。[①]

贸易投资便利化是对国际贸易投资制度、程序和规范的简化与协调，通过简化贸易程序、提高政策管理和手续办理的透明度、加强基础设施的标准化建设，协调相关标准与规定等，为国际贸易投资活动创造良好环境。[②] 良好的贸易投资便利化水平是一个国家或地区推进国际贸易和跨国投资的基础。从范畴上来看，贸易投资便利化包含对贸易和投资有直接或间接影响的市场准入、市场规模、基础设施、法律法规、营商环境、海关效率等诸多因素。[③] 作为中国特色社会主义先行示范区，前海深港现代服务业合作区应继续推进在贸易投资便利化等方面的制度创新，学习借鉴香港，对标先进的国际高标准的经贸规则，完善创新现有的投资管理、关税贸易等规章制度，先行先试，在风险可控的前提下最大限度放宽市场准入，精简负面清单，实行便利化的贸易投资政策，用法律、规则规范市场主体的经济行为，形成贸易投资便利、监管高效、法制透明规范的基本制度体系及监管模式，构建具有国际竞争力的法治化、市场化的营商环境，并将其成功的经验、成果复制推广至全国。

（二）以现代服务业的集聚发展助力中国产业向全球价值链中高端攀升

在世界经济全球化的背景下，现代服务业尤其是生产性服务业在世界各国融入全球价值链的过程中扮演着举足轻重的作用。在微笑曲线中，处于上

① 陈霜华：《发挥自贸试验区优势率先探索向制度型开放转变》，《科学发展》2020年第5期。
② 张建平、樊子嫣：《"一带一路"国家贸易投资便利化状况及相关措施需求》，《国家行政学院学报》2016年第1期。
③ 汪泰、陈俊华：《中国—中亚—西亚经济走廊贸易投资便利化水平研究》，《世界地理研究》2020年6月。

游的研发、设计环节以及下游的品牌、营销、服务环节拥有较高的附加价值，处于中游的组装、加工环节拥有较低的附加价值。过去以提供产品制造为核心的位于价值链低端的传统制造业发展模式正在加速向以提供产品服务为核心的位于价值链高端的现代制造业发展模式转变。伴随国际生产分工不断向社会化与专业化发展，制造业对服务型生产资料的需求量呈快速上升趋势，服务要素在全球价值链中的作用正日益凸显，其凭借高附加值及高技术密度正成为一国获得国际竞争优势、实现产业迈向价值链中高端的重要决定要素。[①] 我国制造业长期处于全球价值链的中低端，为摆脱现状，在全球价值链重组之时，推动中国制造业高质量发展，提升中国制造业在全球价值链中的地位，需要加快以研发设计、信息技术、知识产权、现代物流、科技金融等为代表的生产性服务业的发展，推进制造业与现代服务业的融合发展。现代服务业是前海深港现代服务业合作区的重要产业，形成以金融、现代物流、信息服务、科技服务及其他专业服务为核心的现代服务业的集聚发展，有助于推进产业结构的优化升级，加快经济发展方式的转变，提升产业的国际竞争力。

四 深圳前海深港现代服务业合作区发展的对策建议

（一）紧抓"香港要素"，融入以国内大循环为主体、国内国际双循环相互促进的新发展格局

面临国内外发展新形势，2020 年 5 月中央提出了"构建国内国际双循环相互促进的新发展格局"。在这个新的发展格局中，深圳、香港将是国内国际双循环中链接国内国际的两个重要因素。前海深港现代服务业合作区要紧抓"香港要素"，发挥联动效应，带动粤港澳大湾区经济融合发展，释放集聚辐射效应。

---

① 余骁、郭志芳：《服务业开放如何提升企业全球生产链地位》，《国际贸易问题》2020 年第 4 期。

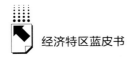

在推进国内大循环方面，前海深港现代服务业合作区要继续借助香港力量，稳步推进科技创新和制度创新。创新是前海深港现代服务业合作区发展的根本使命。在未来的发展中继续利用并发挥好香港要素作用，在金融、知识产权、法治、政府监管等方面积极对接香港、国际惯例，为创新提供优质高效法治的制度环境，同时对接香港基础科研实力雄厚、国际化资源集聚等优势，深化深港科技合作，将深圳、香港两地的利好释放出来，形成科技创新合力。通过制度创新和科技创新的"双轮驱动"，一方面以制度创新推动技术创新，破除科技创新过程中的制度性障碍，另一方面通过不断的技术创新，解决国内经济循环中遇到的一系列技术"卡脖子"问题，实现经济的高质量发展。

在推进国际循环方面，前海深港现代服务业合作区要继续对接香港，打造对标国际高标准、高水平的营商环境，特别是在投资、贸易、商事、事中事后监管等重点领域，借鉴香港、国际先进经验，逐一突破改革中的重点、难点。同时，要加快探索与世界各国贸易投资自由化的进程，通过签署双边或者多边的自由贸易协议，积极融入国际市场，依托国际市场积极输出我国的优势产能，依托国内市场积极引进知名的外资企业，充分发挥、利用好国际、国内两个市场、两种资源，融入"以国内大循环为主体、国内国际双循环相互促进的新发展格局"。

（二）现代服务业集聚发展过程中政府要有所为

现代服务业的集聚发展一方面需要市场的力量，另一方面政府的行为也是引导、促进现代服务业集聚发展的有效措施。这就需要政府在推进现代服务业集聚发展的过程中，寻找并积极改进制约其发展的因素，充分发挥市场的作用，正如弗里德曼所指出的"政府的必要性在于它是'竞赛规则'的制定者，又是解释和强制执行这些已被决定的规则的裁判者"。[1] 政府通过制定游戏规则、政策导向以及相应的监管机制，保护合作区内现代服务业的

---

① 弗里德曼：《资本主义与自由》，商务印书馆，1986。

集聚发展，为各类主体创造一个出入自由、公平竞争的法治化、国际化的制度环境。

前海深港现代服务业合作区在推进现代服务业集聚发展的过程中，要不断优化政府服务，整合信息，促进资源共享，加强有效监管，为合作区内现代服务业的集聚发展提供制度支持。同时不断地"引进来""走出去"，将香港、国际的现代服务业发展经验以及国际优质的现代服务企业引进来，同时借助前海深港现代服务业合作区这个平台让国内现代服务企业走出去、融入国际市场。

B.17
中国自由贸易试验区发展报告

范霄文　王　梦*

摘　要：　自由贸易试验区在构建法制化、国际化、便利化的营商环境
中成效突出，已有六批改革试点经验向全国复制推广，制度
溢出效应显著。面对复杂多变的国际局势，自由贸易试验区
改革的核心问题一是要在开放中守住制度底线，二是在开放
程度迥异的情况下统筹推进制度创新。作为高水平开放制度
"试验田"，自由贸易试验区应积极引领创新贸易规则，扩
大人民币结算范围，推进人民币国际化。

关键词：　自贸试验区　高水平开放　贸易冲突

一　中国自由贸易试验区发展状况与进展

2019 年 8 月 6 日，国务院印发了《中国（上海）自由贸易试验区临港新
片区总体方案》；8 月 20 日中国（上海）自由贸易试验区临港新片区正式揭
牌，上海自由贸易试验区进入 4.0 时代。2019 年 8 月 26 日，国务院印发《中
国（山东）、（江苏）、（广西）、（河北）、（云南）、（黑龙江）自由贸易试验
区总体方案》；8 月 30 日 6 家试验区同时揭牌。2020 年 9 月 21 日，《国务院关
于印发北京、湖南、安徽自由贸易试验区总体方案及浙江自由贸易试验区扩

---

* 范霄文，深圳大学中国经济特区研究中心副教授，经济学博士，硕士生导师，主要研究方向为特区
经济、大数据分析；王梦，深圳大学经济学院 2018 级硕士研究生，主要研究方向为大数据分析。

展区域方案的通知》；9 月 24 日 3 家新设自由贸易试验区和浙江自由贸易试验区扩展区域同时揭牌。自此，我国自由贸易试验区（以下视情简称"自贸试验区"）已增至 21 个，实施面积达 38032.18 平方千米。21 个自贸试验区所在省市 2018 年的生产总值约占全国生产总值的 87.5%，[①] 标志着我国开放型经济制度"试验田"布局已基本完成。中国 21 个自贸试验区及 2 个扩展区基本信息见表 1。

表 1　中国 21 个自贸试验区及扩展区基本信息

批次	自贸试验区名称	数量	挂牌时间
第一批	上海自贸试验区	1	2013 年 9 月 29 日
第二批	广东自贸试验区、天津自贸试验区、福建自贸试验区	3	2015 年 4 月 21 日
第三批	辽宁自贸试验区、浙江自贸试验区、河南自贸试验区、湖北自贸试验区、重庆自贸试验区、四川自贸试验区、陕西自贸试验区	7	2017 年 4 月 1 日
第四批	海南自贸试验区（中国特色自由贸易港）	1	2018 年 4 月 14 日
第五批	山东自贸试验区、江苏自贸试验区、广西自贸试验区、河北自贸试验区、云南自贸试验区、黑龙江自贸试验区	6	2019 年 8 月 30 日
第六批	北京自贸试验区、湖南自贸试验区、安徽自贸试验区	3	2020 年 9 月 24 日
扩展	上海自贸试验区临港新片区 浙江自贸试验区扩展区	2	2019 年 8 月 20 日 2020 年 9 月 24 日

（一）新设自贸试验区概况

1. 第五批新设自贸试验区概况

新五批新增 6 个自贸试验区，实施面积和涵盖片区概况见表 2。

表 2　第五批新增 6 个自贸试验区实施面积、涵盖片区概况

自贸试验区	实施面积（平方千米）	涵盖片区
山东	119.98	济南片区 37.99 平方千米、青岛片区 52 平方千米、烟台片区 29.99 平方千米
江苏	119.97	南京片区 39.55 平方千米、苏州片区 60.15 平方千米、连云港片区 20.27 平方千米

---

① 根据国家及各省市公布的 2019 年国民经济和社会发展统计公报计算而得。

自贸试验区	实施面积(平方千米)	涵盖片区
广西	119.99	南宁片区46.8平方千米、钦州港片区58.19平方千米、崇左片区15平方千米
河北	119.97	雄安片区33.23平方千米、正定片区33.29平方千米、曹妃甸片区33.48平方千米、大兴机场片区19.97平方千米
云南	119.86	昆明片区76平方千米、红河片区14.12平方千米、德宏片区29.74平方千米
黑龙江	119.85	哈尔滨片区79.86平方千米、黑河片区20平方千米、绥芬河片区19.99平方千米

资料来源:《国务院关于印发6个新设自由贸易试验区总体方案的通知》,中华人民共和国中央人民政府网站,2019年8月26日,http://www.gov.cn/zhengce/content/2019-08/26/content_5424522.htm。

(1)山东自贸试验区

战略定位:"以制度创新为核心,以可复制可推广为基本要求,全面落实中央关于增强经济社会发展创新力、转变经济发展方式、建设海洋强国的要求,加快推进新旧发展动能接续转换、发展海洋经济,形成对外开放新高地。"

(2)江苏自贸试验区

战略定位:"以制度创新为核心,以可复制可推广为基本要求,全面落实中央关于深化产业结构调整、深入实施创新驱动发展战略的要求,推动全方位高水平对外开放,加快'一带一路'交汇点建设,着力打造开放型经济发展先行区、实体经济创新发展和产业转型升级示范区。"

(3)广西自贸试验区

战略定位:"以制度创新为核心,以可复制可推广为基本要求,全面落实中央关于打造西南中南地区开放发展新的战略支点的要求,发挥广西与东盟国家陆海相邻的独特优势,着力建设西南中南西北出海口、面向东盟的国际陆海贸易新通道,形成21世纪海上丝绸之路和丝绸之路经济带有机衔接的重要门户。"

（4）河北自贸试验区

战略定位："以制度创新为核心，以可复制可推广为基本要求，全面落实中央关于京津冀协同发展战略和高标准高质量建设雄安新区要求，积极承接北京非首都功能疏解和京津科技成果转化，着力建设国际商贸物流重要枢纽、新型工业化基地、全球创新高地和开放发展先行区。"

（5）云南自贸试验区

战略定位："以制度创新为核心，以可复制可推广为基本要求，全面落实中央关于加快沿边开放的要求，着力打造'一带一路'和长江经济带互联互通的重要通道，建设连接南亚东南亚大通道的重要节点，推动形成我国面向南亚东南亚辐射中心、开放前沿。"

（6）黑龙江自贸试验区

战略定位："以制度创新为核心，以可复制可推广为基本要求，全面落实中央关于推动东北全面振兴全方位振兴、建成向北开放重要窗口的要求，着力深化产业结构调整，打造对俄罗斯及东北亚区域合作的中心枢纽。"①

2. 第六批新设自贸试验区概况

第六批新设自贸试验区实施面积及涵盖片区概况见表3。

表3 第六批新增3个自贸试验区实施面积、涵盖片区概况

自贸试验区	实施面积（平方千米）	涵盖片区
北京	119.68	科技创新片区 31.85 平方千米、国际商务服务片区 48.34 平方千米、高端产业片区 39.49 平方千米
湖南	119.76	长沙片区 79.98 平方千米、岳阳片区 19.94 平方千米、舟山岛南部片区 19.84 平方千米
安徽	119.86	合肥片区 64.95 平方千米、芜湖片区 35 平方千米、蚌埠片区 19.91 平方千米

资料来源：《国务院关于印发北京、湖南、安徽自由贸易试验区总体方案及浙江自由贸易区扩展区域方案的通知》，中华人民共和国中央人民政府网站，2020 年 9 月 21 日，http：//www. gov. cn/zhengce/content/2020 - 09/21/content_ 5544926. htm。

---

① 本部分战略定位引自《国务院关于印发 6 个新设自由贸易试验区总体方案的通知》，中华人民共和国中央人民政府网站，2019 年 8 月 26 日，http：//www. gov. cn/zhengce/content/2019 - 08/26/content_ 5424522. htm。

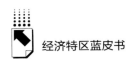

（1）北京自贸试验区

战略定位："以制度创新为核心，以可复制可推广为基本要求，全面落实中央关于深入实施创新驱动发展、推动京津冀协同发展战略等要求，助力建设具有全球影响力的科技创新中心，加快打造服务业扩大开放先行区、数字经济试验区，着力构建京津冀协同发展的高水平对外开放平台。"

（2）湖南自贸试验区

战略定位："以制度创新为核心，以可复制可推广为基本要求，全面落实中央关于加快建设制造强国、实施中部崛起战略等要求，发挥东部沿海地区和中西部地区过渡带、长江经济带和沿海开放经济带结合部的区位优势，着力打造世界级先进制造业集群、联通长江经济带和粤港澳大湾区的国际投资贸易走廊、中非经贸深度合作先行区和内陆开放新高地。"

（3）安徽自贸试验区

战略定位："以制度创新为核心，以可复制可推广为基本要求，全面落实中央关于深入实施创新驱动发展、推动长三角区域一体化发展战略等要求，发挥在推进'一带一路'建设和长江经济带发展中的重要节点作用，推动科技创新和实体经济发展深度融合，加快推进科技创新策源地建设、先进制造业和战略性新兴产业集聚发展，形成内陆开放新高地。"①

3. 扩展两个自贸试验区

扩展的两个自贸试验区实施面积和涵盖片区概况见表4。

表4　上海临港新片区和浙江自贸试验区扩展区实施面积、涵盖片区概况

自由贸易试验区	实施面积（平方千米）	涵盖片区
上海临港新片区	119.50	临港地区南部区域三个区块共76.5平方千米、小洋山岛域18.3平方千米、浦东国际机场南侧区域24.7平方千米

---

① 本部分战略定位引自《国务院关于印发北京、湖南、安徽自由贸易试验区总体方案及浙江自由贸易区扩展区域方案的通知》，中华人民共和国中央人民政府网站，2020年9月21日，http://www.gov.cn/zhengce/content/2020-09/21/content_5544926.htm

自由贸易试验区	实施面积(平方千米)	涵盖片区
浙江扩展区	119.50	宁波片区46平方千米、杭州片区37.51平方千米、金义片区35.99平方千米

资料来源:《国务院关于印发北京、湖南、安徽自由贸易试验区总体方案及浙江自由贸易试验区扩展区域方案的通知》,中华人民共和国中央人民政府网站,2020年9月21日,http://www.gov.cn/zhengce/content/2020-09/21/content_ 5544926. htm;《国务院关于印发中国(上海)自由贸易试验区临港新片区总体方案的通知》,中华人民共和国中央人民政府网站,2019年8月6日,http://www.gov.cn/zhengce/content/2019-08/06/content_ 5419154. htm。

(1)上海自贸试验区临港新片区

发展目标:"到2025年,建立比较成熟的投资贸易自由化便利化制度体系,打造一批更高开放度的功能型平台,集聚一批世界一流企业,区域创造力和竞争力显著增强,经济实力和经济总量大幅跃升。到2035年,建成具有较强国际市场影响力和竞争力的特殊经济功能区,形成更加成熟定型的制度成果,打造全球高端资源要素配置的核心功能,成为我国深度融入经济全球化的重要载体。"

(2)浙江自贸试验区扩展区

战略定位:"坚持以'八八战略'为统领,发挥'一带一路'建设、长江经济带发展、长三角区域一体化发展等国家战略叠加优势,着力打造以油气为核心的大宗商品资源配置基地、新型国际贸易中心、国际航运和物流枢纽、数字经济发展示范区和先进制造业集聚区。"[1]

(二)自贸试验区制度改革新进展

1. 制度改革创新复制推广效应显著

2020年7月7日发布《国务院关于做好自由贸易试验区第六批改革试点

---

[1] 本部分发展目标和战略定位引自《国务院关于印发北京、湖南、安徽自由贸易试验区总体方案及浙江自由贸易试验区扩展区域方案的通知》,中华人民共和国中央人民政府网站,2020年9月21日,http://www.gov.cn/zhengce/content/2020-09/21/content_ 5544926. htm;《国务院关于印发中国(上海)自由贸易试验区临港新片区总体方案的通知》,中华人民共和国中央人民政府网站,2019年8月6日,http://www.gov.cn/zhengce/content/2019-08/06/content_ 5419154. htm。

经验复制推广工作的通知》，第六批包括 31 项在全国范围内复制推广的改革事项和 6 项在特定区域复制推广的改革事项。在向全国复制推广的 31 项中，投资管理领域 9 项、贸易便利化 7 项、金融开放创新领域 4 项、事中事后监管措施 6 项、人力资源领域 5 项（见表5）。在向特定区域复制推广的 6 项改革事项中，包括自贸试验区复制推广 3 项、二手车出口业务试点地区复制推广 1 项、保税监管场所复制推广 1 项和成都铁路局局管范围内复制推广 1 项（见表6）。

表5 第六批在全国范围内复制推广的改革事项

领域	全国复制推广改革事项
投资管理领域（9 项）	"出版物发行业务许可与网络发行备案联办制度"、"绿色船舶修理企业规范管理"、"电力工程审批绿色通道"、"以三维地籍为核心的土地立体化管理模式"、"不动产登记业务便民模式"、"增值税小规模纳税人智能辅助申报服务"、"证照'一口受理、并联办理'审批服务模式"、"企业'套餐式'注销服务模式"和"医疗器械注册人委托生产模式"
贸易便利化（7 项）	"'融资租赁＋汽车出口'业务创新"、"飞机行业内加工贸易保税货物便捷调拨监管模式"、"跨境电商零售进口退货中心仓模式"、"进出口商品智慧申报导航服务"、"冰鲜水产品两段准入监管模式"、"货物贸易'一保多用'管理模式"和"边检行政许可网上办理"
金融开放创新领域（4 项）	"保理公司接入央行企业征信系统"、"分布式共享模式实现'银政互通'"、"绿色债务融资工具创新"和"知识产权证券化"
事中事后监管措施（6 项）	"'委托公证＋政府询价＋异地处置'财产执行云处置模式"、"多领域实施包容免罚清单模式"、"海关公证电子送达系统"、"商事主体信用修复制度"、"融资租赁公司风险防控大数据平台"和"大型机场运行协调新机制"
人力资源领域（5 项）	"领事业务'一网通办'"、"直接采认台湾地区部分技能人员职业资格"、"航空维修产业职称评审"、"船员远程计算机终端考试"和"出入境人员综合服务'一站式'平台"

资料来源：《国务院关于做好自由贸易试验区第六批改革试点经验复制推广工作的通知》，中华人民共和国中央人民政府网站，2020 年 7 月 7 日，http：//www.gov.cn/zhengce/content/2020－07/07/content_ 5524720. htm。

表6 第六批在特定区域内复制推广的改革事项

领域	特定区域复制推广改革事项
自贸试验区复制推广（3 项）	"建设项目水、电、气、暖现场一次联办模式"、"股权转让登记远程确认服务"和"野生动植物进出口行政许可审批事项改革"

领域	特定区域复制推广改革事项
二手车出口业务试点地区复制推广（1项）	"二手车出口业务新模式"
保税监管场所复制推广（1项）	"保税航煤出口质量流量计计量新模式"
成都铁路局局管范围内复制推广（1项）	"空铁联运——单制货物运输模式"

资料来源：《国务院关于做好自由贸易试验区第六批改革试点经验复制推广工作的通知》，中华人民共和国中央人民政府网站，2020年7月7日，http：//www.gov.cn/zhengce/content/2020-07/07/content_5524720.htm。

2. 外资市场准入负面清单进一步"瘦身"

2019年7月30日起，《外商投资准入特别管理措施（负面清单）（2019年版）》和《自由贸易试验区外商投资准入特别管理措施（负面清单）（2019年版）》正式施行。2019年版全国范围外资准入负面清单缩减到40项，自由贸易试验区负面清单则缩减至37项。

2020年7月23日起，《外商投资准入特别管理措施（负面清单）（2020年版）》和《自由贸易试验区外商投资准入特别管理措施（负面清单）（2020年版）》正式施行。2020版全国范围外资准入负面清单比2019年版减少7项，缩减到33项；自由贸易试验区负面清单缩减至30项。

短短7年的时间，"非禁即入"市场准入制度改革成效显著。自由贸易试验区负面清单由最初2013年版的199项减至2020年版的30项，减少了约85%（见表7）。

表7　中国自贸试验区负面清单项目数

单位：项

负面清单版本	项目数
2013年版	199
2014年版	139
2015年版	122
2017年版	95

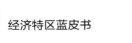

续表

负面清单版本	项目数
2018 年版	45
2019 年版	37
2020 年版	30

（三）自贸试验区改革经济成效显著

截至 2020 年 7 月，中国自贸试验区新设企业已累计达到 97.8 万家，其中外资企业 8.4 万家。自贸试验区已累计有 260 项制度创新成果向全国或特定区域复制推广，1151 项制度创新成果在各省（区、市）内推广。2020 年前 7 个月，全国 18 个自贸试验区新设外资企业 3300 多家。2020 年上半年，18 个自贸试验区在 1734.26 平方千米的土地上，实际利用外资达807.8 亿元，外贸进出口总额达到了 2.2 万亿元，在不到全国 2‰的国土面积上，实现了全国外商投资额的 17.1%，创造了 15.6% 的进出口额。截至2020 年上半年，在山东等 6 个第五批设立的自贸试验区和上海临港新片区，总体方案确定的 713 项改革试点任务平均实施率接近 80%，初步实现了设立目标。

上海自贸试验区，截至 2020 年 3 月底，累计新设企业 6.4 万户，新设企业数是前 20 年同一区域企业数的 1.8 倍。2020 年上半年，上海自贸试验区进出口总额占上海市比重超过 40%。新设外资企业占浦东新区的77%，约为 1.2 万户，实到外资 371 亿美元。挂牌以来向全国复制推广310 多项改革创新成果，124 项上海自贸试验区首创或与其他地方共同总结形成的制度创新成果由商务部向全国或特定地区复制推广。2019 年，人民币跨境结算总额累计达 3.8 万亿元，占全市的 38.99%。截至 2019年底，累计有 1064 家企业发生跨境双向人民币资金池业务，资金池收支总额达 1.94 万亿元。2019 年上海自贸试验区主要经济指标及其增速见表 8。

表8　2019 年中国（上海）自由贸易试验区主要经济指标及其增长速度

指标	单位	绝对值	比上年增长（%）
一般公共预算收入	亿元	588.60	-9.2
外商直接投资实际到位金额	亿美元	79.63	17.6
全社会固定资产投资总额	亿元	725.68	13.7
规模以上工业总产值	亿元	4652.35	-2.5
社会消费品零售额	亿元	1602.90	5.8
商品销售总额	亿元	43008.39	4.5
服务业营业收入	亿元	5787.30	9.9
外贸进出口总额	亿元	14841.80	4.4
外贸出口额	亿元	4493.50	3.8
期末监管类金融机构数	个	921	3.8

资料来源：《上海市 2019 年国民经济和社会发展统计公报》，上海统计局网站，2020 年 3 月 29 日，http：//tjj.sh.gov.cn/tjgb/20200329/05f0f4abb2d448a69e4517f6a6448819.html。

广东自贸试验区，截至 2019 年底，累计新设企业超 26 万家，累计新增港澳资企业 1.67 万家。77 家世界 500 强企业投资设立 388 家企业。挂牌 5 年来，形成改革创新成果 527 项，制度创新案例 202 项，其中全国首创 38 项，全国最佳实践案例 6 项。2019 年，自贸试验区以占全省 0.6‰的国土面积，实现了全省 32.86% 的实际利用外资，达 73.38 亿美元，创造了全省 16.15% 的外贸进出口额（11535.35 亿元）。截至 2020 年 3 月，广东自贸试验区引入港澳相关金融机构超过 4500 家，共开立 FT 账户 488 个，发放 FT 项下贷款超 32 亿元，跨境结算金额达 67.2 亿美元，截至 2020 年 8 月，累计开展 58.58 亿元跨境人民币创新业务。

天津自贸试验区，自 2015 年 4 月 21 日正式挂牌运行至 2020 年 6 月底，累计新增市场主体 6.9 万户，注册资本达 2.33 万亿元，是设立前历年登记市场主体的近 3 倍，其中累计新增外资企业 2707 户，实际利用外资已达 100.17 亿美元，创造了 11029.23 亿元进出口贸易额。挂牌以来，实施制度创新措施 428 项，在全市和相关区域发布 65 个金融创新案例，复制推广 230 项经验案例。作为国家级租赁创新示范区，各类融资租赁企业超过 3600 家，占全国的近 1/3，跨境租赁业务占全国的 80% 以上。截至 2020 年 5 月，

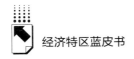

区内主体新开立本外币账户8.5万个，办理跨境收支2219亿美元，跨境人民币结算达4346亿元。2019年，以天津市1%的土地面积，带动全市对外投资的50%和实际利用外资的46%，创造了全市近33%的外贸进出口额，并实现了全市地区生产总值的10%。

福建自贸试验区，自2015年4月21日挂牌起，截至2020年8月14日，区内新增企业9.8万户，是挂牌前历年总和的6.4倍。注册资本达2.1万亿元，是挂牌前历年总和的9.6倍。5年来，引进外资企业4222家，其中服务业企业3429家，占81.2%。截至2020年6月，推出创新举措446项，其中40项试点经验在全国复制推广，156项在全省复制推广。截至2019年底，区内企业开展跨境双向人民币资金池业务累计流入116.8亿元，跨境资金流入4.6亿美元，累计办理4942亿元人民币跨境业务。

辽宁自贸试验区，自成立以来，区内企业由1.2万户增至5.8万户，增加了3.8倍。完成123项国家总体方案赋予辽宁自贸区的试验任务，完成率达100%。在全国复制推广12项"辽宁经验"，在全省复制推广88项改革创新经验。截至2020年4月末，辽宁自贸试验区企业累计本外币跨境结算金额达532.82亿美元。其中，2020年1~4月辽宁自贸试验区企业累计本外币跨境结算金额达58.29亿美元，占全省同期跨境收支总额的13.7%。

浙江自贸试验区，挂牌三年来，累计新增外资企业426家，实际利用外资7.7亿美元，外贸进出口总额达1735亿元。推出116项制度创新成果，其中全国首创52项，被全国复制推广27项。跨境人民币业务加快发展，截至2020年6月，浙江自贸试验区跨境人民币结算额占浙江省的比重提升至15.8%，结算额达679.1亿元，同比增长27.2%，累计结算额已超2400亿元。

河南自贸试验区，截至2019年底，累计入驻企业6.94万家，外资企业400家，世界500强企业92家，新增内资注册资本累计达8099.98亿元。累计实际利用外资19.95亿美元，创造了591.3亿元的进出口额。累计实施392项改革创新成果，11项制度创新成果在全国复制推广，24项制度创新成果在全省复制推广。三年来，区内各类金融机构达430余家，跨境结算超1000亿元，本外币贷款余额超3000亿元。2020年1~7月，实际利用外资达10.3亿美元，同比增长49.6%；进出口总额达165.8亿元，同比增长37.6%。

湖北自贸试验区，截至2020年2月，累计新增企业4.73万家，是以往企业数量的1.7倍；新设外商投资企业279家，实际利用外资达42.3亿美元，进出口总额达3117.4亿元，以全省0.065%的土地面积实现了全省30.2%的进出口总额。湖北自贸试验区在全国率先完成总体方案要求的170项改革试验任务和38项差异化试点任务。在全国复制推广17项创新成果，在全省复制推广132项创新成果。截至2019年底，累计新增2537家高新技术企业入驻，累计新增7.17万件专利申请和3.39万件专利授权。

重庆自贸试验区，截至2020年7月底，累计新增企业注册数达4.32万户，形成5167.62亿元注册资本总额，占全市注册资本总额的15.2%。自挂牌以来，累计形成240余项制度创新成果，向国家上报了50余项改革试点经验和创新典型案例，56项成果从自贸试验区推广到全市。2019年1~8月，重庆与东盟实现51.4亿元跨境人民币收付结算，同比增加了48.7%；跨境电子商务结算量达18.8亿美元，同比增长13.3%。

四川自贸试验区，截至2020年6月，累计新增市场主体12.1万家，形成超1.2万亿元的注册资本。引进近300个亿元以上项目，吸引外资企业近1200家入驻。在不足全省0.25‰的土地面积上，创造了全省10%的货物进出口额，聚集了全省30%的外商投资企业，已实施156项中央赋予四川的改革试验任务，实施率超过98.1%。自挂牌以来，自贸试验区累计探索形成制度创新成果430多项，12项改革经验在全国复制推广。

陕西自贸试验区，截至2020年7月底，新设市场主体6.73万家，为原存量市场主体（25558家）的2.6倍，新增注册资本8138.23亿元。其中新设企业45642家（含外资企业532家），新增企业注册资本8116.18亿元（含外资企业注册资本28.87亿美元）。三年多来，陕西自贸试验区先后形成改革创新案例394个，20项改革创新成果在全国复制推广，53个案例已

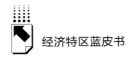

在全省复制推广。入驻陕西自贸试验区"通丝路"平台的外贸企业达160余家，跨境人民币结算额突破1000万元。

海南自贸试验区，截至2020年8月，新增407家外资企业，实际使用外资3.87亿美元，增长33.13%。挂牌以来，对外贸易进出口额为1838.6亿元，增长31.8%，与全国同期增速相比，高出了16.8个百分点。自贸试验区共形成了71项制度创新案例。自贸试验区FT账户共发生资金收支近34亿元。

山东自贸试验区，截至2020年7月底，新设立企业达1.55万家，其中新设外资企业288家，实际使用外资14.4亿美元，占全省的9.9%；完成进出口额2209亿元，占全省的11.8%；累计探索形成制度创新成果60项，其中全国首创7项在全国复制推广，在省内复制推广创新成果36项。

江苏自贸试验区，截至2020年6月底，新增市场主体2.91万家，其中外资企业近300家。上半年实际利用外资14.7亿美元，占全省的12%。完成进出口总额2468.7亿元，占江苏省的13%。江苏自贸试验区自挂牌以来，先后签约并落地亿元以上的重大项目88个，总投资超过1500亿元，集聚的2175家高新技术企业占全省的9%。截至2020年8月末，跨境人民币创新业务金额共计58.58亿元。

广西自贸试验区，截至2020年8月底，新设企业累计达到1.06万家，其中累计新增外资企业85家；实际利用外资超1.4亿美元，占全自治区同期实际利用外资的13.85%；创造超1308亿元的外贸进出口额，占全自治区同期总额的30.9%。自设立以来，实施落地全国全省首创改革举措约60余项，形成制度创新成果115项，其中在全国复制推广3项，在自治区内复制推广改革试点经验和创新实践案例40项。2020年上半年，人民币跨境收支总额达115.77亿元。

河北自贸试验区，截至2020年8月底，累计新注册企业达788家，自贸试验区新增企业数量为挂牌前历年总和的1.7倍。实现进出口贸易额130亿元，占全年任务的94%；完成固定资产投资90亿元，占全年任务的62%，推出首批16项制度创新案例。跨境人民币结算动态"白名单"模式在河北自贸试验区金融创新领域中起重要作用。

云南自贸试验区，截至 2020 年 8 月底，累计新设立企业 1.67 万家，注册资本达 1144.3 亿美元，其中外资企业 100 家，注册资本达 7.6 亿美元。外贸进出口总额达 131.05 亿元，进口额超过 70 亿元。云南自贸试验区在省内复制实践案例 18 项。2020 年上半年，全省跨境人民币实际收付额为 266.86 亿元，其中云南自贸试验区银行跨境人民币结算额共计 108.4 亿元，占同期全省结算总量的 40.62%。

黑龙江自贸试验区，截至 2020 年 7 月，累计新设立企业 4855 家，新签约项目 148 个，投资额达 1838.58 亿元，总体方案中 89 项改革试点任务完成，完成率达 96.6%。截至 2020 年 6 月末，黑龙江省跨境人民币业务实际收付合计 94.6 亿元，同比增长 32.1%。

二 中国自贸试验区改革的核心问题

近几年来，许多发达国家开始对现有国际贸易规则不满，贸易保护主义抬头。国外有的经济学者甚至认为低收入国家的国际贸易影响富裕国家内部的贫富不均，国际贸易将扰乱国内劳动力市场，各种冲突矛盾客观存在，且正在打破现有的国际贸易规则。面对复杂的外部环境，作为高水平开放经济制度改革"试验田"的自贸试验区所面临的核心问题是什么？只有厘清当前面临的核心问题才有利于进一步的制度创新。

（一）开放是手段不是目的

自由贸易意味着各国的货物和服务可以通过全球市场进行自由交换，顺利实现自由交换要在一定的"游戏规则"下进行，交易双方权益的保障、争端的解决都需要有规则的约束。现有的国际贸易规则主要由布雷顿森林货币体系及关税和贸易总协定等确定，统称"布雷顿森林体系"。这一规则体系是以美国为首的西方国家构建的，是以私有制为主体的市场经济国家制定的规则，其宗旨是以市场为导向进行贸易。但实际上在此规则下主要是以私

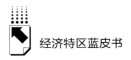

有制作为判断贸易的市场导向，其本质是美国试图在贸易规则框架下确定别国的经济制度和治理模式。显然，各国的情况不同，国家治理模式与经济制度也不可能相同，即使是美国、欧盟、日本等国也都有各自不同的治理方式，这样的要求既不合理也不现实。

随着中国经济的发展，作为第二大经济体的中国被美国和欧盟视为非市场经济国家，两者制定了针对中国的贸易规则。当对市场经济理解不同时，其拒绝承认中国是市场经济国家，贸易冲突就难以避免。因而，贸易冲突的背后是制度的冲突。

自贸试验区作为高水平改革开放制度的"试验田"，高水平开放是达到目的的手段，不是目的本身，我们不是为了开放而开放，而是为了以开放促改革，在开放过程中围绕投资管理、贸易自由、金融开放、政府职能转变、健全法律保障进行制度创新。只要有国界的存在，完全开放的经济是不存在的。国际贸易既存在正社会效应也有负效应，每个国家都有权从国家利益和社会成本出发权衡确定自己的制度体系。

（二）开放程度迥异下统筹推进制度创新

外贸依存度①反映了一个国家或地区的开放程度或对外依存度，2019年全国对外依存度为32%，21个自贸试验区中有15个自贸试验区所在省（市）开放程度低于全国水平，开放程度高于全国水平的6个省（市）依次是上海、北京、广东、天津、浙江和江苏，除北京外均是沿海省市。

开放促改革，制度改革要在开放中不断创新完善，开放程度越高越有条件进行开放型经济制度的创新，因此，开放程度高的6个自贸试验区主要承担制度创新任务，其余15个自贸试验区则结合各自战略定位进行补充完善，通过复制推广减少改革成本，统筹推进经济制度的深化改革。这样可以较快速的由沿海到内地，推进高水平开放经济制度建设。

---

① 外贸依存度为货物进出口总额/GDP（或地区生产总值），本报告中外贸依存度数据根据公布的国家及各地区2019年《国民经济和社会发展统计公报》计算而得。

三 中国自贸试验区发展的焦点问题

（一）海南自由港是否会取代香港

随着 2020 年 6 月 1 日《海南自由贸易港建设总体方案》的正式发布，确定海南将打造成为高水平自由贸易港。每年每人 10 万元的"离岛免税购物额度"引发各界的关注，海南是否将取代香港成为全球购物天堂成为焦点问题。

香港是全球最开放的自由港，是国际金融、航运和贸易的中心。然而，受中美地缘政治和 2019 年社会事件的影响，加之国际金融方面有来自上海和新加坡的竞争，香港经济近期陷入困境。

海南自由港的设立，主要使香港在旅游购物方面面临严峻的挑战。从已发布的经济数据看，2018 年访港旅客为 6514.8 万人次，海南接待旅客总人数为 7627.39 万人次。海南的土地面积是香港的 32 倍，且旅游资源丰富，在空间布局上具有绝对的优势。

与海南相比，香港自由港在国际金融和航运中占有绝对优势，海南则主要依靠海洋产业。公开数据显示，2018 年香港货物吞吐量是 25850 万吨，海南货物吞吐量为 18282 万吨。由此看来，海南在零售业、旅游业有可能取代香港，但在其他方面，各自有不同的优势和定位。海南更多的是要在开放中进行制度创新，香港则需要找到应对来自上海和海南挑战的发展策略，构建起既竞争又互补的发展格局。

（二）如何应对疫情加剧的国际贸易不确定性

根据海关总署公布的进出口统计数据，2020 年前三季度我国货物贸易进出口总额为 23.12 万亿元，实现了正增长。一是因为在大多数国家受疫情影响供应链受阻的情况下，我国疫情得到有效控制，复工迅速，

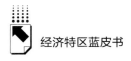

并在相关领域具有产业链规模化生产优势；二是有些企业及时调整经营方向，生产出口口罩、医疗器械等防疫物资，拉动出口作用较大；三是由于防控疫情而产生的"宅经济"带动了电脑、家电等商品出口额增长。

实际上，面对疫情我国很难独善其身。一方面，全球新冠肺炎疫情仍在不少国家蔓延，除与疫情防疫相关的物资外，不少贸易因疫情防控而中断，且目前难以预料疫情持续的时间及由此给全球经济复苏带来的不确定性；另一方面，疫情打破了现有的全球产业供应链，同时也暴露了危机下各国的薄弱环节，保护主义和单边主义思潮上升，由此可能引发经济的区域化、本土化；再就是疫情加剧了地缘政治冲突导致的不确定性。这三方面都将加深国际贸易的不确定性，使自贸试验区制度改革面临严峻挑战。如何应对这种复杂多变的外部环境也就成为自贸试验区制度改革的焦点问题。

四 中国自贸试验区发展的对策建议

（一）面对复杂的局势，积极引领创新贸易规则

美国不承认中国市场经济地位，反映了两国对市场经济认识存在分歧。美国将市场经济制度纳入国际贸易规则之中是引发中美贸易摩擦的深层次原因；美国虽然主导制定了 TPP、TTIP、PSA 等协议，对中国进行围追堵截，但中国已经是世界贸易大国，世界离不开中国，中国也离不开世界，这次全球新冠肺炎疫情暴发后，中国向许多国家出口防疫物资证明中国世界工厂的称号名副其实，中国在生产链中的规模优势无可替代。贸易摩擦终究要想办法化解，一是努力对市场经济达成共识；二是在现有关税和贸易总协定下，借助自贸试验区，积极发挥一个大国的作用，在尊重各国制度体系的基础上，求同存异，引领创新现有国际贸易规则，搭建协同发展的全球经济体系。

（二）扩大人民币结算范围，提高贸易便利化水平

贸易离不开货币媒介，国际贸易所采用的货币也是贸易规则的重要组成部分。中国已经是世界第二大贸易国，但人民币在国际贸易中还未被广泛接受。自贸试验区作为开放改革的"试验田"，应积极推进人民币国际化进程，创新制度，扩大人民币结算范围，让人民币通过多种方式和渠道走出国门。先行先试，尝试在自贸试验区采用数字货币，以提升交易便利化为着力点，推进数字货币结算的基础设施建设，顺势而为，充分利用数字货币可追踪、可防伪的特点，进一步创新完善对外开放货币管理体系，推进人民币国际化。

参考文献

中国（上海）自由贸易试验区网站，http：//www. china – shftz. gov. cn/Homepage. aspx。

中国（广东）自由贸易试验区网站，http：//www. china – gdftz. gov. cn/。

中国（天津）自由贸易试验区网站，http：//www. china – tjftz. gov. cn/html/cntjzymyq/portal/index/index. htm。

中国（福建）自由贸易试验区网站，http：//www. china – fjftz. gov. cn/article/index/gid/8/aid/142. html。

B.18
中国图们江地区经济社会发展报告

沈万根　赵宝星*

摘　要：　世界正处于百年未有之大变局，突如其来的新冠肺炎疫情对我国乃至世界都产生了深刻影响，中国图们江地区亦难以独善其身。通过实地调研及文献总结的方法，本报告对中国图们江地区经济社会进行细致考察。中国图们江地区面对发展困境应当立足自身资源禀赋顺势而为增强经济实力，在疫情防控常态化背景下积极推进经济内循环发展，并以"培育为主、引进为辅"为原则推进人才建设，夯实发展内生动力基础，同时加大中国图们江地区旅游业建设力度，推进中国图们江地区经济社会高质量发展。

关键词：　中国图们江地区　经济社会发展　破题路径

　　在党的十九大上，习近平总书记明确指出我国社会主要矛盾已经转化为人民日益增长的美好生活需要和不平衡不充分发展之间的矛盾。中国图们江地区①地处国家边疆，同时也是少数民族地区，属我国发展不充分的地域板块。近年来，中国图们江地区积极推进自身发展，采取积极途径破发展不充分之题，实现稳步发展。

---

*　沈万根，延边大学马克思主义学院教授，博士生导师，主要研究方向为少数民族经济；赵宝星，延边大学经济管理学院博士研究生，主要研究方向为少数民族经济。
①　本报告采用延边朝鲜族自治州数据。

一 中国图们江地区经济社会发展状况

（一）中国图们江地区经济稳中有进，但整体实力有待增强

2019 年，中国图们江地区生产总值达 723.37 亿元，相比 2018 年的 708.17 亿元增长 2.1%。其中，三次产业增加值分别为 54.81 亿元、248.36 亿元、420.20 亿元。相比 2018 年，第一、第二产业增加值均有所增加，分别增长 2.9%、6.8%，贡献率分别为 9.91%、101.56%。但第三产业略有小幅度下降，降幅约 0.8%。① 中国图们江地区三次产业增加值分别占地区生产总值的 7.6%、34.3%、58.1%，地区内逐步形成"三二一"的产业结构格局。第三产业在产业结构中占据较大比重是经济社会现代化发展的必然趋势，可见中国图们江地区产业结构逐渐优化，经济实力稳中有进。但与此同时应当清醒地认识到，中国图们江地区整体经济实力有限。吉林省九个市（州）按照地区经济生产总值排序，中国图们江地区位于第 6 名，生产总值占吉林省生产总值的 6.18%，占据较小比重（见表 1），三次产业在省内排名分别为第 8、第 3、第 3。由此可见，中国图们江地区第二、第三产业在吉林省范围内来看发展较好，但是第一产业发展情况在吉林省范围内来看则不容乐观，第一产业建设有待进一步加强。与此同时，中国图们江地区城镇、农村常住居民人均可支配收入分别为 28158 元、12520 元，② 虽然逐年增长，但在全省层面来看未达到平均水平，分别占全省城镇、农村常住居民人均可支配收入的 87.2%、83.8%。由此可见，中国图们江地区应当积极挖掘自身发展潜力，提升地区整体经济实力，提升人均可支配收入，实现高质量发展。

---

① 《延边朝鲜族自治州 2019 年国民经济和社会发展统计公报》，吉林省人民政府网站，2020 年 6 月 8 日，http：//www. jl. gov. cn/sj/sjcx/ndbg/gdzs/202006/t20200608_ 7257722. html。

② 《延边朝鲜族自治州 2019 年国民经济和社会发展统计公报》，吉林省人民政府网站，2020 年 6 月 8 日，http：//www. jl. gov. cn/sj/sjcx/ndbg/gdzs/202006/t20200608_ 7257722. html。

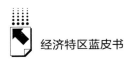

表1　吉林省各市（州）地区生产总值及其所占比重、排名

单位：亿元，%

地区	生产总值	比重	排名
全省	11707.36	100.00	—
长春市	5904.14	50.43	1
吉林市	1416.55	12.10	2
四平市	796.17	6.80	3
松原市	729.78	6.23	4
通化市	725.76	6.20	5
延边州	723.37	6.18	6
白山市	509.66	4.35	7
白城市	491.55	4.20	8
辽源市	410.38	3.51	9

资料来源：延边州统计局编《2020年延边统计概要》，延边统计局，2020，第12页。

（二）旅游业蓬勃发展为中国图们江地区注入新动力

随着物质生活得到满足，人民开始逐步追求精神世界的充实与享受，因而旅游业迎来发展契机。中国图们江地区作为少数民族地区、边疆地区、革命老区，具有独特的区位优势以及人文资源，中国图们江地区旅游业逐渐成为拉动地区其他产业发展的引擎。2018年，中国图们江地区政府出台《关于大力发展全域旅游推动旅游兴州的实施意见》，提出文化强州、旅游兴州的战略方针。2019年，中国图们江地区旅游业接待游客2751.38万人次，相较2018年增加318.76万人次，同比增长13.1%。其中接待国内游客2694.80万人次，占接待游客总数的97.94%，可见国内游客是中国图们江地区旅游业的主要消费群体。旅游总收入的增加是中国图们江地区旅游业发展的直观体现，2019年中国图们江地区旅游总收入达555.34亿元，较2018年增加82.31亿元，同比增加17.4%（见表2）。旅游业的发展不仅直接带动中国图们江地区经济收入增加、财政收入增加，并且还促进中国图们江地区少数民族优秀文化传承，实现其自身价值、创造经济价值。与此同时，中国图们江地区大力发展乡村旅游，带动农村贫困人口脱贫致富，以旅游促发展。

表2　2018~2019年中国图们江地区旅游业发展情况

项目	2018年	2019年	增量	2019年同比增长率（％）
总接待游客数（万人次）	2432.62	2751.38	318.76	13.1
接待国内游客数（万人次）	2377.44	2694.80	317.36	13.3
接待入境游客数（万人次）	55.18	56.58	1.4	2.5
旅游总收入（亿元）	473.03	555.34	82.31	17.4
国内旅游收入（亿元）	456.39	537.47	81.08	17.8
旅游外汇收入（亿美元）	2.52	2.65	0.13	5.2

资料来源：延边州统计局编《2020年延边统计概要》，延边州统计局，2020，第64页。

（三）人力资本外流是中国图们江地区人口变化长期趋势

生产要素由低收益地区流向高收益地区是生产要素流动的内在规律。因此，由于中国图们江地区经济实力有限，劳动力生产要素出现流出中国图们江地区、流入高收益地区的现象。中国图们江地区人口多年来呈现下降趋势，2019年中国图们江地区共有813343户，207.20万人，相比2018年减少0.7%，相比2010年减少5.4%。2019年中国图们江地区城镇人口共143.77万人，乡村人口共63.43万人，相比2018年城镇人口与乡村人口分别减少0.6%、0.9%，乡村人口减幅相对高于城镇人口。与此同时，2018年，中国图们江地区出生率与死亡率分别为7.00%、7.60%，自然增长率为-0.60%。2019年中国图们江地区出生率与死亡率为6.86%、7.99%，相对于2018年出生率下降0.14个百分点，死亡率增加0.39个百分点，自然增长率为-1.13%，为近五年自然增长率最低（见表3）。

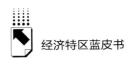

表3　中国图们江地区人口及自然增长率

单位：万人，%

项目	2010 年	2015 年	2018 年	2019 年
总人口	219.08	213.58	208.66	207.20
城镇人口	145.78	150.05	144.66	143.77
乡村人口	73.30	63.53	64.00	63.43
自然增长率	-0.40	-0.40	-0.60	-1.13
出生率	7.50	5.00	7.00	6.86
死亡率	7.90	5.40	7.60	7.99

资料来源：延边州统计局编《2020 年延边统计概要》，延边州统计局，2020。

从民族人口结构来看，2019 年中国图们江地区万人以上的民族有汉族、朝鲜族以及满族，其中汉族人口为 124.43 万人、朝鲜族为 74.21 万人、满族为 7.34 万人。2010 年以来，汉族及朝鲜族人口逐年减少，满族人口逐年上升但增加人数有限。2019 年相较 2010 年来看，汉族人口减少 7 万多人，朝鲜族减少近 6 万人。2019 年相较 2018 年，汉族人口与朝鲜族人口分别减少 0.6% 与 0.9%。不论从近期还是长期来看，朝鲜族人口的减少幅度始终大于汉族（见表4）。随着人力资本的流出以及自然增长率的逐年降低，中国图们江地区发展的关键生产要素即劳动力的供给出现瓶颈，导致中国图们江地区经济社会缺乏持续发展的内生动力。

表4　中国图们江地区万人以上民族人口

单位：万人，%

项目	2010 年		2015 年		2018 年		2019 年	
	人口	比重	人口	比重	人口	比重	人口	比重
总人口	219.08	100.00	213.58	100.00	208.66	100.00	207.20	100.00
汉族	131.48	60.16	127.85	59.86	125.22	60.01	124.43	60.05
朝鲜族	80.11	36.57	77.35	36.22	74.92	35.90	74.21	35.82
满族	6.43	2.94	7.17	3.36	7.31	3.50	7.34	3.54

资料来源：延边州统计局编《2020 年延边统计概要》，延边州统计局，2020。

（四）进出口贸易整体向好发展

随着经济全球化深入发展，国家、地区之间的联系越来越密切，任何国家和地区的发展都不能摆脱世界经济的大环境、大背景。中国图们江地区拥有良好的区位优势，适宜推进开放型经济建设。2019 年，中国图们江地区进出口额达 149.68 亿元，相较 2018 年增长 9.4%。其中，进口额为 75.70 亿元，相对于 2018 年下降 2.6%；出口额为 73.98 亿元，较 2018 年增长 25.1%。进出口逆差为 1.73 亿元，相对于 2018 年缩小贸易逆差 17.06 亿元。[①] 从贸易类别角度来看，中国图们江地区主要从事一般贸易与加工贸易。其中一般贸易进出口额为 73.64 亿元，占进出口总额的 49.20%，加工贸易进出口额为 33.03 亿元，占进出口总额的 22.07%，二者占进出口总额的 71.27%。从贸易国别角度来看，按照进出口额由多到少排列，前三名分别为俄罗斯、韩国、智利，三者占据进出口总额的 50.65%。其中对俄罗斯的进出口额为 44.78 亿元，占进出口总额的 29.92%，但其相对于 2018 年有所下降，下降近 7.6 个百分点。对韩国进出口额为 19.09 亿元，占进出口总额的 12.75%，相对于 2018 年增长 7 个百分点。对智利的进出口额为 11.95 亿元，占进出口总额的 7.98%，相对于 2018 年有较大幅度增加，增长了 1.9 倍。[②] 中国图们江地区对外经济发展总体向好，进出口额的逐年增加，拉动地区经济稳步发展。

二 中国图们江地区经济社会发展面临的困境

（一）自身经济实力有限同时缺乏大城市依托

2019 年，中国图们江地区生产总值为 723.37 亿元，相对于 2018 年增

---

① 《延边朝鲜族自治州 2019 年国民经济和社会发展统计公报》，吉林省人民政府网站，2020 年 6 月 8 日，http：//www.jl.gov.cn/sj/sjcx/ndbg/gdzs/202006/t20200608_ 7257722.html。
② 《延边朝鲜族自治州 2019 年国民经济和社会发展统计公报》，吉林省人民政府网站，2020 年 6 月 8 日，http：//www.jl.gov.cn/sj/sjcx/ndbg/gdzs/202006/t20200608_ 7257722.html。

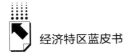
长 2.2%。在吉林省范围内来看，中国图们江地区生产总值在吉林省 9 市（州）生产总值排序中位于第 6，尚未到达吉林省生产总值的中位水平。同时，吉林省各地区平均生产总值为 1302.98 亿元，中国图们江地区也尚未达到吉林省生产总值平均水平。中国图们江地区森林覆盖率在 80% 以上，具有充足的森林资源。同时中国图们江地区具有丰富的矿产资源，地区内共有矿藏 85 种，其中已探明 55 种，占全部矿藏的 64.71%。同时中国图们江地区内的长白林海孕育了 1460 余种野生经济植物，250 余种经济动物，[1] 为中国图们江地区经济发展奠定了坚实的资源基础。但中国图们江地区的自然资源并没能够被充分开发出来，未能转化为自然资本。与此同时，中国图们江地区基本地理格局是"八山一水半草半分田"，因此在一定程度上影响中国图们江地区经济发展尤其是农业机械化、规模化发展。同时，由于中国东北地区发展在全国范围内看仍属于发展不充分的地区板块，因此中国图们江地区较难依靠周边大城市作为增长极进行自身发展。而且中国图们江地区位于国家边疆地区，其毗邻的国家主要是俄罗斯与朝鲜，主要接壤的地区是俄罗斯远东地区的纳霍德卡等地以及朝鲜的南阳、先锋、罗津等地区，其中并未有经济实力较强的地区。因此，中国图们江地区周边的国际经济环境并不乐观。同时，新冠肺炎疫情在世界范围内蔓延，对国与国之间经济合作产生一定影响与冲击。新冠肺炎疫情在世界范围内大流行，加之中国图们江地区自身经济实力有限，国内周边城市和周边国家接壤地区经济实力有限，导致中国图们江地区无法以大城市为依托推进发展。并且中国图们江地区自身资源禀赋开发利用有限，这使得中国图们江地区经济社会可持续、高质量发展后劲不足。

（二）新冠肺炎疫情产生经济冲击

2020 年初，新冠肺炎疫情肆虐中国大地，全国范围内出现疫情。新冠肺炎疫情直接导致各地停产停工，对中国图们江地区经济发展产生冲击。中

---

[1] 延边州统计局编《2018 延边统计年鉴》，中国国际图书出版社，2018，第 1 页。

国图们江地区 2020 年第一季度地区生产总值为 159. 32 亿元，同比下降 2. 2%。其中，第一产业增加值为 7. 29 亿元，下降 7. 1%；第二产业增加值为 46. 70 亿元，增长 2. 2%；第三产业增加值为 105. 33 亿元，下降 4. 0%。① 由此可见，新冠肺炎疫情对中国图们江地区第一产业影响较大，第三产业次之。为了防止新冠肺炎疫情集聚性暴发，中国图们江地区企业多数采取停产停工、延期开工措施，由于人员不能随意流动，因此对劳动密集型企业产生较大压力与负担。第一季度，中国图们江地区规模以上工业增加值方面，木制品加工业下降 25. 1%，医药工业下降 16. 3%，装备制造业下降 10. 3%，能源矿产业下降 4. 4%。中国图们江地区采取文化强州、旅游兴州的地区发展战略，但受新冠肺炎疫情影响中国图们江地区游客数量急剧下降，旅游业发展受到严重阻碍，同时也使得餐饮业、娱乐业等产业受到影响，最终导致旅游及相关产业收入遭遇断崖式下降。与此同时，中国图们江地区消费品市场也受到明显冲击。2020 年第一季度，中国图们江地区社会消费品零售总额同比下降 29. 3%，其中城镇零售额下降 29. 9%，乡村零售额下降 23. 7%。固定资产投资也出现明显下降趋势，尤其是房地产开发投资及商品房销售额的下降幅度较大。2020 年第一季度，中国图们江地区民间投资增长 3. 8%，基础设施投资下降 6. 6%，房地产开发投资下降 48. 7%。新冠肺炎疫情在世界范围内蔓延直接影响国际经贸合作，这直观体现在中国图们江地区进出口总额缩减上。2020 年第一季度，中国图们江地区进出口总额为 29. 02 亿元，同比下降 9. 3%。其中，出口额为 12. 48 亿元，下降 19. 3%；进口额为 16. 54 亿元，增长 0. 1%。新冠肺炎疫情突如其来，对中国图们江地区经济社会发展均带来严峻的挑战，因此中国图们江地区要应势而变、顺势而为，从而摆脱新冠肺炎疫情带来的负面影响。

（三）人力资本短缺制约中国图们江地区发展

人力资本是一个地区持续发展的重要资源，但中国图们江地区人力资本

---

① 《2020 年第一季度延边州经济运行综述》，延边州人民政府网站，2020 年 5 月 27 日，http://www.yanbian.gov.cn/zw/ybyw/202005/t20200527_150831.html。

外流较为严重，因而须加强对人才的培育与引进。中国图们江地区培育人才面临些许困境。一方面，中国图们江地区内部教育机构尤其是高等院校与职业技术学校数量有限，仅有 3 所高校与 22 所中等职业技术学校。2019 年，中国图们江地区高校毕业生共 6730 人，中等职业技术学校毕业生共 2552 人。[①] 且高等院校及中等职业技术学校多数毕业生并没有留在中国图们江地区，因此高等院校与中等职业技术学校在地区人才培育过程中并未充分发挥辐射带动作用。与此同时，高等院校及中等职业技术学校专业建设有待与时俱进，应根据中国图们江地区经济社会发展需要推进学科、专业建设。如目前中国图们江地区经济社会发展需物流、大数据等专业人才，但中国图们江地区内相关专业并未建立或处于建立初期，师资力量有限。并且人才培育受到培养周期制约，使得中国图们江地区经济社会发展所需人才无法实现及时供给。另一方面，中国图们江地区虽为引进人才出台招才引智等政策，并对返乡创业人才提供相关政策扶持。但人才引进相关配套支持有限，即与引进人才相配套的激励机制与保障机制并不完善，使得出现一部分引进人才"出逃"的现象，通过招才引智等政策引进的人才并未充分发挥作用。

（四）中国图们江地区旅游业建设有待向纵深推进

中国图们江地区在文化强州、旅游兴州战略方针的指导下大力推进中国图们江地区全域旅游，通过全域旅游带动相关产业发展。目前，中国图们江地区旅游业主要是城市旅游与乡村旅游，旅游资源主要包括自然资源与人文资源。中国图们江地区旅游自然资源主要为长白山、六鼎山等地，文化资源主要为少数民族文化尤其是朝鲜族文化以及红色革命文化。资源虽然丰富，但存在些许问题有待解决。其一，中国图们江地区旅游业基础设施有待完善。在中国图们江地区旅行的国际游客主要来自俄罗斯、韩国、日本等国家，但目前部分旅游景点缺少外文标识，对游客出游产生一定不便。同时，部分设施标识仅有汉、韩双语，少数标识有汉、英、韩等三种语言，这不利

---

① 延边州统计局编《2020 年延边统计概要》，延边州统计局，2020，第 70~71 页。

于中国图们江地区推进全域旅游，也不利于中国图们江地区内部旅行自由化与便利化发展。其二，中国图们江地区旅游产品同质化较为严重，多数是体验中国图们江地区内少数民族文化体验游，对红色革命文化挖掘程度有限，而且产品开发程度较低。少数民族文化体验游的旅游产品，多数是品尝少数民族特色饮食、体验少数民族特色服饰等，并未使游客深入了解少数民族历史与文化。而且部分民俗村提供的旅游项目中少数民族特色活动较少，旅游产品中少数民族特色文化因素注入较少，使得游客体验感相对较差，最终导致重游率降低。与此同时，中国图们江地区内部旅游景点较为分散，出现各景点"各自为战"的局面，未实现景点间联动发展，中国图们江地区内旅游资源急需有效整合。总体而言，中国图们江地区旅游业须系统、协调稳步推进，进而实现以旅游业为引擎拉动中国图们江地区经济发展。

三 中国图们江地区经济社会发展破题路径

（一）立足自身资源禀赋，顺势而为，增强经济实力

其一，合理利用开发自身资源禀赋推进中国图们江地区经济发展。中国图们江地区拥有良好的自然资源以及人文资源，因此要合理利用资源，使资源转变为资本进而实现经济效益。中国图们江地区是革命地区、民族地区、边疆地区，因而具有悠久的少数民族特色文化以及光荣的红色革命文化。中国图们江地区应当积极利用自身人文资源，使人文资源转化为经济价值，为中国图们江地区经济发展注入文化内涵，推进中国图们江地区高质量发展。其二，推进与长春、吉林等地联动发展。通过长春、吉林两地为中国图们江地区发展提供支持，以中国图们江地区为发展前沿，实现联动发展。与此同时，中国图们江地区应利用东西对口协作，加强与东部帮扶地区的联系，促进东部帮扶地区管理经验、技术、资金等生产要素向中国图们江地区转移，实现溢出效应。其三，紧握"一带一路"发展契机打造开放型经济。2018 年，习近平总书记与俄罗斯时任总理梅德韦杰夫提

出共建"冰上丝绸之路"。为此，要适应新形势、把握新特点，推动由商品和要素流动型开放向规则等制度型开放转变。① 中国图们江地区应当把握住"一带一路"发展的契机，实现以中国图们江地区为发展前沿，融入世界经济发展的大环境。

（二）疫情防控常态化背景下推进经济内循环发展

随着经济全球化程度的逐步加深，世界各国之间的联系日益紧密。因而，在全球范围内流行新冠肺炎疫情的背景下，没有哪一个国家可以独善其身。因此，疫情防控常态化是当前中国图们江地区经济社会发展的大背景、大环境。新冠肺炎疫情对中国图们江地区对外贸易产生一定负面影响，因此中国图们江地区应当立足自身，推动经济内循环建设。一方面，中国图们江地区要积极参与国家经济内循环建设，做好自身功能定位，与省内乃至国内其他地区协调、联动发展，从而进一步克服对外贸易受挫产生的影响。另一方面，中国图们江地区要推进自身地区内部经济内循环建设，实现内部生产要素自由流动。整合内部各县市经济发展资源，统筹规划发展项目，实现经济社会发展最大合力，推进中国图们江地区经济社会在疫情防控常态化背景下稳中有进，并以疫情防控常态化为契机优化中国图们江地区内部经济布局，促进经济社会高质量发展。

（三）以"自我培育为主、引进人才为辅"为原则推进人才建设

人才是中国图们江地区实现持续发展的重要内在动力。但中国图们江地区经济实力有限，对引进人才缺乏吸引力，因此中国图们江地区要秉承"自我培育为主、引进人才为辅"的原则推进人才培育与引进工作。在人才培育方面，整合中国图们江地区教育资源，构建"高等院校—中等职业技术学校"立体培育人才模式。高等院校、中等职业技术学校要做好培育分工，如高等

---

① 中共中央宣传部编《习近平新时代中国特色社会主义思想学习纲要》，学习出版社、人民出版社，2019，第21页。

院校主要侧重培育理论型人才，中等职业技术学校主要侧重培育操作型人才。并且二者应及时根据中国图们江地区发展需要增减相关专业，为中国图们江地区发展及时培育专业人才。在人才培育过程中，尤其应当积极推进对人才价值观的培养，进而为人才树立起扎根中国图们江地区、服务中国图们江地区的价值取向，最终实现高等院校及中等职业技术学校培育的人才能够留在中国图们江地区，为地区发展贡献聪明才智。在人才引进方面，政府应当积极搭建合作平台，为引进人才构建发展团队提供良好的环境。建立激励机制激发人才工作热情，使其积极投身中国图们江地区建设。同时完善引进人才保障机制，为人才在中国图们江地区后续发展提供保障，解决人才的后顾之忧。而且引进人才相关部门应当加大对人才的人文关怀，使之逐步产生对中国图们江地区的归属感，最终实现引进人才能"引得进、留得下"。

（四）加大中国图们江地区旅游业建设力度

其一，完善中国图们江地区旅游业基础设施建设。加强中国图们江地区旅游线路交通运输建设，保障游客出行顺畅。同时，加强旅游景区基础标识建设，大型景区使用中、英、韩、日等多种语言标识指示牌，为游客自由化、便利化出行奠定基础。同时，加强中国图们江地区旅游线路建设，使旅游线路覆盖中国图们江地区多处景点，促进景点联动发展，推动中国图们江地区旅游业高质量发展。其二，深度挖掘中国图们江地区自然资源与人文资源。一方面，挖掘自然资源，使自然资源转化为自然资本，进一步转化为经济效益。如大力发展林下经济，在保护自然资源的前提下发展绿色产业，实现中国图们江地区经济社会绿色发展。另一方面，开发中国图们江地区少数民族文化以及红色革命文化资源，打造少数民族文化游与红色革命文化游两条旅游线路。党的十九届四中全会明确指出："完善文化和旅游融合发展体制机制。"[1] 文化和旅游融合不仅是要游客体验少数民族饮食、服饰等项目，

---

① 《党的十九届四中全会〈决定〉学习辅导百问》编写组编著《党的十九届四中全会〈决定〉学习辅导百问》，学习出版社，2019，第19页。

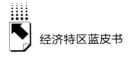
而且要使其了解少数民族饮食、服饰所蕴含的历史及文化内涵，使游客深入了解文化，增强游客的体验感与获得感。同时，加强对红色革命文化资源的挖掘，推进红色革命文化研学旅行。这不仅使红色革命文化得以发扬，还可使中国图们江地区旅游业得以内涵式发展。

总而言之，中国图们江地区应当把握疫情防控常态化大背景、大环境，积极推进经济内循环建设，不断增强自身经济实力。同时，不断完善旅游业建设，将自然资源及人文资源融合到旅游业发展中，推进中国图们江地区全域旅游，以旅游业为引擎拉动其他相关产业发展，实现经济社会稳步发展、高质量发展。

参考文献

方秀元主编《2019 年延边经济社会形势分析与预测》，延边人民出版社，2018。

沈万根、赵宝星：《中国图们江地区外商投资面临的困难及发展新路径》，《东疆学刊》2018 年第 1 期。

B.19
深圳湾区经济与人才资源发展报告

李 凡 赖维晴*

摘 要： 本报告以人才资源与湾区经济的相关性为切入点，首先分析
了深圳人才资源的发展历程与现状，然后结合粤港澳大湾区
的发展趋势，提出了深圳促进人才资源持续发展的实践路
径。深圳作为粤港澳大湾区的中心城市，将积极发挥人才优
势，促进粤港澳大湾区经济的协同发展。

关键词： 粤港澳大湾区 人才资源 经济发展

2018 年 3 月 7 日，习近平总书记在十三届全国人大一次会议广东代表
团的审议中强调，发展是第一要务，人才是第一资源，创新是第一动力，并
强调强起来要靠创新，创新要靠人才。要将粤港澳大湾区打造为世界一流的
创新经济湾区，必须在吸引、留住、使用人才方面加大力度，实现人才与经
济共同发展。具有独特区位优势的深圳，既要充分发挥好、运用好现有人才
资源的优势，也要全方位持续吸引更多的优秀人才。

本报告以人才资源发展为主题，首先，根据舒尔茨的人力资本理论以及
柯布－道格拉斯生产函数，分析了人才资源与区域经济发展的相关性；其
次，基于湾区经济的发展规律，概述深圳在产业结构以及人才需求方面的不
断更新，进一步明确人才资源在区域经济发展中的地位与作用；然后，分析

---

* 李凡，深圳大学中国经济特区研究中心副教授，博士，主要研究方向为产业组织理论、互联
网与信息经济、应用计量经济学；赖维晴，深圳大学中国经济特区研究中心 2020 级硕士研究
生，主要研究方向为人口资源与环境经济。

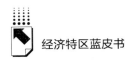

了深圳人才资源的发展态势，既肯定了现有成绩，也反映了亟待补齐的短板；最后，根据深圳人才发展目前存在的问题，提出了人才发展的未来路径，助力深圳在粤港澳大湾区人才资源发展中持续发挥引领与示范作用。

一 人才资源与区域经济发展的相关性

随着区域经济的发展，劳动不断复杂化及高技术化，劳动者技术不断提高，社会财富不断增加。财富的增加给人才资源提供了更好的发展环境，人才资源的再增加进一步提高了生产率，两者相互促进。人才资源作为人力资源中的核心要素，不仅影响区域经济的发展，而且在区域经济发展中起主导作用。

（一）基本理论框架

20世纪60年代，美国经济学家舒尔茨（Schults）和贝克尔（Becker）创立了人力资本理论。该理论提到，在经济增长中人力资本的作用大于物质资本的作用，人力资本是体现在人类身上的资本，即对劳动者进行教育、职业培训等的支出。舒尔茨指出：在影响经济发展诸因素中，人是最关键的因素，经济发展主要取决于人的质量的提高，而不是自然资源的丰瘠或资本的多寡。

资本是生产要素，是区域经济发展的关键，资本可细分为物质资本和人力资本，人力资本被视为简单的体力劳动者，物质资本被认为是现有的物质产品。舒尔茨在人力资本理论中，指出了人力资本对经济发展的意义，深化了人类对自身价值的认识，强调了人作为生产者，其有限的生产能力主要不是取决于人口或劳动者的外在数量，而是取决于人口或劳动者的内在质量。

（二）人力资本分离模型

18～19世纪，美国科学家道格拉斯（Douglas）和数学家柯布（Cobb）合作，共同研究劳动投入、物质资本投入与产出之间的数量关系，得到了著名的柯布－道格拉斯生产函数：$Y = A K^a L^b$。其中 Y 表示经济产出，K 表示物质资本投入，L 表示劳动力投入，A 为技术进步因子，a 和 b 分别表示物质资本的产出弹性和劳动力的产出弹性。在生产函数中，物质资本用对机器、工具、设备和工厂建筑的投资来度量；劳动力用制造业的雇用人数来量化。所以，此时投入的劳动力数量和固定资产被认为是影响经济产出的主要因素。

随着社会对人才价值认识的逐渐增强，20 世纪 80 年代中期，美国经济学家罗默（Romer）和卢卡斯（Lucas）对柯布－道格拉斯生产函数进行了拓展，提出了"新增长理论"模型，区分了人力资本 H 和劳动力资本 L，同时将人力资本细化为社会共有的一般知识形式的人力资本和体现在劳动者技能中的个性化了的人力资本，即将人力资本 H 分解为基础人力资本 HR 与人才资本 HC，并且认为只有专业化的人才资本积累才能实现产出的增长。经过拓展得到了人力资本分离模型：$Y = A K^a HR^b HC^c$。其中 a、b、c 分别表示物质资本存量、基础人力资本和人才资本的产出弹性。

人力资本是区域经济发展的重要决定要素，是当今世界公认的资源，人才是人力中最优秀的群体、是生产力中最先进的集体、是经济和社会发展的不竭动力、是推动经济和社会发展的决定性因素和关键力量。人才资源不仅可以作为要素投入直接促进区域经济的增长，还能通过促进技术进步而间接促进经济的发展。

（三）小结

在古典模型中，劳动力与物质资本是影响区域经济发展的因素，柯布－道格拉斯生产函数给出了劳动力数量、物质资本与产出之间的数量关系。随着经济的发展，人力资源对经济增长的作用越来越大，经济发展已不能单纯依靠自然资源和劳动者体力，还得依靠劳动者的智力水平。经济学家罗默与卢卡斯对经济增长模型以及生产函数进行了改进，完成了影响因素从劳动力数量到人力资本的转变、人力到人才与普通人力的细化，证明了人才资源是影响经济发展的最主要因素之一。

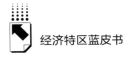

人才资源与区域经济相辅相成，人才可直接或间接地对经济增长发挥作用。经济的发展进步，为人才的发展提供了优越的环境以及宽松的条件，可激发人才进一步学习理论知识和专业技能，即对人才发展起到促进作用。随着科学技术的不断发展进步，人才资源被称为经济增长的强力"引擎"。各国政府为提高本国的人才资源水平以及促进本国经济增长，采取了大量的人才政策措施。

二　深圳人才资源的发展历程

人才是一种特殊的资源，是一个区域经济增长的主要推动力。自改革开放以来，深圳开放的市场环境、有力的政府政策以及优越的薪酬水平吸引了大量的人才，推动了经济的快速增长。经济的转型升级伴随着人才素质的提高，不同经济形态下的人才具备的素质有所不同，人才素质的提高能够促进经济结构的升级和经济形态的转型。在经济学中，"人才"这一概念相比"人力"更侧重于人创造经济价值的能力，在技术与知识密集型产业时期表现得尤为显著。

（一）1980~1994年：蓝领工人

改革开放初期，深圳是一个经济发展相对比较落后的小渔村，生产资本及生产技术较为薄弱，相对拥有优势的生产要素是价格低廉的土地及技术水平较低的劳动力。时逢香港产业更新换代与结构调整，以加工业为主体的劳动密集型产业在开放政策的引导下，及时落户亟须发展制造业的深圳。深圳出现了国内第一批"三来一补"企业，它们利用外资形式进行来料加工、来样加工、来件装配和补偿贸易。

"三来一补"企业的出现，是改革开放的一个标志，其带来了大批劳动密集型企业，提高了深圳对蓝领工人的需求。蓝领工人是指以从事体力劳动为主的基层被雇用人员。劳动密集型产业主要依靠大量使用劳动力进行生产，对技术和设备的依赖程度低，体现在柯布－道格拉斯生产函数中就是需要大量的劳动力投入 L。在此背景下，劳动力投入成为影响产业发展的关键因素，即蓝领工人成为需求量最大的劳动力资本。

（二）1995～2008年：技术人才

"八五"末期，深圳市政府提出了"以高新技术为先导，以先进工业为基础，以第三产业为支柱"的经济发展战略，意味着深圳的产业结构从劳动密集型开始向技术密集型转化，这对人才素质提出了更高的要求。随着科学技术的发展以及生产自动化程度的提高，蓝领工人需要掌握越来越多的专业技术，甚至可能需要从事依赖脑力劳动的工作。由此可见，经济的增长不仅需要从事体力劳动的蓝领工人，而且需要从事脑力劳动的技术人员，基础的体力劳动者与技术人员都是促进经济发展的重要因素，这印证了将人力资本（H）细化成基础人力资本（HR）与人才资本（HC）的准确性。

在这个时期，高新技术产业尚未发展成熟，还不能完全取代传统工业在经济发展中的重要地位，相当一部分劳动力仍然无法被技术取代，即使能取代，使用技术的成本也可能高于使用劳动力的成本。同时，传统产业积累的资金，部分流入高新技术产业。一方面，高新技术产业的发展要依赖传统产业；另一方面，传统产业的技术改进需要高新技术产业的带动。高新技术产业与传统劳动密集型产业共同存在、协调发展。在生产中，基础人力资本与人才资本都需要投入，都是发展中的重要影响因素。

（三）2009年至今：综合型人才

2009年，深圳市正式出台了生物、新能源、互联网三大新兴产业的振兴发展规划和政策，率先制定了战略性新兴产业振兴发展规划及配套政策，战略性新兴产业成为深圳产业发展的方向。战略性新兴产业在深圳迅速崛起，并成为实现转型升级、打造"深圳质量"的新的经济增长方式。此项政府产业发展决策，使今天的深圳仍收获着创新驱动带来的效益，并率全国之先，引领产业结构调整与优化。

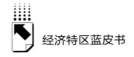
战略性新兴产业的形成，对人才素质提出了更高的要求，先进企业需要具备互联网与金融科技等各种综合性技能的人才。在此阶段，经济发展同样需要基础人力资本（HR）和人才资本（HC）的共同作用。然而，区别在于，对技术人才的综合技能要求更高，即人才资本（HC）对产出、经济发展的促进作用更大。体现在人力资本分离模型中，则是人才资本的产出弹性 c 在增大，基础人力资本的产出弹性 b 在减小。基础人力资本产出弹性减小的原因是大量劳动密集型产业逐渐被技术密集型产业替代，所以经济生产对劳动力的需求逐渐降低，基础人力资本对经济的影响逐渐减弱。

从以劳动密集型为特征的"三来一补"加工制造业的形成，到以资本、技术密集型为特征的高新技术产业的发展，再到战略性新兴产业、自主创新理念的形成，人才的发展也经历了从依赖体力劳动的蓝领工人到需要掌握专业技能的技术人才，再到需要掌握各种专业技能及创新思想的综合性人才的阶段升级。经济产业的发展离不开人才的发展，人才的发展同样也基于经济产业的发展，两者共同发展、共同进步。

三　深圳人才资源的发展现状

作为改革开放的试验田，深圳被中央政府特批为经济特区，吸引了不少国内外厂家，深圳的经济得到了迅猛发展。同时，人才也得到了快速发展，人口素质越来越高。习近平主席在中国共产党第十九次全国代表大会上强调创新是引领发展的第一动力，是建设现代化经济体系的战略支撑。创新驱动实质上是人才驱动，人才的重要性、稀缺性使之超越任何物质成为创新型经济的第一资源。人才发展的特征反映了一个地区的经济特征。

（一）人口特征

《2019 年粤港澳大湾区数字经济与人才发展研究报告》显示，深圳本科学历人才占比接近70%，博士学历人才占比低于3%。人才年龄分布中，25～34岁的人才占比最高，接近60%，是发展的核心力量（见图1）。

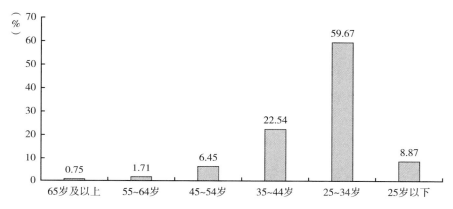

图1　2019年深圳人才年龄分布

资料来源：清华大学经济管理学院互联网发展与治理研究中心、领英经济图谱研究团队《2019年粤港澳大湾区数字经济与人才发展研究报告》。

从人才的从业年限看，随着从业年限的增加，其人才占比逐渐增加，其中从业5年及以上的人才占比为72.05%（见图2）。该数据肯定了深圳在留住人才工作上的成效。

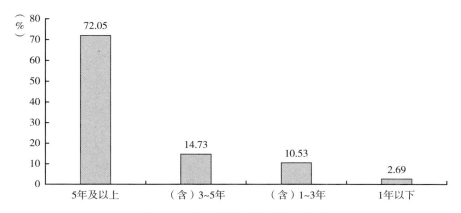

图2　2019年深圳人才从业年限分布

资料来源：清华大学经济管理学院互联网发展与治理研究中心、领英经济图谱研究团队《2019年粤港澳大湾区数字经济与人才发展研究报告》。

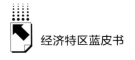

从职位等级分布看，总监及以上和经理职位上的人才占比均较低，初级职位的人才占比较高（见图3）。深圳人才结构基本符合职位等级的自然分布，同时深圳的人才结构有待进一步优化，可增加高级职位上的人才。

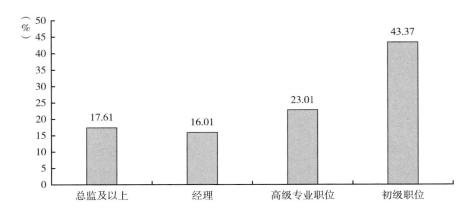

图3　2019 年深圳人才职位等级分布

资料来源：清华大学经济管理学院互联网发展与治理研究中心、领英经济图谱研究团队《2019 年粤港澳大湾区数字经济与人才发展研究报告》。

（二）流动特征

2016 年 9 月，深圳实施了人口管理服务"新政"，新出台了《深圳市政府关于进一步加强和完善人口服务管理的若干意见》和《深圳市户籍迁入若干规定》《深圳市居住登记和居住证办理规定》"1＋2"文件。深圳扩大了户籍人口规模，新增居住社保迁户渠道，并扩大了人才入户范围。深圳市户籍人口出现了稳定以及有质量的增长，实现了规模以及结构的优化。

为分析各城市的国际人才流动情况，本报告参考了人才流入人数与人才留出人数之比（以下简称"人才流入／人才流出比"）。比值大于 1 表示某地区处于人才净流入状态，比值小于 1 表示某地区处于人才净流出状态。在粤港澳大湾区中，深圳处于国际人才净流入状态，是国际人才流入／人才流出比最高的城市，人才流入／人才流出比达到 1.65，对国际人才的吸引力和保留率均居首位（见图4）。

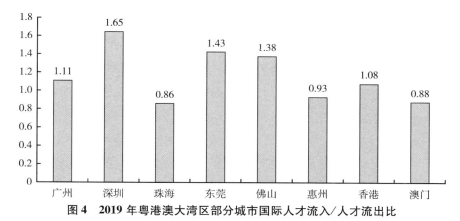

图4　2019年粤港澳大湾区部分城市国际人才流入/人才流出比

资料来源：清华大学经济管理学院互联网发展与治理研究中心、领英经济图谱研究团队《2019年粤港澳大湾区数字经济与人才发展研究报告》。

为进一步明晰粤港澳大湾区内各个城市在人才流动中所处的位置，本报告参考了各市人才流动数量在整个湾区人才流动总量中的比重。如图5、图6所示，在人才流入方面，深圳是人才流入数量最高的城市；在人才流出方面，深圳排名第二。在粤港澳大湾区内，人才资源在深圳积极地流入与流出，反映出深圳地方经济的热度与灵活度，更反映出深圳作为中心城市，对粤港澳大湾区其他城市人才资源的带动和支持功能。

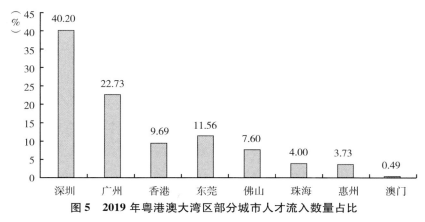

图5　2019年粤港澳大湾区部分城市人才流入数量占比

资料来源：清华大学经济管理学院互联网发展与治理研究中心、领英经济图谱研究团队《2019年粤港澳大湾区数字经济与人才发展研究报告》。

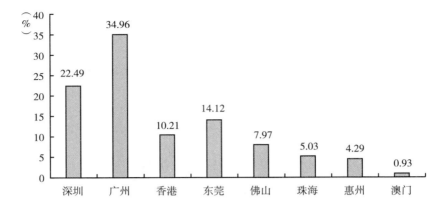

图6　2019年粤港澳大湾区部分城市人才流出数量占比

资料来源：清华大学经济管理学院互联网发展与治理研究中心、领英经济图谱研究团队《2019年粤港澳大湾区数字经济与人才发展研究报告》。

国际人才流动中，粤港澳大湾区的各城市处于竞合关系中。深圳处于净流入状态，国际人才流入／人才流出比值最高，说明深圳的人才吸引力最强。粤港澳大湾区内的人才流动，反映的是各城市之间的联动性。人才数量和人才质量始终是区域经济发展的最重要力量，人才资源在地理空间中有序、合理并积极的流动是区域协调发展的重要途径。

（三）技能特征

《2019年粤港澳大湾区人才发展报告》显示，粤港澳大湾区人才具备的前十项技能分别为管理、微软办公软件使用、客户服务、项目管理、领导力、战略规划、商务拓展、销售、市场营销、谈判，软实力型人才技能排名较高；其中，深圳人才在销售和市场营销等领域的技能排名较高。粤港澳大湾区研究院的报告显示，整体而言，粤港澳大湾区在先进制造业和现代服务业方面具有产业优势；作为核心城市，深圳正在向创新经济转型，在金融领域、科技创新、新兴产业、生态环境等方面具有超强竞争实力。通过各自人才技能特征与优势产业的对比，可看出粤港澳大湾区和深圳的人才技能与各自经济产业发展具有一致性，同时也可看出粤港澳大湾区内各城市的产业发展具有一定的差异性。

不同行业对人才技能存在不同的需求。人才技能与优势产业的一致性反映出深圳产业发展的诉求与能力相匹配。然而，产业发展的差异性，不仅为粤港澳大湾区内各城市之间的合作提供了更多的机会，而且促使各城市各展其长。深圳具备的产业与人才优势在粤港澳大湾区整体发展中起着重要的引领与协调作用，也将持续促进深圳成为竞争力、创新力及影响力卓著的国际标杆城市。

四 以人才发展助推深圳湾区经济建设

党的十八大以来，以习近平同志为核心的党中央高度重视人才工作，强调人才资源作为经济社会第一资源的特征和作用更加明显，人才竞争已经成为综合国力竞争的核心，谁能培养和吸引更多优秀人才，谁就能在竞争中占据优势。要将粤港澳大湾区打造成为国际一流的创新经济湾区，最重要的战略资源是人才，必须以吸引人才为前提、留住人才为基础、使用人才为最终目的，对人才发展进行进一步管理，制定一系列措施改善现状，打造优异的人才发展环境。

充分发挥区域人才资源的优势、建设人才宜聚宜居城市和人力资源强市、坚持实施人才强市战略是深圳市不断实现经济社会跨越式发展的关键引擎。深圳市委市政府准确把握时代局势，高度重视人才发展工作，多次强调要为人才打造一流的创意发展环境、一流的人居生态环境、一流的文明法制环境、一流的政府服务环境，为人才提供更多人生出彩的机会。

（一）国际化的人才交流合作机制

党的十九大报告提出，人才是实现民族振兴、赢得国际竞争主动权的战略资源，对人才工作提出了"一个加快，三个更加"，即"坚持党管人才原则，聚天下英才而用之，加快建设人才强国"与"更加积极、更加开放、更加有效"的人才政策，指出了人才工作坚持的原则、目标和路径。对外

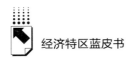
开放是聚才的前提，交流合作是聚才的途径。经济全球化促使各类生产要素在全球范围内加速流动，全球人才一体化背景下，人才的区域概念和国界概念越来越模糊，"国际人"呈现不断增长的态势。

世界著名高科技产业区、人才集聚区硅谷的国际人才比例超过了50%。具备多元文化的国际人才，不仅是硅谷成功的重要因素，还造就了硅谷不可复制的人才优势。目前，粤港澳大湾区集聚世界优秀人才的力度还不够，海外高层次人才相对缺乏，人才国际化程度偏低。深圳要通过依托港澳一流的教育、原创性的技术以及高度国际化的窗口和平台，实现高度的国际化开放；借助地缘优势、出入境便利政策和已有的合作基础，充分发挥社会组织的枢纽和桥梁作用；实施更加积极、更加开放有效的人才政策，吸引知识型国际化人才；提高高校对外开放与国际化程度，加强国际交流与合作，引进优质教育资源，促进粤港澳各阶层、各行业、各领域开展跨境人才的长效交流合作。

（二）市场化的人才流动配置机制

在开放的市场环境下，人才的流动机制不仅反映了区域人才吸引力的强弱，还体现了区域经济发展的热度。粤港澳大湾区在人才流动机制上还存在不足，需要建立市场化的人才流动机制，使人才实现流动自由以及信息对称，最终以市场需求为导向，优化粤港澳大湾区的人才配置。

拓宽人才的流动渠道，解决制约吸引和聚集人才的政策瓶颈，将深圳的地缘优势充分展现，使流动更加紧密频繁；削弱认识及发展、人才管理体制和工作模式不同产生的影响，提高粤港澳大湾区人才工作对接的深度和成效；统一人才评价标准、执行资格、人才资质以及人才制度，消除不同区域人才执业与流动面临的障碍；建立开放灵活的人才流动机制，打破人才自由流动的壁垒，建立政府与社会良性互动的"粤港澳人才工作联盟"，使不同区域人才需求信息更易获得，实现"人适其位，人尽其才，才尽其能"的效果，最大限度地形成人与人之间志同道合、相互促进的局面。

（三）人性化的人才服务保障机制

引进人才需要国际化的合作交流以及市场化的流动配置，留住人才需要人性化的服务保障，包括养老、医疗以及对家人的配套服务。目前，针对境外人才的落户居留、医疗保障、子女入学等特定生活保障不足，针对境外高层次人才的"人才优粤卡"服务因政策门槛过高，大部分境外人才无法享受。

基于此，深圳须进一步加大政策创新力度，为来深人士构建全面的生活保障，打造"一站式"服务平台，构建"一体化"服务体系。为此，应完善养老服务体系，包括人才个人养老及其家属安置养老服务、家政服务等，帮助解决高水平人才的后顾之忧；完善保障性住房与人才住房制度，提供充分的住房保障；提升教育医疗水平，加快高水平医院建设，积极发展医疗健康管理机构和家庭医生服务，增强引进人才对深圳的认同感与归属感。

（四）优越化的人才发展促进机制

人才资源开发和利用日益成为经济增长的主要源泉，发展经济必须把人才的可持续发展放在优先位置。发展一流人才队伍，重点是搭建世界级人才发展平台，营造良好的人才发展环境。然而，粤港澳大湾区的人才发展环境还有待优化。人才发展环境是一个复杂的系统，包括激励制度环境、文化环境、法制环境等多个维度，并且存在投入资源多、见效缓慢的特点。

善于引进和挽留人才的地方是经济和科技活动最活跃的地方。以优越的人才发展环境吸引并留住人才，是粤港澳大湾区重要的持续发展策略。随着区域竞争日益激烈、经济发展环境越来越复杂，产业转型升级压力正在不断增加。深圳作为粤港澳大湾区的中心以及重点城市，要进一步优化人才结构与布局，持续进行人才机制创新。同时，用法律手段保障各类人才的合法权益，为人才素质的提高创造更加宽松和谐的环境。在激烈的竞争中充分利用人才资源保持稳定增长，打造法治化的人才发展环境优势，均衡发展各项人

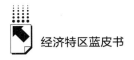

才工作以增强区域核心竞争力，起到先行先试、引领带动作用，促进自身和
粤港澳大湾区的进一步发展，携手粤港澳大湾区其他城市一同建设国际一流
创新经济湾区。

参考文献

西奥多·W. 舒尔茨：《人力资本投资》，蒋斌、张蘅译，商务印书馆，1990。

刘佐青：《新时期粤港澳人才合作示范区发展》，《科技管理研究》2019 年第 8 期。

陶一桃：《经济特区与中国道路》，《中国经济特区研究》2010 年第 1 期。

《粤港澳大湾区研究报告之一：创新合作方式　促进共同繁荣》，粤港澳大湾区研究院网
站，2017 年 7 月 17 日，http：//www. dawanqu. org/2017/7 – 17/3MMDE0MTRfMTQxMzc3Mg.
htm。

《粤港澳大湾区建设深圳指引》，中国经济形势报告网，2020 年 6 月 17 日，http：//
www. china – cer. com. cn/shuzijingji/202006175876. html。

Joilson Dias and Edinaldo Tebaldi，" Institutions，Human Capital，and Growth：The
Long-run Institutional Mechanism"，*Structural Change and Economic Dynamics*，Vol. 23，
Issu. 3，2012.

B.20
2019年新疆新兴经济特区发展报告

王保卫　陈仕敏　李聿岢*

摘　要： 2019年，喀什经济特区和霍尔果斯经济开发区坚持新时代党的治疆方略，全力做好"六稳"工作、落实"1 + 3 + 3 + 改革开放"部署，总体上实现了经济平稳运行、发展质量稳步提升的目标。在2019年这个脱贫攻坚关键年里，两地区攻坚战均取得阶段性胜利，精准脱贫初见成效。大量资金和资源流入两大经济开发区，使地区经济发展迈上了新台阶，但两大经济开发区还存在产业结构升级缓慢、城乡差距较大以及区位优势亟待发挥等问题，本报告针对相关问题进行分析，提出政策建议。喀什经济特区和霍尔果斯经济开发区仍应当以坚持发展新理念、坚持供给侧结构性改革为主线，打好脱贫攻坚战，推动发展质量稳步提升，促进地区经济高质量发展。

关键词： 喀什　霍尔果斯　经济特区

一　2019年喀什经济特区发展概况

（一）经济发展势头向好，增长速度大幅提高

2019年，新疆喀什经济特区（以下视情简称"喀什地区"）继续迎接挑

* 王保卫，深圳大学中国经济特区研究中心讲师，博士，主要研究方向为特区经济、行为经济学、心理学；陈仕敏，深圳大学经济学院会计学2018级硕士研究生，主要研究方向为财务会计；李聿岢，深圳大学经济学院应用经济学2020级硕士研究生，主要研究方向为海外投资。

战，生产总值实现大幅增长，达 1048.3 亿元，首次超过千亿元，比 2018 年增长了 17.8%，远高于全国 6.11% 的平均增速，地区生产总值及其增速均为近五年之最。如图 1 所示，与 2018 年 4.9% 的生产总值增速相比，2019 年增速提高明显，上升趋势显著，表现非常抢眼。人均生产总值方面，喀什地区人均地区生产总值为 22647 元，比上年增长 5.9%，与 2018 年 3.7% 的增速相比略有提高。虽然喀什地区生产总值在新疆 14 个州内排名第 6，但由于其常住人口较多，因此从人均层面来看，其人均产值水平仍然较为靠后（位列第 13）。

图 1　2015～2019 年喀什地区生产总值规模及增长速度

资料来源：根据喀什地区 2015～2019 年《国民经济和社会发展统计公报》整理得出。

（二）第三产业增速提高，产业结构升级缓慢

2019 年，喀什地区产业结构有一定变化，主要表现在第三产业增加值占生产总值比重明显提高上。第一产业增加值为 295.9 亿元，占地区生产总值比重为 28.2%；第二产业增加值 199.9 亿元，占地区生产总值的比重为 19.1%；第三产业的增加值最多，与 2018 年的 387.96 亿元增加值相比，2019 年达 552.5 亿元，约占地区生产总值的 52.7%，成为拉动该地区经济增长的主要动力。这也是近五年来，喀什地区第三产业增加值占生产总值比重首次超过 50%，第三产业增加值占据了喀什地区生产总值的"半壁江山"，其重要性不言而喻。2015～2019 年喀什地区三次产业增加值所占比重如图 2 所示。

虽然第三产业已经成为拉动喀什地区经济发展的主要驱动力，但喀什地区三大产业总体结构仍不尽合理，具体表现在第一产业和第二产业所占比重与全国平均水平差距较大。由于喀什地区地理环境独特，农林牧渔业总产值一直占据重要地位，因此第一产业所占比重接近30%，全国平均比重仅为7%左右。喀什地区第二产业所占比重不到20%，全国的平均水平接近40%，可以看出喀什地区产业结构与全国平均水平还有很大差距。毋庸置疑的是，这些差距的扩大也使得喀什地区产业结构升级的任务更显艰巨。

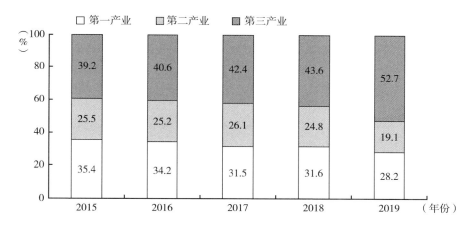

图2　2015～2019年喀什地区三次产业增加值占地区生产总值比重

资料来源：根据喀什地区2015～2019年《国民经济和社会发展统计公报》整理得出。

（三）第二产业固定资产投资增速最快，第三产业固定资产投资降幅收窄

2019年喀什地区的固定资产投资为739.0亿元，相较于2018年上升了14.5%，由于2018年固定资产投资负增长且变化金额较大，因此2019年固定资产投资额仅略微提升便显现出固定资产投资增速大幅提高（见图3）。

从三大产业划分的角度来看固定资产投资，2019年固定资产投资在第一产业、第二产业的投资呈现上升趋势，且维持在一个较高的增速水平，第一产业投资同比上升65.1%，第二产业投资同比上升136.8%。第二产业投

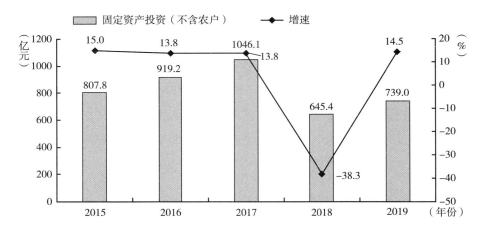

图3 2015～2019年喀什地区固定资产投资（不含农户）及增速

资料来源：根据喀什地区2015～2019年《国民经济和社会发展统计公报》整理得出。

资增加尤为明显，表明喀什地区政府努力实现产业结构升级、加大第二产业投资力度的迫切愿望。由于2018年在第三产业投资过多，2019年略有减少，投资额呈下降趋势，同比下降8.4%。2015～2019年三大产业固定资产投资增速变化趋势如图4所示。

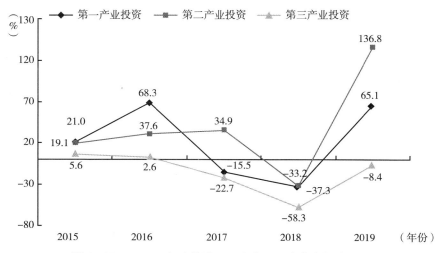

图4 2015～2019年喀什地区三次产业固定资产投资增速

资料来源：根据喀什地区2015～2019年《国民经济和社会发展统计公报》整理得出。

喀什地区 2019 年第二产业投资占固定资产投资（不含农户）的比重相较 2018 年的 13.3% 大幅提高，达到 27.8%，而第三产业固定资产投资占比相对于 2018 年的 82.1% 下降至 65.6%。尽管第三产业投资所占比重有所下降，但对喀什地区而言，其固定资产投资仍是以第三产业为主，第一产业、第二产业占比相对较低（见图 5）。

图 5　2015～2019 年喀什地区三次产业投资占固定资产投资（不含农户）比重

资料来源：根据喀什地区 2015～2019 年《国民经济和社会发展统计公报》整理得出。

（四）工业增加值大幅上升，促产业结构转型升级

2019 年，喀什地区规模以上工业增加值为 97.12 亿元，比 2018 年增加约 13 亿元，同比增长 14.96%。2015～2019 年喀什地区规模以上工业增加值及其增速如图 6 所示。

在地区重点监测的行业中，电力、热力生产和供应业增加值增长 8.9%，相较 2018 年增速有所放缓；建材工业增长 12%，2019 年由 2018 年的下降趋势转变为大幅提升趋势，部分原因是 2019 年固定资产投资的增加给建材工业带来利好；农副食品加工业增长 36.9%，保持稳定增长态势；其他重点监测行业相较于 2018 年均呈现下降趋势。按工业三大门类划分，电力、热力、燃气及水生产和供应业增长 10.6%，制造业增长 9.9%，采矿业下降 18.5%。这

与第二产业固定资产投资增加有关，尽管采矿业增加值有所下降，但制造业及先进制造业的基础投入部分得到支持，这进一步反映出喀什地区以先进制造业为发展重点的规划目标和努力实现产业结构转型升级的战略举措。2019年喀什地区规模以上工业增加值中重点产业增加值所占比重如图7所示。

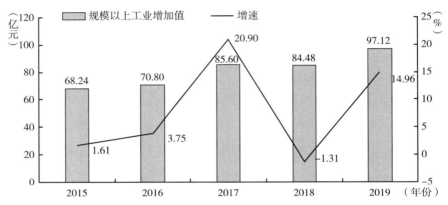

图6 2015～2019年喀什地区规模以上工业增加值及其增速

资料来源：根据喀什地区2015～2019年《国民经济和社会发展统计公报》整理得出。

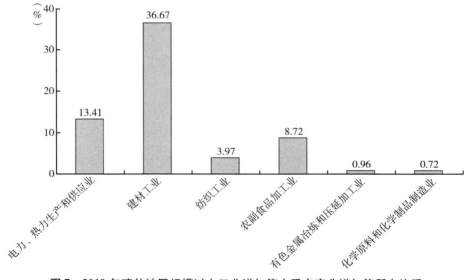

图7 2019年喀什地区规模以上工业增加值中重点产业增加值所占比重

资料来源：根据《喀什地区2019年国民经济和社会发展统计公报》整理得出。

（五）外贸进出口额增加，区位优势仍待发挥

2019 年喀什地区外贸出口额为 20.9 亿美元，增长 31.7%；进口额为 0.3 亿美元，下降 15.8%；进出口总额为 21.20 亿美元，同比增长 30.54%，增幅较大。货物进出口顺差（出口额减进口额）为 20.6 亿美元，比上年增加 5.08 亿美元。如图 8 所示，继 2018 年喀什地区外贸进出口总额出现 2015～2018 年最大降幅后，2019 年增幅明显。尽管喀什地区对外贸易近年来不断发展，取得了较好的成绩，总体规模也有了一定的扩大，但其贸易总量占全疆的比重仍然不高，对外贸易规模仍相对较小，并未充分发挥"五口通八国，一路连亚欧"的区位优势。喀什地区还应当结合地区实际，进一步发挥区位优势，积极争取各类外贸发展机会，加快经济转型升级，提高外贸进出口总额，实现跨越式发展。

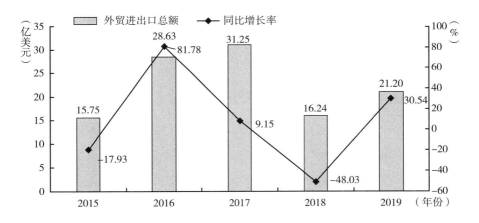

图 8　2015～2019 年喀什地区外贸进出口总额及增速

资料来源：根据喀什地区 2015～2019 年《国民经济和社会发展统计公报》整理得出。

（六）国内贸易增幅略有下降，金额稳定增长

2019 年喀什地区社会消费品零售额为 226.4 亿元，同比增加 9.1%。如图 9 所示，2019 年社会消费品零售额较 2018 年略有提高，2015～2019 年，社会消费品零售额保持稳定上升趋势，2019 年增速较 2018 年呈现小幅下降。按经

营地划分，城镇消费品和乡村消费品的零售额较 2018 年均有提高，分别为 163.99 亿元、62.40 亿元。按消费形态划分，商品零售额为 192.00 亿元，比 2018 年约增加 16.06 亿元，增幅为 9.1%；餐饮收入额为 34.39 亿元，增长 8.9%。按规模划分，限额以上单位消费品零售额以及限额以下单位消费品零售额均有提高，增速也更为扩大。具体而言，限额以上单位消费品零售额 2018 年为 49.34 亿元，2019 年为 63.14 亿元，增长 28.0%；限额以下单位消费品零售额 2018 年为 158.17 亿元，2019 年为 163.25 亿元，增长 3.2%。

图 9　2015～2019 年喀什地区社会消费品零售额及增速

资料来源：根据喀什地区 2015～2019 年《国民经济和社会发展统计公报》整理得出。

（七）旅游业发展趋势良好，呈"井喷式"发展态势

2019 年喀什地区旅游业发展迅猛，收入及增速均进一步攀升。2019 年喀什地区旅游收入达 152.13 亿元，比 2018 年增长 68.73%。如图 10 所示，2015 年以来，喀什地区旅游收入逐年增加，2018 年、2019 年增长趋势尤其明显，可见喀什地区旅游业拥有巨大的发展潜力。截至 2019 年 12 月 31 日，全地区拥有 A 级景区共 49 处，得天独厚的旅游资源为喀什旅游提供了充沛的力量，"不到喀什，不算到新疆"，大力发展喀什地区旅游业不仅可以带动特区经济发展，更可以推动新疆经济稳步前进。

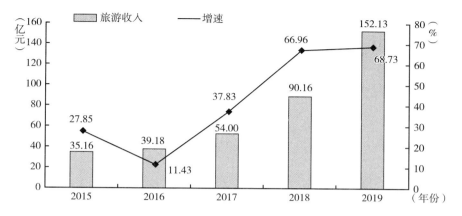

图10　2015～2019年喀什地区旅游收入及增速

资料来源：根据2015～2019年喀什地区《国民经济和社会发展统计公报》整理得出。

（八）攻坚战取得重要进展，城乡差距仍待平衡

2019年喀什地区坚持守住底线、稳扎稳打，三大攻坚战取得重要进展。2019年全年实现5045户21406人脱贫，26个贫困村退出，累计减贫17939户73291人，82个贫困村退出，贫困发生率由2018年的9.8%降至0.49%。

即便2019年脱贫攻坚取得重要进展，喀什地区的城乡发展仍不平衡，居民收入水平差距大。2019年喀什地区的城镇人口数量仍远远低于农村人口数量。2019年末户籍人口总户数为120.51万户，总人口为462.40万人，其中，城镇人口为107.48万人，占总人口比重为23.24%，乡村人口为354.92万人，占总人口比重为76.76%。城市化进程仍然任重而道远。如图11所示，2015～2019年喀什地区城镇人口数与乡村人口数差距较大，一直维持着较低的城镇化率水平，2019年喀什地区城镇化率仅为23.24%，远远低于新疆地区51.87%的城镇化率水平，更是远低于全国60.60%的城镇化率水平。

在居民人均可支配收入方面，城镇居民和农村居民人均可支配收入较2018年略有提升。2019年城镇居民可支配收入同比增长7.0%，达到27430元。其中工资性收入、经营净收入、财产净收入、转移净收入分别为：19112元、1917元、325元、6051元。农村居民人均可支配收入为9385元，

比上年增长 9.6%，其中，工资性收入为 3510 元，经营净收入为 2908 元，财产净收入为 104 元，转移净收入为 2863 元。如图 12 所示，近五年来城镇居民和农村居民的可支配收入逐年递增，但两者之间的差距并未缩减，甚至仍在持续扩大。

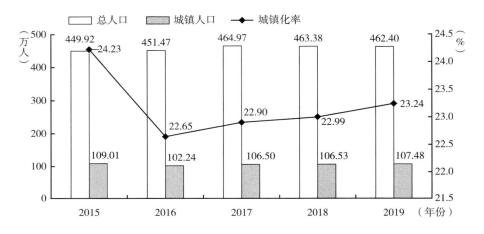

图 11　2015～2019 年喀什地区城镇化水平

资料来源：根据喀什地区 2015～2019 年《国民经济和社会发展统计公报》整理得出。

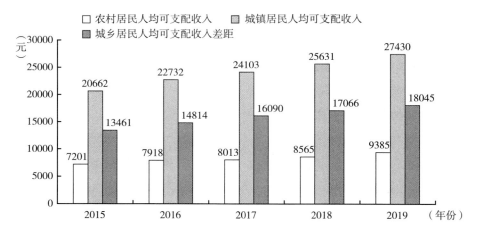

图 12　2015～2019 年喀什地区居民人均可支配收入状况

资料来源：根据喀什地区 2015～2019 年《国民经济和社会发展统计公报》整理得出。

（九）对口援建省市援助到位，资金稳定增长

如图13所示，2015～2019年四省市对喀什地区的援助资金逐年上升，2019年喀什地区援疆项目到位资金为68.11亿元，同比增长13.0%，资金到位率达100%。其中上海市的援助力度最大，与2018年相比略有增加。山东省援助项目共52个，援助到位资金为14.52亿元，比2018年增加0.83亿元。2015～2019年，四省市累计援助到位资金达到246.39亿元，四省市以提供资金的方式不断地对喀什地区农业、工业、服务业的发展给予支持，助力喀什地区经济蓬勃发展。2019年各对口援助省市具体援助情况及2015～2019年累计援助情况如表1所示。

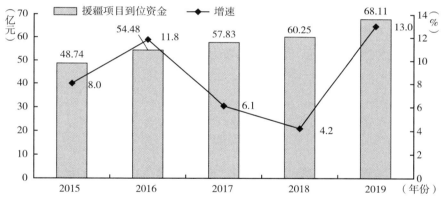

图13 2015～2019年喀什地区援疆项目到位资金及增速

资料来源：根据喀什地区2015～2019年《国民经济和社会发展统计公报》整理得出。

表1 2015～2019年各对口援助省市具体援助情况

单位：个，亿元

对口援助省市	2019年援助项目	2019年援助到位资金	2015～2019年累计援助到位资金	2015～2019年累计援助项目
山东省	52	14.52	29.20	541
上海市	104	28.35	115.21	663
广东省	52	12.54	59.08	257
深圳市	39	12.70	42.90	283
合计	247	68.11	246.39	2011

资料来源：根据《喀什地区2019年国民经济和社会发展统计公报》整理得出。

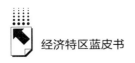

二 2019年霍尔果斯经济开发区发展概况

2019年，霍尔果斯经济开发区生产总值实现大规模增长，达193.46亿元，相较于2018年增加139.56亿元，同比增长258.92%。其中，第一产业产值为7.90亿元，相较于2018年增加0.69亿元；第二产业产值为12.31亿元，相较于2018年下降4.83亿元；第三产业产值在2019年实现大幅度增长，相较于2018年的29.55亿元增加了143.7亿元，达到173.25亿元，增速超过400%。三大产业生产总值结构为4.1∶6.4∶89.6，第三产业所占比例具有明显优势。2019年人均地区生产总值约为29.67万元，同比增长约258%。

2019年，全市工业总产值增长十分迅猛，同比增加6.26亿元，达12.46亿元，同2018年相比增幅超过100.97%；工业销售产值达9.71亿元，同比增加4.17亿元，同比增长75.27%；工业增加值为2.95亿元，与2018年相比增加2.28亿元，增幅为340.30%，其中规模以上工业增加值为1.98亿元，增长133%。

（一）固定资产投资额大幅增加

2019年霍尔果斯经济开发区的固定资产投资额呈现大幅增长之势，如图14所示，2019年固定资产投资额约为2018年的两倍，增速超100%，相较于2018年投资额增速出现明显拐点。2019年全年的固定资产投资额为56.27亿元，相较于2018年增加113.4%。按建设类投资和房地产投资划分，建设项目投资额增长115.5%，房地产投资额增长102.9%。从资金构成来看，社会类投资额占比30.2%，政府类投资额占比69.8%。

（二）通关贸易额及货运量创新高

2019年，霍尔果斯经济开发区的通关贸易额（不含天然气）为538.28亿元，相比2018年增加40.33亿元，增长8.1%，增速放缓。2015～2019年霍尔果斯经济开发区通关贸易额（不含天然气）及增速如图15所示。

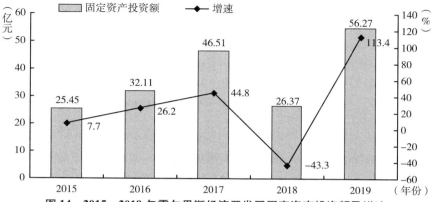

图14 2015～2019年霍尔果斯经济开发区固定资产投资额及增速

资料来源：根据霍尔果斯经济开发区（市）2015～2019年《国民经济和社会发展统计公报》整理得出。

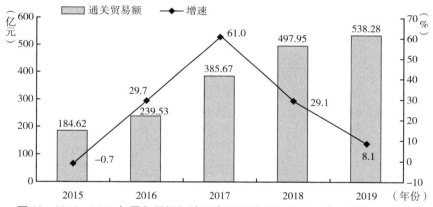

图15 2015～2019年霍尔果斯经济开发区通关贸易额（不含天然气）及增速

注：通关贸易额不含天然气。

资料来源：根据霍尔果斯经济开发区（市）2015～2019年《国民经济和社会发展统计公报》整理得出。

具体分析，如表2所示，在2019年通关贸易额（不含天然气）中，霍尔果斯经济开发区铁路口岸实现通关贸易额（不含天然气）135.31亿元，较2018年增加65.78亿元，增幅为94.6%；公路口岸通关贸易额（不含天然气）为293.26亿元，较2018年增加13.7亿元，增幅为4.9%；中哈国际边境合作中心中方区通关贸易额（不含天然气）为104.90亿元，较2018年下降43.47

亿元,降幅为29.3%;中哈国际边境合作中心中方配套区通关贸易额(不含天然气)为4.81亿元,较2018年增加2.04亿元,增幅为73.6%。

2019年霍尔果斯全区的通关货运量(不含天然气)较2018年也有大幅增加,增加量为155.55万吨,达529.39万吨。2018~2019年霍尔果斯经济开发区通关货运量(不含天然气)实现稳定增长,霍尔果斯经济开发区内大部分通关货运渠道的货运量有不同程度的涨幅。铁路口岸货运量(不含天然气)为420.56万吨,较2018年增加149.83万吨,增长量最多,同比增长55.3%;公路口岸货运量(不含天然气)为87.28万吨,同比增长11.8%;中哈国际边境合作中心中方区货运量(不含天然气)为13.30万吨,同比增长24.2%;中哈国际边境合作中心中方配套区通关货运量(不含天然气)为8.25万吨,同比下降42.7%(见表3)。

表2 2018~2019年霍尔果斯经济开发区通关贸易额(不含天然气)

单位:亿元,%

指标	通关贸易额		
	2019年	2018年	同比增长率
铁路口岸	135.31	69.53	94.6
公路口岸	293.26	279.56	4.9
中哈国际边境合作中心中方区	104.90	148.37	−29.3
中哈国际边境合作中心中方配套区	4.81	2.77	73.6

资料来源:根据《霍尔果斯经济开发区(市)2019年国民经济和社会发展统计公报》整理得出。

表3 2018~2019年霍尔果斯经济开发区通关货运量(不含天然气)

单位:万吨,%

指标	通关货运量		
	2019年	2018年	同比增长率
全市通关货运量	529.39	373.84	41.6
铁路口岸	420.56	270.73	55.3
公路口岸	87.28	78.04	11.8
中哈国际边境合作中心中方区	13.30	10.71	24.2
中哈国际边境合作中心中方配套区	8.25	14.40	−42.7

资料来源:根据《霍尔果斯经济开发区(市)2019年国民经济和社会发展统计公报》整理得出。

（三）招商引资大幅增长

2019年全年，霍尔果斯经济开发区深入贯彻落实统筹推进经济社会发展部署，着力打造优良营商环境，招商引资到位资金较以前有了大幅度的增长，截至2019年12月31日，霍尔果斯经济开发区招商引资到位资金连续七年稳步增长，效果较为显著。如图16所示，2019年全区实现招商引资到位资金100.35亿元，同比增长96.6%，其中往年结转续建项目19项，到位资金为23.94亿元，新执行项目有45项，到位资金为76.41亿元。

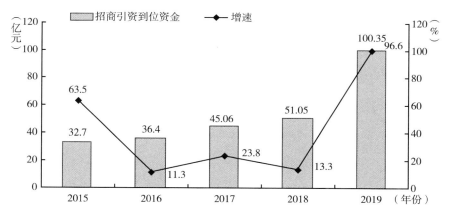

图16　2015～2019年霍尔果斯经济开发区（市）招商引资到位资金及增速

资料来源：根据《霍尔果斯经济开发区（市）2019年国民经济和社会发展统计公报》整理得出。

（四）累计市场注册主体及新增主体均大幅减少

继2018年霍尔果斯经济开发区管理委员会出台通知要求对企业进行整改，并且暂停部分税收优惠政策、整顿税收乱象后，大批由于注册审查不严以及监管不规范而注册的空壳公司注销，此外，新增企业的注册要求也有所提高，这一系列政策使得霍尔果斯经济开发区的现存市场注册主体及新增主体均大幅减少。这一政策的影响也持续到了2019年。如

图 17 所示，在 2019 年，霍尔果斯经济开发区各类市场注册主体总量为 14766 户，比 2018 年减少 4493 户，新增各类市场注册主体共计 1292 户，同 2018 年相比减少 593 户，累计市场注册主体及新增市场注册主体数量下降明显。

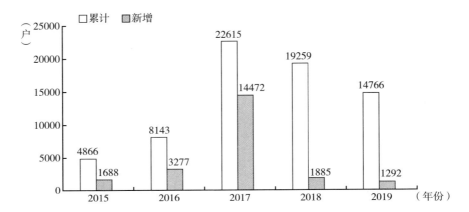

图 17　2015～2019 年霍尔果斯经济开发区（市）市场注册主体新增及累计数量

资料来源：根据霍尔果斯经济开发区（市）2015～2019 年《国民经济和社会发展统计公报》整理得出。

三　新疆新兴经济特区发展面临的主要问题

（一）脱贫攻坚任务艰巨

受历史因素及地理位置等条件影响，新疆生产发展落后，耕地较少，并且由于光热和水土等自然因素的影响，种植结构相对单一。此外，农民牧民的教育文化水平普遍较低，且多用民族语言进行交流，普通话水平较低，专业产业技术技能严重缺乏；加之部分村民"等、靠、要"思想严重、观念落后，严重缺乏脱贫的信心和勇气。这一系列原因均造成了新疆农村地区贫困率高、农村居民生活水平低的情境。面对这一情况，新疆新兴经济特区要想打赢打好脱贫攻坚战，做到各地区全面均衡发展、完成全面建成小康社会等各项任务，如何做到精准扶贫、精准脱贫，就必然成为摆在各政府工作人员面前的一个重要难题。

（二）产业结构转型升级缓慢，基础建设薄弱

由于长期以来战略定位的限制，新疆产业结构调整进程缓慢，在经济结构方面有待改善，对喀什地区而言，这一形势就更为严峻。尽管近年来在中央政策的扶持下，喀什地区在经济结构与基础建设方面已经有了很大的改善和提高，但是其与我国发达地区相比仍差距较大。基础设施建设是经济社会发展的基础，但由于新疆较为脆弱的生态环境和地理环境，要实施大规模的基础设施建设务必要兼顾生态环境保护，因此，这也给边疆地区的基础设施完善带来了巨大的挑战。

在产业结构方面，新疆的产业发展并不均衡，具体表现在第二产业过于低迷。喀什地区工业生产增速缓慢，并且该地区的第二产业未与第一产业协调发展。在喀什地区规模以上工业增加值中，农副食品仅占8.72%，电力、建材和纺织等在该地区的第二产业中所占比重较大，成为喀什发展工业的"顶梁柱"，但是这部分产业附加值较低、链条较短，并不能充分吸纳劳动力，缓解就业压力。此外，喀什地区也未足够重视农副食品加工业的发展，未能利用第二产业对第一产业提供支持、创造更多附加价值。尽管2019年以来，喀什地区为发展第二产业，增加了对第二产业的固定资产投资额，相比2018年投资额增幅达136.8%，但由于近年来第二产业的发展较低迷，因此2019年第二产业增加值占地区生产总值比重仍然较低，仅为19.1%，与2018年相比还略有下降。

（三）城乡发展差距过大

自2010年喀什经济特区成立以来，城乡差距过大的问题就亟待解决，但一直不如人意。2019年，喀什地区城镇化率为23.24%，与2018年相比仅增长0.24个百分点，未有显著提升，远远低于新疆51.87%的城镇化率水平，更是远低于全国60.60%的城镇化率水平。近五年以来，喀什地区城

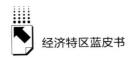

镇居民人均可支配收入是农村居民人均可支配收入的 3 倍左右，以 2019 年为例，城镇居民人均可支配收入是农村居民人均可支配收入的 2.92 倍，二者之间的差额达 18045 元。城乡收入差距扩大将降低农村居民工作的积极性，更进一步拉大城乡差距，形成恶性循环，更有可能产生社会矛盾，使喀什地区无法实现经济、社会的均衡发展。

（四）区位优势亟待发挥，对外贸易规模较小

从我国整体来看，喀什地区和霍尔果斯经济开发区均处于较偏僻位置，若想发展开放型经济势必受到一定限制。但是，从另一个角度来看，喀什地区和霍尔果斯经济开发区在世界上有优越的地理位置和区位优势。新疆处于中国西北部地区，是我国边界线省城之一，虽然基础设施和经济基础较为薄弱，但是与周边国家距离较近，语言、文化和宗教等均有相融相通之处，这种人文优势是东南沿海城市并不拥有的。相对于中国的西北五省而言，新疆应当把握这种优势，扩大对外贸易规模，但就目前而言，这些优势并未得以呈现，特别是对享受着特殊的经济优惠政策的喀什地区和霍尔果斯经济开发区来说，仍有待进一步发掘。

（五）开放型经济发展不均衡

"一带一路"倡议作为我国开放型经济发展的重大举措，其成果不仅有利于发展中国经济，更可惠及所有共建国家。目前，各省市均努力发展开放型经济，对新疆来说这是一种挑战更是一种机遇。与中国对外贸易发展较好的沿海地区相比，新疆在外商直接引资和对外贸易等方面基础较为薄弱，尽管 2015～2019 年，喀什地区和霍尔果斯经济开发区在进出口贸易方面发展势头猛烈，就整个新疆地区而言其占据强势地位，但就全国范围而言，仍处于末端位置。喀什地区和霍尔果斯经济开发区在对外经济发展方面还存在产业结构不合理、产品附加值低等问题，开放型经济发展不平衡，给地区吸引外商投资等方面带来了挑战。

四 促进新疆新兴经济特区发展的政策建议

（一）聚力脱贫攻坚，深入脱贫攻坚工作

2020年是决胜脱贫攻坚战和全面建成小康社会的收官之年，新疆喀什地区以及霍尔果斯经济开发区在2019年脱贫攻坚工作已取得了重要进展，在接下来的一年里更应当坚持党的领导、充分发挥党的引领作用，正如习总书记所强调的，"越是进行脱贫攻坚战，越是要加强和改善党的领导"，"抓好党建促脱贫攻坚，是贫困地区脱贫致富的重要经验"。在党的领导下，各地区工作人员首先应厘清脱贫思路，坚持把产业带动发展作为农村居民增收致富的主要路径，积极推动农村地区畜牧养殖产业蓬勃发展。其次，应坚持将转移就业作为民众脱贫的突破口，可以采取集体组织形式，以定向推荐等方式组织农村居民疆内外务工，同时可发挥政府资源利用当地正在建设的公路、水利设施等市政项目提供就业岗位，帮助脱贫。

（二）改善投资环境，完善基础设施建设

要加深新疆喀什地区以及霍尔果斯经济开发区对外开放的程度，就必须改善自身营商环境和投资环境，完善地区基础设施建设，这样不仅有利于自身"走出去"，还可吸引外资"走进来"。营商环境改善包括采取一系列政策促进本地企业的发展，政府可以适度减少税收，促进企业繁荣发展；投资环境改善包括基础设施建设的完善，特别是交通网络的细化，这不仅可以加强对外商投资的吸引力，还有利于物流基础设施建设，对发展跨行业、跨地区、跨国界商务贸易意义重大。

（三）加快产业结构升级转型

在喀什地区的产业结构中，第二产业占比明显偏低，并且第一产业和第二产业不能互补协调发展。为加快产业结构升级转型、扭转其不合理结构，

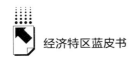

应当大力促进产业结构链条的现代化和工业化。例如，喀什地区地域辽阔，气候适宜种植棉花，边疆地区产棉也十分丰富。对于棉花的种植生产，不应仅停留在直接内销或外销上，应发展相关产业，如就近发展服装市场产业、纺织产业和印染产业等，使农副产品具有附加价值后再予以内销或外销，提高产业附加价值。值得注意的是，由于政策支持、制度保障以及当地特殊的环境因素，设厂成本较低，加上劳动力资源丰富，无疑有助于吸引外商投资，这势必将实现良性循环。因此，该地区产业结构升级可以朝着工业化、一体化和现代化的方向不断前进。

（四）统筹城乡发展，缩小城乡发展差距

新疆地区城乡发展差距巨大，不利于新疆新兴经济特区的持续发展。有效统筹城乡发展、进一步缩小城乡差距，关键在于制度创新，破除城乡分割的二元体制社会结构，构建城乡发展一体化新格局。

首先，应当创新农村金融服务体制，充分利用财政政策支持，发挥公共财政体制和金融服务系统的支农功能，缩小城乡投入分配差距。政府可以加大对喀什地区农村的财政支付力度，加快对农村通信网络和交通道路等基础设施的建设，帮助乡村实现信息共享，助力农村特色农产品"走出去"。其次，应当缩小城乡居民的文化差距，提高农村居民整体素质。提高农民牧民收入的关键前提之一就是提高他们的科技和知识水平，因此，要坚持抓好双语教育，打破农民牧民的传统思想观念，提高农村居民文化素质和科学技能水平。最后，应当建立健全社会保障体系，促进城乡经济一体化。为实现城乡经济一体化，最重要的还在于要实现产业结构调整升级，在提高产业链科技含量的同时，引导产业纵向深入发展。在产业结构转型升级过程中，应充分发挥第二、第三产业在吸纳就业中的主导作用，积极引导农村劳动力向其转移，在这一过程中还应当逐步完善贫困地区的社会保障体系，使广大农村居民获得保障。

（五）主动扩大开放区域，加强区域经济合作

落实"一带一路"倡议，发展开放型经济并不仅仅意味着在区域内实

现单一、独立的发展，新疆作为中国经济发展战略以及经济一体化发展的重要组成部分，在实现对外贸易的同时，还应当加强与国内各个省市之间的交流合作，特别是与我国的东部地区和华南地区。就国内而言，东部沿海地区以及华南地区经济无疑处于较发达地位，与我国东部沿海地区和华南地区进行经济交流与合作，有利于盘活国内资本流动，使发达地区资金流入边疆，同时也可以实现技术的互动和人才的流动，促进边疆社会经济健康发展。

此外，作为"一带一路"倡议中丝绸之路亚欧经济区的核心经济圈，新疆新兴经济特区应当把握这一重大发展机遇，加大自身对外经济开放力度，加强同中亚五国和俄罗斯等邻国的互利合作，争取做到合作共赢。新疆新兴经济特区应当建立对外开放新格局，将原有的集中于东盟、欧盟部分国家的发展政策在地域方面进行进一步扩大，可将发展区域辐射至东盟、中亚、俄罗斯等国家和地区，拓宽自身的对外开放区域，加深对外开放的程度，扩大出口市场，深化与周边各国的贸易合作，可与周边各国实现资源互补，促进自身经济进一步发展。值得注意的是，对外开放新格局并不仅仅意味着开放地域的扩散，应当突出的是产业链的转变，如不应停留于单一农副产品领域，应扩大至高新技术、金融科技等具有高附加值的领域，同时，新疆还可以利用自身地域优势和民族文化优势，发展特色文化产业和跨境旅游产业，带动经济发展。

（六）加快"一带一路"物流网络建设

在新疆建立物流网络具有十分重要的现实意义。新疆与中亚四国，俄、蒙、印、巴等八个邻国接壤，被定位为"一带一路"的核心地区，新疆对于连接中国与东盟和中亚各国的经济网络具有重要的战略意义。在新疆建立物流网络，既可以实现跨境物流的中转和枢纽作用，又可以作为电子商务配送中心。同时，伴随着新疆内部产业结构的不断升级和转型，物流网络建设不仅可以降低电商的运输成本，有利于新疆本地的企业"走出去"，使新疆在对外贸易竞争中更具优势，还可以将外部的生活资源"领进来"，提高人民群众的生活幸福感。在物流网络的规划和建设过程中，新疆可以充分利用

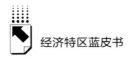
公路、航空和铁路等公共交通领域建立货物中转站和物流配送中心，使新疆成为一个新兴的产品交易配送中心。

参考文献

王保卫、姜月、郑凯鑫：《新疆新兴经济特区发展报告》，载陶一桃主编《中国经济特区发展报告（2019）》，社会科学文献出版社，2020。

何文政：《"一带一路"背景下新疆经济发展的机遇与挑战》，《中国商论》2019年第21期。

张洋：《"一带一路"背景下新疆开放型经济发展研究》，硕士学位论文，吉林建筑大学，2019。

王宏君、郭宁：《统筹城乡发展 缩小城乡差距——新疆喀什地区城乡差距与对策研究》，《新疆农垦经济》2006年第9期。

《新疆维吾尔自治区2019年国民经济和社会发展统计公报》，中国统计信息网，2020年4月19日，http：//www. tjcn. org/tjgb/31xj/36346. html。

《中华人民共和国2019年国民经济和社会发展统计公报》，国家统计局网站，2020年2月28日，http：//www. stats. gov. cn/tjsj/zxfb/202002/t20200228_ 1728913. html。

B.21
老挝经济特区（专区）建设与发展报告

罗海平　潘柳欣*

摘　要： 老挝作为五个社会主义国家之一，是中南半岛乃至东南亚唯一的内陆国家，封闭的区位条件和资源密集型产业发展模式使建立经济特区成为老挝吸引外资的必然之选。老挝经济特区起步较晚但发展迅猛，依托多元化的投资主体、多维度的政策支持、便捷性的投资服务，老挝经济特区已成为老挝对外开放的重要窗口。然而老挝经济特区发展不尽如人意，存在管理混乱、发展缓慢、同质化严重和后续发展乏力等一系列问题。未来老挝经济特区发展应立足实际，不断完善区域配套基础设施，形成有效的开发管理模式，以激发经济特区内生发展动力。

关键词： 老挝　经济特区　经济专区

一　老挝经济与经济特区

老挝人民民主共和国（Laos，以下简称"老挝"）位于中南半岛，北接中国，东邻越南，南达柬埔寨，西连缅甸和泰国，国土面积为 23.68 万平方千米。老挝实行社会主义制度，老挝人民革命党是国内唯一政党。2019 年，

---

* 罗海平，南昌大学中国中部经济社会发展研究中心副研究员，博士，硕士生导师，主要研究方向为世界经济特区；潘柳欣，南昌大学经济管理学院 2019 级硕士研究生，主要研究方向为世界经济特区。

老挝人口总数为 723 万人，城镇化率为 35.65%（同期中国为 60.60%），GDP 为 181.74 亿美元，人均 GDP 为 2534.90 美元（同期世界人均为 11428 美元；中国为 10261 美元），是典型的欠发达内陆农业国。[①] 近年来，老挝不断加强与中国及东盟地区的经贸合作，通过吸引境外投资者、全面推行贸易战略、建设经济特区等手段，已成为全球经济发展最迅速的地区之一。

全球范围内，经济特区发展风靡云蒸，但其界定方式大相径庭，老挝经济特区的发展也独具特色。2010 年颁布实施的《老挝人民民主共和国经济特区和经济专区总理政令》，即总理府第 443 号政令（以下简称"第 443 号总理令"）明确表示：老挝经济特区是老挝政府基于经济社会发展实际，在全国范围内划定的新型经济开发区。对比国内其他地区，老挝经济特区优势突出：一是地位特殊，特区经济环境和地理区位相对优越，对外开放程度较高；二是享有更多的经营自主权，有权依法建立配套基础设施和组织机构等，以提升特区外资吸引力和企业竞争力；三是享有更优惠的支持政策，特区内专门设有居民安置区，区内居民可参与分工且不必搬迁至区外，同时特区拥有独立的财政经济体系，可由多个经济专区构成，实行"小政府、大社会"的行政管理运行机制。

除设有经济特区外，老挝政府还设立了出口生产区、保税区、边境经济区、工业区、高科技信息发展园、旅游城市区等定位明确、功能各异的经济专区，以进一步通过吸引外资来增强区域经济发展"造血功能"。老挝经济专区基于区域发展实际建设基础配套设施，以吸引外资开展各类生产、经营和服务活动。相比经济特区，经济专区也享有相应自主权，但须按照单一印章机制，由经济管理理事会统一管理，且区内界线明显、无居民安置点。

据老挝《经济社会报》、《万象时报》和《人民报》报道，2019 年，特区进出口总额达 14.959 亿美元。其中，进口额为 11.015 亿美元，主要产品为机械、原材料、基建设备和生产设备等；出口额为 3.944 亿美元，主要产品为服装、玩具、汽车零部件、电子器材和其他产品。[②] 截至 2020 年 2 月，

---

① 原始数据来源于世界银行网站（https：//www.shihang.org/）。

② 《老挝目前有 12 个经济特区，为老挝经济创造巨大价值》，万象时代中文网，2019 年 1 月 23 日。

老挝全国有 12 个经济特区在营，入驻投资企业达 806 家，其中工业类企业 212 家、贸易类企业 204 家、服务类企业 390 家，实际投资达 56.9 亿美元，创造了 55771 个就业岗位（老挝员工占比 22.59%），贡献税收约 3923 万美元。①

老挝经济特区作为老挝吸引外资和发展经济的桥头堡，在老挝人民的努力和老挝政府的大力支持下表现出强劲的发展势头。因此，研究老挝经济特区（专区）发展模式和前景，对发展和振兴国家经济具有重要意义。

二　老挝主要经济特区建设与发展

（一）沙湾—色诺经济特区

沙湾—色诺经济特区位于老挝沙湾拿吉省，紧邻越南、泰国。于 2002 年 1 月 21 日获批，2003 年设立，由老挝政府全额投资（0.74 亿美元），特许期限为 75 年，是老挝政府批复设立的首个工商业经济特区和国内首个经济特区。特区总占地面积由建立之初的 6.54 平方千米扩大至如今的 9.54 平方千米，分为商贸服务中心（A 区）、物流运输区（B 区）、工业贸易区（C 区）和特区移民安置区（D 区）4 大区域。2007 年，老挝政府与马来西亚企业签署协议，按 3∶7 的持股比，由后者投资 0.26 亿美元开发特区内 2.34 平方千米的基础设施，项目特许期为 50 年，到期后设施所有权归老挝政府。沙湾—色诺经济特区的发展优势在于，一是特区临近 9 号公路（隶属中西经济走廊）和老挝—泰国第二友谊大桥，经济地理区位优势明显。二是特区实行优惠的投资政策：工业行业免收利润税 5~10 年，免税期后按投资额的 8% 征税；贸易行业免收利润税 2~5 年，之后按 10% 计收；服务行业免收 2~10 年利润税，之后按 8%~10% 收取。三是特区内基础设施发展较为完备，设有"一站式"投资服务，投资条件相对成熟。截至 2015

---

①　《老挝经济特区共吸引 806 家企业入驻》，中华人民共和国驻老挝人民民主共和国大使馆经济商务处网站，2020 年 2 月 10 日，http：//la.mofcom.gov.cn/article/zwminzu/202002/20200202934930.shtml。

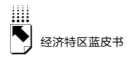
年，特区已吸引 90 多家企业进驻投资。2017 年，一带一路文化经贸访问团与特区签署"战略合作框架协议"，意向投资额超 2200 亿元，包括"全面参与沙湾城规划设计和投资建设""中老两国互建中老文化商业特色小镇"等一揽子合作投资项目。① 特区主要投资行业有服务业（涉及金融机构、银行业、娱乐中心等）、贸易行业（涉及进出口贸易、免税边境贸易等）、工业（涉及食品加工厂、纺织品制鞋制包厂等）、物流配送服务行业（涉及仓库冷藏业务、运输配送服务等）。②

（二）磨丁经济特区

磨丁经济特区，又名磨丁黄金城经济特区，位于老挝琅南塔省，与中国云南省磨憨口岸接壤，总开发面积为 34.3 平方千米，其中自主开发面积为 16.4 平方千米。2003 年，老挝琅南塔省政府与中国香港福兴旅游娱乐有限集团公司签署特许经营合同，建立磨丁黄金城经济特区。2009 年，老挝政府颁布第 75 号主席令和第 89 号总理令，批准设立磨丁黄金城经济特区为国家级经济特区，特许期为 90 年。2011 年，以中国云南海诚集团进驻为标志，特区进入了高速发展期。2016 年，中老正式签署《中国老挝磨憨—磨丁经济合作区共同发展总体规划》，这是中老合作的又一重要里程碑。磨丁作为中老唯一的国家级一类陆路口岸，是东盟连接中国的重要交通枢纽和产业聚集高地，旅游资源充沛，是中老泰三国旅游商圈的最佳结合点和重要的购物免税口岸。磨丁经济特区作为"境内关外"特区，享有保税、低税、免税等自贸区政策特权和高度自主的行政权。在未来发展规划中，有望将磨丁经济特区打造成为国际保税物流加工园区、旅游文化区和国门商贸区，③ 从而带动北部诸省实现脱贫致富。

---

① 《一带一路文化经贸访问团走进沙湾色诺经济特区实地考察》，东北新闻网，2017 年 9 月 30 日，http：//fushun. nen. com. cn/。
② 陈定辉：《老挝经济特区和经济专区简介》，《东南亚纵横》2013 年第 7 期。
③ 《老挝磨丁特区借中老合作蓄势"涅槃"》，环球网，2015 年 4 月 7 日，https：//world. huanqiu. com/article/9CaKrnJJEOn。

（三）金三角经济特区

金三角经济特区位于老挝博胶省，紧临湄公河，地处老缅泰三国交界地带，经济地理区位优越，是当之无愧的金三角核心区。特区包含 30 平方千米的核心开发区和 70 平方千米的自然森林保护区，总开发面积达 100 平方千米。特区由老方政府与中方企业（法定代表人为赵伟）共同开发，投资总额达 0.866 亿美元，是老挝投资额最高、发展最为迅速的特区。2010 年 2 月 4 日，老挝政府颁布《关于在老挝博胶省墩鹏县设立金三角经济特区的组织、活动和管理政令》（总理府第 90 号政令），批复设立国家级经济特区——金三角经济特区，首期开发期限为 99 年，是全球第一个"企业境外"特区。特区实行"小政府、大社会"的管理机制，设有特区行政、经济管理委员会，其有权行使区内除国防、外交、司法以外的全面管理和开发权。① 按照特区总体规划，该经济特区将于 2020 年全面完成区内基础设施建设，投资总额超过 120 亿元，其将成为仅次于首都万象的全国第二大城市。此外，特区将把高档娱乐业作为区域重要经济增长点，同步发展金融、物流、传媒、旅游、特色养殖业等替代产业，力争将金三角经济特区打造为老挝特区样板。

（四）普乔经济特区

普乔经济特区位于甘蒙省他曲市，是连接老挝、泰国和越南的重要交通枢纽，邻近 12 号公路和老挝—越南第三友谊大桥。特区由老挝私营企业（法定代表人为赛宋坎）投资 7.08 亿美元独资开发，设立于 2010 年，特许期限为 99 年。特区总面积为 48.5 平方千米，其中平地、山地、河流分别占比 70%、25% 和 5%，首期开发 12.5 平方千米，第二期开发森林面积达 36 平方千米。特区集贸易区、旅游区优势于一体，招商引资优惠力度大，具体政策条例为：投资工业行业免收利润税 3～10 年，之后以 7%～8% 的税率

---

① 《特区简介》，老挝人民民主共和国金三角经济特区网站，http：//www.gtsez.la/。

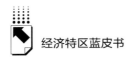

征收；投资轻工业 3～9 年免税，之后以 6%～7% 的税率收取；投资服务、贸易、运输业 3～8 年免税，之后以 5%～6% 的税率征收；投资体育、旅游和农业 3～7 年免税，之后以 4%～5% 的税率计收；投资教育、卫生、金融 3～6 年免税，之后以 3%～4% 的税率计收。投资项目和行业包括工商业、商业建筑、酒店和娱乐中心、体育公园、机场和物流业、教育等。2012 年 6 月，特区董事长与老挝阳光咨询有限公司和云南省投融资研究会缔结合作备忘录和伙伴关系，在制定招商引资战略和特区发展规划等方面展开合作，共同参与开发区管理工作。

（五）赛色塔综合开发区

赛色塔综合开发区位于万象市新城区的核心地带，是中老两国拟定的国家级合作项目，投资总金额达 1.28 亿美元，老挝万象市政府与云南省海外投资有限公司持股比为 1:3。赛色塔综合开发区既是云南第一个且中老两国唯一的国家级境外经贸合作区，又是老挝国家级经济特区，同时也是中国"一带一路"规划的优先推进项目，其战略地位不容小觑。赛色塔综合开发区总体功能定位可概括为"一城四区"，即产业生态新城、和谐人居环境的宜居区、万象新城的核心区、中老合作开发的示范区和国际产能合作的承载区。从其发展历程来看，2010 年 6 月，万象市政府与云南省海外投资有限公司和中国国家开发银行联合发布《老挝首都万象综合开发项目谅解备忘录》，约定中老两方共同对开发区进行综合开发。按照"工业开发区＋万象新城"的开发理念，以工业产业、商贸、旅游、物流及房地产为重点，分三期实行滚动式开发。2018 年 10 月，老挝总理府确定赛色塔综合开发区工业行业发展执行第 177 号总理令的优惠政策，其他行业执行第 73 号总理令的优惠政策。2019 年 4 月，中老政府正式签署《共建老中经济走廊的合作框架（2019 年—2030 年)》和《中老产能与投资合作第二轮重点项目的协议》，明确落实赛色塔综合开发区产能合作项目，将其列入第二轮中老产能和投资合作重点项目清单。截至 2020 年 8 月，已有 83 家企业入驻投资，计划投资总额在 10 亿美元以上，涵盖中国、老挝、美国、日本、新加坡、泰国、马来西亚 7 个国家，企业总用地面积超 1.334 平方千米。投资行业涵盖总部经济、纺织品加工、农产品加工、生物医药、电子产品制造等。①

三 老挝其他经济特区（专区）建设与发展情况

老挝经济特区和经济专区的发展起源于 2000 年末，由日本国际协力机构首次提出，旨在吸引 9 号公路沿线越泰缅等国的投资。老挝政府积极响应，于 2003～2010 年批准了 3 个经济特区（沙湾—色诺经济特区、磨丁经济特区、金三角经济特区）和 2 个经济专区（普乔经济专区、万象工业及贸易区）。2011 年底发布《2011 年至 2020 年在老挝开发经济特区和经济专区战略规划》（以下简称《战略规划》），计划 2011～2015 年在全国范围内新设 14 个经济专区，遍布博胶、川圹、沙湾拿吉、华潘、波里坎赛、沙耶武里、甘蒙、占巴塞、万象等 9 个省、直辖市（占老挝省市总数的 1/2），但规划实施成效仍待考察。

截至 2019 年，老挝政府共批准设立 14 个经济特区（专区），总占地面积为 292 平方千米，特区总规模居湄公河流域国家首位。除前文所述五个主要经济特区外，其余部分经济特区（专区）概况如表 1 所示。

表 1 老挝部分经济特区（专区）概况

经济特区或专区	地理位置	投资（开发）主体及占比	投资金额、项目、产业及特色	政策支持
万象市龙庭高尔夫专区（2008 年）	万象市哈赛丰县东坡西一带	越南龙庭高尔夫集团公司 100%	10 亿美元；高尔夫球场、五星级酒店和大型超市	99 年土地使用期限
万象—诺通工业贸易园区（2009 年）	万象市塞塔尼县 13 号公路以南 21 千米处	中国台湾南伟开发有限公司 70%；老挝政府 30%	1.68 亿美元；工业、商业、服务业	免税区内可免进出口关税并享受利润税最高免税 10 年期限的优惠；75 年的租赁使用期限

① 《园区概况》，老挝万象赛色塔综合开发区网站，http://www.lvsdz.com/。

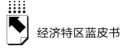

经济特区或专区	地理位置	投资(开发)主体及占比	投资金额、项目、产业及特色	政策支持
塔銮湖经济专区(2011年)	万象市塔銮湖	上海万峰房地产有限公司100%	16亿美元;大使馆文化区、金融服务区、密集居民住宅区、低层住宅区、休闲观光区、高尔夫球场	99年土地使用期限
东坡西专区(2012年)	万象市哈赛丰县东坡西村	老挝暖沙湾建筑公司5%;老挝政府15%;马来西亚开发商80%	0.75亿元;工业、商业、社会机构、住宅	50年土地使用期限
他曲经济专区(2012年)	甘蒙省	老挝政府100%	贸易及服务区、酒店区、物流配送区、交通站点区、中央会议区、第一和第二阶层住宅区、体育中心、教育和公共医疗区、管理办公区、绿化区	燃料、用于管理用途或直接用于生产的进口汽车均可享受进口退税;进口原材料、设备按相关法律收取关税及其他税收;75年土地使用期限

注：括号内为经济特区（专区）设立时间。

资料来源：《老挝经济特区与专业经济区浅析》，中国—东盟研究院网站，2014年4月17日，https：//cari. gxu. edu. cn/info/1087/1782. htm；《老挝经济特区和经济专区简介》。

四　老挝设立经济特区的政策支持

经济特区和经济专区的鼓励政策：第443号总理令明确指出，老挝政府鼓励、支持国内外经济主体参与经济特区（专区）投资和开发。经济特区高度自治：享有全面开发和管理的权力，在符合地方行政管理法的基础上可申请将经济特区及专区建设成为市级；自主、独立地管理经济和财政；执行一站式投资服务政策；规定区内土地、不动产及其他动产租金等。[1]

经济特区和专区的税收优惠政策：2016年11月通过的《老挝人民民主

---

① 《老挝经济特区政令》，https：//wenku. baidu. com/view/9252c2bbf121dd36a32d827f. html。

共和国投资促进法》（以下视情简称《投资促进法》），依据经济社会基础设施建设与投资环境的匹配度，将投资促进区划分成三类。其中 I 类最差，大多为偏远地区，Ⅱ 类次之，Ⅲ 类投资条件相对较好，经济特区（专区）隶属此类地区，税收政策对比见表 2。此外，参照第 443 号总理令，经济专区和特区的税收政策，由其经济管理理事会或委员会根据不同的行业、投资规模确定税金减免额度。进口原料原产自老挝本国并用于老挝经济特区和专区内生产等活动的仍被视为出口商品，按规定获得关税及税金方面的优惠。

表 2　非经济特区（专区）与经济特区（专区）税收及关税政策比较

优惠政策	非经济特区（专区）	经济特区（专区）
利润税免税期	投资被授予激励的业务部门时：I 类——免税 10 年，部分投资业务部门可按规定额外免税 5 年；Ⅱ 类——免税 4 年，部分投资业务部门可按规定额外免税 3 年；Ⅲ 类——免税 2 年或 3 年（自赢利之日起）	免征利润税 2 ~ 10 年（自赢利之日起）
免税期后的利润税率	最高达 24%	8% 或 10%
个人所得税	0 ~ 24%（累进税率）	5%
免税期后的股息税	10%	5%
增值税	10%	0
一般进口关税	3% ~ 40%	0

　　资料来源：《老挝人民民主共和国投资促进法》；《老挝计划与投资部 2019 最新投资指南》，看点快报，2018 年 11 月 26 日，https：//kuaibao. qq. com/s/20181126A13XKV00？ refer = spider。

　　经济特区和专区的土地政策：经济特区（专区）内土地特许使用不得超过 75 年，开发者开发期限不得超过 99 年，政府可视情况进行延期。2016 年修订的《老挝人民民主共和国投资促进法》规定，经济特区（专区）执行有关土地使用权和其他不动产产权的鼓励政策。若区内投资者长期承租土地，可按其经济管理理事会或委员会制定的租金比例执行租金优惠政策。在经济特区购买房产且房产总额达 10 万美元以上的外国人及家属，可在 10 年内获得多次入境签证，到期后可延长。在经济特区租用公寓者可获得 3 个月多次入境签证。有意扩大特区开发范围的经济主体，须提交申请获政府审

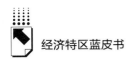
批。但对于因建设、开发经济特区（专区）导致土地使用权、物资等受损的主体，须补偿损失费。个人或法人无权开发或使用保留地区、缓冲地区。

经济特区和专区的利益分配，一是中央政府的利益，包括按特准合同规定的出股比例所得分红；经济特区（专区）使用的自然资源成本费和知识产权费；基础设施等开发成果；增加的就业机会。二是省、市政府的利益，包括经济特区（专区）的预算分配金额及出股所得分红（不得低于中央政府所得分红的30%）；区域内使用的自然资源费（不得低于国家自然资源费的5%）。三是县、区政府的利益，包括经济特区（专区）的分红（不低于省、市政府所得分红的30%）、使用的自然资源费和预算分配金额。四是开发者的利益，包括出股所得分红，经济特区（专区）各项新业务持股收入，投资、经营活动所得收入，政府同意的其他收入。

五　中老合作及中老经贸合作区建设

中老两国互为重要合作伙伴，双边贸易关系极为密切。老挝历来将电力、工业、农业视为经济社会发展的重要支撑，中方也秉持精准互助的理念，在上述领域向老挝提供适时援助。当前，中国已然成为老挝的第一大援助国。仅2015年，中方便向老方提供了各计7亿元、2亿元和6.1亿元的无偿援助、无息贷款和优惠贷款，总援助款项达15.1亿元，用以援助老挝建设事关国计民生的重要设施，包括万象市道路改造、水利灌溉设施重建扩建等。此外，中方通过建立跨境经济合作区、技术人才资金输出等手段，带动老挝经济发展（见表3）。

表3　2019年中国对外经贸情况

项目	所有国家	"一带一路"共建国家	老挝
新签对外承包工程项目	新签合同额和完成营业额分别约为2603.2亿美元和1728.0亿美元	新签对外承包工程项目合同6944份，新签合同额和完成营业额分别为1548.9亿美元和979.8亿美元	工程承包新签合同额和完成营业额分别为21.6亿美元和52.1亿美元

项目	所有国家	"一带一路"共建国家	老挝
对外投资	1369.1亿美元	186.9亿美元	16.5亿美元
非金融类直接投资	1105.9亿美元	150.4亿美元	11.8亿美元
全年贸易额	全年贸易额45761.3亿美元，其中出口额为24990.3亿美元，进口额为20771.0亿美元	全年贸易额13453.9亿美元，其中出口7629.7亿美元，进口5824.2亿美元	全年贸易额达39.2亿美元；中国对老挝出口额和进口额分别为17.6亿美元和21.6亿美元

资料来源：中华人民共和国商务部网站；海关总署网站。

一是中老合作的最新政策支持。2019年4月，中老两国领导人共同拟定《中国共产党和老挝人民革命党关于构建中老命运共同体行动计划》；2019年11月，中国云南—老挝北部合作工作组第十次会议在昆明举行，两国明确继续推进"五项行动"，促进中老综合开发区、经济特区、交通设施等重大合作项目成功落地，合力推动中老经济走廊建设，[①] 不断提升合作效益和水平。

二是将老挝由"路锁国"打造成"路联国"的交通支持。为实现从万象市到昆明市夕发朝至的愿景，中老铁路建设项目应运而生。中老铁路以玉溪为起点、万象为终点，途经磨憨和磨丁两大口岸，全长9.6千米，规划建设期为2016年12月至2021年底。该铁路是自2013年"一带一路"倡议提出以来，第一条全线都由中国投资占主导、使用中国设备、施行中国技术标准的国际铁路。其中，两国边境处的友谊隧道（老挝段）已于2020年5月20日全面贯通。

三是输出人才项目支持。2019年1～11月，中方对老方的工程承包新签合同额和完成营业额分别达18.8亿美元和40.8亿美元，前者同比增长25.9%，后者居全球第八位、东盟诸国第三位。[②] 截至2019年11月，中国

---

① 《2019.11.29省政府召开中老合作第十次会议》，昆明市发展和改革委员会网站，2019年12月19日，http：//fgw.km.gov.cn/c/2019－12－19/3237748.shtml。

② 《2019年1～11月我对老工程承包新签合同额达18.8亿美元》，中华人民共和国驻老挝人民民主共和国大使馆经济商务处网站，2019年12月24日，http：//la.mofcom.gov.cn/article/zwjingji/201912/20191202924832.shtml。

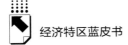

在老挝的各类劳务人员达 24748 人，期末总人数居全球第七位、东盟诸国第二位，其中工程承包项目下和劳务合作项目下的期末在老人数分别占比89.44% 和 10.56%。①

四是投资贸易支持。2019 年 1~11 月，中老两国贸易额呈稳步增长态势，双边贸易额同比增长 17.4%，总额计 35.4 亿美元，增幅在东盟诸国中位列第四。② 2019 年全年，中国企业对老挝总投资 11.8 亿美元（同比下降17.5%），中老两国贸易额已达 39.2 亿美元（同比增长 12.9%）。毋庸置疑的是，中国既是老挝的第二大贸易伙伴，也是老挝的第一大投资来源国。

五是建立跨境合作区。老挝目前正在运营的 12 个经济特区和专区中，磨丁经济特区、金三角经济特区、赛色塔综合开发区、万象—诺通工业贸易园区 4 个经济特区（专区）由中老合资开发，塔銮湖专业经济区 100% 由中企开发。截至 2017 年 9 月，老挝特区的外国投资企业中，中国企业已超过160 家，注册金额在特区投资总额中占比 23%，达 15.5 亿美元。③ 由此可见，中方在老挝经济特区建设中发挥着举足轻重的作用。此外，万象市湖南工业园于 2010 年 9 月底动工，是湖南省第二个境外工业园区，特区管理委员会及海关部门已进驻办公；中老两国于 2017 年达成协议，在占巴塞省建立孔恩经济特区，预计 2025 年前完成第一期工程。除设立经济特区（专区）外，中老在经贸合作区建设方面也成效显著，本报告主要介绍中国—东盟自由贸易区、澜湄合作和磨憨—磨丁跨境经济合作区。

（一）中国—东盟自由贸易区

中国—东盟自由贸易区（China and ASEAN Free Trade Area，CAFTA）

---

① 《截至 2019 年 11 月我对老派出各类劳务人员达 24748 人》，中华人民共和国驻老挝人民民主共和国大使馆经济商务处网站，2019 年 12 月 24 日，http：//la. mofcom. gov. cn/article/zwjingji/201912/20191202924833. shtml。

② 《2019 年 1~11 月中老贸易稳步增长》，中华人民共和国驻老挝人民民主共和国大使馆经济商务处网站，2019 年 12 月 24 日，http：//la. mofcom. gov. cn/article/zxhz/201912/20191202924831. shtml。

③ 《中国在老挝经济特区投资占 23%》，中华人民共和国驻老挝人民民主共和国大使馆经济商务处网站，2017 年 9 月 15 日，http：//la. mofcom. gov. cn/article/zxhz/201709/20170902644662. shtml。

是中国 2001 年 12 月加入 WTO 之后，自愿成功加入的第一个区域经济一体化组织。1991 年，中国与东盟开启对话机制；1996 年，中国成为东盟的全面对话伙伴国；2002 年，中国与东盟签订协议，建立自贸区的决议正式通过；2010 年 1 月 1 日，CAFTA 宣布建成。CAFTA 覆盖了亚洲 11 个国家，是全球人口数最多、由发展中国家组成的最大的自贸区，其规模仅次于欧盟和北美自由贸易区。目前，东盟已赶超美国，成为仅次于欧盟的中国第二大贸易伙伴，2019 年全年，中国与东盟贸易规模达 6414.7 亿美元，占同期总额的 14.02%。中老两国基于良好的政治关系、地缘优势、文化传统及社会意识的趋同性、产业结构及资源开发的互补性，抢抓 CAFTA 建设这一契机，取消相互间进口关税和非关税壁垒，在贸易和投资自由化的基础上加强多领域合作。参照 2000 年 11 月中老颁布的《关于双边合作的联合声明》，两国不断解锁扩大双边贸易的新途径，在旅游、农林、社会公共事业等领域展开友好合作。2002 年签订的《中国与东盟全面经济合作框架协议》，通过制度和政策约定，降低了中老谈判的难度和成本，通过贸易争端机制有效化解双边经贸活动中可能产生的争端和矛盾，降低了恶性竞争的几率，促进双方达成互助互信的区域共进意识，从而更好发挥区域一体化的内部潜力。

（二）澜湄合作

澜沧江—湄公河以我国青海省为发源地，穿越下游五国（缅、老、泰、柬、越），全长 4880 千米，是连接沿岸六国的天然纽带，构成了基于经济区域化的利益重叠线。澜湄合作正是澜沧江—湄公河沿岸六国，在地缘优势和共同需求双重激励下自发形成的新型次区域合作机制，同时也是"一带一路"建设的有机组成和关键支撑。2016 年 3 月，在中国海南省召开的第一次领导人会议，标志着"澜湄合作"机制正式建立。会议形成的《三亚宣言》，提出了澜湄合作的"3 +5 合作框架"，明确了多边合作的主要支柱和领域。[1] 2018

---

① 《王毅：建设澜湄国家命运共同体，开创区域合作美好未来》，中华人民共和国中央人民政府网站，2018 年 3 月 23 日，http://www. gov. cn/guowuyuan/2018 － 03/23/content _ 5276766. htm。

年 1 月，第二次领导人会议拓宽了合作领域，使澜湄合作正式从培育期跨入成长期。一方面，我国提供人民币优惠贷款，如产能合作专项贷款和优惠出口买方信贷，用于支持澜湄六国的产能合作和基础设施建设项目；另一方面，设立专项基金，用以投资区域国家中小型合作项目。[①] 中国是老挝重要的外资来源国和经贸合作伙伴，两国依托合作共建项目、资金融通等手段，在跨境经济、减贫等领域保持着深厚的合作情谊。

（三）磨憨—磨丁跨境经济合作区

磨憨—磨丁跨境经济合作区依托磨憨、磨丁两大口岸，以磨丁黄金城经济特区、磨憨边境经济贸易区为核心区，以琅南塔省、西双版纳州为支撑区，是我国与周边国家建立的第二个也是老挝的第一个跨境经济合作区，总规划面积达 21.23 平方千米。2012 年 4 月，由中方主办的经济合作区建设发展论坛成功召开；2015 年 8 月，中老两国政府正式签订《中国老挝磨憨—磨丁经济合作区建设共同总体方案》，标志着中老经贸合作再迈新台阶。该经济合作区的建立，有效地将边境区的屏蔽效应升级成中介效应，实现自"边缘区"向"核心区"的华丽转变，对加速区域合作项目建设、创新合作模式和政策体系具有举足轻重的作用。中老双方以文化旅游为先导、产城融合为依托、商贸物流为动力，着力打通中国—中南半岛经济走廊，[②] 建设跨境经济合作示范区。磨憨—磨丁跨境经济合作区竞争优势明显，是实现区域经济增长的重要支撑项和着力点，2018 年 1~11 月，该区共签署 6 份招商引资协议，总投资金额约 13 亿元，工商注册登记企业约590 家。[③]

---

① 《中国参与澜沧江—湄公河合作情况》，外交部网站，https://www.fmprc.gov.cn/。
② 《老挝磨丁经济特区："一带一路"中拔地而起的免税天堂、自由港湾》，搜狐网，2019 年9 月 5 日，https://www.sohu.com/a/338920360_120126486。
③ 《带动跨境投资热潮 磨憨—磨丁经济合作区发展成这样了!》，西双版纳促进投资局窗口网站，2019 年 1 月 7 日，https://zsj.xsbn.gov.cn/321.news.detail.dhtml? news_id=1700。

六 老挝经济特区发展特点、问题及启示

（一）老挝经济特区发展特点

老挝是当今世界上为数不多的农业占主导的极度不发达国家之一。2020年1~6月，老挝财政预算收入仅为9.463万亿基普（折合约10.2716亿美元），财力资源相当匮乏，难以支撑国家及经济特区基础设施建设的庞大财力需求。为获取充足的资金以弥补财政赤字、推进基建如期开展，老挝政府采取了一系列举措，通过更开放、更宽松的政策环境，形成了形式多样、高度自主的经济特区开发投资模式，老挝经济特区甚至在世界范围内也独树一帜。

1. 开发主体多元化

受制于有限的财力资源，老挝难以通过"闭门造车"来实现经济的跨越式发展。因此，为推动新型城市建设和经济发展快速崛起，老挝政府必须群策群力，以更开放的姿态不断拓宽外资渠道，因而形成了异于他国的、更为灵活的特区开发方式。在开发主体上，老挝经济特区打破政府占主导的传统模式，鼓励私人甚至外国企业、个人参与或独揽特区开发权，形成了以下三种开发方式：一是老挝政府利用财政预算100%投资；二是政府与私人合资开发，其中政府可以多种方式出资，若以土地使用权出资则持股不低于30%，私人只能以资产或现金出资；三是私人100%投资。老挝政府通过颁布第443号总理令、《投资促进法》等文件，以法令形式保护特区投资者的各类权益。按照规定，特区开发者有权享受特区内租金乃至税收收入。正是基于灵活多样、以人为本的政策支持，经济特区吸引了国内外大量投资者入驻开发，给特区甚至全国的经济发展注入了新的活力。

2. 一站式投资服务

老挝的一站式投资服务体系是特区吸引外资的又一大创新举措。一站式投资服务，即由政府设立特区国家经济管理委员会，并下设国家经济管理委

员会秘书局，分管投资的不同环节，起到简化流程、方便审批的作用。其中，前者由老挝副总理和各部门部长、副部长分任主席和副主席、委员，他们负责特区投资政策和总体规划的制定，以及相关项目的审批、协调；后者作为常设机构，主要负责处理日常工作事项。一站式投资服务作为一种全新的模式，克服了以往申请流程复杂、审批过程漫长的困境，同时在很大程度上解决了一国三公、各自为政、难以协调的问题，大大提升了投资服务的效率和老挝经济特区的投资吸引力。

3. 优惠政策多样化

为招徕各经济成分参与特区开发与投资，除普惠的鼓励性投资政策外，老挝政府还针对特区出台了全方位、多层次的政策支持体系。第443号总理令提出：老挝经济特区享有独立的财政预算和管理经营权，实行一站式投资服务模式。开发者在不违法的情况下，在开发期内有权自主开发和管理，负责制定特区的开发规划、开发鼓励政策及各类租金收取标准，并按照特许开发合同审批特区的生产、经营和收支等事项。正是基于特区及其开发者相对独立的规划和决策权力，老挝目前所设立的各大经济特区，无论是开发周期、投资主体及项目，还是税收政策、前景规划等，都灵活多样、各具特色，真正实现了以市场竞争来带动区域特色优势产业发展，实现特区乃至全国经济高质量增长。

4. 招商引资显成效

老挝实行一党制，国内政治环境稳定，鲜有恶性事件发生，治安条件相对较好，这使老挝经济发展逐渐步入正轨。老挝一大特色是设立了以金三角经济特区和磨丁经济特区为代表的"企业境外"特区，是全球少有的大胆创新和尝试。特区对外开放程度较高、支持外商投资办厂，又有一系列鼓励政策加持，吸引了大批投资者，尤其是农、商、服务业等行业的投资者，是创新招商引资方式的伟大探索。此外，由中企、中国人参与或主导的，尤其是获中老两国政府支持的项目，在招商引资或投资方面都更活跃、显成效。因此，近年来老挝各级政府都不约而同地将中国作为招商引资的首要目标，随后是东盟、欧盟和日本等。

（二）老挝经济特区发展问题

多元化开发主体、全方位政策支持、便捷性投资服务和初显成效的招商引资，为老挝经济特区的发展带来了不竭动力，然而在特区数量快速增长、拥有高度自主性和灵活性的背后危机涌动。

1. 经济特区内部管理局面混乱

特区设立初期，高度自主、灵活的投资开发政策可为特区招徕大批投资者，有助于区域经济快速崛起，但长期来看，灵活性的背后也显露出特区管理模式的欠规范性，特区重利润、轻秩序的开发模式易导致兼具公益性和环保性的产业难以为继。特区建设项目、生产经营活动等的审批，一方面受第443号总理令、《投资促进法》等法令制约；另一方面还依赖投资者与政府（特区国家经济管理委员会）间的特许开发合同，与委员会的磋商结果亦即两者间的博弈。不同的博弈结果直接导致了优惠尺度不一、管理方式各异的混乱局面，特区发展缺乏规范性和可持续性。此外，部分特区为招揽投资，存在夸大、捏造优惠政策的嫌疑，在给投资者带来潜在风险的同时，也输出了缺乏诚信、缺乏保障的负面形象，不得不使联合国相关机构对其经营模式产生怀疑，对寻求各国投资造成不利影响。

2. 经济特区发展水平较为低下

对比中国经济特区，老挝经济特区在顶层设计、项目规划、人才引进、对外宣传等方面均处于明显劣势。以沙湾—色诺经济特区为例，作为老挝国内批准建立的首个经济特区，政府对其重视程度不言而喻，然而建立至今仍鲜有起色，尚且存在劳动力短缺、配套设施不足等问题；2009年批准设立的金三角经济特区和磨丁经济特区，在博彩业"合法化"的背景下大肆发展，其问题也随着时间的推移而显露无遗，其中磨丁经济特区曾经面临的停业整顿和换主易名就是证明。至于其余十多个经济特区（专区）的发展也反响平平，尚未在老挝经济发展进程中泛起较大涟漪。

3. 经济特区同质化发展较严重

老挝经济特区在设立及发展方面存在重数量、轻质量，重私人效益、轻社会效益的问题。根据老挝政府颁发的《战略计划》，拟至 2020 年老挝经济特区（专区）总数达 39 个，遍布 41 个目标地区。老挝各省市也均提出了大力发展经济特区的愿景。综观老挝经济特区发展，普遍存在重点不突出、尚无产业特色、对外招商乏力等问题，仅有优惠投资政策和宽松环境，特区本身缺乏竞争力和吸引力。拥有过多过滥、低水平的重复性建设，经济特区不仅难以成为老挝经济建设增长极，而且可能造成扰乱社会治安、影响市场秩序、浪费国内资源等诸多问题。

4. 经济特区后续发展略显乏力

与批复设立、规划建设的迅猛速度截然不同的是，老挝经济特区获批后的后续发展略显乏力。究其根本，老挝政府对特区发展的认识缺乏前瞻性，对于综合实力较弱、资金短缺的老挝经济特区而言，企图实现无为而治尚不可行。此外，老挝经济特区面临的基础配套设施发展明显滞后，交通、电力支撑不足，劳动就业人口尤其是高素质劳动力严重匮乏（2019 年老挝劳动年龄人口为 455 万人），产业链条不完整等，都导致特区进一步引入投资的计划受阻。在落后的软硬设施环境制约下，部分特区甚至出现了"圈地"投机转卖的现象，导致老挝经济特区后续发展十分艰难。

（三）老挝经济特区发展启示

纵观老挝经济特区发展模式及路径，在引入外资、弥补财政赤字并带动全国经济发展的同时，其存在的管理混乱、低水平、同质化、后续发展乏力的问题也不容忽视。因而在老挝经济特区后续发展规划中，更要把握好管理尺度，因地制宜培育特色，使特区真正成为老挝经济发展的重要原动力。

1. 探索适合老挝经济特区的开发管理模式

要进一步加大特区管理力度，明确划定特区各级领导者的权责，促进管理方式向现代化管理、服务转变。在实施调研的基础上，制定特区年度开发计划并加快落实落地，提升区域投资服务、项目引入的质量和水平。促进各小型生产者集团合并，不断提升抗风险能力和同业竞争力。一方面，有针对性地进行人员出入境管理，对非健康、不可持续或对经济社会造成消极影响的企业发出警示及限制，必要时对部分企业实施停业整顿，以保证特区健康稳定发展。另一方面，变革现有税收体制及对外开放合作机制，形成立足特区发展的法规和政策，同时中央政府要加强宏观调控，把控政策优惠力度、考察项目规划、监测落地效果，鼓励企业投资政府的大中型优先项目，[①] 对于虚假夸大信息的严惩不贷。

2. 完善配套设施建设、实施人力资源开发战略，提升特区软硬件水平

交通、电力、水利等基础设施及社会公共事业是地区发展的基石。特区要发展，首先要基建。对于运输成本高、效率低的问题，一方面要提升公路等级、修缮码头及航道、改扩建现代化机场；另一方面要将科学技术作为有力支撑，大力实施人才强国战略，树立科学技术是关键生产力的普遍意识。此外，既要加大资金投入，提升电力网、水利工程、医院学校等硬件设施建设水平，也要发展金融业、物流业等现代服务业，加速资金流通和物资运输等；既要发展传统优势产业，也要促进农林和旅游业、传统工艺与精深加工相融合，实现特区经济发展方式根本转变。

3. 增强老挝经济特区国际市场竞争力

老挝作为典型的内陆国家，通过对外经贸合作有望打造成为"陆联国"，老挝经济特区多处于边境地带，占据了内外交流的有利位置。因此，要充分利用中国和东盟市场，发掘日本和欧美市场，通过互联网渠道及国际化线下活动，建立市场信息数据库，提高老挝特色产品知名度，提升品牌号召力，逐渐拓宽产品销售市场及渠道。同时，要因地制宜设立自由边境区、自由港和出口加工区等多种类型经济特区，以开放的姿态、松弛有度的政策体系、合适的顶层设计和规划，推动老挝经济特区实现高质量跨越式发展，拉动全国经济稳步向前发展。

---

① 《老挝战略规划》，中华人民共和国驻老挝人民民主共和国大使馆经济商务处网站，2003 年 8 月 1 日，http://la.mofcom.gov.cn/aarticle/ztdy/200308/20030800114238.html。

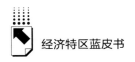
参考文献

杨金（Poumy Sinlatanathamatheva）：《中国老挝两国外国投资法律制度比较研究》，硕士学位论文，广西师范大学，2017。

苏提：《论中国—东盟自由贸易区合作框架下的老中经济关系》，博士学位论文，吉林大学，2009。

艾伦（Vongphachanh Anan）：《老挝万象工贸区（VITA PARK）发展模式研究》，硕士学位论文，苏州大学，2018。

王海波：《老挝促进外国投资政策与法的演进及现状研究》，硕士学位论文，昆明理工大学，2014。

张焕：《老挝筹建第一个经济特区》，《当代世界》2002年第5期。

刘稚、徐秀良：《"一带一路"背景下澜湄合作的定位及发展》，《云南大学学报》（社会科学版）2017年第5期。

Pankeo Vieng-vilay：《老挝经济特区与经济专区投资的机遇与挑战》，《沈阳工业大学学报》（社会科学版）2016年第3期。

徐延春：《谈老挝经济及其发展战略》，《东南亚纵横》2006年第12期。

上海国际问题研究院：《中国与老挝发展合作的评估与展望》，2016。

B.22
后　记

2020 年是深圳等经济特区成立 40 周年。习近平总书记说："深圳是改革开放后党和人民一手缔造的崭新城市，是中国特色社会主义在一张白纸上的精彩演绎。深圳广大干部群众披荆斩棘、埋头苦干，用 40 年时间走过了国外一些国际化大都市上百年走完的历程。这是中国人民创造的世界发展史上的一个奇迹。"① 习近平总书记的讲话，是对深圳经济特区成立 40 年来所取得的巨大成就的肯定，是对深圳在中国改革开放 40 年历史进程中独特地位与功能的一种肯定，是对中央以建立经济特区的方式开启社会转型的中国道路的肯定，更是对深圳经济特区新时代、新使命、新征程的殷切希望。

习近平总书记说："兴办经济特区，是党和国家为推进改革开放和社会主义现代化建设进行的伟大创举。"② 深圳经济特区作为中国最早、最成功的经济特区，作为中国道路的先行者，作为中国"渐进式改革"的实践路径，作为中国改革开放的"政策性增长极"，不仅以过去 40 年的发展奇迹证明了中央创办经济特区战略决策是正确的，而且还将以其在未来深化改革进程中的制度创新，在中国特色社会主义先行示范区中的勇于探索，在授权改革中的大胆实践，继续证明中央创办经济特区战略决策是正确的。

中共中央办公厅、国务院办公厅印发《深圳建设中国特色社会主义先行示范区综合改革试点实施方案（2020—2025 年）》，赋予深圳在重点领域和关键环节改革上更多自主权。同时，中共中央办公厅、国务院办公厅还印

---

① 《习近平：深圳是中国特色社会主义在一张白纸上的精彩演绎》，中华人民共和国中央人民政府网站，2020 年 10 月 14 日，http：//www. gov. cn/xinwen/2020 - 10/14/content_ 5551193. htm。

② 《兴办经济特区是党和国家为推进改革开放和社会主义现代化建设进行的伟大创举》，澎湃新闻网，2021 年 3 月 7 日，https：//www. thepaper. cn/newsDetail_ forward_ 11598254。

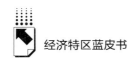
发了《深圳建设中国特色社会主义先行示范区综合改革试点首批授权事项清单》，深圳又一次站上新起点。

综合改革试点实施方案明确指出，支持深圳在更高起点、更高层次、更高目标上推进改革开放。更高起点不仅意味着深圳已经拥有了改革开放40年来丰厚的物质财富和制度资本的积累，还意味着所将要面临的改革任务更加艰巨；更高层次不仅意味着深圳的改革已经触及许多制度创新的领域，还意味着关系市场经济体制进一步完善、关系社会规制进一步健全、关系政府管理体制机制进一步现代化的重点领域与关键节点的改革必将有重大突破；更高目标不仅意味着深圳已经成为一个国际化、现代化的大都市，还意味着在完成社会主义先行示范区使命的同时，深圳要成为一个世界级的标杆城市。所以，今天的深圳，应该站在更高的历史起点上，继续以更深刻的观念革命为原动力，以敢闯的城市品格为驱动力，以勇于创新的城市精神为行动力，以扎扎实实的改革举措，以循序渐进的稳健步伐，创造出落地有声的辉煌业绩。即在逐项完成《深圳建设中国特色社会主义先行示范区综合改革试点首批授权事项清单》六大类40条改革任务中，继续不断为推进中国社会深化改革和现代化建设提供可复制、可借鉴的经验。深圳将以新时代的新使命担当，继续向世人展现中国创办经济特区的世界意义。

改革开放40年后的今天，历史再次选择了深圳，深圳又一次继续站在了中国社会更加深刻的制度变迁的前沿和至高点上。习近平总书记寄语经济特区："新形势需要新担当、呼唤新作为。"① 从40年前的先行先试到今天的先行示范，经济特区作为引领中国社会制度变迁的"政策性增长极"，其"集聚效应"与"扩散效应"不断增强并成为一种制度力量：从"探索性改革"到"目标性改革"，特区的功能更加鲜明强大；从授权改革到"实施方案＋授权清单"改革，先行示范更加富有制度绩效；从"干了再说"的"开拓性改革"，到"重点领域"与"关键环节"的深化改革，特区的使命更加明确、艰巨从而富有挑战性。相信随着综合改革试点目标的阶段性实

① 《新形势需要新担当、呼唤新作为》，《光明日报》2020年10月17日。

现，一个富强开放的中国，将以深圳先行示范的制度绩效向世界展示出中国智慧与力量。习近平总书记的重要讲话，将成为深圳经济特区继续"先行"的思想力量。

《中国经济特区发展报告》（蓝皮书），是教育部人文社科重点研究基地——深圳大学中国经济特区研究中心着力打造的一个学术品牌和标志性科研成果；是教育部重点支持的人文社科重点基地报告；是全国唯一的经济特区蓝皮书；它具有源于区位优势与研究积淀的原创性、前沿性和权威性。自2009 年创办以来，已连续出版发行了 12 集，2016 年起同时由德国斯普林格出版社海外出版发行，至此开始中英双语国内外出版发行。

《中国经济特区发展报告》（蓝皮书）以真实反映中国经济特区发展状况，如实记录中国经济特区发展历程，动态记载中国经济特区先行先试的成长路径，学理性阐述经济特区在推动中国深化改革中的独特地位，及时反映国家整体发展战略和区域发展布局调整的大思路，而受到国内外相关领域的专家学者乃至政府官员的普遍关注，已经产生了独特的学术与对策研究影响，是国内经济特区研究的重要成果。

从结构上来说，《中国经济特区发展报告》（2020～2021）主体部分依旧分为总报告、专题研究报告、特区发展分述报告、特区发展动态考察报告四大部分，共 21 篇。总报告是全书的概论，是站在国家整体发展战略规划的角度对中国经济特区，包括新兴特区，如喀什、霍尔果斯、图们江和新型特区，如自贸区、湾区、粤港澳大湾区一年发展状态的整体评述。从编撰的逻辑来说，本书以新常态和供给侧改革为指导，以深化改革为方向，以新的政策增长极为切入口，以经济特区新时代新使命为出发点，着重从经济特区由先行先试到先行示范新时代新使命的视角出发，反映中国社会由政策开放走向制度开放的进程，展现中国社会由外向型经济向开放型经济转变的路径，凸显"一带一路"倡议大背景下，中国社会以更高水平的开放，促进更加深刻的政治经济体制改革的内在制度变迁逻辑。尤其从理论与实践方面关注，在构建以国内大循环为主体、国内国际双循环相互促进的新发展格局中，在创新型国家建设中，在建立现代工业体系的进程中，以深圳为代表的

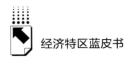

经济特区的功能与使命的发挥及其制度创新探索。我们希望总报告能更充分地体现国家整体战略，并准确反映中国改革开放的大方向，能成为具有一定学术分量和政策意义的，准确记载、预测中国经济特区发展现状与未来趋势的，具有学术与财政参考意义和影响力的年度总报告。当然，由于认知能力和对部分数据资料掌握的客观局限，报告的分析、研究难免有疏漏和不全面的地方。但是，一切不足与遗憾，都是我们未来研究有可能趋向完美的内在动力。

专题研究报告不是泛泛而论的综述，而是问题导向的探索。即分别以特区发展现状、比较分析、政策建议为切入点，分别针对产业绿色转型、碳生产率、公共就业服务体系、科技创新、金融产业发展、特区文化产业等问题进行综述分析，并对每一具体问题提出宏观层面的建议。之前专题研究报告中的《中国经济特区资源效率与可持续发展报告》改为《中国经济特区碳生产率发展报告》，旨在从资源配置的市场化视角来分析、评估碳生产率与经济可持续发展之间的效率关系；今年的专题研究报告中将《中国经济特区养老服务体系发展报告》扩展为《中国经济特区公共就业服务体系发展报告》。这种调整除了考虑到经济特区如何在高质量发展和民生幸福方面成为中国特色社会主义先行示范区，为全国提供可借鉴、可复制的经验外，也与新冠肺炎疫情对社会经济整体影响，以及贸易保护主义抬头的国际政治经济大背景所带来的新问题、新对策、新思考有关。经济特区作为一种高度外向型经济的社会，其经济逆势而上的原因及动因均是值得探讨并给予理论总结的。

专题研究报告所讨论的问题，既是经济特区所面临的问题，也是现阶段中国社会发展所遇到的问题。特区解决上述问题的路径与举措，将对全国产生先行先试的借鉴与推广意义，这也正是中国经济特区的功能与使命所在。我们认为，这部分研究的重要性还在于拓展了对经济特区的研究，不是就特区研究特区，而是以特区为蓝本，走向了对中国改革开放所遇到的理论与现实问题的前沿性或前瞻性研究与思考；从单纯的经济问题研究，走向对经济社会更广泛问题的研究与探索；从对特区问题本身的研究，走向对中国道路的实质与内涵的研究。从而为实现中国梦，为建设美丽中国，为实现"两个一百年"奋斗目标提供理论支撑。

特区发展分述报告是对传统五大经济特区及上海浦东新区和天津滨海新区一年发展状况的历史性记录与梳理，是《中国经济特区发展报告》（蓝皮书）撰写伊始就存在的最基础性的内容。但随着特区自身的发展及功能的变化，我们的研究也在不断增加新的内容以体现时代的声音与脚步。如果说专题研究报告是共性问题的比较，那么分述报告则偏重对不同特区特殊问题的比较研究。由于历史及地域位置的不同，各经济特区、新区、自贸区、经济带在国家整体发展战略部署中所担负的责任与使命有所不同，在产业结构中的定位及在中国经济发展布局中的地位、角色、作用有所不同，所以它们的发展路径选择也有所不同，第三部分的分析正是从这些"不同"展开的。

第四部分的特区发展动态考察报告，是为了及时反映中国区域发展战略调整及介绍、借鉴世界新兴市场经济国家经济特区发展状况的一个比较灵活，并且具有广泛拓展空间的结构安排。喀什、霍尔果斯、图们江特区的建立，意味着中国社会已经开始了由沿海开放向沿边开放的战略转移。可以说，从沿海开放到沿边开放是在中国大地上确立、完善市场经济体系的大思路，是中国社会实现协调发展的大举措，是对全方位开放路径的积极探索，是科学发展的伟大实践，是全面实现现代化的整体部署。它不仅以战略的眼光规划着中国社会全面发展的宏伟蓝图，同时也将促进产业结构区域间的合理布局，不同区域间由要素禀赋等构成的比较优势的形成与有效发挥；增强中国经济增长的对外辐射力，从而开拓更加广阔的国际市场；减弱世界经济危机对以外向型经济为主的经济增长模式的正面冲击，建立具有日益扩大空间的稳定而又可持续的内生经济；形成全国范围内的逐渐趋于平衡发展的共同繁荣的以区域间协调互补为特征的经济共同体。所以它对中国未来的发展将产生深刻而持久的影响，它的战略意义是深远而巨大的。

与喀什、霍尔果斯、图们江特区不同，上海自贸区和深圳前海深港现代服务业合作区，不仅是区域发展战略部署的结果，更是中国社会全面深化改革，由外向型经济走向开放型经济，实践"一带一路"倡议的战略性试验

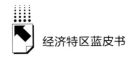

区。如果说 40 年前，以深圳为代表的典型经济特区的成立是为了完成计划经济向市场经济的转型，那么今天的新型经济特区，如深圳前海、广东南沙、珠海横琴，乃至粤港澳大湾区作为经济特区新时代、新使命的一种拓展形式，其使命则是以更大区域的示范效应和更强劲的政策增长极效应，引领中国社会的深化改革，为创新型国家建设，为拓展中国改革开放新格局，为有效实施"一带一路"倡议探索道路、提供可复制的经验，从而降低深化改革的试错成本。

记录、反映、研究国外新兴经济体的经济特区发展路径、成长模式、政府行为等问题，在比较中寻找共性规律，探索共同面临的问题及解决方案，寻求共同发展繁荣的途径和方式，是《中国经济特区发展报告》（蓝皮书）的时代使命。新兴市场经济国家几乎无一例外地面临某些共性的问题：既依赖国际分工，又受制于国际分工；在经历经济高速增长的同时，面临资源过度消耗及污染和环境保护等问题；遭遇未富先老的社会尴尬和矛盾等。尽管对于经济可持续发展和社会文明、进步而言并没有一条放之四海而皆准的道路，但国与国之间的相互借鉴、学习以及对共同面对的发展问题的不同国别的解决方案的提出，无疑是一种合作的力量。同时我们认为，在拓展改革开放新局面的今天，中国经济特区的成功经验还将具有为新兴市场经济国家就发展中的问题提供中国解决方案的使命。这将在丰富发展经济学的同时，为转型理论提供具有借鉴意义的中国案例。

从 2012 年开始，《中国经济特区发展报告》（蓝皮书）就增加了介绍世界经济特区的内容。2012 年是整体概要介绍了以美国、日本、爱尔兰为代表的发达市场经济国家的特区，以印度、菲律宾、巴西为代表的新兴市场经济国家的特区。自 2013 年起，有关国外经济特区部分我们开始采取单一国家或特定区域专题研究的方式。2013 年度是巴基斯坦经济特区发展报告，2014 年度是非洲经济特区发展报告，2015 年度是朝鲜经济特区发展报告；2016 年度是拉丁美洲经济特区发展报告，2017 年度蓝皮书撰写的是欧洲经济特区发展报告，2018 年度蓝皮书撰写的是印度经济特区发展报告，2019 年度蓝皮书撰写的是古巴经济特区发展报告。本年度海外经济特区发展报告我们选择了"一带一路"东南亚区域内的老挝，老挝塞色塔特区是中老合作的产物，它在相当程度上体现并反映了中国道路走出去，及以中国经济特区成功经验为新兴市场经济国家提供中国解决方案的实践路径。

在编写《中国经济特区发展报告》（蓝皮书）的过程中，我们一直面临现实的挑战与拷问。因为从概念上讲，特区本来就是"实行特殊优惠政策的地区"的简称，一旦这种政策消失了，特区在概念上自然就没有存在的必要了。但改革开放40年成功经验证明，以创办经济特区的方式开启中国改革开放的实践是正确的。经济特区不仅已经很好地，或者说圆满地完成了她始建之初的特殊的政治历史使命，即"对外开放的窗口""社会主义市场经济的试验田""改革开放的排头兵"，而且以其不断先行先试的实践推动引领着中国社会的深化改革。如果说探寻一条适合中国国情的实现现代化的道路，是改革开放40年来中国共产党矢志不渝的历史担当与使命，那么创建经济特区可以说是中国共产党为实践这一伟大探寻的伟大创造。我认为，从中国社会制度变迁的历史进程和中国道路形成的角度来看，给予经济特区多么高的评价都不为过。因为对于今天的中国而言，经济特区已经不是一个单纯的特殊政策的产物，更不是一项权宜之计，而是中国社会制度变迁和中国道路的逻辑起点，它本身就构成了中国道路的重要内涵。甚至可以说，没有经济特区的创建，就没有中国改革开放的实践；没有经济特区的"先行先试"，就没有中国社会制度变迁的路径选择；没有经济特区实践，就无所谓中国道路的探索；没有经济特区的示范与引领，就没有全面建成小康社会的发展积累；没有经济特区的拓展与创新，就没有实现中国梦的坚实的制度与物质力量。所以，从中国社会改革开放之初的政治背景来看，经济特区无疑是中国社会实现由传统计划经济向社会主义市场经济转变，从而全方位启动社会转型的必由之路；从现代化道路的探索来看，经济特区无疑是彻底摆脱理想与现实的冲突，从而迈上旨在实现共同富裕的中国特色社会主义道路的必由之路；从中国制度变迁的道路选择来看，经济特区无疑是在传统意识形态曾占据主导地位的国家里，打破传统体制的僵化和意识形态的教条，从而自上而下地完成社会转型与制度变迁的必由之路；从发展的战略来看，经

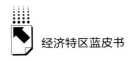

济特区无疑是在一个极左思想曾牢牢占据支配地位的国度里，真正摒弃"人定胜天"的盲目和"宁要社会主义的草"的荒谬，从而以非均衡发展的方式与"渐进式改革"的实践走上科学发展的必由之路。所以，习近平总书记说："深圳等经济特区的成功实践充分证明，党中央关于兴办经济特区的战略决策是完全正确的。经济特区不仅要继续办下去，而且要办得更好、办得水平更高。"①

有学者认为，中国经济特区被历史地赋予了双重使命：从"改革"的意义上讲，是要加快完成市场经济的转型，继续当好改革开放的先锋队、排头兵；从"发展"的意义上讲，是要加快实现发展方式的转变，早日建成现代化国际性大城市，构筑中国区域经济的新版图。

我认为，从根本上说无论对中国社会，还是一直走在改革开放前沿的特区而言，改革的任务并没有完成，改革的时代也并没有结束。所以，无论如何我们都不能得出这样的结论：中国社会已从"改革的时代"进入了"发展的时代"，更不能以发展替代改革。从根本上说，只有深化改革、扩大开放，确实建立起社会主义市场经济体制，才能实现发展方式的彻底转变，才能使中国社会真正走上科学发展道路，才能实现震撼人心的中国梦。因为无论从逻辑还是现实上说，"改革"与"发展"之间的关系绝不是此先彼后的关系，而是深刻的因果关系。它们不是处于两个不同时代的承上启下的两项任务，而是同一时代同一过程中的共同主题。

经济特区作为特殊政策的产物，已经完美完成了她的特殊历史使命，但特区作为中国道路的一种选择，或者说作为中国实现现代化的一条捷径，她的存在是有必然性与必要性的，她的使命与功能是与时俱进并逐步拓展的，或许特区作为一种路径选择将伴随"中国梦"实现的全过程。我认为，以先行先试的方式推动中国社会改革，依然是一条行之有效的中国道路。所以，在深化改革的进程中，在创新型国家建设中，在拓展中国对外开放新格

① 《习近平：经济特区不仅要继续办下去，而且要办得更好、办得水平更高》，中华人民共和国中央人民政府网站，2020 年 10 月 14 日，http：//www. gov. cn/xinwen/2020 – 10/14/content_ 5551196. htm。

局中，在粤港澳大湾区建设中，在"一带一路"倡议实施中，经济特区将继续以先行先试的示范担负起为世界创造中国机会，为中国创造世界机会的新时代中的新使命。

《中国经济特区发展报告》（2020～2021）的顺利完成，首先要感谢学术团队的全体同仁。这是一支专业知识扎实，学术功底深厚，对经济特区问题有比较深入的思考与研究的学术团队。这个团队是财政部支持的理论经济学创新团队，是广东省理论经济学攀峰学科团队，是广东省高水平大学建设重点学科团队，目前正在承担国家社科基金重大项目——"中国经济特区发展史（1978～2018）"。如果说共同的学术兴趣是蓝皮书团队的凝聚力之所在，那么团结、友善、合作，充满活力与朝气则是这个团队的战斗力之所在。本书出版不仅仅是一个学术项目的完成，更是学术团队共同的思想收获。对学术的敬畏和对专业的热爱是这支学术团队已经拥有，并期待永远拥有的美好品格。

作为学术团队的重要成员和负责人之一，教育部人文社科重点基地——深圳大学中国经济特区研究中心副主任袁易明教授，为本书的完成付出了更多的精力和努力。本书执行副主编之一周轶昆博士不仅一直承担文稿的具体收集、整理等相关事务工作，而且还承担了《厦门经济特区年度发展报告》的撰写任务。今年蓝皮书中《中国经济特区创新发展报告》由获得上海财经大学和克莱姆森大学双博士学位的黄义衡助理教授主持撰写。马丽梅博士加盟了皮书团队。在此还要感谢教育部人文社科重点基地——南昌大学中国中部经济社会发展研究中心副研究员罗海平博士的团队对本书撰写的长期支持。

不仅深圳大学理论经济学团队的老师参与了本书的撰写，而且其他专业的研究人员也参与了本书的编写工作，如深圳大学文化产业研究院钟雅琴博士。这也意味着蓝皮书对中国经济特区研究领域和问题的拓展。另外，深圳大学中国经济特区研究中心的博士研究生和硕士研究生参与了本书的资料收集和数据采集工作。

经济特区蓝皮书编委会是由学者和来自中国经济特区的实际工作者和地

方官员组成的。本书从前期调研、资料收集到制定撰写框架和初稿论证都得到了编委会全体成员的积极参与和大力支持。来自各大经济特区的编委们以丰富的实践经验和财政思考，为本书的完善提出了许多有针对性、有价值的意见与建议，他们是蓝皮书撰写过程中冷静而客观的头脑。在这里尤其要说明的是，经济特区蓝皮书受到了来自越南、南非、巴基斯坦、印度、柬埔寨、俄罗斯、哈萨克斯坦等新兴经济体的学者与官员的高度关注，逐步加入新兴经济体经济特区、自贸区的有关内容，将是经济特区蓝皮书未来的一个研究方向。这是国别比较、借鉴的过程，也是宣传、介绍中国道路的过程。

在这里还要特别感谢社会科学文献出版社王利民社长对《中国经济特区发展报告》（蓝皮书）出版给予的皮书领域的战略性指导与全方位支持；感谢皮书编辑王玉山先生、文稿编辑李璐女士，他们踏实的工作作风和令人敬佩的专业精神为蓝皮书的顺利完成提供了不可或缺的指导与帮助；感谢社会科学文献出版社首席编审周丽女士，她是我们的老朋友，也是《中国经济特区发展报告》（蓝皮书）12 年成长历程的见证者与强有力的支持者。

作为"深圳学派"具有标志性意义和海内外学术影响力的代表著作，《中国经济特区发展报告》（2020～2021）在介绍以深圳为代表的中国经济特区成功经验方面，在传播、宣传中国道路方面发挥着独特的作用。她可谓是深圳学派"走出去"的精彩体现。在这里还要感谢深圳市委市政府、感谢市委宣传部、感谢深圳市社会科学院给予的大力支持、指导与资助，尤其感谢深圳市社会科学院党组书记、院长，深圳市社科联主席吴定海同志所给予的指导、支持与帮助。可以说深圳市相关部门这一颇具智慧与远见卓识的决定与举措，将为中国特区发展史、中国改革开放史乃至中国现代史留下一笔厚重的思想财富。它的意义和价值随着时间的延续将越来越显现出来。可以肯定地说，政府的远见卓识是学术自由发展与繁荣的保证。

希望经济蓝皮书在以飨读者的同时，能得到同行和读者的批评与指教。

陶一桃

2020 年 12 月于桑泰丹华府

Abstract

Blue Book of Special Economic Zones: *Annual Report on the Development of China's Special Economic Zones* is the high-end academic brand established in 2009 and has become one of the iconic academic achievements developed by the key research base of Humanities & Social Sciences of Ministry of Education—China's Special Economic Zone Research Center, Shenzhen University. It's a report of the Ministry of Education of China, has been listed in China Blue Book Scheme, and is the only blue book about special economic zones nationwide. It, by means of trend research, reflects the progresses regarding politics, economy, society, culture, system, environment, innovation and reform as well as the problems, challenges and countermeasures thereof in the traditional special economic zones like Shenzhen and the new special economic zones like Kashgar, Khorgos and Tumen River area, and hence it's authoritative, cutting-edge and original. It has generated iconic influences at home and abroad, is the important achievement on special economic zones researches, the important historical resource for researches on China's special economic zones and is the academic brand created by Shenzhen with international influences.

Annual Report on the Development of China's Special Economic Zones (2020 – 2021) consists of four parts detailed as general report, reports on specific researches, reports on the development situations of the special economic zones and investigation reports on the development trends of the special economic zones. Among them, the general report is the basic outline of the whole book and is the overall review on the development of China's special economic zones in the whole last year, including the reform experimental areas and part of new special economic zones, from the perspectives of the national development strategic

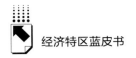

planning. The specific reports review and analyze the problems encountered by the special economic zones regarding the green transformation, the carbon productivity and the sustainable development, the public employment service system, the social security, the scientific and technological innovation, financial institutional reform, the cultural industries through the problem-oriented exploration and by taking the development status of the special economic zones, comparative analysis and policy suggestions as the breakthrough points, and make development suggestions regarding every specific problem accordingly. The reports on the special economic zones record and comb the development over the past year of the 5 traditional special economic zones, Pudong New Area in Shanghai and Tianjin Binhai New Area, compare the special problems of different special economic zones, and focus on the case analysis of different special economic zones. This part mainly includes the reports on such 5 traditional special economic zones as Shenzhen special economic zone, Zhuhai special economic zone, Shantou special economic zone, Xiamen special economic zone and Hainan special economic zone and new special economic zones such as Pudong New Area in Shanghai and Tianjin Binhai New Area.

The part of investigation reports is a flexible structural arrangement with wide and extendable space to timely reflect the adjustments of China's regional development strategies and to introduce and learn from the development of the foreign especially the emerging market economy states' special economic zones. The researches in this part are also emerging with new content, and the report on the development of Laos special economic zone is added this time.

Keywords: Special Economic Zone; Reform Pilot Zone; Early and Pilot Implementation

Contents

I General Report

Abstract: Based on the comprehensive combing of the latest development of the special economic zones and the analysis of the latest statistical data, this report aims to present the development condition, challenges and opportunities of Chinese special economic zones concerning such aspects as economy, industries, culture, structural reform and ecological resources together with development path and problems deserving attention. Thus, shed light on the future directions for Chinese society and economy.

Keywords: Special Economic Zone; Stage Transformation; New Era

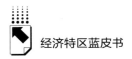

II Reports on Specific Researches

B.2 Report on the Development of Green Transformation
of the Industries in China's Special Economic Zones

Yuan Yiming, Xie Hai and Chen Mengdie / 018

Abstract: Government regulations with constantly improving standards directly promote the industrial green transformation, behind which the green technological innovation is the driving force. This report analyzes and summarizes the industrial green transformation and the development of green industries of the five special economic zones in 2019. From the perspective of the development trend of green transformation, green supply chain management is expected to become an important mechanism for industrial green transformation and an important strategy to deal with the "product environmental footprint" —oriented green trade barriers. This report evaluates the industrial green transformation capabilities of the five special economic zones by using the industrial green transformation indicator system. As seen from the results, Shenzhen special economic zone has played a leading, pioneering and exemplary role in the industrial green transformation, however, it still needs to strengthen guidance in green finance and increase the green public investment.

Keywords: Industrial Green Transformation; Product Environmental Footprint; Green Supply Chain

B.3 Report on the Carbon Productivity of China's Special
Economic Zones

Zhong Ruoyu, Ren Xuedi, Li Mengnan and Wang Haifeng / 043

Abstract: Under the analysis framework of total factor productivity, with DMI used to characterize the material resource inputs, and having the nonexpected outputs considered, a non-radial, non-angle Slack-based Measure (SBM) model is used to measure the carbon productivities of the five special economic zones, which are further decomposed into pure technical efficiency, scale efficiency and technological progress. As seen from the research, the comprehensive efficiencies of carbon productivities of Shenzhen, Xiamen and Zhuhai stayed at the forefront of efficiency during the investigation, indicating that these three special economic zones had higher economic outputs and lower carbon dioxide emissions under the same energy, labor and capital inputs; while the relatively low carbon productivities of Hainan and Shantou special economic zones were closely related to their economic development and technological levels and resource endowment in recent years, which meant that some of the high-energy, high-emission and extensive industrial development methods shall be transformed as soon as possible.

Keywords: Special Economic Zone; DMI Indicator; Carbon Productivity; SBM Model

B.4　Report on the Development Of Innovation in China's Special Economic Zones　　*Huang Yiheng*, *Lai Ting* / 057

Abstract: The traditional five special economic zones still made remarkable achievements in innovation and development in 2019 despite adverse conditions such as the intensified Sino-US trade conflicts and the decline in macroeconomic growth. Notwithstanding, constrained by the negative impacts of the external environment, the special economic zones showed slow growth and even decline in terms of some innovation and development indicators. As seen from the analysis of this report, the differences in the innovation and development of the special economic zones were closely related to the economic scale and government fiscal status; the impact of import and export was more related to the industrial development scale and level, and was less subject to the foreign trade dependence. Moreover, the negative impact of high housing prices on innovation and development cannot be underestimated. So, we think that the special economic

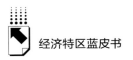
zones should design the strategy of innovation and development based on their comparative advantages when further promoting innovation development. In dealing with external risks, the special economic zones should take expanding and strengthening competitive industries as the fundamental starting points. In addition, more effective measures should be taken to control the rise of housing prices in order to maintain the attractiveness of the city.

Keywords: Agglomeration Effect; Macro Shock; Differentiation; Industrial Development

B.5　Report on the Development Of Social Security in China's Special Economic Zones　　　　　*Gao Xingmin*, *Qiu Feng* / 076

Abstract: This report investigates, sorts out and summarizes the basic situations of the social security development in such five special economic zones as Shenzhen, Zhuhai, Xiamen, Shantou and Hainan in terms of social insurance, social welfare and social assistance. This report puts forward corresponding policy measures regarding the social security system, social fund management, informatization construction and application, and social assistance management, based on the current achievements made by the special economic zones and by combining with the current deficiencies and challenges faced by the special economic zones in terms of social security development. As proposed in this report, the dual roles of the special economic zones as "experimental field" for deepening the reform and "window" for opening up to the outside world shall be exerted, so as to ensure the social security of the special economic zones, in the tide of the reform and opening up and economic development in the new era, play the important role of improving the livelihood and promoting the deepening reform, meeting the people's yearnings and needs for a better life, and laying a solid foundation for promoting balanced and healthy economic and social development.

Keywords: Special Economic Zone; Social Security; Social Insurance; Social Assistance

Contents

B.6   Report on the Development Of Public Employment

Service System in China's Special Economic Zones

Shu Yue, *Zhang Chaofan and Zhang Keting* / 108

Abstract: The construction of public employment service system is an important means to achieve the goal of high-quality employment and full employment. Building an all-round public employment service system is a prerequisite for the humane resource development and the improvement of the quality of the labor force, and also an important guarantee for the full employment. This report first demonstrates the importance and urgency of building a public employment service system in an all-round way, and then introduces and analyzes the main practices adopted by such five special economic zones as Shenzhen, Zhuhai, Shantou, Xiamen, and Hainan in the construction of the public employment service system in recent years. Based on this, this report summarizes the experience of the special economic zones in terms of improving the design of public employment service system and mechanism, improving the quality of the labor force, resolving the contradiction in the employment structure, and promoting the equalization of basic employment services, and finally discusses the development prospect of the future public employment service system in the special economic zones, puts forward policy recommendations such as further improving the informatization of employment services and improving the supervision mechanism.

Keywords: Special Economic Zone; Public Employment; Construction of Service System

B.7   Report on the Development of Financial Industry of

China's Special Economic Zones   *Guo Maojia* / 122

Abstract: In 2019, under the guidance of the overall development strategy

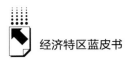
of "maintaining stability", although the sub-sectors within the finance industry in the special economic zones showed inconsistent development paces, the finance industry demonstrated the overall development trends that the scales continued to expand, the quality was increasingly improved, the transformation was progressing in an orderly manner, the reform and opening up measures were steadily carried out and the hidden risks were continuously eliminated. In 2020, the finance industry of the special economic zones, even with some new opportunities brought up by the favorable factors such as science and technology, transformation, opening up and upgrading, face some predictable new challenges with the sudden outbreak of COVID − 19, namely, the countercurrent of global trade protectionism will become more turbulent; the survival and financing difficulties faced by enterprises, especially small and medium-sized enterprises will be more prominent; the real economic growth will have the risk of a cliff-like decline. In 2020, to cope with such sudden new changes, it's suggested that the three development strategies of "protecting the foundation", "stabilizing the position" and "seeking development" that are interconnected and mutually reinforced shall be adopted for the development of the finance industry in the special economic zones.

Keywords: Financial Industry; Industry Concerns; Anti-driving Mechanism

B.8　Report on the Development of Cultural Industry of China's Special Economic Zones

Zhong Yaqin, Chen Lihua and Liao Chunlin / 149

Abstract: In 2019, China made key deployments in the areas such as the integration of culture, science and technology, the integration of culture and tourism, the cultural consumption, and cultural heritage protection, with this, the cultural industry as a whole showed a steady growth trend. In this context, the special economic zones put respective focuses on the construction of cultural industry and demonstrated the booming development in different fields. The special economic zones, with pace kept up with the times, made use of new technologies to empower the cultural industry, promoted the integration of culture and tourism for sustainable development, and actively promoted the protection of cultural heritages. As China's cultural system reform enters the deep-water zone, the cultural industry has ushered in new development opportunities and new challenges. In this context, the special economic zones should fully release the potentials of science and technology, promote the high-quality development of the tourism industry, build a digital cultural and creative ecology, and accelerate the development of the night economy, so as to help the regional cultural industry to make new progress.

Keywords: Special Economic Zone; Integration of Culture and Tourism; Protection of Cultural Heritages

Ⅲ Reports on the Special Economic Zones

B.9 Development Report on Shenzhen Special Economic Zone

Wu Fenglan, Yang Mei / 163

Abstract: The year 2019 marked the beginning of the construction of Shenzhen Pilot Demonstration Zone. Following the official publication of the Outline of the Development Plan for the Guangdong-Hong Kong-Macao Greater Bay Area, the CPC Central Committee and the State Council issued the Opinions on Supporting Shenzhen in Building a Pilot Demonstration Zone of Socialism with Chinese Characteristics, opening a new chapter in Shenzhen's development. Facing the complicated situations where risks and challenges at home and abroad were obviously rising, Shenzhen maintained stable and healthy economic development, continuously optimized its economic structure, improved its quality and efficiency, further strengthened its core engine functions, and raised the level of urban development. In this way, Shenzhen took new steps toward high-quality development.

Keywords: High-quality Development; Pilot Demonstration Zone;

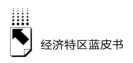
经济特区蓝皮书

Construction of Pilot Demonstration Zone and Special Economic Zone; System Innovation

B.10　Development Report on Zhuhai Special Economic Zone

Chen Hongquan / 177

Abstract: In 2019, constrained by the various factors at home and abroad, Zhuhai special economic zone slowed its economic growth in terms of industrial economy, fixed asset investment and foreign trade economy, and its overall economy also slowed down in the course of transformation and optimization. Notwithstanding, Zhuhai's tertiary industry which mainly relied on the internal circulation developed rapidly. With the continuous decline of foreign trade dependence, Zhuhai special economic zone initially formed a new development pattern of internal and external circulations mutually promoted. In the face of the new international and domestic situations, this report recommends that Zhuhai special economic zone should strengthen its confidence in development, further create a new development pattern of internal and external circulations, and use the Hong Kong-Zhuhai-Macao Bridge as an opportunity to expand Zhuhai's economic radiation in the Guangdong-Hong Kong-Macao Bay Area. At the same time, it also should adhere to financial supply-side reforms and increase bank credits to support Zhuhai's real economy.

Keywords: Zhuhai Special Economic Zone; Internal Circulation; Hong Kong-Zhuhai-Macao Bridge; Financial Supply Side

B.11　Development Report on Shantou Special Economic Zone

Ma Limei, Meng Fei / 193

Abstract: In 2019, the development of Shantou special economic zone could be summarized as follows: the economic development made improvements in stability, the industrial structure was gradually improved, the fixed asset investments continued to rise, the volumes of goods import and export grew against the trend, significant progress was made in the innovation and environmental governance. This report evaluates the social and economic development of Shantou special economic zone by using Clausen relative indicator approach, location quotient index, Jenks natural breaks classification method and data envelopment analysis. As found in the results, Shantou's urban economic type belonged to a "developing region" with good prospect of economic development; the secondary industry was highly specialized and a relatively advantageous industry, its innovation efficiency ranked 15th among the cities of Guangdong province, the input-output results were not ideal but with lots of space for optimization.

Keywords: Shantou Special Economic Zone; Industrial Structure; Innovation Efficiency

B.12   Development Report on Xiamen Special Economic Zone

Zhou Yikun, Tang Hui and Zhang Peixi / 211

Abstract: In 2019, Xiamen actively responded to the downward pressure on the economy and the adverse effects of Sino-US trade frictions, therefore, its overall economic performance showed a steady and upward trend, the GDP growth rate ranked the first among sub-provincial cities, the real economy was continuously strengthened. In addition, its reforms in key areas were continuously deepened, the pace of opening up was accelerated, the cross-island development was steadily advancing, it achieved tangible results for the green development, the quality of the urban functions was improved, the development of social undertakings was accelerated, and the people's well-being continued to improve. At the same time, there were still some difficulties and problems in development. The economic situations at home and abroad become more unstable and uncertain, and the downward pressure on the economy was high, in this context, some

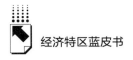

enterprises faced difficulties in production and operation, the leading enterprises had insufficient momentum of development, the system and mechanism for integrated urban-rural development still need to be improved, and there were still some weak links in the field of social and people's livelihood.

Keywords: Innovation-driven; New Development Pattern of Dual Circulations; Opening up and Development; Xiamen

B.13 Development Report on Hainan Special Economic Zone

Liu Weili, *Fang Xiaomeng* / 228

Abstract: In 2019, the overall operation of Hainan's economy showed a trend of "progressing in stability", the proportion of its tertiary industry in GDP was approaching the standard of developed countries, and its level of opening up and innovation was further improved. In addition, Hainan made every effort to simplify and streamline the government services, and made policies in line with international standards, thus giving full play to its core advantages of institutional innovation. Meanwhile, Hainan special economic zone mainly encountered major adjustments of global economic development pattern and constraints of population, resources and environment. In terms of the high-standard and high-quality economic development level, Hainan showed the characteristics of regional heterogeneity, that's, "higher development in its eastern region, followed by the entire province, and lower development in the central and western regions". Based on this, the report puts forward some specific suggestions on how to promote the development of Hainan special economic zone in terms of building guarantee, improving quality, increasing vitality and promoting efficiency.

Keywords: Reform and Innovation; High-standard and High-quality Development; Regional Heterogeneity; Hainan

Contents

Abstract：Year 2019 marked the 40th anniversary of China's reform and opening up，the 29th anniversary of the opening up of Pudong New Area，and the 6th anniversary of the establishment of Shanghai Pilot Free Trade Zone. It was also an important year for Pudong New Area to sprint for the completion of the 13th Five-Year Plan. Over the past 29 years，Pudong New Area，which was born and flourished because of reform and opening up，has achieved extraordinary economic and social development through its high-quality development and high-level development，and has become an important engine for the economic development of Shanghai and even the whole country. By sorting out the development history of Pudong New Area and analyzing the development situations in 2019，it is found that the economy of Pudong New Area was stable on the whole，progressing in stability，made breakthroughs in some emerging fields，achieved annual targets on the whole，and maintained a relatively healthy development trend. However，the problems of economic transformation and insufficient momentum for economic growth still existed. This report，based on the data analysis results，puts forward targeted policy suggestions.

Keywords：High-level Opening Up；High-quality Development；Ultra-convention Development；Pudong New Area

Abstract：Year 2019 marked the 70th anniversary of the founding of the People's Republic of China，and it was also a crucial year for Tianjin Binhai New Area to promote high-quality development. General Secretary Xi Jinping visited Binhai New Area at the beginning of the New Year of 2019，further stimulating the

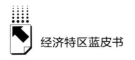

经济特区蓝皮书

enthusiasm of all the people there for entrepreneurship. The State Council issued the Opinions on Supporting the High-quality Development of Tianjin Binhai New Area, which endowed Binhai New Area with new positioning and new missions in the new era. Tianjin Municipal Party Committee and Tianjin Municipal Government supported the Binhai New Area with the strength of the entire city to take the lead in making breakthroughs in high-quality development. Thanks to a series of favorable policies, Binhai New Area continued to expand and strengthen the real economy in 2019, strived for development quality, optimized the industrial structure, and achieved positive results in these aspects. In addition, it also made positive progress in the construction of free trade zone, optimization of functional zones, and the development of high-end manufacturing and service industries. This report makes policy recommendations on modern service industry, strategic emerging industries, reform of mixed ownership, the free trade zone and serving the national strategies.

Keywords: Tianjin; Binhai New Area; Beijing-Tianjin-Hebei; Coordinated Development

Ⅳ Investigation Reports on the Development Trends of the Special Economic Zones

B.16 Development Report on Qianhai Shenzhen-Hong Kong Modern Service Industry Cooperation Zone *Yong Wei* / 282

Abstract: This report, by centering on institutional innovation, modern service industry agglomeration and Shenzhen-Hong Kong cooperation, summarizes the new progress made by Qianhai Shenzhen-Hong Kong Modern Service Industry Cooperation Zone in the past year. When facing such complicated and fierce situations as the outbreak of COVID-19 occurred, the globalization of the world economy was influenced by counter-globalization thoughts, and the optimization and upgrading of the domestic industrial structures was in a critical stage, Qianhai Shenzhen-Hong Kong Modern Service Industry Cooperation Zone focused on two key issues: one is to create new advantages in international competition through high-level opening up, and the other is to promote the increase in global value chain of Chinese industries by means of the agglomeration and development of modern service industry. As a pioneering demonstration of China's reform and opening up, Qianhai Shenzhen-Hong Kong Modern Service Industry Cooperation Zone should continue to grasp the "Hong Kong elements", promote the dual circulations at home and abroad, deepen the reform of "deregulation, regulation and service", and give full play to the positive role of the government in the agglomeration and development of modern service.

Keywords: Institutional Innovation; Agglomeration of Modern Service Industry; Shenzhen-Hongkong cooperation

Abstract: The pilot free trade zones have made outstanding achievements in building international business environment that's legalized, internationalized and convenient. Six batches of pilot reform experience have been replicated and promoted nationwide, creating significant institutional spillover effects. Under the complex and volatile international situations, what are crucial for the pilot free trade zones are to maintain the institutional bottom line in the course of opening up and to promote institutional innovation in a coordinated way under the various levels of opening. As the institutional "experimental field" of high-level opening, the pilot free trade zones should actively lead the innovation of trade rules, expand the scope of RMB settlement, and promote the internationalization of RMB.

Keywords: Pilot Free Trade Zone; High-level Opening Up; Trade Conflict

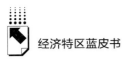

经济特区蓝皮书

B.18　Report on the Economic and Social Development of

China's Tumen River Area　*Shen Wangen, Zhao Baoxing* / 314

Abstract: The world is undergoing profound changes unseen in a century, and the sudden outbreak of COVID-19 has had a profound impact on China and even the world, undoubtedly, it's hard for the Tumen River region of China to escape. In 2019, the Tumen River region of China (In this report, the Tumen River region of China refers to Yanbian Korean Autonomous Prefecture of Jilin Province, including such 8 cities and counties as Yanji City, Tumen City, Hunchun City, Longjing City, Helong City, Dunhua City, Antu County and Wangqing County) made steady progress in the economic and social development, but still faced some development difficulties. China's Tumen River region should respond to the situations, take advantage of the trend and actively tap their potentials, so as to promote the high-quality development there.

Keywords: The Tumen River Region of China; Economic and Social Development; Path for Problem Solution

B.19　Report on the Economic Growth and Human Resource

Development of Shenzhen Bay Area　*Li Fan, Lai Weiqing* / 327

Abstract: This report takes the correlation between human resources and the economy of the Bay Area as the breakthrough point. It first analyzes the development history and current situation of human resources in Shenzhen, and then proposes the practice paths for promoting sustainable development of the human resources in Shenzhen by considering the development trend of the Guangdong-Hong Kong-Macao Greater Bay Area. As a central city of the Guangdong-Hong Kong-Macao Greater Bay Area, Shenzhen will actively leverage its talent advantages to realize the coordinated economic development of the Greater Bay Area.

B. 20   Development Report on the Emerging Special Economic

Zones in Xinjiang   *Wang Baowei，Chen Shimin and Li Yuke* / 341

Abstract：In 2019，the Kashgar Special Economic Zone and the Khorgos Economic Development Zone adhered to the CPC's strategy for governing Xinjiang in the new era，made every effort to achieve "six stabilizations" and implement the plans of "1 +3 +3 + reform and opening up"，and on the whole achieved the goals of stable economic operation and steady improvement of development quality. In 2019，a crucial year for poverty alleviation，the two zones achieved phased success in their battle against poverty，and targeted poverty alleviation yielded initial results. A large amount of funds and resources flowed into the two economic development zones，bringing the regional economic development to a new level. However，the two economic development zones still had some problems，such as slow·upgrading of industrial structure，large gap between urban and rural areas，and urgent need to give play to regional advantages. This report addresses the related issues and makes policy suggestions. As suggested，Kashgar Special Economic Zone and Khorgos Economic Development Zone should continue to adhere to the new concept of development，adhere to supply-side structural reform as the main line，fight a tough battle against poverty，promote steady improvement of development quality，and promote high-quality regional economic development.

Keywords：Kashgar；Khorgos；Special Economic Zone

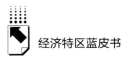

B. 21   Report on the Construction and Development of the

Special Economic Zones in Laos   *Luo Haiping* , *Pan Liuxin* / 363

Abstract: As one of the five major socialist countries, Laos is the only landlocked country in Indo-China Peninsula and even in Southeast Asia. It is also a friendly neighbor linked by mountains and rivers with China. The closed location conditions and the development mode of resource-intensive industries make the establishment of special economic zones an inevitable choice for Laos to attract foreign investments. Laos' special economic zones started late but developed rapidly. Relying on diversified investment entities, multi-dimensional policy supports and convenient investment services, they have become an important window for Laos to open up to the outside world. However, the development of Laos special economic zones is unsatisfactory, with a series of problems such as chaotic management, slow development, serious homogenization and weak momentum for follow-up development. In the future, the development of Laos' special economic zones should be based on the reality, constantly improve regional supporting infrastructure, and form an effective development and management mode, so as to stimulate the endogenous momentum for special economic zones.

Keywords: Laos; Special Economic Zone; Economic Zone

B. 22   Afterword   / 383

中国皮书网

（网址：www.pishu.cn）

发布皮书研创资讯，传播皮书精彩内容
引领皮书出版潮流，打造皮书服务平台

栏目设置

◆关于皮书

何谓皮书、皮书分类、皮书大事记、
皮书荣誉、皮书出版第一人、皮书编辑部

◆最新资讯

通知公告、新闻动态、媒体聚焦、
网站专题、视频直播、下载专区

◆皮书研创

皮书规范、皮书选题、皮书出版、
皮书研究、研创团队

◆皮书评奖评价

指标体系、皮书评价、皮书评奖

◆皮书研究院理事会

理事会章程、理事单位、个人理事、高级
研究员、理事会秘书处、入会指南

◆互动专区

皮书说、社科数托邦、皮书微博、留言板

所获荣誉

◆2008 年、2011 年、2014 年，中国皮书
网均在全国新闻出版业网站荣誉评选中
获得"最具商业价值网站"称号；

◆2012 年，获得"出版业网站百强"称号。

网库合一

2014年，中国皮书网与皮书数据库端口
合一，实现资源共享。

中国皮书网

权威报告・一手数据・特色资源

皮书数据库
ANNUAL REPORT(YEARBOOK)
DATABASE

分析解读当下中国发展变迁的高端智库平台

所获荣誉

- 2019年，入围国家新闻出版署数字出版精品遴选推荐计划项目
- 2016年，入选"'十三五'国家重点电子出版物出版规划骨干工程"
- 2015年，荣获"搜索中国正能量 点赞2015""创新中国科技创新奖"
- 2013年，荣获"中国出版政府奖・网络出版物奖"提名奖
- 连续多年荣获中国数字出版博览会"数字出版・优秀品牌"奖

成为会员

通过网址www.pishu.com.cn访问皮书数据库网站或下载皮书数据库APP，进行手机号码验证或邮箱验证即可成为皮书数据库会员。

会员福利

- 已注册用户购书后可免费获赠100元皮书数据库充值卡。刮开充值卡涂层获取充值密码，登录并进入"会员中心"—"在线充值"—"充值卡充值"，充值成功即可购买和查看数据库内容。
- 会员福利最终解释权归社会科学文献出版社所有。

社会科学文献出版社 皮书系列
SOCIAL SCIENCES ACADEMIC PRESS (CHINA)

卡号：643959483157

密码：

数据库服务热线：400-008-6695
数据库服务QQ：2475522410
数据库服务邮箱：database@ssap.cn
图书销售热线：010-59367070/7028
图书服务QQ：1265056568
图书服务邮箱：duzhe@ssap.cn

中国社会发展数据库（下设 12 个子库）

整合国内外中国社会发展研究成果，汇聚独家统计数据、深度分析报告，涉及社会、人口、政治、教育、法律等 12 个领域，为了解中国社会发展动态、跟踪社会核心热点、分析社会发展趋势提供一站式资源搜索和数据服务。

中国经济发展数据库（下设 12 个子库）

围绕国内外中国经济发展主题研究报告、学术资讯、基础数据等资料构建，内容涵盖宏观经济、农业经济、工业经济、产业经济等 12 个重点经济领域，为实时掌控经济运行态势、把握经济发展规律、洞察经济形势、进行经济决策提供参考和依据。

中国行业发展数据库（下设 17 个子库）

以中国国民经济行业分类为依据，覆盖金融业、旅游、医疗卫生、交通运输、能源矿产等 100 多个行业，跟踪分析国民经济相关行业市场运行状况和政策导向，汇集行业发展前沿资讯，为投资、从业及各种经济决策提供理论基础和实践指导。

中国区域发展数据库（下设 6 个子库）

对中国特定区域内的经济、社会、文化等领域现状与发展情况进行深度分析和预测，研究层级至县及县以下行政区，涉及省份、区域经济体、城市、农村等不同维度，为地方经济社会宏观态势研究、发展经验研究、案例分析提供数据服务。

中国文化传媒数据库（下设 18 个子库）

汇聚文化传媒领域专家观点、热点资讯，梳理国内外中国文化发展相关学术研究成果、一手统计数据，涵盖文化产业、新闻传播、电影娱乐、文学艺术、群众文化等 18 个重点研究领域。为文化传媒研究提供相关数据、研究报告和综合分析服务。

世界经济与国际关系数据库（下设 6 个子库）

立足"皮书系列"世界经济、国际关系相关学术资源，整合世界经济、国际政治、世界文化与科技、全球性问题、国际组织与国际法、区域研究 6 大领域研究成果，为世界经济与国际关系研究提供全方位数据分析，为决策和形势研判提供参考。

法律声明

　　"皮书系列"（含蓝皮书、绿皮书、黄皮书）之品牌由社会科学文献出版社最早使用并持续至今，现已被中国图书市场所熟知。"皮书系列"的相关商标已在中华人民共和国国家工商行政管理总局商标局注册，如LOGO（ ▉ ）、皮书、Pishu、经济蓝皮书、社会蓝皮书等。"皮书系列"图书的注册商标专用权及封面设计、版式设计的著作权均为社会科学文献出版社所有。未经社会科学文献出版社书面授权许可，任何使用与"皮书系列"图书注册商标、封面设计、版式设计相同或者近似的文字、图形或其组合的行为均系侵权行为。

　　经作者授权，本书的专有出版权及信息网络传播权等为社会科学文献出版社享有。未经社会科学文献出版社书面授权许可，任何就本书内容的复制、发行或以数字形式进行网络传播的行为均系侵权行为。

　　社会科学文献出版社将通过法律途径追究上述侵权行为的法律责任，维护自身合法权益。

　　欢迎社会各界人士对侵犯社会科学文献出版社上述权利的侵权行为进行举报。电话：010-59367121，电子邮箱：fawubu@ssap.cn。

社会科学文献出版社